인도네시아
한인 100년사

※ 일러두기

『인도네시아 한인 100년사』에 나오는 인도네시아어의 한글 표기 기준은 다음과 같다.

- 인도네시아 지명으로 국립국어원에 등재된 큰 섬(수마트라, 자바, 칼리만탄, 말루쿠, 파푸아 등)과 한국인에게 이미 잘 알려진 지명(자카르타, 족자 등)은 국립국어원의 발음을 따랐으며, 나머지는 인도네시아어 발음으로 표기하였다.

- 인도네시아인의 인명 중 인도네시아 대통령들의 이름은 국립국어원에 등재된 이름을 썼고, 인도네시아 관련 도서와 문서, 작가와 같은 인명은 한국어로 번역된 책이 있는 경우 그 책에 있는 발음을 따랐다. 이 외에는 인도네시아어 발음으로 표기하였다.

- 인도네시아의 대학, 화폐, 복장, 음식 등 사물을 지칭하는 이름은 인도네시아어 발음으로 표기하였다.

- 인도네시아어의 자음 'c, k, p, t'는 'ㅉ, ㄲ, ㅃ, ㄸ'으로, 'f'는 'ㅍ'으로 표기하였다. 그리고 인도네시아어의 모음 'e'는 현지 발음에 따라 '에' 또는 '으'로, 'oe'는 '우'로 표기하였다.

오랑 꼬레아의 100년(1920~2020)

인도네시아 한인 100년사

한인과 한인기업의 성공 진출사

인도네시아 한인 100년사 편찬위원회 지음

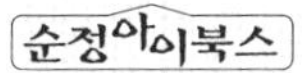

〈편찬사〉

100년 역사 속에 우리가 서 있습니다

2020년은 적도의 나라 인도네시아에 최초의 한인 장윤원 선생이 첫발을 내딛은 지 100년이 되는 해입니다. 일제강점기에는 이름조차 낯설었던 이 땅에서 조선인 군속을 비롯한 수많은 한인이 징용의 세월을 살았고 전범 재판에 몰려 목숨을 잃었습니다. 그리고 새로운 미래를 찾아 인도네시아로 온 개척자들로 본격적인 인도네시아 한인사회가 만들어졌습니다.

인도네시아 한인회는 그분들의 이야기를 우리가 기억하고 직접 기록해야 한다고 생각했습니다. 그래서 현지에서 살아가는 한인들로 집필진을 꾸려 편찬위원회를 구성하고, 『인도네시아 한인 100년사(한인과 한인기업 성공 진출사)』를 세상에 풀어놓습니다. 책 한 권에 모든 한인사를 담을 수는 없겠지만, 적어도 우리 선배들이 걸어온 길에 밝은 조명 한 줄기를 비추는 의미가 되리라 자부합니다.

인도네시아 한인사회는 다른 나라와 조금 구별되는 이주 역사를 가지고 있습니다. 1960년대 이후 적도에 온 한인들은 밤낮없이 비지땀을 흘리며 새로운 사업의 터전을 닦고 기업을 일구었습니다. 그래서 인도네시아 한인사는 한인기업의 개척사가 중심축을 이루고 있습니다. 이 책이 앞으로 기회의 땅 인도네시아를 찾아올 한국 청년들에게 미래를 내다보는 이정표가 되어준다면 바랄 나위가 없을 것입니다.

『인도네시아 한인 100년사』 편찬을 위해 밤낮없이 애써주신 편찬위의 모든 분과 생생한 증언을 들려주신 한인회 원로님들께 특별한 감사를 드립니다. 여러분의 사명감과 지지가 없었다면 결코 이룰 수 없는 과업이었습니다. 또 책을 발간하는 데 아낌없는 지원과 응원을 보내주신 재외동포재단, 주인도네시아 대한민국대사관, 한인회 관계자 여러분께도 머리 숙여 감사드립니다.

인도네시아 한인 여러분, 여기 기록한 한인 100년사 위에 우리 모두가 함께 서 있다는 것을 잊지 않기를 바랍니다. 역사를 정리하고 기록하는 의미는 현재를 좀 더 깊이 이해하고 보다 성숙하게 통찰하는 것이며 나아가 다가올 미래를 현명하게 준비하는 것입니다. 이 책이 새로운 100년을 준비하기 위해 마음을 모으고 역량을 결집하는 원동력이 될 것이라 믿습니다. 인도네시아 한인사회에 무궁한 발전과 영광이 있기를 기원하며, 여러분 모두에게 깊은 신뢰와 감사의 인사를 전합니다.

편찬위원장 박재한
『인도네시아 한인 100년사』 편찬위원회

〈축사〉

『인도네시아 한인 100년사』 편찬을 축하하며

『인도네시아 한인 100년사』 편찬을 진심으로 축하합니다. 지난 1920년부터 시작된 100년의 인도네시아 한인역사를 각계각층의 명망 있는 위원이 모여 각고의 노력을 기울인 끝에 드디어 『인도네시아 한인 100년사』가 완성되었습니다.

1920년 9월 20일, 망국민의 신분으로 자카르타에 첫발을 내디딘 장윤원 선생을 시작으로 인도네시아 한인 역사가 출발했습니다. 당시 열악한 상황에서도 '고려독립청년당' 결성을 통한 독립운동 동참 및 자금 지원, 자카르타 소재 '아뜨마자야대학교' 공동 창립을 통한 인도네시아 교육 분야 발전에 기여하는 등 이민 후손들에게 민족의식과 거주국에서 모범 시민으로서의 역할을 알려주는 선구자의 모습 그 자체였습니다.

『인도네시아 한인 100년사』는 그동안 잘 알려지지 않은 지난 100년간의 이야기를 재정립하고 다가올 미래 100년을 준비하는 중요한 자료가 될 것입니다. 또 차세대 동포에게 어려웠던 이민 생활을 상기시키고 한민족의 일원으로서 정체성을 잃지 않도록 하는 데에도 기여할 것으로 믿습니다.

2020년, 재단은 '재외동포교육문화센터' 건립 사업을 최우선으로 추진하고 있습니다. 교육문화센터는 대한민국 정부 수립 이래 중앙정부 차원에서 최초로 설립하는 재외동포 관련 시설이 될 것이며, 재외동포들에게는 한민족의 정체성을 심어주고 내국인에게는 재외동포에 대한 이해를 높이는 체험학습 공간이 될 것입니다.

코로나19로 전 세계가 어려운 상황에서도 지난 4월 제21대 총선 재외투표에서 4만여 명의 동포가 소중한 참정권을 행사하였으며, 전 세계 각국이 어려운 상황에 처해 있을 때는 서로 도움의 손길을 내밀며 한민족의 저력을 다시 한번 느끼는 계기가 되었습니다.

인도네시아는 대한민국 신남방정책의 주요 국가로서 우리 동포들의 역할이 또 한 번 주목받게 될 것입니다. 그럴 때마다 지나온 100년 동안 동포들의 삶을 생각하며 대한민국 국민이라는 자긍심을 가지고 개인 한 명 한 명이 민간외교관으로서 거주국에서 한국을 알리는 데 애써주시기 바랍니다.

끝으로, 이번 『인도네시아 한인 100년사』 편찬을 위해 힘써오신 관계자 여러분의 노고에 다시 한번 감사의 말씀을 드리며, 인도네시아 동포사회의 무궁한 발전과 건승을 기원합니다.

감사합니다.

재외동포재단

이사장 한우성

〈격려사〉

100년간의 기록이 한-인도네시아 우호 발전에 새로운 이정표가 되길!

존경하는 인도네시아 한인동포 여러분!

신남방정책의 중심 국가인 인도네시아에서 활약하고 있는 우리 한인사회가 서로 힘을 모아 한인 이주 100주년이 되는 해를 맞이하여 『인도네시아 한인 100년사』를 출간하게 된 것을 진심으로 축하드립니다.

지난 100년의 인도네시아 한인역사는 한-인도네시아 양국의 우호협력과 공동발전에 헌신해온 자랑스러운 발자취입니다.

3 · 1운동에 참여한 장윤원 선생이 일제의 수배를 피해 인도네시아로 망명해 온 1920년 9월 20일은 인도네시아 한인이주의 시발점이라 할 수 있습니다. 1942년 9월에는 조선 청년 1,400여 명이 일본군 포로감시원으로 인도네시아 땅을 밟게 되고, 일본 패망 후 그들 중 일부가 이곳에 남아서 또 하나의 이주민 역사를 이어갔습니다.

이후 인도네시아는 우리 한국기업들의 해외시장 개척에 발판을 만들어준 기회의 땅이었습니다. 1968년에 한국 해외투자 1호 기업인 한국남방개발주식회사(KODECO, 코데코)가 인도네시아에 진출하고, 이어서 1969년에는 코린도(KORINDO)가 설립되었습니다. 1973년에 한-인도네시아 정식 수교가 이루어진 이후에는 양국 간 경제 투자협력이 에너지 자원, 식품, 섬유, 신발 분야를 넘어서 전기전자, 철강 산업 등으로 확대 · 발전하고 있습니다. 이러한 협력을 바탕으로 현재는 인도네시아 전역에 약 2만5,000명에 이르는 한인동포사회를 형성하게 되었습니다.

한인동포 여러분,

한-인도네시아 협력 관계는 문재인 정부의 신남방정책 추진으로 한 단계 더 높은 수준으로 도약하고 있습니다. 2017년 11월 문재인 대통령의 자카르타 방문을 계기로 인도네시아와의 협력은 동남아시아 지역에서 최초로 특별 전략적 동반자 관계로 격상되었으며, 이를 계기로 협력 분야가 경제, 투자, 문화 및 인적 교류 등 전방위로 확대되고 있습니다.

2020년 전 세계에 퍼진 코로나19에 대응하는 데 양국 정부, 기업 및 국민이 보여준 연대와 협력은 양국의 우정과 신뢰라는 무형자산을 크게 키우는 계기가 되었습니다. '어려울 때 친구가 진짜 친구'라는 속담처럼 양국이 상부상조하며 더욱 교류하고 협력해나가기를 희망합니다.

마지막으로, 이처럼 소중한 한인역사의 100년 기록을 집대성해주신 재인도네시아한인회와 집필진을 비롯한 편찬위원회 여러분 모두에게 머리 숙여 감사의 말씀을 드립니다. 아울러 『인도네시아 한인 100년사』 발간을 성원하고 지원해주신 재외동포재단에도 감사의 뜻을 전합니다. 이 소중한 100년간의 기록이 한-인도네시아 우호 발전에 새로운 이정표가 되기를 기원합니다.

주인도네시아 대한민국대사

박태성

〈프롤로그〉

적도의 나라에서 펼쳐진 한인과 한인기업의 역사를 재조명하며

한인 100년사의 주인공은 바로 당신입니다!

비운의 역사로 시작해서 성공의 역사를 만들어낸 한 세기의 역사 집대성

최근 우리 정부의 신남방정책으로 아세안(ASEAN, 동남아시아국가연합)과 인도네시아에 대한 관심이 국내외적으로 높아지고 있다. 아세안 시대에 인도네시아는 핵심 국가이자 동남아시아 시장의 맹주로 떠오르며 한국 차세대의 '비전의 땅'이자 미래의 거대 시장으로 급부상하고 있다.

이런 시점에서 2020년은 인도네시아에 한인이 첫발을 디딘 지 100년이 되는 어느 때보다 의미 있는 한 해다. 이제 우리는 인도네시아 한인동포의 과거 100년을 기억하고 현재를 성찰하여 새로운 미래 100년을 준비해야 한다. 따라서 이 책은 이 땅에 뿌린 우리 한인들의 고귀한 희생에 대한 작은 보답이자 200년사의 새로운 주인공인 차세대와 거주 한인들 그리고 본국의 한국인들에게 보내는 소중한 러브 레터라 할 수 있다.

『인도네시아 한인 100년사』 편찬위원회는 새로운 100년을 준비시키기 위해 후대들이 기억하고 가슴에 새겨야 할 자랑스러운 한인과 한인기업을 재조명했다. 우선, 인도네시아 한국인의 뿌리와 발자취를 찾는 데서 오랑 꼬레아의 100년 역사는 시작한다. 한국과 인도네시아가 인연을 맺게 되는 계기는 100년 전 3·1 운동 당시 독립운동 자금을 지원하다 일본군에 쫓겨 5,000km 이상 먼 자바 섬으로 망명길에 올라 1920년 9월 20일 인도네시아 땅에 도착한 최초의 한국인 장윤원 선생이다. 그리고 1942년 8월, 부산항을 출발해 딴중 쁘리옥(Tanjung Priok)항에 내린 1,408명의 조선인 군속의 집단이 초기 인도네시아 한인사의 주된 근간이 되었다.

'최초'로 기록된 한인기업의 해외시장 개척사에서
치열했던 성장과 눈부신 성공사까지

한국전쟁 이후 동족상잔의 아픔과 폐허 속에서 먹고살고자 발버둥 치던 1960년대 초, 해외로 눈을 돌린 개척자들은 인도네시아 땅에서 피눈물 나는 분투로 '대한민국 해외직접투자 1호 기업'이라는 자랑스러운 역사를 쓰기 시작했다.

인도네시아는 우리나라와 관련해 '최초' 또는 '1호' 수식어가 붙은 역사의 기록이 많다. 1968년 '한국 해외투자 1호 기업' 코데코(KODECO)의 원목개발과 1973년 '한국 해외생산 플랜트 수출 1호'인 대상(당시 미원)의 인도네시아 현지 공장 건설 그리고 1981년 '한국 최초 해외유전개발사업' 서마두라 유전 공동개발이 그것이다.

또 '1호가 2호를 낳는' 후발 주자 기업들로 각 산업별로 첨병 역할을 자처하며 인도네시아 각 지역에서 산림개발, 유전과 가스개발, 유연탄개발 등의 국책사업에 혼신의 힘을 기울였다. 그 가운데 목재가공업(합판 제조)에 승부를 건 코린도그룹은 인도네시아 전체 합판의 4분의 1에 해당하는 생산량으로 글로벌 합판 메이커로 자리매김하고 대기업 반열에 올라 한상 선두 기업이라는 역사를 새롭게 썼다.

한편 자원개발 산업의 진출과 더불어 국내 건설사들은 작은 규모의 수주도 마다하지 않고 꾸준한 실적으로 한국기업의 인지도를 높여 인도네시아 전역에 뚜렷한 시공 실적을 이뤄냈다. 그리고 1970년대 초에는 제조업을 시작으로 노동집약산업이 싹트고 1980년대 중반부터 신발, 봉제, 섬유업의 전성시대를 맞이했다. 더욱이 1980년대 말에는 가전업계에 LG와 삼성이 진출했으며, 2000년대에는 포스코를 비롯해 롯데그룹, 한국타이어 등이 진출하면서 기술·자본 집약시대로의 변천을 이끌어냈다.

현지에서 맨땅에 일군 한인 토착(토종) 기업의 눈부신 '자력 성장'과 모국 대기업의 투자는 관련 기업 동반성장의 원동력이 되면서 양적으로도 성장하는 계기가 되었다. 그뿐 아니라 2020년 기준 한인기업은 2,000여 개로, 현지인 100만여 명의 인력을 고용하면서 인도네시아 경제의 한 축으로 자리매김하며 한 세기 동안 눈부신 성공을 이루어냈다. 그리고 현재 코로나19 팬데믹(세계적인 대유행) 상황에서도 인도네시아 한인기업들은 상생을 모색하며 새로운 미래를 준비하고 있다. 이렇게 100년의 역사를 뒤돌아보면, 인도네시아는 한국기업의 해외시장 개척에 발판을 마련해준 우방국이었으며, 인도네시아 한인역사는 양국의 경제, 정치 환경과 궤를 같이해온 역사임이 분명하다.

'오랑 꼬레아'가 인도네시아 땅에 새긴 특별한 삶의 현장 보고서

편찬위는 100년 후에도 누군가가 다시 '한인사 200년'을 써 내려갈 수 있는 단단한 토양이 되길 바라는 마음에 한 세기가 흐르는 동안 제대로 조명되지 않았던 인도네시아 한인의 삶을 기록했다. 그리고 한인사회의 역사를 바로 세운다는 일념 하나로 한인들의 발자취를 좇아 현장을 확인하고 인터뷰를 반복했다. 이렇게 1년 동안 축적된 자료와 취재, 집필, 탐구, 편집과 출판을 공동 작업으로 진행하여 『인도네시아 한인 100년사』가 집대성되어 세상에 나오게 되었다.

이 책은 인도네시아에 거주하는 한인들이 직접 썼기에 그동안 한국에서 출판된 인도네시아 관련 서적보다 현지 경험이 잘 녹아 있다고 자부한다. 그래서 인도네시아 한인사에 대해 입체적으로 이해할 뿐 아니라 인도네시아에 사는 한인만이 제시할 수 있는 현실적인 답이 책 속에 담겨 있다. 아울러 책을 덮는 순간, 인도네시아가 우리나라와 상호보완과 협력을 통해 진정한 친구가 될 수 있는 나라로 독자들에게 새롭게 다가갈 것이다.

이처럼 눈부신 경제성장과 더불어 한때 외국인공동체 1위가 될 정도로 성장

발전한 한인사회는 세계 어느 나라 재외동포사회에서도 찾기 힘든 소중한 선례이자 '오랑 꼬레아'의 자부심과 자긍심이라 할 수 있다.

하지만 이 책에 이국땅에서 자신들의 삶을 열심히 꾸려나가는 무명의 인도네시아 한인들의 숨겨진 이야기까지 세세하게 담아내지 못한 것이 못내 아쉬움으로 남는다. 한인사의 진정한 영웅은 이국땅에서 자신들의 삶을 열심히 꾸려나가는 무명의 한인들이기 때문이다.

이 책은 인도네시아에 거주하고 있는 한인들과 현지에 체류한 적이 있는 모든 한인의 역사서임을 밝힌다. 모쪼록 앞으로 도래할 100년의 미래를 준비하며, 적도에 타오른 100년의 열망에 동참해 새로운 100년을 만들어가는 계기가 되기를 간절히 바란다.

이 책이 단단한 역사서로 완성되도록 인터뷰에 흔쾌히 응해주신 모든 분과 사진과 문서, 소중한 자료를 기꺼이 제공해준 많은 한인 관계자, 그리고 후원을 아끼지 않은 재외동포재단과 주인도네시아 대한민국대사관에 감사드린다. 특히 그 누구도 선뜻 실천에 옮기지 못했던 방대한 작업을 결행하고 한인사회의 여론을 한데 모아 『인도네시아 한인 100년사』 편찬위원회를 결성한 재인도네시아한인회에 깊은 감사를 표한다.

2020년 9월 20일

『인도네시아 한인 100년사』 편찬위원회

오프닝
인도네시아 들여다보기

다른 듯 닮은 형제의 나라, 인도네시아

안선근
(국립이슬람대학교(UIN) 이슬람 사회문화학 박사)

한국인들이 많이 사용하는 사자성어에 '수어지교(水魚之交)'라는 말이 있다. 떼려야 뗄 수 없는 관계를 뜻하는 이 말은 한국과 인도네시아를 두고 한 말이 아닌가 싶다. 한국인들이 인도네시아에 정착한 역사는 중국과 일본 등 주변국에 비해 그리 길지 않지만, 지금까지 어느 나라와 비교해도 뒤지지 않을 만큼 돈독하고 끈끈한 관계를 유지해오고 있다.

두 나라는 비슷한 정치와 역사를 가진 나라다. 초기 왕국을 시작으로 군사, 정치, 독립, 민주화와 개혁 등에 이르기까지 매우 유사한 역사적 맥락을 지니고 있다. 부산 APEC 정상회담 중 조코 위도도(Joko Widodo) 인도네시아 대통령이 문재인 대통령을 "형"이라고 부른 유명한 일화에서 알 수 있듯이, 두 나라는 서로를 '형제의 나라'라고 부르는 데 조금도 주저함이 없다.

세계 최대 무슬림 국가이자 구글 가입자 수가 가장 많은 나라, 노동이 가능한 17~45세의 젊은 인구가 많은 나라, 천연자원과 에너지의 나라, 세계에서 가장 많은 섬을 보유한 나라, 과거 · 현재 · 미래가 한꺼번에 존재하는 대국 등 인도네시아를 가리키는 수식어는 수없이 많다.

세계 각국의 투자자가 매혹될 수밖에 없는 경제가치적 이유도 무수히 많지만, 아직도 미지의 영역으로 남아 있는 인도네시아 문화의 뿌리를 찾아가는 일 또한 인류 역사의 근원을 더듬는 일과 일맥상통할 만큼 깊고 다채롭다. 그래서 타국 사람들에게도 인도네시아는 아직 미지의 땅이자 탐험의 땅이며, 도전해야 할 땅이다. 이처럼 인도네시아는 알면 알수록 수천 조각의 퍼즐을 맞추는 기분이 들 정도로 새로운 정보가 끊임없이 쏟아져 나오는 매력 넘치는 나라다.

인도네시아의 뜻

인도네시아의 정식 국명은 '인도네시아 공화국(Republic of Indonesia)'이다. 이 외에도 인도네시아어로 '느가라(Negara)', '느그리(Negeri)', '방사(Bangsa)', '누산따라(Nusantara)' 등의 용어를 사용하고 있다. 인도네시아라는 말은 그리스어로 인도인을 뜻하는 '인도스(Indos)'와 섬을 뜻하는 '네소스(Nesos)'라는 두 낱말이 합쳐진 것이다. 현재의 국명은 19세기 영국의 언어학자 로건(J.R. Logan)이 지었다고 전해진다. 인도네시아를 간략하게 '인니(印尼)'라고 부르기도 한다.

인구와 면적

수도 자카르타는 과거 '순다 끌라빠(Sunda Kelapa), 자야카르타(Jayakarta), 바타비아(Batavia)' 등으로 불렸다. 인도네시아의 총인구는 2억7,000만 명으로 중국, 인도, 미국에 이어 세계 4위다. 그중에서 자카르타의 인구는 1,200만 명 정도로 서울과 비슷한 규모다. 국토 면적은 190만km^2로 한반도보다 9배 정도 크다. 인도네시아 북부 수마트라 아쩨에서 이리안 자야까지의 거리가 5,120km로 런던에서 모스크바에 이르는 거리와 비슷하다. 인공위성으로 보면 하늘에 떠 있는 별만큼

이나 많은 섬으로 이루어졌다는 인도네시아의 섬은 1만8,108개를 헤아린다. 그중에서 사람이 살지 않는 섬이 무려 1만2,000개에 이른다.

종족과 종교

인도네시아에는 다양한 종족이 살고 있다. 문명의 오지에서 원시적인 방식으로 생활하는 고립 종족까지 포함하면 270여 종족이 넘는다. 그중에서 자바족이 전체 인구의 45%를 차지한다. 다음으로는 순다족이 13.6%, 아쩨족, 바딱족, 발리족의 순서다. 종교도 인종만큼 매우 다양하다. 그중에서 이슬람교를 믿는 사람이 대다수로 전체 인구 중에서 87%나 차지한다. 그래서 세계에서 무슬림이 가장 많은 나라이며, 숫자로 따지면 2억 명이 넘는다. 그다음으로 기독교 6%, 가톨릭 3%, 힌두교 2%, 불교는 1%에 불과하다.

다종족, 다언어, 다문화 국가인 인도네시아는 '다양성 속의 통일(Bhineka Tunggal Ika)'을 추구하는 나라로, 국가 통치 이념이라 할 수 있는 '빤짜실라(유일신에 대한 믿음, 인간의 존엄성, 통일 인도네시아, 대의정치, 사회정의 구현)'를 구현하며 하나 된 인도네시아를 만들어나가고 있다.

언어

종족과 종교가 다양한 만큼 언어도 다양하다. 무려 583종의 언어가 사용되고, 바하사 인도네시아(Bahasa Indonesia)가 표준어로 채택되었다. 바하사 인도네시아는 스리위자야 불교 왕국의 상인들이 주로 사용하던 언어가 바탕이 되었다. 그러나 문자 표기는 로마자(알파벳)를 사용해 영어에 익숙한 사람이라면 그리 어렵지 않게 익힐 수 있다. 세계 인구의 5%가 사용하는 인도네시아어는 말레이시아, 브루나이, 일부 싱가포르, 호주, 수리남, 네덜란드, 필리핀, 태국에 이르기까지 광범

위한 나라에서 직접 사용하고 있다. 이런 점을 고려해 인도네시아 언어학자들은 세계 5대 주요 언어와 비교해도 절대 뒤지지 않는다고 주장한다.

1924년 '청년의 맹세(Sumpah Pemuda)'를 계기로 인도네시아 국가 공용어인 바하사 인도네시아가 정식 채택되기 이전에는 각 종족의 언어와 방언 등을 지역별로 다르게 사용해왔다. 아직도 지역사회의 오지 마을에 사는 나이 많은 어르신들은 국가 공용어인 바하사 인도네시아를 이해하지 못하는 경우를 종종 볼 수 있다. 인도네시아의 경우 종교와 식민지 역사 때문에 외래어의 영향을 많이 받아왔는데, 그중에서도 아랍어에 가장 큰 영향을 받았다. 일부 같은 뜻을 지닌 단어의 알파벳 표기가 틀린 예로, '아르띠(Arti):에르띠(Erti), 악히르(Akhir):아히르(Ahir), 베속(Besok):에속(Esok)' 등은 아랍어의 원어 발음 차이에 있다.

기후

적도에 위치한 인도네시아는 1년 내내 덥다. 열대성 몬순기후로 '고온', '무풍', '다습'한 특징을 지닌다. 즉 기온은 높고 바람은 없으며, 매우 습하다. 지역에 따라 조금씩 다르지만 대체로 후덥지근하며, 한국의 아주 더운 여름 날씨를 연상하면 이해하기 쉽다. 우기인 겨울(11~2월)에는 비가 아주 많이 내리고, 건기인 봄부터 가을(3~10월) 사이에는 비가 거의 내리지 않는다. 수도 자카르타의 평균기온은 30~33℃다.

그러나 최근 기후변화의 영향으로 열대성 기후의 특징이 희석되고 있다. 건기와 우기를 구별할 수 없을 정도로 여름에도 비가 자주 내리며, 우기에 후덥지근하고 한국의 초가을 날씨처럼 청명하기도 하다. 오랫동안 인도네시아에 사는 한인 중에 겨울옷이나 스웨터, 전기장판, 온열 치료기 등을 사용하는 분이 많은 것도 그런 이유다.

이제는 이상기온의 영향으로 건기나 우기와 관계없이 홍수로 인한 피해를 보거나 고산지대에 우박이 내리는 광경을 종종 목격할 수 있을 정도다.

인도네시아는 홍수를 비롯하여 지진, 쓰나미, 화산 폭발, 산불, 연무 현상 등 각종 자연재해가 끊이지 않는다.

자원

인도네시아는 천연자원이 매우 풍부하다. '검은 황금'이라 부르는 석유도 나온다. 천연가스, 석탄, 주석, 보크사이트, 망간, 동, 니켈, 금, 은 등이 무한대로 묻혀 있다. 술라웨시에서 생산되는 니켈과 구리 등은 인도네시아가 핵심 원자재로 생산할 계획이다. 석유, 천연가스 외에도 석탄, 팜 등이 세계 1·2위의 생산력을 다투고, 친환경 신재생에너지인 바이오 에탄올과 바이오 디젤을 추출할 수 있는 야자수, 팜, 카사바, 자트로파, 옥수수를 대량 재배하고 있다.

조코 위도도 정부가 들어서면서 영농산업에 대한 관심도 더욱 고조되고 있다. 여당인 투쟁민주당의 경제 주력 목표 중 하나가 '국내 자연자원을 이용한 영농산업 발전'인 만큼 농업에 대한 관심과 지원이 늘고 있다.

인도네시아의 산림은 전 세계 열대우림의 10%나 차지하며 동식물종의 20%, 조류종의 17%, 어류종의 25%가 풍부하게 서식한다. 또 지구 표면의 1%도 되지 않는 인도네시아 보르네오 군도에 서식하는 수목이 북미 전체에서 발견되는 수목의 종류보다 훨씬 다양하고 조류, 포유류, 유화식물의 종류는 전 세계의 6%를 차지한다. 이는 인도양과 남중국해, 태평양의 합류점에서 세 가지 해류의 영양분을 모두 공급받기 때문으로 알려져 있다. 더불어 다른 지역에서는 아예 찾아볼 수 없는 곤충이나 동식물이 인도네시아에서 발견되기도 한다.

고무와 목재산업이 발달하여 인도네시아산 나무로 만든 장롱이나 의자, 탁자 등은 해외에서 비싼 값으로 팔린다. 특히 '자띠(Jati)'로 통칭하는 자바산 티크나무와 흑단나무 가구는 비싼 가구를 대표하지만, 무분별한 벌목으로 최근에는 쉽게 구할 수 없는 상황에 이르렀다.

역사

서기 644년부터 고대 왕조시대가 열리고 최초의 말라유 왕국(힌두교 왕국)이 수마트라 남부 지역에 건설되었다. 약 40년간 지속한 말라유 왕국을 이어 689년에 일어난 스리위자야(Sriwijaya) 불교 왕국이 600년에 걸쳐 수마트라, 자바, 말레이 반도를 지배하였다.

1292년에는 다시 힌두교 왕국인 마자파힛왕조가 등장하여 오늘날 인도네시아의 모든 지역을 지배한다. 마자파힛왕조는 매우 큰 해상 제국이었으나 15세기(1400년대) 후반에 이슬람교가 등장하면서 발리 섬으로 쫓겨나게 되었고, 해안 지역을 중심으로 크고 작은 이슬람 왕국이 건설된다.

1602년부터는 식민지 시대가 열린다. 네덜란드의 동인도회사가 설립되면서 식민지 경영이 시작되어 1824년부터는 본격적으로 네덜란드가 전 인도네시아를 직접적인 식민 통치를 한다. 그리고 제2차 세계대전 중 세력이 강해진 일본이 인도네시아를 약 3년간 점령(1942~1945)하기도 한다.

이 시기를 거쳐 1945년 8월 17일 인도네시아 공화국이 독립을 선언하고 헌법을 채택한다. 이때부터 4년간 인도네시아를 재점령하려는 네덜란드에 대항하여 독립전쟁이 시작된다. 이어서 1949년 12월에 네덜란드-인도네시아 연방공화국을 수립하며 1956년에 이르러서야 완전한 독립을 이뤄낸다. 인도네시아 초대 대통령은 수카르노다.

1965년 9월 인도네시아 공산당이 쿠데타를 시도하지만, 당시 전략사령관이자 육군 소장인 수하르토가 이끄는 인도네시아군에 진압된다. 이어 1966년 3월 수하르토 대통령이 정식 취임하며 '신질서 정부(New Order Government)'가 출범하면서 경제 안정과 개발을 위해 일곱 차례에 걸쳐 내각을 구성한다.

1998년 5월에는 수하르토 대통령의 장기집권에 염증을 느낀 국민이 시위를 일으켜 하비비 부통령에게 대통령직을 이양한다. 그후 1999년 10월에는 국민협의회의 정·부통령 선거를 통해 대통령에 압두라만 와힛, 부통령에 메가와티 수카르노푸트리가 당선되며 민주정부가 구성된다. 2001년 7월 국민협의회 특별회의에서 메가와티 부통령이 대통령직을 승계하고 함자 하즈 통일개발당 총재가 부통령에 선출된다. 이어 최초의 '민주화 대통령'인 수실로 밤방 유도요노 대통령이 당선되어 정치·경제 발전에 전력을 다하며 G-20 의장국에 입회하는 등 새로운 경제 국가의 초석을 마련한다. 또 정치 · 사회적 안정에 힘쓰던 유도요노 정부가 재선에 성공하면서 국민복지 향상과 부정·부패, 독점주의(KKN) 척결 등의 공약을 실현하며 6~7% 수준의 지속적인 경제성장을 실현한다.

2014년 4월, 인도네시아 정부는 총선과 7월 대선을 통해 새로운 변화의 시대를 맞이한다. 온 국민이 그토록 염원하던 민주화 정부의 정착화 2기인 조코 위도도 대통령이 집권을 시작하며 경제발전의 재도약을 선언한다. 조코 위도도 정부의 출범으로 인도네시아는 민주화에 대한 확신과 더불어 국민화합, 경제건설 등 두 마리 토끼를 한 번에 잡을 각오를 다지며 2018년 8월, 아시안게임 개최국으로서 각종 인프라 건설에 주력한다. 이를 통해 조코 위도도 정부는 세 손가락을 펼쳐 올려 "우리 함께 일하자(Ayo Tiga Jari!)"라고 외치며 직접 일하는 대통령의 이미지를 보여줌으로써 국민의 지지를 얻는다. 조코 위도도 2기 정부에서는 각종 인프라 건설과 더불어 국가 숙원 사업인 신수도(칼리만탄) 이전 계획과 4차 산업혁명의 인공지능화를 통한 교육시설 확충, 국민 복지 향상, 인적자원개발, 스마트시티, 스마트 팩토리 등 노동생산성 향상과 근무 환경 개선 등 '서민 경제 활성화'에 더욱 정성을 쏟고 있다.

정치

대통령중심제의 입헌공화국인 인도네시아 의회는 국회(550석)와 지역대표협의회(128명)의 이원적 조직 형태를 갖추고 있다. 주요 정당으로는 민주당, 골까르당, 투쟁민주당, 통일개발당, 사회복지정의당, 국민수권당, 그린드라당, 국민계몽당, 나스뎀당, 하누라당 등이 있다. 이 외에도 소규모 정당이 있으나 정작 국회의석을 차지하고 출범한 당은 열거한 당 외에는 존재하지 않는다.

제1당 여당인 투쟁민주당이 가장 많은 의석을 차지하고, 조코 위도도 대통령도 투쟁민주당의 전폭적인 지지를 받으며 정치 안정과 경제 활성화에 추진력을 얻었다는 평가를 받고 있다.

주요 경제지표

인도네시아는 2025년까지 '세계 10대 경제대국으로 성장한다'는 원대한 목표 아래 이를 달성하기 위한 중·장기 경제개발계획(Master Plan)을 수립하였다. 현재 1인당 GNP 3,700달러에서 2025년까지 1인당 국민소득 1만5,500달러, 국가 전체 GDP 4조 달러 달성을 목표로 향후 매년 6.4~7.5%의 고성장을 유지한다는 목표다. 또 인플레이션은 2016년도 4.5~5.4%로, 2025년까지는 3% 선으로 안정화할 계획이다.

지난 2011년 12월 15일, 신용평가 회사는 인도네시아의 신용등급을 종전의 BB+에서 BBB- 로 한 단계 높인다고 발표하였다. 이로써 인도네시아는 투자 적격 등급으로 올라서게 되었다. 하지만 2012년도에는 경제성장률 6.3%로 GDP에서 교역이 차지하는 비중이 30% 정도에 불과했는데, 그 이유는 미국의 금리 인하와 중국의 경제위기설, 유가의 지속적 하락 등으로 추측된다. 더욱이 유럽국가연합의 재정위기와 미국, 일본 등 선진국의 경기침체 같은 외부의 충격이 인도네시아에 미치는 영향도 매우 클 것으로 보인다.

인도네시아의 민간소비는 실질소득의 상승으로 자동차, 평면 TV, 휴대폰 등 고급 소비재 분야의 높은 신장이 기대되며, 전체적으로 약 5.0% 증가할 것으로 전망된다. 또 내수시장을 공략하기 위한 현지 기업과 외국 기업의 설비투자 확대로 약 8.9%의 투자 증가가 예상되며, 실업률은 민간의 설비투자 확대와 정부의 대규모 인프라시설 공사 발주로 2019년보다 낮은 6.5% 수준에 머물 것으로 보인다. 특히 인도네시아의 아시안게임 개최를 통해 세계적 경기 침체에도 불구하고 각종 인프라시설 공사 확장에 기반한 경제 활성화에 불을 지폈다.

또 수출도 제1위 교역 대상국인 중국이 인도네시아의 석탄, 고무 등 원자재를 꾸준히 수입할 것으로 예측되어 8.3%의 수출 증가가 기대된다. 그뿐 아니라 각종 인프라개발을 위한 대규모 공공사업에 인력이 투입되면 실업 비율이 6.5% 정도로 감소할 것으로 전망된다. 그러나 일부에서는 세계경기의 침체와 더불어 코로나19 여파로 실업률이 현저히 늘어날 수 있다는 우려의 목소리도 나오고 있다.

인도네시아 정부는 지난해 동부 칼리만탄주로 수도를 이전하겠다는 계획을 발표하면서 2020년에 새 수도 건설을 시작해 2024년 이전을 완료하는 1단계 목표로 내세웠다. 건설 비용은 대략 330억 달러(한화 약 40조 원)로 추산된다. 이에 세계 유수의 투자가들이 발빠르게 움직이며 인도네시아 경제에 새로운 활력을 불어넣었고, 정부는 2045년 세계경제 7대국에 들겠다는 야심 찬 청사진을 펼쳐놓았다. 그러나 전 세계에 급작스럽게 몰아닥친 코로나19의 영향으로 인도네시아 경제발전 계획에 적지 않은 차질이 예상된다.

Balinese

차례

Chapter 3 — 초창기 기업 진출 시대

: 한인기업 개척사의 선구자

Chapter 4 — 한인기업의 오늘 그리고 내일

: 한눈에 살펴보는 산업별 한인기업 진출 50년사

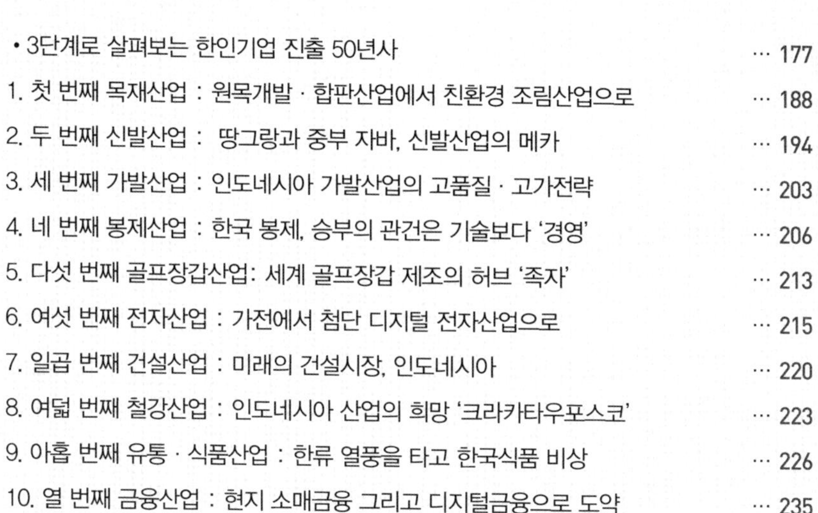

Chapter 5 – 인도네시아 한인사회의 형성과 성장

Chapter 6 – 인도네시아 한인들의 생활사와 한국문화

Chapter 7 – 한인의 문화예술 활동과 단체별 역사

Chapter 1

—

해방 전후의 한인사

한인사의 발자취는 세계사와 연결된다. 3·1운동이 인도네시아 최초의 한국인 '장윤원'을 낳았고, 그는 자바 땅에 정착하여 27년여 여생을 보냈으며, 그의 직계는 인도네시아 명문 아뜨마자야대학교의 창설자로서 자랑스러운 한인의 역사를 썼다. 이후 20여 년의 시공을 넘어 1942년 3월 태평양전쟁 초기, 1,400여 명의 조선인 군속(군무원)이 부산에서 배를 타고 25일 만에 자카르타 딴중 쁘리옥항에 접안했다. 전쟁이 끝나자 그들은 모호한 국가 정체성의 희생자가 되어 '사형수' 또는 '전범'이라는 꼬리표를 달고 1949년 말 네덜란드에 대항한 독립전쟁이 종식될 때까지 열대의 수용소에서 굶주림과 풍토병에 시달렸으며 생존자들은 비참한 심정으로 귀향길을 재촉했다.

Chapter 1

—

①

한인사의 태동, 최초의 한국인, 장윤원과 후손들

인도네시아 땅에서 한인들의 흔적을 찾을 수 있는 기록으로는 무엇이 있을까? 독립기념관 한국독립운동사연구소가 2008년 발간한 『국외 독립운동 사적지 실태조사 보고서-동남아 편』에 의하면, 1924년 1월 흥사단원이었던 임득산과 엄기항이 자바에 해외 독립운동을 위한 군사훈련 지대를 구축할 목적으로 보르네오를 돌아본 기록이 있다고 기술되어 있다. 그러나 언급된 보르네오 섬 내의 정확한 위치와 실제로 자바 땅을 밟았는지에 대한 여부는 불명확하다.

인도네시아 땅을 밟은 초기 한인들에 대한 정확한 기록은, 1931년 1월 《동아일보》에 게재된 「불로초 행상인」이라는 제목의 기사에서 찾을 수 있다. 1920~1930년대 고려인삼 상인들이 '남양 일대'를 탐험하듯 행상하러 다녔다는 언급이 있는데, 당시 동남아시아 무역의 중심지였던 말라카 해협을 중심으로 필리핀, 인도, 태국, 말레이를 포괄하는 남양 일대에 '화난령 군도(인도네시아)'가 포함된 점으로 미루어 당시 왕래가 이루어졌을 가능성이 높다.

장윤원에 대한 가족과 군속들의 기억

인도네시아 영토 주권의 중심지인 자바 지역으로 이주한 최초의 한국인은 장윤원이다. 그의 이주 동기와 인도네시아에서의 생애는 직계 후손들의 기록과 증언 그리고 인도네시아 사회에 남겨진 족적으로 비교적 분명히 드러난다. 가족과 군속들의 진술에 의하면, 그는 1919년 3·1운동 자금책에 가담했다가 남방으로 망명하게 된다. 오랫동안 자카르타 화교 사회에 뿌리를 내리면서 큰 규모의 잡화상을 운영하여 상당한 재력과 신망을 얻는다.

장윤원은 조선 말기 대한제국 중추원 의관을 지낸 충남 온양 출신 장석찬의 외아들로 1883년 서울에서 출생하였다. 그는 일본 동경제국대학교 상과를 졸업한 후 귀국하여 은행 경영자로 재직하면서 사재를 털어 해외로 망명한 독립운동가들에게 자금을 지원하다 일본 경찰에 발각된다. 체포령을 피해 부인 백 씨와 두 아들 장윤, 장현을 남겨둔 채 1919년 4월 서둘러 만주로 탈출한다. 3개월 뒤 베이징에 잠입하여 동경 유학 시절 동급생이었던 한국인 여학생의 남편인 창쿵콴(Chang Kung Koan)의 보호를 받는다. 그때부터 베이징과 상하이를 오가며 도피 생활을 하던 장윤원에게 창쿵콴은 당시 네덜란드령 동인도 총독부의 고위 관리이며 후일 『식민지 정책(Colonial Policy)』이라는 저술서를 발간하는 안젤리노 박사(Dr. De Kat Angelino)를 소개한다. 장윤원은 일본 경찰의 눈을 피하기에는 중국보다 네덜란드령 동인도가 더 안전하지 않겠냐는 안젤리노의 권고를 받아들여 1920년 9월, 바타비아(현 자카르타)에 첫발을 내디딘다. 그 당시 고학력자인 장윤원은 자카르타에서 네덜란드 총독부의 일본어 통역반장으로 새로운 삶을 시작하며 이듬해에 화교계 여인 우이 항아(Oey Hanga)를 만나 혼인하여 장남해, 장창포, 장방기, 장순일, 장평화 등 2남 3녀를 둔다.

인도네시아 자바 땅을 밟은 최초의 한국인, 장윤원 선생

장윤원과 아들, 자진 출두해 체포되다

1942년 3월 초 인도네시아 자바를 통치하기 시작한 일본 육군 제16군은 정치 선전에 방해가 될 가능성이 있는 네덜란드 총독부 관리와 화교, 민간인까지 체포하라는 명령을 내린다. 곧 장윤원의 멘뗑(Menteng) 자택에도 일본 헌병들이 들이닥쳤다. 때마침 장윤원은 반둥으로 출타 중이었는데, 일주일 후 장남 남해와 함께 헌병대에 자진 출두한다. 기다렸다는 듯 일본 헌병대의 상상을 초월한 고문과 구타가 이어졌고, 보다 못해 부친을 감싸고 막아선 장남 남해에게도 쇠몽둥질이 가해졌다.

장윤원은 구치소에 구금되었다가 곧 인근 글로독(Glodok) 형무소에 수감된다. 그러고는 일주일 후 150여 명의 다른 정치범과 함께 '치욕의 도보 행진'을 감수한다. '치욕의 도보 행진'은 일본 경찰이 1942년 싱가포르가 함락당하며 억류된 10만여 명의 영국 포로 중 1,000명을 부산항에 입항시켜 경부선 철도를 타고 용산역에 내린 후, 도보로 청파동에 설치된 조선포로수용소까지 죄수복을 입히고 도보 행진을 시켜 모멸감을 주고 '백인 숭배사상'을 일소시키자는 의도로 자행되었다. 일본 경찰은 자카르타에서도 똑같은 방법으로 치욕의 행진을 시켰고, 그 대열에 장윤원이 있었다. 그 후 장윤원은 글로독에서 10여km 떨어진 스트루스윅 형무소(Struiswijk, 현 살렘바Salemba 형무소)에 다시 투옥된다.

당시 일본 제16군 헌병대의 모습. 현재는 인도네시아 국방부 청사로 쓰이고 있다

귀국을 미룬 희생정신

종전이 되자 장윤원은 살렘바 형무소에서 3년간의 수감 생활을 마치고 석방된다. 그러나 해방의 기쁨도 잠깐, 패전군에 대한 전범을 추궁한다는 루머가 돌기

시작한다. 피식민지 백성은 따로 구분될 것이라고 낙관하며 하루빨리 귀국선에 오르기를 기다렸다. 그러던 중 1945년 12월 11일에 싱가포르에서 열린 네덜란드와 영국의 비밀회담에서 '전쟁 범죄에 관한 한 조선인은 일본인으로 취급한다'라는 청천벽력 같은 소식이 전해진다. 특히 조선인 군속이 주로 근무하던 포로수용소와 민간인 억류소가 '조직적 테러의 온상'으로 낙인찍혀 헤어나기 힘든 수렁으로 빠져들기 시작했다. 조선인 중 62세로 최연장자이자 구 네덜란드 총독부의 고위 관료였던 장윤원은 오랜 수감 생활로 무너진 건강을 돌볼 틈도 없이 조선인 포로감시원들의 구명과 민간인들의 귀환 문제를 해결하느라 자신의 귀국조차 미루며 사방으로 뛰어다닌다. 그러나 결국 장윤원은 고문 후유증과 병마를 이기지 못해 1947년 11월 23일에 부인과 2남 3녀를 남겨둔 채 이역만리 자카르타에서 한 맺힌 생을 마감한다. 그의 부인 우이 항아는 1964년 60세를 일기로 자카르타 멘뗑 자택에서 눈을 감았다.

1930년대로 추정되는 장윤원의 가족사진(왼쪽부터 부인 우이 항아, 장녀 창포, 장남 남해, 차남 순일, 장윤원 선생)

인도네시아에 첫 '한인 뿌리'를 내린 장윤원의 후손들

아버지의 뜻을 이은 장남 장남해, 인도네시아 명문 대학의 초석을 다진 차남 장순일

말년의 노신사 장남해(1994)

1921년생인 장남 장남해는 부친이 일본 헌병대에 끌려갈 때 동행하였다가 함께 고초를 당한 아픈 기억을 안고, 감옥에 갇혀 있는 부친을 대신하여 가장 역할을 떠안는다. 1945년 9월 1일 자로 '재자바조선인민회'가 결성되자 100번째의 회원증을 발급받아 죽는 날까지 이를 간직하였다. 10㎝ 길이밖에 안 되는 작은 종잇조각이지만 그에게는 한국과 아버지를 자신과 연결할 수 있는 깊은 의미를 담고 있는 소중한 증표였다. 그는 후에 한인기업들이 다양한 업종으로 왕래하던 1980~1990년대에는 건설업종으로 진출한 모 기업의 현지인 파트너로 활동하기도 했으며, 한인들이 다니는 성당(St. Peter Canisius)에서 신앙생활을 하기도 하였다.

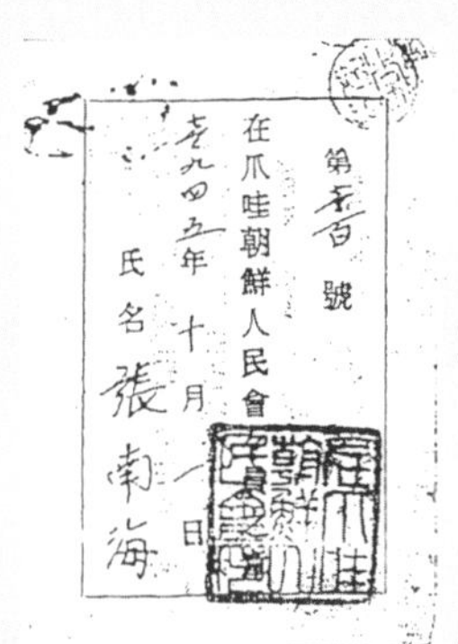

第壹百號
在爪哇朝鮮人民會
壹九四五年 十月 一日
氏名 張南海

장남 장남해가 100번째로 발급받아 죽는 순간까지 간직한 '재자바조선인민회' 회원증

1927년 10월 28일 자카르타에서 태어난 차남 장순일은 네덜란드의 유서 깊은 명문 대학인 델프트공과대학교 토목과를 졸업한 후 유학 시절 만난 화교계 여성 코 시옥 판(Kho Siok Pwan)과 델프트에서 결혼식을 올렸다. 1842년에 개교한 델프트공과대학교는 동인도회사에서 근무할 일꾼을 양성하는 것이 중요한 목표였다. 장순일은 '재네덜란드가톨릭대학생연합회'를 결성하고 초대 회장을 맡는 등 리더십을 발휘한다. 그리고 동부제도 플로레스(Flores) 출신인 프란스 세다와 함께 자카르타 지역 가톨릭계 청년 지

한국인의 후예 장순일이 학교 설립을 주도하고 공대 학장을 지냈던 아뜨마자야대학교

식인들의 재정적 후원을 이끌어내며 1960년 6월 1일, 아뜨마자야대학교를 설립한다. 이 대학은 자카르타 반뗑 광장 주변의 건물을 임차하여 개교하였다가 1967년 현재의 스망기(Semanggi) 캠퍼스로 이전하였다. 공과대학 학장을 맡은 장순일은 건축본부장을 겸임하며 오늘날 캠퍼스의 골격을 세우는 데 주역을 담당했다. 또 플루잇(Pluit) 소재 대학병원도 건립했다. 그 공로를 인정받은 그는 1989년 10월 12일 교황 바오로 2세가 학교를 방문하고 돌아간 후, 그다음 해 개교 30주년 행사에서 민간인에게 주는 최고 훈장 '실버메달(Equitem Commendatorem Ordinis Sancti Silvestri Papae)'을 로마 교황청으로부터 수훈한다.

1995년 자카르타에서 타계한 장순일은 '독립운동 망명자'로서 못다 한 부친의 유지를 이국땅에서 실천한 효자였다. 또 1남 3녀의 후손을 모두 지식인으로 키워낸 자랑스러운 한민족의 후예다.

장녀 장창포, 차녀 장방기, 삼녀 장평화

장녀 장창포는 일찌감치 일본 요코하마로 출가하였다. 그리고 1925년 3월 2일생인 차녀 장방기는 부친이 타계한 지 2년 후 병사하여 후일 장윤원 부부와 함께 자카르타 시내 따나 꾸시르(Tanah Kusir) 공동묘지에 합장되었다.

그리고 일본이 자바 지역을 점령한 해인 1942년에 늦둥이 막내딸이 태어났다. 형무소에서 딸의 탄생 소식을 들은 장윤원은 "내 평생 편할 날이 없었으니 너는 부디 평화로운 세상에서 살기 바란다"는 소원을 전하며 옥중에서 '평화(平和)'라는 이름을 지어주었다. 장평화는 인도네시아국립대학교(Universitas Indonesia, UI) 영문과를 졸업한 후 대학 조교로 근무하던 중 라와망운 지역에 위치한 부설 어학교육원의 '비파(BIPA) 언어 과정'에서 인도네시아어 교육을 받던 한국 공관원과 공관원의 배우자들을 만난다. 부친이 한국인이라고 전해 들은 한국 직원들은 장평화를 총영사관 비서로 채용하였다.

그 후 제3대 공관장으로 부임한 김좌겸 총영사의 배려로 1971년 9월 16일에 장평화는 꿈에 그리던 조국을 방문한다. 당시 《한국일보》는 「나는 한국인의 딸」이라는 제목으로 이를 기사화하였다. 김포공항 트랩을 내려 난생처음 모국 땅을 밟은 그녀는 아버지를 대신해 집안의 장손이자 조카가 되는 장준을 비롯한 친지들과 상면하였다.

교황 바오로 2세로부터 실버 메달을 수훈한 차남 장순일과 부인 코 시옥 판

장평화는 "아버지께선 꿈에도 고국을 못 잊으시다 떠나셨다. 아버지가 살아계실 때 늘 강조했듯이 나는 한국인의 딸이다. 이런 정겨운 모국과 친척이 있다는 감격에 말을 잇지 못하겠다"며 눈물을 글썽였다. 그리고 모국어를 빨리 배워 한국 남자와 결혼하고 싶다고 얼굴을 붉히며 소감을 밝히기도 했다. 그리고 그녀의 희망대로 3년 후인 1974년 3월에 자카르타 시내 성 마리아 대성당(Katedral St. Maria)에서 김좌겸 대사를 비롯한 많은 한인의 축복을 받으며 경북 문경 출신의 한 외교관과 백년가약을 맺는다. 1971년 장평화가 한국을 방문한 사실이 국내 일간지에 대서특필되자 인도네시아 진출을 고대하던 한 대학생이 편지를 보낸 것이 인연이 되어 성혼에 이르게 되었다. 그녀의 남편은 후일 파푸아뉴기니 대사를 지낸 여한종 씨다. 그는 외무부에 채용된 후 줄곧 주인도네시아 대한민국대사관에서 봉직하다 주 파푸아뉴기니 대사를 끝으로 공직 생활에서 은퇴하였다. 모국으로 돌아가는 남편을 따라 다시 조국의 품에 안긴 장평화는 15년간 한국에서 여생을 보내다 74세가 되던 2016년 10월에 경기도 성남시 분당 자택에서 생을 마감하였다. 그의 평생 동반자였던 남편 여한종 씨도 4개월 후에 같은 장소에서 눈을 감았다.

신혼 시절 한복을 곱게 차려입은 장평화와 여한종 부부

②

태평양전쟁의 희생자와 고려독립청년당의 저항운동

조선인 포로감시원의 집단 이주와 민간인의 이주

태평양전쟁 초기 일본은 동남아시아에서의 잇단 승리로 영국, 네덜란드, 오스트레일리아, 미국 등 수십만 명의 연합국 포로를 억류한다. 육군성에 포로정보국을 설치하고, 1942년 5월에는 포로들을 관리하기 위해 '특종 부대'에서 일할 조선인 군속 채용 공고를 낸다. 응모 자격으로는 '국졸 이상, 계약 기간 2년, 2개월 훈련, 연령 20~35세'로 제한되었으며, '혈서 지원', '지원자 쇄도'라는 과장된 신문 기사를 게재하며 지원을 유도하였다. 일본이 온갖 방법으로 모집한 인원은 보통학교(초등학교)를 나와 농업에 종사하던 청년이 대다수였고, 간혹 영어를 구사할 수 있는 고학력자도 일부 특채되었다.

1차 심사에 통과된 3,223명의 지원자는 1942년 6월 15일부터 부산 서면 '임시군속교육대'에서 2개월간의 혹독한 군사훈련을 받았으며, 이 중 3,065명이 최종

통과했다. 이들은 10여 척의 화물선으로 구성된 수송단에 나눠 타고 1942년 8월 19일 부산항 제3부두를 출항한 지 25일 만에 1,408명이 자카르타 딴중 쁘리옥항에 도착하였다. 이는 조선인 최초의 인도네시아 '집단 이주'로서 의미가 있다. 1,400명이 넘는 한인이 한날한시에 같은 배를 타고 자바 땅을 밟았고, 그중 다수가 전쟁에 희생되어 조국으로 돌아가지 못한 채 이 땅에 잠들었다. 그렇게 한국과 인도네시아의 역사적 조우는 시작되었다.

딴중 쁘리옥항에 도착한 조선인 군속들은 제16군 연병장에서 신고식을 마친 후 각자의 근무지로 배치된다. 당시 일본군은 자카르타에 자바 전역을 관할하는 '자바 포로수용소 총분소'를 두고 반둥에 제1분소, 찔라짭(Tjilacap)에 제2분소, 수라바야에 제3분소, 말랑에 제4분소를 설치하였다. 자카르타 지역에는 4개 분견소가 있었으며, 자바 전 지역에 걸쳐 20여 개의 분견소가 산재해 있었다.

훈련 중인 조선인 군속들
(사진 제공 : 정종관 군속)

당시 소수의 민간인도 자바 땅을 밟은 것으로 전해진다. 동맹통신사(同盟通信社) 파견원인 최호진, 송병기, 박승욱, 신경철 등이 그들이다. 그리고 남부 수마트라 팔렘방(Palembang) 지역에는 미쓰이와 미쓰비시가 관리하던 농원 종사원으로 동원된 소수의 조선인이 있었다. 실제로 1946년 4월 중순부터 귀국선을 타기 위해 재자바조선인민회에 집결한 조선인은 1,300여 명의 군속을 포함해 민간인, 선원, 항만 노역자인 군부, 간호원, 군위안부 등 총 3,000여 명에 달했다. 군속은 포로감시원이 대부분이었으나 영화감독 출신의 군정감부 선전부 소속이었던 '허영' 같은 문관 신분의 간부직도 있었다. 문관직은 군정 업무를 수행하기 위한 각 분야의 민간인 전문가 집단으로 약 300명이 인도네시아로 건너왔다.

1,408명의 군속이 인력수송선으로 급조한 화물선 브리스베인호(Brisbane Maru)를 타고 딴중 쁘리옥항에 도착하였다.

일본군에 대한 저항의 시작과 김주석 탈주 사건

자바 점령군의 주력 부대인 일본군 보병 제2사단은 솔로몬제도 남부 과달카날 전투에 참전하였다가 미 해병대에 궤멸된다. 조선인 군속은 악화되는 전황으로 보급 수단이 단절되고, 암본, 마우메레 등 동부제도의 비행장 건설 현장에 동원되었다가 연합군의 공습을 당하거나 풍토병으로 많은 희생자가 발생했다. 인도네시아에 오기 전 약속한 2년의 근무 계약은 이행되지 않았고, 일본군의 비인간적 대우와 민족 차별이 노골화되자 조선인 포로감시원들의 불만과 저항이 집단행동으로 표출되기 시작한다. 더욱이 태평양을 건너 샌프란시스코에서 들려오는 한국어 라디오 방송은 이들의 불만을 증폭시켰다. 변봉혁처럼 영어가 통하는 군속이 전황을 전하기도 하였는데, 일본이 연전연패하고 있다는 소식이 암암리에 유포되면서 인도네시아 지하조직, 이슬람 단체, 민족지도자들의 동향에도 변화가 감지되었다. 조선인 군속들도 계속해서 일본군에 노골적인 항명과 저항을 했으며, 누군가 건드리기만 하면 곧 터질 것 같은 일촉즉발의 분위기가 감돌았다.

그즈음인 1944년 10월 7일, 태국 서북부 국경지대인 치앙마이 포로수용소 소속 조선인 포로감시원인 김주석이 연합군 포로들과 모의해 중국으로 탈출하려다 체포되어 처형된 사건이 발생한다. 김주석은 애초 자바 포로수용소 소속으로 근무하다가 태면철도 건설 감시요원으로 동원된 사람이었다. 충남 보령 출신으로 서울 선린상고를 거쳐 중국 불교대학을 나온 지식인으로 당시 27세의 열혈 청년이었으며, 자바에 근무할 당시 후일 고려독립청년당(高麗獨立青年黨) 창당을 주도한 이억관(이활, 1907~1983)이 거사 동지로 미리 점찍어놓은 인물이었다. 김주석은 자기가 관리하던 영국군 포로 3명, 호주군 포로 2명과 함께 수용소를 집단 탈출하였으나 버마 쪽 연합군 부대로 가자고 고집하는 포로들과 중국 쪽 대한민국임시정부로 가기를 원한 김주석의 의견이 엇갈려 중도에서 각자의 길을 선택하였다. 그러나 추격하는 일본 헌병대에 모두 체포되어 1945년 2월 19일 군법회의에서 사형을 선고받고 처형되었다.

대한민국 해외독립운동사에 큰 획을 그은 고려독립청년당 결성

'김주석 탈주 사건'은 일본군에 큰 충격을 안겨주었다. 이에 대한 대책으로 조선인 군속의 해이한 기강을 바로잡는 교육이 실시된다. 이 과정에서 고려독립청년단이 결성되기에 이른다. 2011년 국가보훈처에 제출한 「공적조서」 내용을 참조하여 고려독립청년단의 결성 과정을 소개하면 다음과 같다.

일본군은 한 달간의 일정으로 1944년 11월 25일부터 200여 명의 조선인 군속을 소집하여 중부 자바 수모워노(Sumowono)면에서 재교육을 한다. 수모워노면은 암바라와읍에서 약 17.5km 떨어진 해발 1,000m의 고원지대다.

이억관은 1942년 9월 14일, 인도네시아 자바의 딴중 쁘리옥항에 도착한 1,400여 명의 한인 청년 중 한 사람으로 부산에서 2개월간의 훈련을 받고 군속으로서 연합군 포로감시원이 되었다. 같은 연합군 포로감시원으로 근무하던 이억관과 김현재는 일제의 패망을 예견하고 한인 동료들과 연합군을 돕는 항일운동 조직을 결성하기로 계획했다.

한 달간의 재교육이 끝나는 마지막 날인 1944년 12월 29일 밤 11시, 웅아란 산(Gunung Ungaran) 중턱에 위치한 수모워노 임시교육대 취사장에서 심상치 않은 일이 벌어졌다. 10명의 조선인 군속이 비밀리에 모여 칼로 벤 왼손 새끼손가락으로 '고려독립청년당 혈맹 동지' 밑에 각각 자신의 이름을 써 내려갔다. 이들은 나지막한 목소리로 당가(黨歌)를 3절까지 부른 후 감격에 겨워 서로 부둥켜안고 눈물을 흘렸다. 이억관 총령은 고려독립청년당의 강령, 선언문, 당가를 직접 작성하였다. 당가는 김현재가 작곡하였다. 이는 인도네시아 자바 섬에서 결성된 비밀결사조직인 고려독립청년당이 탄생하는 순간이었다. 대한민국 해외독립운동사의 굵직한 한 페이지를 장식하는 역사적 사건이었다.

『고려독립청년당 운동사』 표지

12월 30일 자카르타로 돌아온 혈맹당원들은

조직 확대에 적극 나섰다. 자카르타 지역에서만 13명의 새로운 당원이 바로 등록하였다. 특히 반둥 지구당에 가입한 김두삼, 안승갑 두 군속은 감시원으로 있을 당시 호의를 베푼 화교계 포로 정지춘의 적극적인 협조를 얻으며 활동하였다.

• 후세가 잊지 말아야 할 고려독립청년당 10인의 혈맹동지 명단 •

이름(한자)	직책	출생년도/출신지	훈격
이억관(李億觀) 일명 이활 본명 이운종	총령	1915/경기	건국훈장 애족장
김현재(金賢宰)	군사부장	1916/전남	건국포장
임헌근(林憲根)	조직부장	1919/충북	건국포장
이상문(李相汶)	스마랑지부장	1917/전남	건국포장
손양섭(孫亮燮)	암바라와지부장	1921/충남	건국훈장 애국장
조규홍(趙圭鴻)	암바라와부지부장	1920/강원	건국포장
문학선(文學善)	자카르타지부장	1919/황해	건국포장
백문기(白文基)	자카르타부지부장	1921/전남	건국포장
박창원(朴昶遠)	반둥지부장	1920/충북	건국포장
오은석(吳殷錫)	반둥부지부장	1921/황해	건국포장

용맹했던 고려독립청년당 총령, 이억관을 아시나요?

이억관은 1912년 경기도 파주군 임진면에서 출생하여 중학교를 졸업하고 조선총독부 공무원으로 사회생활을 시작하였다. 경성 서대문형무소 간수 생활을 끝으로 혼자 북만주로 향한다. 그는 독립군 입단을 타진하였으나 실현되지 않자 호구지책을 위해 용정(龍井) 인근의 동포 자치 마을에 입소하여 마을 사람들의 보건위생과 훈육을 담당하였다. 1942년 중반 잠시 고향으로 돌아가 휴식을 취하던 중 우연히 '남방 지역 파견 포로감시원 모집' 광고를 보고 진로를 바꿔 자바 땅을 밟는다. 중국어에 능통했던 그는 자카르타 거주 화교들과 독립운동을 위한 제휴를 추진하며 화교계 통신기술자인 오당(吳棠)을 소개받는다. 이억관은 오당과 협의해 화교들의 통신망을 이용하도록 허락받았고, 이를 통해 그의 부친이 중국 국민당 산하의 비밀결사조직인 남의사(藍衣社)와 연계되어 일본 헌병대에 구금되어 있다는 사실도 알게 된다. 협의를 마치고 집을 나설 때 오당의 여동생인 오결정(吳潔貞)이 이억관 일행을 친절히 배웅하였는데, 이를 인연으로 종전 후 둘은 혼인하였다.

고려독립청년당 총령 이억관(이활, 본명 이운종)은 인도네시아 한인들이 잊지 말아야 할 인물 중 한 사람이다.

이억관은 충칭(重慶) 대한민국임시정부와도 연결되어 김구 주석으로부터 고려독립청년당을 공식 승인한다는 친서와 태극기를 전달받았다. 이 태극기는 1945년 9월 1일 자카르타에 '재자바조선인민회'가 결성되었을 때 민회 건물 앞에 당당히 게양되었다.

고려독립청년당의 1차 거사 : 암바라와 의거

고려독립청년당 결성 이후 1945년 1월 4일 중부 자바 암바라와(Ambarawa)에서 당원 손양섭이 규합한 민영학, 노병한 등 3명이 일본군, 군속, 어용상인을 사살하는 의거를 일으킨다.

1944년 3월 중부 자바 암바라와 지역에는 연합군 포로를 구금하는 분견소와 민간인을 수용하는 억류소가 6군데나 설치되면서 포로감시 업무를 담당할 조선인 군속이 전입되었다. 암바라와면에서 마글랑(Magelang), 족자카르타(Jogjakarta) 방향으로 가는 도로 우측에 성 요셉 성당의 뾰족탑이 높게 솟아 있는데, 암바라와의 상징물이라고도 할 수 있는 성당 건물과 부속시설이 당시 연합국 민간인을 구금하는 억류소로 쓰이고 있었다. 정식 명칭은 '자바 포로수용소 및 억류소 스마랑 제2분견소'였다. 성당 건물 뒤편에 길게 늘어서 있는 건물에는 네덜란드인 부녀자들만 수용되는 제1억류소가 있었다. 이 억류소는 조선인 군속이 감시하고 인도네시아 병보(兵補)들이 군속을 보조하고 있었다.

그런데 1월 4일 자로 고려독립청년당 혈맹당원인 손양섭과 민영학, 노병한 군속에게 갑자기 말레이 포로수용소로의 전출 명령이 떨어졌다.

세 사람은 혹시 고려독립청년당 조직이 일본군에 누설된 것이 아닌가 의심하였고, 다음 날 전출자들은 스마랑 분소로 향하는 차 안에서 반란을 일으켜 자동차를 탈취하고는 암바라와 분견소에 있는 무기고로 들어갔다.

고려독립청년당 결성지였던 수모워노 교육대 자리. 현재 육군사관학교 보조 훈련시설로 이용되고 있다.

손양섭은 기관총을, 민영학과 노병한은 실탄을 들고 소장 관사로 쳐들어가 기관총을 발사하였다. 어용상인, 형무소장을 사살하던 중 민영학이 평소 앙숙이었던 나카자와 중사의 총탄을 맞고 하복부와 왼쪽대퇴부에 치명상을 입었다. 그는 옥수수밭으로 피신하였다가 동료들의 탈출을 용이하게 만들기 위해 결국 자결하였으며, 일본군에 쫓겨 위생창고 안으로 들어간 손양섭과 노병한은 조선인 동료들을 불러 마지막 인사를 고한 뒤 서로에게 방아쇠를 당겨 최후를 맞았다.

암바라와 의거 현장인 성 요셉 성당. 말레이로 전출 가던 포로감시원 민영학 등 3인은 방향을 돌려 이 성당 앞에서 트럭을 탈취하여 거사를 시작한다.

이상은 2008년 국가보훈처에 제출된 '건국훈장' 청원서에 기술된 손양섭, 민영학, 노병한 3인의 「공적조서」 내용에 나온 공통 사항이다. 이들 조선인 군속의 반란 사건은 암바라와를 뒤흔들어놓았을 뿐 아니라 일본군 지휘부에 심각한 타격을 안겼다. 일본 헌병대는 '제2차 반란'을 예견하고 요주의 인물 명단에 오른 조선인들을 자바 헌병대에 분산 감금하며 배후 세력을 캐기 시작했다. 헌병대가 파악한 진상은 전출 명령에 대한 불만과 애정 문제이지만, 근본적으로는 2년의 계약 기간 만료에도 불구하고 귀국하지 못한 것에 대한 불만, 일상적인 차별대우, 민족 감정에 기인한다는 결론을 내렸다. 거기에 일본의 패전이 임박하자 일본인에 대한 보복과 멸시감도 작용하였다. 게다가 '카이로선언'에서 '조선의 독립 보장'이 언급되면서 이제 해방이 멀지 않았다는 정보가 널리 유포된 것도 간과할 수 없는 요인이었다. 불에 기름 붓는 격으로 고려독립청년당의 결성은 이들 3명에게 직접적 활력과 용기를 불어넣었다. 암바라와 의거는 고려독립청년당 조직에 바탕을 둔 거사의 신호탄이었다는 점에서 해외독립운동사에서 역사적 의미가 크다고 할 수 있겠다.

고려독립청년당의 2차 거사 : 수미레 마루호 탈취 계획

암바라와 의거 후 일본군은 한인 군속들의 저항이 다시 일어날까 두려워 대규모 전속을 실시하였다. 이때 고려독립청년당에서는 딴중 쁘리옥항에 정박 중인 수송선을 탈취하기로 계획하고, 군사부장 김현재를 총지휘자로 결정했다. 그러나 이 계획은 일본군에 사전 발각되어 고려독립청년당의 전모가 드러나게 되었다.

한편 3명의 당원이 장렬한 최후를 맞았다는 보고를 접한 이억관 총령은 1월 7일 간부들을 소집하여 암바라와에서 일으킨 반란을 '고려독립청년당 제1차 거사'로 규정하고, 곧이어 2차 거사를 계획하였다. 다름 아닌 '스미레 마루호 탈취 기도' 사건이었다. 포로와 감시원들을 운송하는 수송선을 탈취하여 연합군과 가까운 인도양 쪽으로 탈출시키자는 계획을 세우고 즉시 행동을 개시하였다. 수송될 포로들은 자카르타 제5분견소에 구금되었던 영국군과 네덜란드군 장교들이었다. 이 중에는 일본어 통역을 맡은 봉가르틴 대위도 있었다. 박승욱은 찌마히(Cimahi) 수용소 시절부터 그와 잘 알고 지냈으므로 수송선 탈취 계획을 전했다. 봉가르틴 대위는 그 길로 동료들과 접촉한 후 충분히 승산이 있다며 거사에 동조할 것을 통보해왔다. 수송선 탈취 계획 총지휘는 군사부장 김현재가 맡고 변봉혁이 보좌하기로 했다.

1월 8일 수미레 마루호는 1,200여 명의 포로와 30명가량의 감시원을 싣고 싱가포르를 향해 출항할 계획이었다. 그런데 출항 당일 딴중 쁘리옥항에 도착하니 담당 인솔 지휘관 외에도 여러 명의 일본군 장교가 증원되어 있었으며, 하사관과 사병이 30명 이상 집결해 있었다.

승선하는 사람들의 소지품 검사도 철저히 진행되고 있었다. 어찌된 일인가? 승선을 마치자마자 포로는 물론 군속들까지 전원 선실 내부에 감금되었다. 일체 갑판으로 나가는 것이 허용되지 않았다. 배도 곧바로 싱가포르로 가지 않고 자카르타 앞바다를 빙빙 돌고 있다는 느낌을 받았다. 배 안에서 무슨 일을 벌이는지 지켜보는 것이었다. 다음 날 아침이 되어서도 배는 운항하지 않았고 머리 위로 정찰기들이 선회하였으며, 선실에는 일본군 경비병들이 뻰질나게 들락거렸다. 김현재는 봉가르틴 대위에게 거사를 강행할 것을 통보하였으나 유럽인 포로들은 분위기가 심상치 않게 돌아가는 것을 눈치채고는 겁에 질려버렸다. 그리고 영관급 영국군 장교가 거사 중지를 통보해왔다. 결국 고려독립청년당의 두 번째 거사인 '수송선 탈취 계획'은 물거품이 되고 말았다.

다음 날 수송선은 싱가포르항에 도착하였다. 싱가포르에 도착한 당원 6명 중 4명은 싱가포르 창이(樟宜) 포로수용소 본소로 배치되었고, 박창원은 말레이반도 끝에 위치한 조호르(Johor) 분견소로 배속되었다. 이들은 주 1회 정기 외출일에 모여 말레이반도의 항일 중국 단체나 공산권과 제휴하여 다시 거사를 추진하는 방법 등 여러 대안을 검토하였다. 그러나 3월 1일에 갑자기 당원들이 전원 체포되었다.

고려독립청년당의 움직임은 이미 일본 헌병대의 정보망에 걸려들었고, 자바 지역에서 이억관, 조규홍, 이상문, 지주성, 박승욱 등이 차례로 체포되었다. 싱가포르로 전출된 당원 6명마저 전원 체포되어 5월에 자카르타로 압송되었다. 이억관은 취조를 받는 과정에서 동료 군속인 신재관이 기밀누설자라는 사실을 알게 되었다. 그는 제빵기술자로 영외에 거주하며 현지처를 두고 있었다. 헌병대는 이를 약점으로 잡아 내부 누설자로 활용한 것이었다. 당시 자바의 화교 사회도 일제 협력자들을 처단하고 있을 때여서 신재관을 처단해야 한다는 주장이 나왔지만, 이억관을 비롯한 집행부는 이역만리에서 함께 불우했던 동포를 죽일 수 없고 마침 고국에서도 '친일파 처단론'이 대두하고 있으니 고국에 돌아가 정부의 판단에 맡기자고 의견을 모았다.

1945년 7월 21일, 자카르타 주둔 일본 육군 제16군 군사법정에서 10명의 조선인 군속에 대한 검찰의 논고가 낭독되고 있었다. 검찰의 구형이 끝나고 재판관 기타(木田庫之助) 대위의 선고가 떨어졌다. 총령 이억관에게 징역 10년, 김현재 8년 6개월, 이상문 · 조규홍 · 문학선 · 박문기 · 박창원에게 각각 징역 7년이 구형되고, 오은석과 박승욱은 집행유예를 받았다. 사형을 면하고 예상외의 가벼운 형량을 선고받자 당원들은 의아해했고, 그것이 패전이 임박했기 때문이라는 암시를 받았다. "아! 이제 조국이 독립하는구나." "조국으로 돌아갈 수 있겠구나." 그즈음 자카르타를 비롯한 인도네시아 방방곡곡에서도 "머르데까, 머르데까(Merdeka, 독립)!"라는 만세 구호를 외치며 시민들이 거리로 쏟아져 나와 해방을 자축하고 있었다.

애환의 역사를 품은 고려독립청년당의 해산

이억관을 비롯해 수감되었던 고려독립청년단 혈맹당원은 옥고를 치르다가 해방된 지 20일이 지난 9월 4일에야 석방되었다. 때마침 3일 전에는 재자바조선인민회가 창설되어 귀국을 앞둔 조선인들의 구심점이 되었다. 귀국의 희망에 들뜬 한인들이 민회로 몰려들었다. 암바라와 의거 당시 인근 수라까르따(Surakarta) 억류소에 근무하던 이상문은 자결한 동지 3인의 유골을 수습하기 위해 11월에 단신으로 암바라와를 찾아가 병보 출신 현지인과 화교들의 협조를 받았다. 이상문은 유골을 수습하여 간소한 위령제를 지내고 스마랑에 남아 '재스마랑조선인민회' 제2대 회장이라는 직책을 맡았다. 이때는 벌써 영국군과 네덜란드군을 상대로 인도네시아 정부군이 독립전쟁을 시작하여 중부 자바 지역은 전화(戰禍)에 휩싸여 있었다. 이상문은 전화 속을 뚫고 다음해 1월에 다시 자카르타로 돌아왔고, 장렬히 최후를 맞은 동지들을 위한 '제1주기 추도식'이 재자바조선인민회 주최로 1946년 1월 6일 민회에서 거행되었다. '고려독립청년당'은 이날을 기점으로 정식 해산되었다.

고려독립청년당 사건 재판 장소. 현재 자카르타 주청 별관으로 쓰고 있다.

자바 포로수용소 최후의 생존자, 이상문

30년 동안 16번에 걸쳐 끈질기게 수훈 청원

1946년 4월 13일, 고려독립청년당 스마랑지부장이었던 이상문은 조국으로 돌아가는 줄 알았던 귀국선이 싱가포르에서 멈추면서 전범 조사를 받았다. 그 후, 다시 자카르타로 돌아가 글로독 수용소와 찌삐낭 수용소에 수감되어 대면 조사를 받았다. 중노동과 굶주림의 극한 상황 속에서 1년여 세월을 보내고 최종적으로 무혐의 처분을 받은 뒤 1947년 2월이 되어서야 히로시마에 도착하였다. 인근 우지나(宇品)항에 상륙하여 DDT 소독약을 머리에서부터 뒤집어썼지만 폐허가 되어버린 히로시마 시내를 바라보며 패전국의 종말이 어떤 것인지를 실감하였다. 고향으로 돌아간 이상문은 훗날 전남 구례 군수를 역임할 정도의 지역 명망가가 되었다.

이상문은 1920년생으로 포로감시원을 지원하며 다른 동료들처럼 부산 서면에서 훈련을 받았다. 포로감시원 신분이라면 포로 감시에 관한 훈련이나 관련 법규를 가르쳐야 타당할 텐데 훈련 기간 내내 황민화의식 주입과 총검술 같은 군사훈련에만 치중하였다. 실제로 일본은 포로에 대한 보호, 인도적 취급, 포로의 권리 등을 규정한 '제네바조약'에 조인했으나 비준하지 않고 '준용'한다는 애매한 입장만 취하고 있었다. 이상문은 자바 땅을 밟은 초기에는 반둥분소 예하 찌마히 제2분견소 소속이었으나, 암바라와 의거 당시에는 스마랑 분소 수라까르따 억류소에 배속되어 있었다. 2년의 근무 기간 동안 월 50엔의 급료를 받았으나 2년 근무 기한을 넘기고 무기한 근무를 강요당했다. 이런 와중에 이상문은 1월 15일 자로 군속 계급 중 최말

이상문 씨가 2013년 8월 13일 방영된 KBS 〈시사기획 창-적도에 묻힌 이름〉에 출연하여 마지막 증언과 인터뷰를 하고 있다.

단인 '용인'에서 차상위 계급인 '고원'으로 승급되었다. 이 신분상의 차이 때문에 결국 전범 재판에서 일본인을 대신하여 희생양이 되었는지도 모른다.

자바 포로수용소 소속의 군속 중 최후의 생존자인 그는 1976년부터 30년 동안 16회에 걸쳐 끈질기게 수훈 청원을 한 결과, 암바라와 의사 3인은 2008년에 '건국훈장 애국장'을, 고려독립청년당 혈맹당원 나머지 9명은 2011년에 모두 '건국훈장 포장'을 수훈했다. 최장수 생존자였던 그만이 살아생전에 직접 수훈하였고, 국가보훈처 창고에서 잠자던 이억관 총령의 훈장은 KBS 〈시사기획 창〉 팀의 끈질긴 노력으로 2013년 조카손주인 이병국에게 전수되었다. 그때 이억관의 본명이 '이운종'이며, 1983년 홍콩에서 별세하였음이 밝혀졌다. 이상문은 천수를 누려 2년 후인 2015년에 타계했다. 95년의 굴곡진 인생 여정이었다.

일본군과 맞선 반둥의 무법자, 역사 앞에 진실 증언을 강조한 우국지사 '박창원'

고려독립청년당 혈맹당원 중 반둥지부장을 지낸 박창원은 키가 훤칠하고 눈동자가 해맑은 열혈 청년이었다. 중학교 2학년을 중퇴하고 충북 고향에서 농사일을 거들던 중 포로감시원에 지원하였다. 자바 포로수용소 소속으로 처음 배치받은 곳은 자바 섬 남단 도시 찔라짭 제2분소로 동료 조선인 군속 50여 명과 함께였다. 그러나 영화 〈콰이강의 다리〉로 잘 알려진 '태면철도' 건설공사에 대다수 인원이 동원되는 바람에 제2분소는 폐쇄되고, 박창원을 비롯하여 남은 인력은 1943년 3월부로 서부 자바 반둥분소로 전출되어 종전 때까지 근무한다. 박창원은 일본 경찰들과 잦은 싸움을 벌여 영창에 드나들기도 했던 '반둥의 무법자'였다. 그는 2차 거사인 '스미레 마루호 탈취 계획'이 실패한 뒤 헌병대 조사를 받고 다시 자카르타로 압송되었다. 군법회의에서 7년을 선고받은 법정에서 "변호인 없는 재판은 무효"라고 외치며 일본군에 저항하였다. 광복을 불과 20일 앞둔 시점이었다.

박창원은 귀국 후 포로감시원 출신 모임인 '토요회' 총무를 맡았으나 병고를 이기지 못하고 80세에 폐암으로 작고한다. 임종 시에 아무에게도 알리지 말고 화장해서 고향 산천에 뿌려달라고 유언했다. 국토가 온통 비애국자의 시신으로 오염되어가는데 그런 혐오스러운 곳에 같이 묻힐 이유가 없으며, 아름다운 강산을 보호해야 하지 않겠느냐는 의미심장한 유언을 남겼다. 그는 유공자 포상 문제와 관련하여 동료 군속들이 국가기관에 진실한 증언을 회피하고 자신들의 사리사욕을 위해 처신하는 행태와 국가 조사기관에 사실 여부를 정확히 파악하여 옥석을 가리기보다는 '분에 넘치는 요구'를 하는 처신을 보며 분통을 터트렸다. 게다가 가짜 독립운동가까지 날뛰는 현실을 보며 결국 한 맺힌 응어리를 풀지 못한 채 눈을 감고 말았다.

③

인도네시아로 강제 동원된 조선인 군위안부

서부 자바 반둥 근교 수까미스낀(Sukamiskin) 수용소 출신 김만수 군속은 인도네시아에 남은 잔류자로 종종 조선인 출신 군위안부들의 상담역을 해주었다. 그 외 다른 군속들의 증언에 따르면 1942년 8월 16일에 문을 연 자카르타 소재 제6위안소에서 조선인 출신 여성 7명이 생활했으며, 동부 자바 수라바야 지역 공장에서도 40여 명이 거주했다고 한다. 위안부 운영은 점령부대인 제16군사령부 병참부의 인 · 허가에 의해서만 가능했다는 문건이 나오는 것으로 보아 일본군이 직간접으로 위안부 운영에 관여했음을 짐작할 수 있다.

자바 현지에서 사망한 조선인 위안부, '신현O'

2009년 발간된 『인도네시아 동원여성명부에 관한 진상 보고서』에 따르면 자카르타와 자바 지역으로 동원된 위안부 6명에 대한 인적 사항이 나온다. 이 중 충남 서산 출신 '신현O'는 1942년 3월에 취업을 미끼로 일본 경찰에 유인된 후 자카르타로 끌려가 2년 반 동안 거주하다가 1944년 8월 19일 자카르타 '끄로엔센쁠레인(Kroensenplein) 6-20번지'에서 사망한 것으로 확인된다. 1944년 11월에 동거자인 우에다(上田泰)가 신고했는데, 그는 위안소의 관리자로 추정되며 사망 원인에 대해서는 별다른 기술이 없다. 그녀가 사망한 주소지의 대략적인 위치는 자카르타 대통령궁 전면에 있는 현재의 '메단 머르데카 광장(Medan Merdeka)' 동남쪽 블록으로 보이며, 지금의 호텔 보로부두르(Hotel Borobudur) 자리에 일본군 부대가 위치하였다는 지역 주민 프리다(Frida) 할머니의 증언과 부합하여 그 주변에 군위안소가 설치된 것으로 추정된다. 이 장소는 신현O가 사망한 주소일 가능성이 매우 높다.

일본 정부가 작성한 '강제동원 피해자 명부'에 드러난 군위안부 신현O에 관한 사망 기록

암바라와 일본군 군위안소 알린 정서운 할머니의 증언

"애국봉사단에 입단하라"는 동네 이장의 회유에 넘어가 1938년에 중국 광둥성을 시작으로 자바 섬 스마랑으로 끌려간 정서운(1924~2004) 할머니는 생전에 직접 증언한 육성 녹음에 의하면 당시 '암바라와 위안소'에 체류한 것으로 추정된다. 13명의 여성이 함께 끌려왔고, 종전 후 살아남은 여성은 고작 6~7명이었다.

이후 해방이 되자 싱가포르에 집결하였다가 1946년 4~5월경에 부산항을 통해 귀향했다. 정 할머니는 성노예 위안부를 부정하는 일본 정부 앞에 "내가 스마랑 암바라와 지역의 일본군 위안부"라고 폭로했다. 암바라와 일본군 군위안소는 현존하는 수용소 유물로 현재 인도네시아 정부가 관할하고 있다. 하지만 시설물은 안타깝게도 70년 이상 방치된 탓에 흉물로 변해 있다. 향후 전쟁 유적지로서 보존이 시급해 보인다.

1992년 처음으로 일본군 위안부 피해자였다는 사실을 공개해 국내외적으로 여론을 확산시킨 고(故) 정서운 할머니의 생전 모습(사진 제공 : 도서출판 동쪽나라)

자바 지역 이외의 조선인 군위안부

해방 직후 귀국선을 타기 위해 재자바조선인민회에 집결한 조선인들은 포로감시원과 민간인으로 구성되어 있었다. 민간인 그룹 중 여성은 군위안부 출신과 일본군에 의해 간호사로 위장된 군위안부가 다수 포함되었다. 민회가 소재한 자카르타 주변뿐 아니라 군부대 주둔지인 수마트라, 술라웨시, 동부제도까지 곳곳에 조선인 위안부의 흔적이 남아 있다.

일본 육군 제25군이 관할하던 수마트라 지역에도 다수의 위안소가 있었으나 관련 일본군 문서는 발견되지 않았다. 연합군 측 자료에 간략하게 언급되어 있을 뿐이다. 하지만 남부인 팔렘방 지역 6곳의 군위안소와 북부 수마트라 벨라완(Belawan)에도 공식적인 군위안소가 있었다는 호주 간호부의 증언이 있었다. 특히 암본은 주요 해군기지가 들어서 있던 만큼 많은 해군 병력이 주둔해 있었고 중국인, 대만인, 조선인은 물론 현지인 위안부들이 있었다.

정서운 할머니가 거주했을 것으로 추정되는 암바라와 군위안소. 현재 주둔군 관할로 되어 있으나 아직 방치되어 있다.

1945년 10월 18일에 발족한 남부 수마트라 '팔렘방조선인회' 명부 직업란에는 위안소 관리인으로 11명의 조선인이 명기되어 있다. 이는 조선인이 군위안소를 운영한 경우이며, 그들이 고용한 위안부의 국적은 조선인, 일본인, 인도네시아인으로 나온다.

다음은 『남방 조선출신자 명부』에 기재된 12명 중 유일하게 '진상규명위원회'와 면담(2005.4.14)이 가능했던 강도아 씨의 사례를 소개한다.

1923년 경남 하동 출신인 강도아는 집안의 장녀로서 "돈 많이 번다"는 일본인의 유혹에 넘어가 부산에서 시모노세키를 거쳐 대만에 도착했다. 빨래나 청소를 하는 줄 알고 온 그녀는 군위안부로 차출됐다. 위안부 모두가 조선 여성이었다. 군위안소 업자와 군인에게 구타와 체벌을 당했고 배를 곯는 일은 다반사였다. 그리고 3년 후 인도네시아 발릭빠빤(Balikpapan)으로 옮겨졌다. 그곳은 해군위안소로 위안부 전원이 조선인이었고, 관리자는 모두 일본인이었다. 군위안소 업자는 나중에 돈을 모아준다고 했지만 단 한 번도 받지 못했고, 겨우 식사와 옷가지만 받았다. 전쟁이 끝나자마자 강 씨는 병원으로 불려가 연합군이 오기 전에 간호복을 입도록 강요당했다. 간호원으로 위장하기 위해서였다. 강도아 씨는 몇 달 후 인도네시아인의 도움으로 귀국선을 탈 수 있었다.

④

종전 그리고 재자바조선인민회 결성

종전(終戰), 또 다른 시련이 오다

1945년 8월 12일 오전 10시. 수카르노, 하타, 라지만 3인이 이끄는 '독립준비위원회' 지도부는 싱가포르에 불시착하는 위험을 넘기며 베트남 달랏(Dalat)에 도착한다. 달랏은 동남아시아 점령지를 관장하는 일본 남방총군사령부 본부가 위치한 곳으로, 그곳에서 데라우치 남방총군사령관과 대면한다. 데라우치는 수카르노 일행에게 "지금이라도 귀관들이 원하는 대로 할 수는 있지만 서두를 것 없이 8월 24일 독립선언을 해줬으면 좋겠다"라고 제안한다. 그러나 이들이 귀국하자 인도네시아 청년 그룹의 대표들은 외세의 개입 없이 내일 당장 '독립선언'을 실행하라고 압력을 넣는다. 결국 협상 끝에 8월 17일 새벽녘 수카르노와 하타가 주도하여 단 두 문장으로 된 독립선언서 초안을 작성하고 오전 10시 수카르노가 자택 앞마당에서 독립선언서를 낭독한다. 하지만 350년 동안 인도네시아를 지배한 네덜란드가 재통치의 야욕을 품고 재진주한다. 해방된 조국의 품 안에 안기고자 하루빨리 귀국선에 오르기를 고대하던 조선인 출신 군인, 군속, 민간인은 좌절했다. 특히 '전범 색출'과 직접 관련된 포로감시원 출신은 또 다른 시련에 빠진다.

민회 결성의 산파 역할한 장윤원과 허영

1945년 9월 11일 자로 맥아더 사령부는 전범 체포를 명령했다. 이 소식을 접한 조선인 군속은 큰 혼란에 빠졌다. 우선 일본군과 조선인과의 차별화를 내세우기 위해 자치단체 결성을 서둘렀다. 나중에 밝혀졌지만, 이때 일본군이 패전한 이상 조선인은 즉각 석방해야 한다고 일본 당국에 독촉한 사람은 다름 아닌 허영(히나츠 에이타로)이라고 하는 조선인이었다. 그는 문관 신분으로 자바 점령부대인 제16군 선전부에 배속된 연극영화인이었다. 허영과 함께 민회 결성을 위해 헌신한 또 한 사람은 장윤원이다. 당시 장윤원은 온갖 고문을 당하며 살렘바 형무소에서 수감 생활을 하다 해방과 더불어 석방되었다. 그는 대다수 조선인보다 연배가 30~40년 높은 원로 인사였으며, 네덜란드군이 재진주하면서 영향력이 되살아나고 있었다.

장윤원의 헌신으로 1945년 9월 1일부로 '재자바조선인민회(在爪蛙朝鮮人民會)'가 결성되자 허영은 정체성 문제에 봉착하면서 심각한 고민에 빠진다. 조선인이지만 일본군 문관 신분인 자신도 전범 체포 대상이 될 수 있다고 판단한 것이다. 그는 귀국이 조속히 이루어지지 않는다고 비방을 일삼으며 남 탓을 하는 군속들의 태도에도 환멸을 느끼고 조선인과의 교류를 중단한다. 자신의 문하생들과 함께 네덜란드에 대항하는 인도네시아 독립전쟁에 참여하기로 마음먹은 그는 임시 수도인 족자카르타로 향한다. 그는 그곳에서 4년 동안 수카르노 망명정부의 공보책임자로 활동하며 〈민족의 혼〉, 〈봉화 불〉 같은 단편영화를 만들어 인도네시아인들의 민족의식을 고취하면서 '자바연극연맹'이라는 단체를 이끌었다.

민회 설립 과정에 대한 김선기의 증언
: 인도네시아인과 한국인의 '전쟁 속 꽃핀 우정'

허영이 떠난 민회는 동맹통신사 기자인 최호진을 회장으로 추대하고 다수의 간사를 두었다. 당시 의료 담당 간사를 맡았던 김선기가 민회 설립 과정에 대하여 다음과 같이 증언하였다.

일본군이 아직 사용하고 있는 방송망을 통해 인도네시아 전역의 동포들에게 자카르타로 집결하도록 방송하자 3,000여 명의 남녀 조선인이 모여들었다. 반둥, 스마랑, 팔렘방에서는 대표를 보내와 지부 설치에 동의하고 돌아갔다.

군 당국과 협상해 비축 식량을 확보했으며, 군속들은 차량을 몰고 나왔다. 머지않아 연합군이 상륙하면 무장해제를 당해야 하는 일본군 입장에서는 남은 물자와 장비를 조선인 단체에 넘기는 것이 손해 볼 일만은 아니었다. 그래서 일본군 당국은 고려독립청년당의 '암바라와 의거' 후유증에도 불구하고 이를 승인했다.

이렇게 해서 1945년 9월 1일 자로 자카르타에 재자바조선인민회(민회)라는 조직이 탄생했다. 이는 인도네시아 땅에서 결성된 최초의 한국인 자치단체였다. 조선인 중에서 다수를 차지하는 군속을 중심으로 동맹통신사의 최호진, 일본군 선전부의 허영, 선원 이경구 등이 주도했고, 회장과 함께 11명의 간사가 업무를 분담했다. 민회의 급선무는 '수감 중인 고려독립청년당원의 석방 교섭, 동포들의 숙식 해결, 연합군과의 단체 교섭' 등이었다.

그리고 또 하나의 문제는 의료였다. 한국인 치과의사 1명과 간호원 4명이 있었으나 이들은 일본군과 행동을 같이하겠다며 민회 참여를 거부했다. 그러나 자바의 중국인 병원인 '양생원'의 임전수 원장과 홍영수 의사가 부상자 치료를 맡아주며 큰 도움을 주었다. 더욱이 연합군의 냉대 속에서 우리를 도와준 것은 인도네시아 민족지도자들을 중심으로 한 민족운동단체였다.

그들은 특히 허영에 대한 감사를 잊지 않았다. 독립전쟁이 끝나자 인도네시아 민족지도자들은 허영에게 인도네시아 국민이 독립전쟁 자금으로 헌납한 귀금속

이 들어 있는 트렁크와 열쇠를 건네주었다. 허영이 인도네시아 독립운동에 참전하여 맹활약한 공로에 대한 보답으로 선물한 것이다. 허영은 이를 민회에 기증하였고, 민회는 의논 끝에 고스란히 고국에 가져가기로 의견을 모았다. 인도네시아인과 한국인의 '전쟁 속 꽃핀 우정'의 증표이니 새로 출범하는 대한민국 정부가 보존하도록 하자는 것이 다수 의견이었다. 그러나 이 소중한 물품은 안타깝게도 귀국길의 수난 속에 분실되고 말았다. 군속에 대한 전범 색출이 시작되었기 때문이다.

조선인들은 1946년 4월에 귀국선에 승선하였다. 그런데 싱가포르항에서 군속은 전원 하선하라는 명령을 받고 트럭에 실려 전범 용의자 수용소에 갇히고 말았다. 머리를 다시 일본군처럼 깎고 정면, 측면 등으로 얼굴 사진을 찍어 포로 출신들이 열람하도록 했다. 일렬로 선 채 포로들이 지목만 하면 그때부터 전범자의 나락으로 떨어지는 것이었다. 입장이 백팔십도로 뒤바뀐 연합군은 전범자에게 자신들이 받은 고문을 가했다. 한낮에 뙤약볕으로 내몰고는 비스킷 한 조각으로 끼니를 때우게 하고 공사판에 자원하여 주린 배를 채우라고 했다. 그들은 '우리 군속'들이 일본인이 아니라 한국인이라는 것도, 고려독립청년당이 연합군 포로를 보호하고 지원한 일까지 애써 외면하였다.

조선인 해방구 역할을 한 재자바조선인민회

재자바조선인민회는 제16군사령부 동북부에 위치한 꼬따(Kota) 지역에 본부를 두고 빠사르 스넨(Pasar Senen) 주택가에 주택을 수십 채 임차하여 극장, 회관, 숙소로 사용하였다. 본부에는 충칭 대한민국임시정부 김구 주석이 보낸 태극기와 청천백일기를 나란히 게양하였다. 민회는 지방에서 올라오는 회원들에게도 숙소를 제공하여 집단생활 형태를 취하고 있었다. 그리고 일본군과 교섭하여 3년 정도는 넉넉히 생활할 수 있을 정도의 생활물자와 군표(軍票)를 확보했다. 군표는 점령군이 점령지 내에서 군수물자 조달이나 인건비 지급 목적으로 발행한 특수

화폐다. 일본군은 수일 내로 연합군이 상륙하면 이 막대한 재고 물자를 빼앗기니 차라리 조선인 단체에 주는 것이 낫다고 여겼다. 갑자기 물자가 넘쳐나는 이 기묘한 해방구에는 활기가 넘쳤다. 버젓한 간판이 걸리고 군속들이 총을 들고 입구에서 보초를 섰다. 조선어 교실이 개설되어 귀국을 앞둔 동포들에게 모국어도 열심히 가르쳤고, 재봉틀을 비치하여 여성들은 양재기술을 배웠다.

그뿐 아니라 《조선인 민보》라고 하는 기관지가 등사판으로 인쇄되어 매주 배포되었고, 이억관은 「민족운동사」를 기고하였다. 하지만 당시 전범 색출 문제로 조선인 출신 군속들의 입지가 어려워지자 불만이 팽배해진 민회 집행부가 수시로 교체되는 홍역을 치렀다. 최호진 초대 회장을 시작으로 2대 정건섭, 3대 이기홍으로 회장이 바뀌었고, 감시원 시절 연합군 포로들에게 특혜를 베풀어 종전이 되자 네덜란드인들에게 호감을 사고 있던 김만수를 제4대 회장으로 선출해 전면에 내세웠다. 그러나 이러한 온갖 노력에도 불구하고 군속들의 귀국길에는 먹구름이 끼고 있었다.

지역 민회인 반둥·스마랑·팔렘방 지부

서부 자바 반둥 인근 지역에는 4개의 연합군 포로수용소가 있었다. 이 지역에도 '재자바조선인민회 반둥지부'가 결성되었으며, 그 활동상이 반둥지회에서 발간한 《활보(活報)》에 자세히 게재되어 있었으나 귀국 시 몸수색을 당하며 몰수되었다. 반둥 거주 화교들이 보관하고 있을 것으로 추정할 뿐이다. 특히 1946년 1월에는 민회 반둥지부에서 조국 해방을 기념하여 한자로 '大韓獨立紀念'이라 새긴 비석(높이 약 75cm, 넓이 약 30cm)을 제작해 반둥대학교 광장에 세웠으나, 네덜란드와의 독립전쟁 속에서 관리가 어렵고 한국인 군속도 모두 귀환하여야 하는 상황에 이르자 반둥 시내에 소재한 '악첩여관'에 묻고 왔다. 당시 독립기념비의 존재는 충북 청원 출신 안승갑 군속의 증언으로 알려졌다. 안승갑의 아들인 안용근 충청대 교수는 반둥의 독립기념비 건립을 포함한 부친의 남방 생활의 유고를 모아 2014년 『낙산유고』를 펴내기도 했다.

자카르타에서 '재자바조선인민회'가 결성된 직후 중부 자바 지역의 군속 60여 명이 스마랑에 집결하여 '스마랑조선인민회'가 발족한다. 또 재자바조선인민회가 결성되어 귀국을 열망하는 조선인들의 구심점이 되고 있다는 소식이 전해지자 수마트라 남부 도시 팔렘방에서도 1945년 10월 1일에 '팔렘방조선인회(巨港朝鮮人會)'가 결성되고 포로감시원들이 집단으로 참여하였다. 회원들은 군위안소 관련자 77명, 말레이 포로수용소 소속 포로감시원 64명, 미쓰이(三井), 미쓰비시(三菱) 계열의 농원 담당 회사원 5명 등 총 183명으로 구성되어 위안소 건물로 쓰이던 건물을 빌려 집합소로 사용하였다. 초대 회장에는 지원병으로 입대하여 일본군 오장(伍長)으로 제대한 조경옥이 선출되었으며, 조선인회 사무실에는 국기를 게양하고 김구 선생의 초상화를 내걸었다. 그리고 회원들에게 가로세로 2~3㎝ 크기의 태극문양 휴장을 만들어 패용하도록 하였다. 이는 조선인을 일본인으로 오인한 화교들의 보복 공격을 피하기 위한 조치였다. 그리고 1946년 2월 초 포로감시원과 분리된 민간인, 군인, 군속, 위안부들은 쁠라주(Plaju)항을 출발하여 싱가포르에 집결한 후, 1년 가까이 지나서야 대만을 거쳐 부산항에 도착한다.

반둥분소 포로감시원 안승갑

⑤

전범 색출과 재판

종전 8개월 만인 1946년 4월 중순부터 그렇게도 고대하던 귀국선의 뱃고동이 울렸다. 자카르타의 재자바조선인민회에도 3일 뒤부터 승선하라는 통지서가 날아들었다. 회원들은 환성을 지르며 급히 신변을 정리하고 고국의 가족에게 줄 선물을 준비하느라 분주하였다. 귀국선을 타기 직전인 4월 13일 재자바조선인민회도 해산되었고 군인, 군속, 노무자, 민간인, 위안부 모두가 귀국선에 올랐다. 그러나 포로감시원 출신 군속 1,300여 명은 별도로 마련한 배에 승선시켰다. 이들은 딴중 쁘리옥항을 떠날 때만 해도 분리 승선을 하는 저의를 눈치채지 못했다. 군속들이 탄 수송선이 향한 곳은 부산항이 아니라 싱가포르였다. 그들은 싱가포르항에서 하선을 명령받고 곧바로 창이 포로수용소에 수감되어 영국군, 호주군에게 전범 조사를 받아야 했다. 이것이 끝이 아니었다. 다시 네덜란드군의 전범 색출을 이유로 자바 섬으로 돌아가게 되었고, 자바에 도착한 군속들은 자카르타 시내에 위치한 찌삐낭(Cipinang) 형무소와 글로독(Glodok) 형무소에 분산 수용되었다. 두 곳의 형무소에는 이미 많은 조선인이 수용되어 있었는데, 처음부터 네덜란드 전범으로 분류되어 싱가포르로 이송조차 되지 않은 사람도 있었다.

인도네시아 지역에서 진행된 B · C급 전범 재판은 1946년 8월 5일 자카르타에서 시작되어 1949년 12월 14일까지 12군데 재판정(자카르타, 메단, 딴중삐낭, 암본, 모로타이, 마카사르, 마나도, 쿠팡, 발릭빠빤, 뽄띠아낙, 반자르마신, 홀란디아)에서 열렸다. 이 재판에서 총 448건, 1,038명이 기소되고 그중 236명이 사형선고를 받았다. 국가별 재판 기록에 의하면 안타깝게도 조선인은 네덜란드 재판정에서 가장 많은 68명이 유죄판결을 받았다. 이는 일본이 조선인 군속을 자신들의 '종전 후 희생양'으로 삼은 결과였다. 그 밖에 영국 56명, 중국 16명, 호주 5명, 미국 3명 순으로 총 148명이 유죄판결을 받았다. 이 중에서도 23명이 사형선고를 받았으며, 조선인 4명(박성근, 변종윤, 최창선, 박준식)도 글로독 형무소에서 처형당했다.

네덜란드인의 분노와 일제의 희생양이 된 조선 포로들

자바 포로수용소는 전쟁포로와는 별개로 1944년 3월부터 억류소를 추가로 설치하여 11만 명에 달하는 연합군 가족을 포함한 민간인까지 구금하였다. 엄청난 수의 민간인을 관리하는 데 필요한 관리요원이 절대적으로 부족하자 일본군은 1942년부터 현지인을 모집하여 병보단(兵補團)을 발족하고, 3,000여 명을 차출하여 연합군 포로와 민간인 억류자들을 감독하는 데 투입하였다. 아무리 상전벽해가 된 세상이라지만 수백 년간 인도네시아를 통치한 네덜란드인들은 그들이 입었던 군복과 총칼을 그대로 착용하고 일본군의 끄나풀이 되어 하루아침에 옛 상전을 감옥에 가두며 짐승 취급하는 현지인을 참을 수 없었다. 더구나 350년 동안 네덜란드인이 길들여놓은 압제 통치의 틀을 불과 3년 반 동안 완전히 허물고 '독립'이니 '민족'이니 떠들고 다니는 현실에 분노했다. 그 모든 책임을 일본군에게 돌리려는 네덜란드인들의 분노와 증오심은 전범재판정에서 그대로 분출되었다. 일본군부는 네덜란드군의 보복을 예견했는지 종전 직후 신속한 조치를 취했다. 패전 5일 만인 8월 20일 일본 육군성 포로관리부는 포로 또는 억류자를 학대했거나 악감정을 산 일본군들을 신속히 다른 곳으로 전출시키고 행방을 감추도록 은밀히 하달하였다. 이 약삭빠른 조치로 상당수의 일본인 처벌 대상자는 면책될 수 있었으며, 그들의 책임은 고스란히 말단직인 조선과 대만 출신 포로감시원들에게 전가되었다. 한편 이때 행방을 감춰 네덜란드에 대항하는 인도네시아 독립전쟁에 가담한 일본군과 조선인이 최소 800명에 달했다. 서부 자바 지역 독립전쟁에 참전하였다가 전사하거나 처형된 국재만, 정수호, 양칠성도 그들 중 일부였다.

1947년 10월 18일 자 《경향신문》은 자카르타에서 전범 재판을 받다 귀국한 유진권 군속을 통해 그곳의 실상을 전했다. 기사 내용을 보면, 자바 지역에는 아직 150명가량의 조선인이 잔류하고 있으며, 그들 중 101명은 자카르타 전범수용소에 구금되어 있고 나머지 인원 40~50명이 자바 각지에 분산되어 있다고 한다. 이들의 조속 귀환을 위해 1947년 2월 2일에 '남방잔류동포 구출촉진회'가 결성되었는데, 이는 일본인 전범 혐의자는 일본 정부에서 변호사를 파견하는 등 각종 지원을 받지만, 우리 조선인들은 외로운 투쟁을 해야 하는 입장이어서 스스로 권익단체를 만든 것이라고 기록하고 있다.

형장의 이슬로 사라진 조선인 처형자(박성근·최창선·박준식·변종윤)

조선인 출신 군속 중 전범 처형 제1호인 박성근이 자카르타 글로독 형무소에서 사형을 당한 날짜는 1947년 1월 5일 아침 7시였다. 사형 전날 우인 대표인 이상문과 박성순, 군정감부 종무부(宗務部) 촉탁인 고이데(小出哲夫) 가톨릭 신부, 제16군사령관 대행인 마베찌 소장이 박성근의 대부로 나섰다. 1946년 12월에 일본군 한 사람이 처음 사형을 당한 이후 두 번째 처형이었다. 박성근은 침통한 표정으로 이상문을 돌아보며 "상문 형, 모든 것을 운명으로 알고 체념하렵니다. 그러나 개운치가 않습니다. 비록 육체는 썩어 없어질망정 최후까지 조국의 완전한 자유와 독립을 굳건히 바라고 있습니다. 조국의 완전한 독립! 오로지 그것 하나만을 위하여 피를 흘리며 싸우고 죽어간 선배들의 뒤를 따르겠습니다"라고 말했다. 형장에 도착하자 박성근은 사형 집행 지휘관인 팬 스수드 소령에게 경례를 붙이고 위관 장교가 인솔하는 11명의 사격수에게도 정중하게 인사를 했다. 수감 기간 중 영세를 받은 박성근에게 고이데 신부는 종부성사(終傅聖事) 의식을 베풀었다.

오사카에 거주하고 있던 박성근의 포로감시원 동료인 김동해는 30년 전 그와의 인연을 이렇게 회고한다. "박성근은 민간인들이 수용되어 있는 억류소 근무자였어. 하루에 한 번씩 샤워를 시키는 중에 어린 개구쟁이도 섞여 있었는데, 말을 잘 듣지 않는 아이들의 볼기짝을 살짝 때린 모양이야. 그런데 그게 네덜란드 고관의 아들이었지. '용서받지 못할 자'의 늪에 빠진 거야." 동료 박성근을 회상하는 김동해 역시 억류소에서 근무하다 '억류자 학대'라는 죄목으로 10년 형을 선고받았다.

1945년 초 김동해는 스마랑 민간인 억류소에서 일본인 하사관 한 명과 단둘이서 포로 업무를 담당하였고, 10여 명의 인도네시아인 병보가 보조하고 있었다. 일본군은 패전이 임박해오자 시민들의 귀를 막기 위해 연합군 민간인들까지 억류하는 조치를 내렸고, 억류자의 수가 급격히 늘자 김동해의 업무도 폭주할 수밖에 없었다. 그들은 일본이 곧 패망한다는 사실을 알고 빈정거리며 멋대로 행동하기 시작했다. 참다 못한 김동해는 고함을 치며 그들을 대리석 바닥에 장시간 꿇어앉혔다. 이 행동이 후일 전범 재판에서 '중상을 입힌 체벌'로 둔갑하여 김동해 역시 전범으로 전락하고 말았다.

1947년 9월 5일에는 또 다른 조선인 군속 최창선, 박준식, 변종윤 3인이 똑같은 장소와 시간에 총살형으로 처형된다. 충북 청주 출신인 변종윤은 부친을 일찍 여의고 할아버지를 모시며 농사를 짓던 가장이었으며, 마을 청년단장을 맡을 정

4인의 조선인이 처형당한 곳으로 추정되는 글로독 형무소(현 글로독전자상가) 개울가

도쿄에 건립되어 있는 B · C급 전범 위령비. 맨 하단에 자카르타 글로독 형무소에서 1947년에 처형당한 조선인 4인(박성근, 최창선, 박준식, 변종윤)의 이름이 보인다.

도로 통솔력을 지니고 있었다. 어느 날 군수, 면장, 주재소장이 함께 찾아와 포로감시원 지원을 종용했다. 마을 청년단의 리더인 변종윤이 솔선수범하면 나머지 할당 인원을 쉽게 채울 수 있을 것이라는 명목이었다. 결국 아내와 세 살 된 재롱둥이 아들 변광수를 남겨두고 1942년 9월에 자바 땅을 밟는다.

변종윤이 처음 배치받은 수라바야 분견소에는 약 2,000명의 포로가 있었다. 그는 비교적 나이가 많고 통솔력이 있어 이곳에 파견된 30여 명의 조선인 군속의 반장 역할을 맡았다. 비행장 건설이 끝나자 자카르타로 돌아가 종전을 맞았고, 재자바조선인민회에서 집단생활을 하며 귀국 날만 학수고대하고 있었다. 3개월간의 기다림을 끝으로 귀국선에 승선하던 날 아침, 딴중 쁘리옥항에 나가 차례를 기다리던 변종윤에게 느닷없이 연합군 헌병들이 다가와 '포로 학대' 혐의로 그를 연행했다. 그는 곧장 글로독 형무소에 수감되었다. 그곳에는 최창선, 박준식도 함께 수감되어 있었다. 이들은 마우메레 비행장 건설 당시 함께 일한 포로감시원 반장들이었다.

⑥

인도네시아 독립 영웅 양칠성과 참전자

인도네시아 신생 정부는 350년 만에 찾아온 독립의 기회를 사수하기 위해 네덜란드군에 적극적으로 대항하며 다시 한번 '독립전쟁(1945.9~1949.12.27)'을 시작한다.

수카르노 대통령이 10월 5일에 국민방위군(TKR)을 창설하였지만, 훈련된 병사와 무기를 비롯한 보급품도 준비되지 않아 강대국인 영국과 네덜란드를 상대로 전투를 벌이기에는 역부족이었다. 차선의 방법이라면 게릴라전으로 시간을 끌면서 국제여론에 호소하여 외교적 승리를 이루는 수밖에 없었다. 이를 위해 정부군은 민병대 창설을 독려하며 민간의 힘을 모으는 한편, 훈련된 전투원과 무기 확보를 위해 일본군 출신 하사관과 사병들을 용병으로 스카우트하기 시작했다. 인도네시아 독립전쟁에 참전한 조선인의 수는 자바 지역에서만 대략 35명 정도로 추산한다.

빵에란 빠빡 부대와 조선인

주아나(Djuana)는 서부 자바 가룻(Garut) 지역에서 향토방위의용군(PETA)으로 복무한 사람으로 해방이 되던 날, 일왕의 항복 방송을 듣고 통곡하며 할복하려는 일본군들에게 "목숨을 내던지지 말고 같은 아시아 민족이 함께 힘을 모아 서구의 식민 통치 세력에 대항해 인도네시아의 독립을 위해 헌신하자"라고 설득했다. 그러고 나서 그는 가룻군 와나라자 지역의 청년 지도자 꼬사시(S.M.Kosasih)와 함께 민병대를 결성한다. 가룻 지역에서 '빵에란 빠빡(Pangeran Papak)'이라는 민병대가 창설되었다는 소문이 반둥 지역까지 퍼져 나가자 전범 체포망을 피하기 위해 고심하던 찌마히 수용소 소속의 일본군 아오키 상사는 일본군 부하들을 민병대에 가입시키고 공동 부대장으로 역할을 분담하는 조건으로 소총 140정과 다량의 실탄 및 의약품을 반출하여 '빵에란 빠빡 부대'로 스스로 걸어 들어간다.

그 당시 서부 자바에서 실리왕이(Siliwangi) 사단의 통제를 받으며 활약하던 종교군과 민병대는 최소 60여 개가 넘었는데 '빵에란 빠빡' 민병대도 그중 하나였다. 아오키는 조선인 부하들을 설득해 민병대에 가입시킨다. 이들이 민병대에 가입한 시점은 1946년 4월 초로 추정된다. 빵에란 빠빡 부대는 아오키가 끌고 들어온 조선인 양칠성, 정수호, 국재만 등 4~5명을 포함하여 총 30여 명에 이르는 일본군과 현지인 부대원 수백 명이 모이면서 대대급 부대로 골격을 잡았다.

인도네시아에 뼈를 묻기로 결심한 양칠성 군속

양칠성은 1915년에 전북 완주군 삼례면 마천리에서 출생했다. 어려서 부모를 여의고 남동생과 함께 작은아버지 양금암에게 의지했으나 토건업에 종사하던 작은아버지마저 일찍 세상을 떠나자 숙모인 최은동 슬하에서 자랐다. 스물한두 살쯤에 고향에서 결혼하고 아들 둘을 낳았다. 가장으로서 어깨가 무거워진 양칠성은 27세가 되던 해에 자바 땅을 밟으며 동부 자바 수라바야에 설치된 포로수용소 제3분소로 배치받는다. 양칠성이 남방으로 떠나자 부인은 가출해버렸고 큰아들은 행방불명, 작은아들은 세 살 때 병사하였다. 양칠성은 부인의 가출을 알아차렸지만 편지와 함께 꼬박꼬박 고향의 가족에게 급료를 보냈다. 자신도 지루한 게릴라전에 참여하면서 린쩨(Lience)라는 마나도 출신 현지 여인을 만나 아들 에디 자완(Eddy Jawan)을 두었다. 해방이 되자 그를 기다리던 고국의 가족에게 "제가 이제 고국에 들어가면 무엇을 하겠습니까? 저는 여기에 머물다 가겠습니다"라는 마지막 편지를 띄우고 소식을 끊었다.

귀국선에 탑승하라는 통지서가 민회에 접수되자 포로감시원 동료인 이상문, 박창원, 김선기, 박성근 그리고 양칠성이 민회 회관에서 서로 머리를 맞대고 앉아 희생된 동료들을 회상하며 그간의 회포를 풀었다.

양칠성과 박성근은 같은 고향 사람으로 동부제도 마우메레 섬에서 연합군 포로 3,000명을 감독하며 비행장을 건설할 때부터 절친하게 지낸 사이였다. 박성근은 양칠성에게 함께 고향으로 돌아가 제2의 삶을 살자고 설득했다. 동석한 이상문도 고려독립청년단 당가를 부르며 설득했지만 이미 굳어진 양칠성의 마음을 돌리기에는 역부족이었다. 한밤중이 되어 헤어질 시간이 되자 이들은 서로 울먹거리며 깊은 포옹을 나누었고, 양칠성은 린쩨와 함께 와나라자로 떠났다. 이때 양칠성을 부둥켜안고 고향으로 함께 돌아가자고 설득하던 박성근은 얼마 후 전범으로 체포되어 네덜란드 법정에서 사형선고를 받고 자카르타 시내 글로독 형무소에서 처형됐다.

네덜란드군의 총공세와 양칠성의 사형 집행

네덜란드군 당국은 정보 수집을 통해 빵에란 빠빡 부대의 지휘 체계를 파악하고 기습공격 작전을 짜고 있었다. 당시 '꼬마루딘(Komarudin)'이라는 인도네시아 이름으로 불리던 양칠성은 행동조의 백색팀장이었다. 1948년 10월 27일 새벽 1시

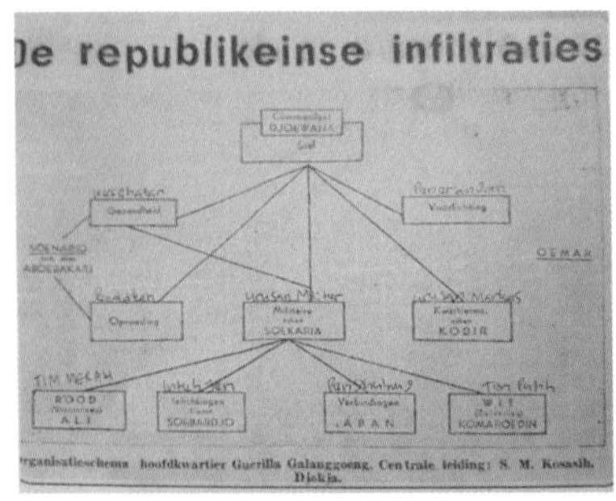

빵에란 빠빡 부대 조직도. '꼬마루딘(양칠성)'은 행동조 백색팀장으로 표기되어 있다.

30분경 모두가 곤히 잠든 심야에 갈룽궁(Galunggung) 빠렌따스(Parentas) 산중으로 네덜란드군 대병력 4개 대대가 자동소총을 난사하며 들이닥쳤다. 수바르조(국재만), 아디위르요(정수호), 우마르(마치무라)를 포함한 민병대원들이 현장에서 전사하고 주아나, 아부바카르(아오키), 우스만(하세가와), 꼬마루딘(양칠성) 4명은 생포되었다.

생포된 네 사람은 가룻 수용소에 수감되었다가 재판이 시작되면서 반둥 시내에 있는 미결수 형무소인 반쩨우이(Banceuy) 형무소로 이감된다. 네덜란드 군사법정에서 일본군 소속인 아오키, 하세가와, 양칠성 3명에게는 사형을, 현지인인 주아나에게는 무기징역을 선고한다.

1949년 초 이미 전범 재판을 받고 자카르타 근교 찌삐낭 형무소에 수감 중이던 이대홍은 양칠성, 아오키, 하세가와가 네덜란드 헌병에 끌려와 입소하던 날의 모습을 회상했다. 세 사람의 손에는 수갑이 채워져 있었고 봉두난발에 맨발로 검은색 반바지와 추리닝을 입은 몰골이 말이 아니었다. 1949년 8월 10일 오전 7시, 자카르타 찌삐낭 형무소에 수감되었던 이들은 가룻까지 이송되어 가룻 시내 공동묘지(Kerkhop) 공터에서 공개 총살형에 처해졌다. 서부 자바 와나라자면에 소재한 빵에란 빠빡 가족묘지에 묻히고 싶다는 이들의 유언은 거부되었고, 이슬람 장례 절차에 따라 가룻 근교 꼬따 꿀론(Kota Kulon) 지역에 있는 빠시르 뽀고르(Pasir Pogor) 공동묘지에 버려지듯 묻히고 말았다.

네덜란드군의 총공세를 받은 갈룽궁 게릴라 본부는 포로가 되어 네덜란드 진영으로 끌려 나왔다. 왼쪽이 꼬마루딘(양칠성), 오른쪽이 아부 바카르(아오키 상사). 네덜란드군이 이들을 에워싸고 있다.

그날은 인도네시아와 네덜란드가 미국의 압력에 의해 지루한 전시 상황을 끝내며 평화협정을 맺고 수카르노 정부가 수마트라 유배지에서 족자카르타로 복귀한 지 한 달이 지난 시점이었다. 네덜란드는 철수하기 직전에 양칠성을 포함한 일본인 포로들을 서둘러 정리하는 길을 선택한 것이다.

3인의 이장식과 양칠성의 국적 회복

1975년 11월 17일 아침, 3인의 일본군 출신 전몰자를 가룻 영웅묘지(Taman Makam Pahlawan/Tenjolaya, Garut)로 이장하는 식이 거행되었다. 가룻 읍내 빠시르 뽀고르 공동묘지에 방치되어 있던 3인의 유해가 이장되고 아오키, 하세가와 2인의 유골은 분골(分骨)되어 일본대사관을 통해 유족에게 전달되었다. 그러나 양칠성의 유골은 일본인이 아니었기에 꼬마루딘이라는 인도네시아 이름 그대로 가룻 땅에 남게 되었다. 당시 양칠성의 사촌 여동생 양남수가 전북 전주에 거주하고 있었지만, 일본 당국은 한국정부나 유족에게 이 사실을 통보하지 않았다.

빵에란 빠빡 부대의 옛 전우였던 다흘란(Dahlan)이 26년 만에 파헤쳐진 3인의 유골에서 흙을 조심스럽게 털어내고 군부대에서 준비한 새로운 관 속에 유골을 수습했다. 관은 인도네시아 국기로 덮였고, 병사들이 인근 회교사원으로 운구해 금요일 정오에 맞춰 기도를 올리고 군용차에 실려 가룻 육군 대대본부로 옮겨졌다. 여기서 분골 작업을 마치고 하루 동안 안치된 후 다음 날 가룻 영웅묘지에 재매장되었다. 현장에는 빵에란 빠빡 부대장이었던 꼬사시의 장남 구굼(Gugum)의 모습도 보였다. 이날 행사에서 양칠성, 아오키, 하세가와 3인의 공적 사항이 담긴 청원서가 낭독되었다.

1975년 11월 17일 서부 자바 가룻군 텐조라야(Tenjolaya) 영웅묘지에서 열린 양칠성 등 빵에란 빠빡 부대원 3명의 이장식

일본 당국의 주도 아래 아오키 등 3인의 이장식이 거행될 당시 인도네시아 땅에 그대로 남은 꼬마루딘의 국적은 대한민국이며 본명은 양칠성이라는 사실이 우쓰미 아이코 교수의 저서에 의해 알려졌다. 고국의 한 시민단체는 양칠성 사후 46년 만인 1995년 8월

1995년 8월 19일 서부 자바 텐조라야 영웅묘지에서 거행된 '양칠성 한글 이름 교체식'에 참석한 가족들. 왼쪽부터 양칠성의 외아들 에디 자완, 사촌 여동생 양남수

19일, '양칠성 국적 회복과 한글 이름 교체식'을 거행했다. 이는 서울 동대문구 장안동에 주소를 둔 한 시민운동본부가 언론홍보를 펴고 청와대의 '신문고'를 두드린 노력이 결실을 보게 된 것이다.

이 행사에는 주인도네시아 대한민국대사관 여한종 공사, 박동실 영사를 비롯하여 시민운동본부 김태웅 본부장(서울시의회의원), 인도네시아 한인회 성인용 수석부회장, 코데코그룹 최계월 회장, 김재춘 부회장 등 20여 명의 한인과 가룻군 군수와 지역 유지가 참석했다. 특히 이날 행사의 진정한 공로자는 인도네시아 근무 경력이 있고 상기 시민단체의 사무총장으로서 혼신의 노력을 기울인 권태하 작가다. 서부 자바 지역사령부 주관 아래 한국에서 만들어 간 'CHILSUNG YANG, KOREAN'이라는 영문과 "양칠성, 한국인"이 함께 새겨진 새로운 묘비 교체식이 군대의식으로 거행되었다. 이 자리에는 양칠성의 한국 유족 중 유일한 생존자인 사촌 여동생 양남수와 양칠성의 현지처였던 린쩨가 낳은 후손인 에디 자완이 특별 초청되었다. 식장은 남북 이산가족 상봉 장면만큼이나 감동적이었다. 에디 자완의 생모 린쩨는 양칠성이 사형당하자 그다음 해 한 살밖에 안 된 에디를 인척인 꼬요(Koyoh) 부인에게 맡기고 재혼하여 반둥으로 떠났다. 꼬요는 에디가 스물두 살 되던 해에 처음 20여 년 전에 묻힌 양칠성 묘소의 소재를 알려주고 그가 '한국인 양칠성의 후손'이라는 사실을 전했다. 묘비 교체 행사가 열리던 당시 에디의 생모 린쩨는 이미 고인이 된 후였고, 에디의 양어머니나 다름없는 꼬요 부인도 생사 여부를 알 수 없었다.

양칠성에 대한 재평가와 독립 영웅으로 재조명

이후 양칠성의 실체를 밝히는 데 근거를 제시한 우쓰미 아이코 교수의 저서

『적도하의 조선인 반란(赤道下의 朝鮮人叛亂)』 내용 중 양칠성에 관한 부분을 발췌하여 각색한 〈반도와 영웅(叛徒와 英雄, 김의경 작, 장진호 연출)〉이라는 연극이 1996년 2월에 서울 국립극장에서 공연되었다. 독립전쟁에 참전한 양칠성과 그의 상관 아오키의 사이에서 펼쳐지는 인간관계를 다루면서 전쟁이 승자와 패자, 가해자와 피해자 구분 없이 모두를 황폐화하는 굴레가 된다는 사실을 일깨워주었다.

2002년 7월에는 KBS 전주방송총국에서 8·15 광복절 특집으로 양칠성이 활약한 가룻을 찾아 취재했고, 매년 광복절이 돌아오면 국내 매스컴에서 양칠성을 인도네시아 독립전쟁의 영웅으로 재조명했다.

2019년에는 역사 연구 단체인 히스토리카 인도네시아(Historika Indonesia)와 재인도네시아한국문화원, 한인니문화연구원, 재인도네시아한인회의 노력으로 양칠성과 관련한 세미나가 두 번이나 열렸다. 3월에는 '3 · 1운동 100주년'을 기념하여 아뜨마자야대학교 대강당에서 한국과 인도네시아 두 나라 간에 얽힌 역사에 대한 첫 번째 '한-인도네시아 합동 세미나'가 열렸고, 이후에 인도네시아 독립기념일(8월 17일)을 앞둔 2019년 8월 16일에는 인도네시아국립대학교(UI)에서 '인도네시아 독립전쟁에서 한국인의 역할'을 주제로 '조선인 양칠성'을 집중 조명하는 시간을 가져 300여 명이 참석해 성황을 이루었다.

⑦

조선인 잔류자와 후손들

인도네시아 전역에서 이루어졌던 B · C급 전범 재판은 1949년 12월에 자카르타에서 열린 법정을 마지막으로 폐정되었다. 그때까지 갇혀 있던 장기 복역수들도 차례로 석방되어 귀국길에 올랐다. 이제 인도네시아 땅에는 현지에서 가정을 꾸린 몇몇 한국인 잔류자만 남았다. 인도네시아 '독립전쟁'에서 중대한 활약을 해 민족주의 단체로부터 보물상자를 받아 민회에 기증하였던 허영은 이후에 영화 제작에 몰두했으나 지병을 이기지 못하고 1952년에 요절했다. 그리고 점차 생활에 안정을 찾은 일부 동포들은 1962년 인도네시아에서 열린 아시안게임에 참가한 한국선수단을 위해 헌신적으로 자원봉사에 참여했으며 김만수, 유형배 씨 등이 그 주인공이다.

인도네시아 연극영화계의 대부, 허영

• 격동기에 펼쳐진 험난한 영화감독의 꿈

자카르타 빼땀부란(Petamburan) 공동묘지에 있는 허영의 비문에는 그가 1908년 만주에서 출생한 것으로 기록되어 있다. 그러나 당시 동료 군속의 증언에 의하면 그는 강원도 출생으로 추정된다.

허영은 23세였던 1931년부터 교토에 있는 마키노 영화사에서 일했고, 그 후 쇼우치쿠 영화사에서 연출각본부에 소속되어 각본 저술과 연출 보조업무를 담당했다. 영화감독으로서 데뷔할 날만을 손꼽아 기다리다 1937년 3월 19일 당시 거장 반열에 올라 있던 기누가사 데이노스케(衣笠貞之)의 조감독으로 기용된다. 그러나 촬영 중 일본열도를 떠들썩하게 만든 사건을 일으키면서 그의 꿈은 수포로 돌아간다.

〈오사카 여름의 전투〉라는 사극의 야외 촬영 도중 폭약 설치량을 잘못 계산하여 일본의 국보급 문화재인 히메지성 일부를 파손시키며 1명이 사망하는 사고가 발생한 것이다. 1년 4개월간 이어진 재판 끝에 집행유예를 받아 풀려났지만, 그는 재판이 진행되는 동안 조선에서 밀입국한 조선인이라는 사실이 대중에게 알려졌다. 이 사건으로 일본에서 영화감독으로 입신하고자 하는 꿈은 산산조각이 나버렸으며, 영화업계에 몸담는 일 자체가 어려워졌다.

허영은 영화를 위해서라면 무슨 일이든 가리지 않겠다는 절박한 심정으로 1941년 봄에 경성으로 들어온다. 조선총독부 학무국 부속실 계장인 다나베를 통해 조선군사령부 보도부를 제작자로 내세워 선전 영화를 제작한다. 드디어 허영의 숙원인 영화감독으로서의 데뷔가 모국에서 이루어지게 된 것이다.

1941년 7월 11일에 첫 메가폰을 잡은 허영은 덕수궁, 경성역, 명월관, 충남 부여와 백마강을 주무대로 일본과 조선, 만주국의 톱스타를 동원하여 〈너와 나〉를 완성한다. 경남 진주 출신의 당대 최고 가수 남인수와 장세정이 듀엣으로 주제가를 부르기도 했다. 〈너와 나〉를 만들며 조선총독부, 군부 고위층과 친분을 쌓은 허영은 1942년 11월에 육군 보도 반원 신분으로 인도네시아 자바에 파견되어 제

16군사령부 선전반에 배속된다.

• 독립전쟁 참전자로의 변신

종전 후 일본군에 대한 전범 색출 작업이 시작되자 허영은 자신의 특이한 정체성으로 국제미아가 되어가고 있었다. 전범이 될 위기에 몰려 모국인 한국으로도, 처자식이 있는 일본으로도 돌아갈 수 없었다. 때마침 네덜란드가 자카르타에 재진주하면서 인도네시아 영화공사(BFI) 관계자들도 수카르노 망명정부를 따라 족자카르타로 향한다. 당시 일본 군정감부 선전부 소속 현지인 요원이었던 우스마르 이스마일(Usmar Ismail), 자야꾸스마(Djajakusma), 수르요수만또(Surjosumanto) 등이 주도하는 영화공사를 따라 허영도 동행한다. 족자카르타에서 허영은 연극 창작 활동을 병행하며 후진을 양성하기 시작했다.

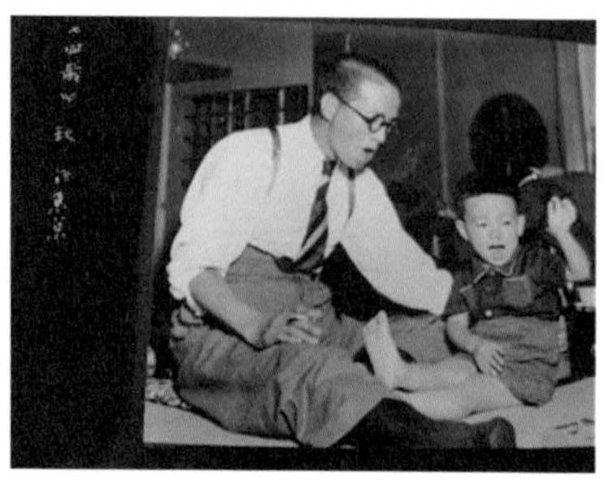

망중한을 즐기는 허영 부자. 허영이 인도네시아 독립전쟁에 참전 중이던 1948년 여름에 열 살이던 아들은 교토의 폐기된 풀장에서 물놀이를 하다 익사했다.

후일 허영이 감독한 〈하늘과 땅 사이(Antara Bumi dan Langit)〉라는 영화는 인도네시아 영화사 최초로 키스 신(scene)을 선보이며 사회 전반에 뜨거운 찬반 논쟁을 불러일으켰다.

• 국경 없는 영화감독의 짧은 생애와 유작

독립전쟁이 종식된 직후 자카르타로 활동 무대를 옮긴 허영은 '키노 드라마 아틀리에' 재단을 영화제작사로 변경하면서부터 아르민 빠네(Armin Pane)와 공동으로 시나리오를 작업했으며, 1950년 초부터 1951년 사이에 무려 4편의 영화를 제작, 감독했다. 그중 1950년 작품인 〈하늘과 땅 사이〉는 1997년 10월 부산국제영화제와 야마가타(山形) 국제다큐멘터리영화제에 초청되어 '아시아의 꿈, 아시아의 유산'이라는 평을 받았다. 그러나 영화 제작에 온 힘을 쏟던 허영은 몸에 이상 징후를 느끼기 시작한다. 평소 장염 증세와 극심한 황달 증세를 보이며 두 차례의 수술을 감행했지만, 1952년 9월 9일 지카르타 시내의 한 병원(Dr.Vou Pajs)에서 생을 마감했다.

그는 마나도 출신 현지인 부인 안나 마리아 까룬뚜(Anna Maria Karuntu)와의 사이에 두 딸을 남겨둔 채 끝내 고국으로 돌아가지 못한 한을 품고 43세의 나이로 요절했다.

'국경 없는 영화감독' 허영의 장례식은 연극영화계의 수많은 조문객이 애도하는 가운데 자카르타 시내 빼땀부란 공동묘지에서 거행되었다. 국립영화제작소(PFN)의 하르얀또(Harjanto) 소장과 빼르사리(Persari) 영화사 사장인 자말루딘 말릭(Djamalludin Malik) 등이 참석하여 허영의 안타까운 죽음을 기렸다.

일본 점령기부터 허영의 제자이자 동력자였던 문하생들. 특히 왼쪽 위 우스마르 이스마일은 1971년 사망할 때까지 인도네시아 영화사에 큰 획을 긋는 작품을 감독했다.

네덜란드의 은인, 김만수

김만수 군속은 서부 자바 반둥 근교 수까미스낀 지역의 포로수용소에서 감시원으로 임무를 수행하고 있었다. 그 지역에는 4곳의 연합군 포로수용소가 있었는데, 제1분견소에서 일하던 김만수, 조남훈 등은 네덜란드 포로들에게 지정된 음식 외에도 물품을 공급해주며 비밀리에 바깥소식을 전해주고 있었다. 발각되면 목숨을 내놓아야 하는 도박과도 같은 행위여서 김만수는 항상 자결용 권총을 휴대했을 정도였다. 이러한 사실은 수감 생활을 했던 네덜란드인 백작 칸나벡(Kannabeg)의 증언으로 알려졌다. 김만수는 해방 후 네덜란드 정부로부터 표창을 받고 '고무 수출권'을 받는 특혜를 누렸다.

1944년 3월에는 자카르타 근교에 4개의 수용소가 운영되었다. 그중 사형선고자 등 중범자들이 수용돼 있던 찌삐낭 형무소의 네덜란드인 재소자 500명이 수까미스낀 수용소로 이감되었다. 그 당시 전세는 점차 일본군에 불리해지고 있었고, 이에 따라 수까미스낀 수용소도 극심한 보급품 부족을 겪으며 1944년 8월부터 1년 사이에 무려 1,246명이 사망하는 참상까지 일어났다. 너무나 많은 사망자가 발생하는 것에 연민과 동정심을 품은 김만수와 한국인 동료들은 일본군의 눈을 피해 포로들에게 도움을 주기 시작했다. 특히 축 늘어진 뱃가죽을 손에 움켜쥐고는 먹을 것을 달라고 애원하는 어린 꼬마 포로들을 구하는 것이 급선무였다. 작업 시간에 일본군의 눈을 피해 몰래 마련한 소금과 빵을 제일 먼저 아이와 부녀자에게 건네주었다. 일본군이 김만수와 일행들의 행위를 눈치채 감시 대상이 되기도 했지만, 한국인 출신 포로감시원의 인도주의적 배려로 수많은 네덜란드인이 생명을 건졌고, 그들은 '네덜란드의 은인(恩人)'이라 불렸다.

• 물거품이 된 사업 이권

네덜란드가 재진주하자 김만수는 특혜로 부여받은 고무 수출권을 한국과 연계시킬 목적으로 1947년에 꿈에 그리던 고국 땅을 밟는다. 네덜란드 정부의 협조로 미군정청장인 하지(John Hodge) 중장의 특별재가를 받아 여권도 발급받았다. 이제 대한민국 국민으로 떳떳하게 인도네시아와 상업 거래를 할 준비가 되어 있었다. 그러나 주변 상황은 거꾸로 돌아가고 있었다. 1949년 12월 27일, 국제사회의 압력을 이기지 못한 네덜란드 정부가 4년 반에 걸친 인도네시아와의 전쟁에 종지부를 찍고 서부 파푸아 지역을 제외한 전 지역에서 철수하게 된 것이다. 설상가상으로 6개월 후 고국에서는 한국전쟁이 발발하여 김만수가 네덜란드 정부로부터 부여받은 모든 상업적 이권은 물거품이 되고 말았다.

• 한인사회의 맏형

다시 인도네시아로 돌아온 김만수는 현지에서 생활 기반을 잡기 위해 각고의 노력을 기울인다. 그리고 1955년 화교계 여성과 재혼하여 가정을 꾸렸다. 1958년 인도네시아와 일본 간 '청구권 협상'이 타결되면서 몰려오는 일본계 회사들이 일본어를 유창하게 구사하고 현지 사정에 밝은 김만수를 스카우트한다. 그는 1960년대까지 일본계 회사에서 일했다. 그리고 1973년 미원주식회사(PT. Miwon Indonesia)가 인도네시아로 진출하자 그의 가족 명의를 사용하면서 현지 파트너로 성장한다. 1962년에는 아시안게임이 자카르타에서 열리자 포로감시원 시절 동료인 유형배와 함께 모국 선수들을 위해 봉사했다. 오랫동안 조국을 떠나 있었지만 고국 선수들에 대한 헌신도 '애국의 길'이라고 생각한 것이다. 두 사람의 적극적인 봉사 이야기는 1962년 9월 2일에 게재된 《동아일보》의 특파원 기사로 알려졌다.

그리고 1966년 12월 1일에 주인도네시아 한국총영사관이 개설되자 그는 한인 대표로서 인도네시아 하늘에 태극기를 펼친 주역이기도 하다. 1967년 7월 1일 험프리 미국 부통령 등 내외 귀빈 3,000여 명이 초청된 제6대 박정희 대통령 취임식에 자랑스러운 해외동포 일원으로 초청받았다. 행사를 끝내고 인도네시아로 돌아오는 길에는 국교가 개설된 양국 간 경제 교류의 첨병이 되고자 김덕림(수라바야에서 별세), 박대주(사마린다에서 별세), 최용운(조기 귀국) 등 사업가들을 대동하고 들어와 화교계 투자자인 웡(Wong), 토착민인 목따르 비나(Mochtar Byna)와 합작사업을 추진했다. 그러나 막대한 자본이 소요되는 산림개발사업을 감당할 수 없어 결국 포기하고 각자의 길을 찾아 나섰다. 그 후 오랜 세월 떨어져 고향에서 지내던 장남 김명진의 가족을 불러들였는데, 김명진은 독자적인 사업에 몰두하며 서부 자바 찌레본(Cirebon) 지역에서 조용히 여생을 보내고 있다.

반둥 수까미스낀 수용소 감시원 시절 김만수 군속

한인사회 형성기에 인도네시아를 드나드는 많은 한국사업가에게 편의를 제공하며 '한인사회의 맏형' 역을 자처했던 김만수는 1975년 자카르타 도심지 사리나 백화점 앞에서 갑작스러운 심장마비로 별세했다. 65년 생애 동안 머나먼 이국땅 인도네시아에서만 30여 년의 세월을 보낸 후였다. 김만수의 유해는 고인의 소속사였던 미원주식회사와 코데코 등의 도움으로 화장된 후 조국의 품에 안겨 아들 김명진의 손으로 고향 땅 군산에 뿌려졌다.

김만수와 수까미스낀 수용소 동료로 자카르타에서 한동안 동고동락한 이병용 군속은 동부 자바 수라바야로 거주지를 옮겨 1990년대에 그곳에서 타계했다.

일찍이 제2의 도시인 수라바야에서 생활 터전을 잡은 탓에 주로 자카르타에 치중되어 있던 한인사회와 격리되어 이병용의 생활상은 잘 알려지지 않았다. 다만 현지인 화교계 부인 사이에서 태어난 장남이 인도네시아 상업은행인 BII(Bank International Indonesia)에 매니저급으로 근무한다는 정도만 알려져 있다.

성공한 사업가, 유형배

일제강점기인 1919년 2월 28일 평북 선천에서 태어난 유형배는 청년 시절 고향에 있는 우오즈미 쇼카이(魚住商會)라는 가게에서 사환으로 일하다 포로감시원에 지원했다. 그는 김만수, 이병용과 함께 반둥 지역에 소재하는 수까미스낀 수용소로 배치받는다. 당시 자카르타 한인들은 그를 '유영배'로도 불렀다는데, 1961년 인도네시아 국적을 취득할 당시 공문서상 이름은 '류홍베이(Lioe Hong Bei)'로 기록되어 있다.

• 인도네시아 여인과의 인연으로 전범 행렬에서 탈출하다

1946년 4월 딴중 쁘리옥항 임시수용소에서 전범 색출 절차를 기다리던 유형배는 탈출 기회를 엿보고 있었다. 생각 끝에 반둥 근무 시절 안면이 있는 화교계 여성 우이 마리(Oey Marie)에게 도움을 요청한다. 자카르타 땀린가에 있는 일식당 종업원이었던 그녀의 딸 스리(Sri)와 인연이 있어 지푸라기라도 잡는 심정으로 도움을 요청한 것이다. 우이는 당시 국제적십자사 봉사요원 신분이었으므로 수용소 출입이 비교적 자유스러운 점을 이용해 유형배를 탈출시키는 데 성공한다. 유형배는 자카르타 시내에 있는 글로독 형무소로 이관되어 네덜란드 감시원들의 허드렛일을 도맡아하고 그들의 비위를 맞추며

왼쪽부터 김만수, 유형배의 장모 우이 마리, 유형배. 자바 포로수용소 반둥분소 제1분견소(수까미스낀) 소속 포로감시원 동료였던 김만수와 유형배는 잔류자로 남아 인도네시아 땅에서 여생을 마쳤다.

모든 굴욕을 감수한다. 우이는 끼고 있던 금반지까지 빼어 네덜란드 감시원들에게 상납하며 유형배를 완전히 석방시켰다. 유형배도 7명의 동료 군속과 함께 서부 자바 지역에서 독립전쟁에 참전한 전력이 있었다. 살아남은 유형배는 결국 우이의 딸 스리 뿌르나마와띠(Sri Purnamawati)와 결혼했으며, 슬하에 5남 1녀를 두었다.

• 최초의 메리야스 공장 글로리아 설립

국제적십자사 활동을 통해 당시 대통령 부인인 파뜨마와띠(Fatmawati)를 비롯한 정부 최고위층 부인들과 교분을 쌓아가던 우이 부인의 지원에 힘입어, 1951년 유형배 부부는 자카르타 북부 안쫄(Ancol) 지역에 인도네시아 최초의 메리야스 공장인 글로리아(PT.Gloria)를 설립한다. 사업은 날로 번창했고, 영부인과의 관계가 알려지자 인도네시아에 진출하고자 하는 토요타, 캐논, 아사히 등 일본 대기업의 러브콜을 받았다. 유형배는 이를 모두 거절하고 1954년 독자적으로 떠벳(Jalan Tebet Raya No.8, Jakarta Selatan) 지역에 두 번째 사업체인 트리코트 공장 뻐르소조(PT. Persodjo)를 설립하며 전체 종업원 수가 1,500명에 이르는 중견 기업으로 성장시킨다. 그는 트리코트 공장을 설립하기 위해 ICA 원조자금으로 80만 달러를 끌어들였으며, 일본인 기술자 4명을 고용했다.

유형배는 인도네시아의 국적 취득을 요청했고, 1961년 8월 9일에는 자카르타 특별법원을 통해 정식으로 인도네시아 국적자가 된다.

유형배는 인도네시아 최초의 메리야스 공장인 글로리아와 뻐르소조를 자카르타 떠벳 지역에 설립했다.

유형배의 4남 수미하르또 가족

이북 출신이었던 유형배는 수카르노 정권의 제2인자였던 수반드리오 외무상을 수행하여 평양을 다녀올 정도로 신임을 받는다. 또 대일 청구권자금 유입으로 일본과의 경제 교류가 활발해지자 일본을 자주 왕래하며 사업을 일으켰고, 당시 자카르타 상류층의 교류장인 '자카르타 골프클럽'에서 홀인원을 기록하며 이 클럽의 외국인 회원 집행위원으로 추대되기도 했다.

• 화교 사회에 편입된 유형배의 후손

유형배 부부는 교육열이 남달라 5남 1녀가 모두 고등교육을 받았고, 그중 세 아들은 미국과 유럽으로 유학을 보냈다. 장남 물리아완(Muliawan)은 1951년생으로 명문 인도네시아국립대학교 법대를 졸업하고 선박업에 종사하였고, 차남인 수자나(Sudjana)는 캐나다 토론토대학교에서 경제학 박사학위를 받고 현재 캐나다에 거주하고 있다. 3남 부디아르또(Budiarto)는 의대를 졸업한 후 현재 자카르타 시내에서 개업 의사로 근무하고 있으며, 4남 수미하르또(Sumiharto)도 미국 아메리칸대학교(American University) 경영학과를 졸업하고 IT업체를 운영했다. 그리고 막내 수기하르또(Sugiharto)는 스위스 관광대학교에 유학한 후 자카르타로 돌아와 키안띠 비스트로(Kianti Bistro) 식당 체인점을 운영하고 있다.

이들의 인도네시아에서의 삶이 평탄했던 것만은 아니다. 그 일화로 5남 1녀의 자녀와 손자들은 화교 사회로 편입됐는데, 반화교 감정이 팽배했던 인도네시아 사회에서 이를 극복하기 위해 유형배는 1967년에 이슬람으로 개종했다. 그리고 축적한 재력의 일부를 이슬람 학교 설립에 쾌척하는 등 다양한 육영사업을 펼쳤고, 이 밖에도 인도네시아 사회에 동화하기 위해 많은 노력을 기울였다.

유형배는 당뇨와 고혈압을 이겨내지 못하고 1973년 9월 13일에 54세의 나이로 살렘바 지역 성 카롤루스 병원(Rumah Sakit Saint Carolus, Salemba)에서 별세하여 자카르타 시내 블록 비(Blok B) 공동묘지에 안장되었다. 부인 스리 여사는 1954년도에 확장한 떠벳 메리야스 공장 주소지에서 50년 동안 의사인 셋째 아들과 가까이 살며 여생을 보냈다.

Chapter 2

—

외교와 국가기관 진출사

<한국-인도네시아 외교 40년사> 발간 기념회

한국과 인도네시아는 수많은 우여곡절 속에서도 굳건한 우정 관계를 유지해왔다. 1973년 9월 18일 양국 외교 관계가 대사급으로 승격되면서 인도네시아는 남북한 대사관이 공존하는 첫 번째 아시아 국가가 된다.

북한은 1961년 인도네시아에 총영사관을 개설한 후 1964년도 대사급 관계로 국교를 격상시켜 남한보다 앞선 우호 관계를 과시했고, 인도네시아 진출 방해 행위도 서슴지 않았다. 딜레마에 빠진 한국정부는 고육책으로 기관원을 파견해 대응책을 마련하여 다양한 노력을 펼쳤다. 이러한 노력 끝에 양국은 2006년도에 '전략적 동반자 관계'를 수립하였으며, 2017년에는 '특별 전략적 동반자' 관계로 격상시켜 경제협력 증진에 박차를 가했다.

인도네시아에 가장 먼저 발을 내디딘 주체는 국교 수립 이전인 1964년 11월 1일 개관한 코트라(KOTRA) 자카르타 무역관이다. 당시 한국인 거주자가 전무했던 인도네시아에 첨병의 깃발을 들고 상륙한 코트라는 대한민국 수출 기반을 형성하는 데 절대적인 힘이 되어주었다.

Chapter 2

—

1. 수교 총력전과 총영사관 개설
2. 북한과의 국력 경쟁과 인도네시아 외교
3. 한국과 인도네시아의 양국 정상회담
4. 주인도네시아 대한민국대사관
5. 주아세안 대한민국 대표부
6. 국가기관 동반 진출과 '수출주도전략'

①

수교 총력전과 총영사관 개설

네덜란드와의 '독립전쟁'은 1949년 12월 27일 율리아나(Juliana) 네덜란드 여왕이 인도네시아 협상 대표인 하타(Hatta) 수상에게 주권을 공식적으로 이양함으로써 완전히 막을 내렸다.

드디어 '인도네시아 연방공화국(Republik Indonesia Serikat)'이 탄생했고, 그동안 족자카르타에서 망명정부를 꾸렸던 수카르노는 다음 날인 12월 28일에 가루다 항공 제1호기를 타고 자카르타로 돌아온다.

미국, 인도를 비롯한 우방국들은 서둘러 '국가승인' 절차에 들어갔다. 이승만 정부도 12월 30일에 열린 국무회의에서 '인도네시아 국가승인 건'을 의결하며 축하 문구를 담은 전문을 인도네시아 정부로 전송했다. 이날부로 총 59개국이 인도네시아를 독립국가로 승인했다.

1962년 인도네시아와 무역협정 체결

대한민국 정부가 신속하게 인도네시아를 국가로 승인한 것은, 대한민국 정부수립 후 첫 번째 해외 '신생국가승인'이었기 때문이다. 이는 지극히 긍정적인 조치로 평가되었으나 반공주의자인 이승만 대통령과 비동맹운동의 맹주 역할을 하게 될 수카르노 대통령 간에는 정치 이념상 거리가 있었다. 정치적 괴리에도 불구하고 한국정부는 1950년 이후 인도네시아를 비롯한 동남아시아 국가와의 바터무역(Barter Trade) 가능성을 타진하기 위한 민간과 정부 차원의 접촉이 이루어졌다. 1957년 4월에는 최덕신 주베트남 공사가 인도네시아를 방문했고, 아시안게임 직후인 1962년 10월에는 최초의 무역사절단을 인도네시아에 파견하며 무역협정을 체결했다.

그러나 혁명정부 사건 이후 관계가 소원해진 시기에 인도네시아는 한국 친선사절단의 방문을 거부하는 사태가 일어났는데, 이미 영사 관계를 맺고 있던 북한의 입김이 작용한 것으로 보였다.

외교 관계 촉매제 '제4회 아시안게임'

막혀 있던 한-인도네시아 교류 관계에 숨통을 트는 국제 행사가 등장한다. 1962년 8월 24일부터 9월 4일까지 자카르타에서 열린 '제4회 아시안게임'이다. 한국은 임원과 선수단을 포함하여 총 173명을 파견하여 참가한 17개국 중 6위의 성적을 거뒀다. 그러나 아랍권의 압력을 받아 이스라엘 선수단의 비자 발급 거부, 대만에 대한 입국 거부 등 정치 · 종교적 문제가 개입되어 대회의 이념이 크게 훼손되기도 했다. 하지만 한국정부는 이 기회를 활용하여 향후 인도네시아와의 외교 관계를 개설할 수 있는 가능성을 타진했다. 실제로 한국도 아시안게임 보이콧 대상국에 포함되었으나 마지막 단계에서 가까스로 철회되어 참가할 수 있었다. 1962년 3월 3일 자 《동아일보》는 한국이 인도네시아로부터 정식 초청장을 받았다고 대서특필했는데, 그만큼 초청 여부에 대한 조바심이 컸다는 것을 엿볼 수 있다.

1962년 4월에 '아시아 올림픽 상임위원회'에 참석차 자카르타를 방문한 한국 올림픽위원회 대표단인 이상백, 월터 정은 인도네시아 체육부 장관 말라디(Maladi)와의 면담에서 대한민국과의 '외교수립안'을 수카르노 대통령에게 건의하겠다는 우호적인 언질을 받는다. 그리고 1962년 5월에는 아시안게임 전지훈련차 한국 축구대표단이 방문하여 친선경기를 가졌고, 8월 25일부터 열린 본경기에서는 8개 참가국 중 결승에서 인도에게 2 대 1로 패해 아쉽게 은메달을 목에 걸었다.

한국정부의 관민수교 총력전

1962년 7월 6일, 한국정부는 외무부 장관 명의로 주말레이시아 한국대사에게 인도네시아와의 국교수립을 지시하며 총력전을 펼쳤다. 1962년 아시안게임을 앞두고 이국 풍물을 취재하던 《동아일보》 특파원은 당시 자카르타에서 실업인으로 성공적인 삶을 사는 김만수, 유형배, 최기남 3인에 대한 기사를 비중 있게 보도했다. 이를 통해 고국을 떠난 지 20년이 지난 잔류자들의 존재와 현주소를 처음으로 외부에 알렸다.

1962년 11월 12일에는 일본을 재차 방문 중인 수카르노 대통령과 미국 귀국길에 도쿄에 들른 김종필(JP) 중앙정보부 부장과의 회담이 성사되었다. 이 자리에서 김종필과 수카르노 대통령은 통상 문제와 국교수립에 관해 폭넓은 의견을 교환했다.

1963년 7월에는 한국기업 진출의 전초전인 '산림개발조사단(단장 심종섭 농림부 산림국장)'이 보고르궁으로 수카르노 대통령을 예방한다. '조사단(Examination)'이라는 명칭은 위압적이니 '방문단'으로 고치라는 수카르노 대통령의 지적으로 잠시 회의 분위기가 경색되기도 했지만, 수카르노 대통령 특유의 친화력으로 잘 마무리되어 조사단은 출장 기간을 일주일이나 연장해가며 임무를 마친다.

뒤이어 1963년 11월 13일에는 주일 인도네시아대사관 우바니(Ubani) 공사가 주일 한국대표부 방희 공사에게 총영사관 설치 요청에 관해 '이의 없음'을 통보하며 긍정적인 신호를 보냈다. 그러나 1964년에 개관한 코트라 자카르타 무역관에 대해 북한의 방해 공작이 노골화되자 주재원들을 철수시키고 정부 기관원들이 대체 요원으로 입국한다. 이는 국교수립에 한발 다가선 한-인도네시아 관계를 방해하려는 북한의 공작으로 보였다. 이듬해 4월 인도네시아와 북한의 국교 관계는 대사급으로 승격되며 밀월 관계를 구가할 때였다.

총영사관 개설

전열을 가다듬은 한국정부는 1966년 4월 22일 이창희 주태국 공사를 자카르타에 파견해 아담 말릭 외무부 장관을 면담하도록 한다. 아담 말릭 외무부 장관은 '장관 한국 초청 건'에 관해서는 난색을 표명했으나 '총영사관 개설 건'에는 긍정적 반응을 보였다.

그리고 6월 30일에 '주자카르타 총영사관 개설안'이 대통령의 재가를 받았으며, 그 후 기안자 송학원 서기관이 자카르타 영사로 부임했다.

1966년 7월 4일 미국 독립기념일 축하연이 자카르타에서 열렸다. 오른쪽부터 지병주 국가기관 간부, 이창희 주태국 공사, 마셜 그린 미국 대사 부부, 김억 참사관 부인

1966년 7월 초, 이창희 공사는 특사 자격으로 아담 말릭 외무부 장관을 재차 예방하여 '대통령 친서'를 전달했다. 그리고 7월 4일에는 마셜 그린(Marshall Green) 미국대사가 호텔 인도네시아에서 주최하는 미국 독립기념일 축하연에도 참석했다.

역사적인 한-인도네시아 수교는 1966년 12월 1일에 주인도네시아 총영사관 개설로 시작된다. 초대 총영사로 이창희 주태국 공사가 임명되었고, 호텔 인도네시아 객실 647호실을 임시 사무실로 임차해 입주했다. 총영사관은 1967년 7월 1일 중앙청에서 열린 제6대 박정희 대통령 취임식에 한인 대표 김만수 씨를 참석시키며 본격 업무에 들어갔다. 김만수 씨가 귀국길에 오를 때는 박대주, 김덕림, 최용운 씨가 함께하며 기업 진출을 위한 초석을 다지기 시작했다. 총영사관이 개관하자 양국 간 교류는 봇물 터지듯 폭증했다.

1966년 12월에 개설된 총영사관 관저에서 열린 국기 게양식. 국기 봉 가운데가 이창희 총영사, 오른쪽이 한인 대표 김만수. 한복을 입은 두 여성은 왼쪽부터 총영사 부인과 김영호 참사관 부인이다.

1967년 7월에는 인도네시아 교통부 차관 슬라멧(Slamet Danusudirdjo), 10월에 국회의장 아흐맛 샤이쭈(KH Achmad H. Sjaichu), 공군정보국장 크리스토퍼(Christopher Sunarto)가 방한했다.

그리고 1968년 6월 1일에는 상호주의에 입각해 주한 인도네시아 총영사관이 개설되어 초대 총영사에 수깜또 사이디만(Soekamto Sayidiman) 대령이 임명되었다. 연이어 1969년에는 따옙(Teuku Sjarief Thayeb) 국회부의장이 방한했다. 그는 국회의장 예방을 시작으로 국회부의장 주최 만찬, 외무부 장관 예방, 반공연맹 이사장 면담, 산업 시찰 등 바쁜 일정을 소화했다. 또 1969년 9월에는 수하르토 대통령의 최측근인 수조노 후마르다니 경제특보의 방한으로 총리를 예방하며 정권 실세에 걸맞은 대우를 받았다.

이창희 초대 총영사가 이임하고 제2대 한유동 총영사를 거쳐 주베트남 경제협력단 단장인 김좌겸 공사가 제3대 총영사로 1970년 1월에 부임한다. 그리고 비슷한 시점인 2월에는 서부 말레이시아 총영사로 재임 중이던 베니 무르다니 대령이 제2대 주한 총영사로 부임함으로써 한-인도네시아 우호 관계는 새로운 지평을 열게 된다.

그리고 한국정부는 1971년 1월에 베트남에 주둔한 미군의 철수로 급격한 경기후퇴 현상을 보이며 베트남을 대체할 동남아시아 주요 교역 대상국으로 인도네시아를 설정했다. 김좌겸 총영사는 '시장공략계획서'를 브리핑하기 위해 본부 출장길에 오른다.

총영사관에서 대사관으로 승격

1967년 8월 15일, 총영사관이 주최한 첫 광복절 기념식에 교민들이 참석했다. 아직 기업체가 진출하기 이전이라 총영사관 외교관들, 코트라 주재원 외에 몇몇 기업체 간부가 참석했다. 까만 양복을 입은 사람이 이창희 총영사다.

1973년 중반 정부는 '6 · 23선언'으로 별칭되는 '평화통일외교정책선언'을 발표한다. '상호평등'을 원칙으로 모든 국가에 문호를 개방하는 동시에 이념과 체제를 달리하는 국가와도 교류한다는 내용이다. 이 선언으로 공산권 국가를 승인한 국가와는 외교 관계를 맺지 않는다는 '할슈타인 원칙(Hallstein Doctrine)'이 철회되어 한국정부는 1973년 9월 18일에 인도네시아와 정식으로 외교 관계 수립에 합의하고 공동성명을 발표한다. 그리고 이미 설치된 총영사관을 대사급으로 승격하고 김좌겸, 베니 무르다니 총영사를 각각 대리대사(Charge d'Affaires)로 임명했다.

1973년 11월 17일, 김좌겸 대사는 수하르토 대통령에게 신임장을 제정하였고, 베니 무르다니 대사는 1974년 1월 22일에 이임하여 자카르타에 도착하자마자 중책을 맡아 국내 정치 무대에 등장하게 된다. 그 후 1974년 3월 8일 재무, 건설, 경제기획원 차관직을 두루 거친 거물급 고위 관료인 이재설 차관이 주재 대사로 자카르타에 부임했으며, 며칠 후 국군사관학교 교장이던 사르워 에디 위보워(Sarwo Edhi Wibowo) 육군 소장이 전 가족 9명과 함께 서울에 부임했다. 그는 5월 14일 박정희 대통령에게 신임장을 제정했다.

1974년 5월 사르워 에디 위보워 대사가 박정희 대통령에게 신임장 제정 후 기념 촬영을 하고 있다. 오른쪽은 노신영 외무부 장관이다.

②

북한과의 국력 경쟁과 인도네시아 외교

1955년 4월 18일 수카르노 대통령이 네루, 저우언라이, 나세르와 함께 '반둥회의'를 주도하여 1961년 9월에 열린 비동맹운동 창설로 승화시키자, 북한은 인도네시아와의 외교적 교류에 역점을 두기 시작한다. 1958년 8월에는 주인도네시아 북한 무역대표부가 개설되며 예술사절단이 북한을 방문했다. 연이어 1959년 6월에는 '인도네시아-북한 친선협회'가 결성되더니 그 후 1961년 6월에는 '주인도네시아 북한총영사관'이 개설되었다. 이는 한국보다 5년이나 빠른 것이다. 그리고 3년 후에는 대사급 수교로 격상되어 한국보다 무려 9년을 앞서 나갔다. 1960년 당시에 북한의 경제력은 남한보다 훨씬 앞섰다. 특히 중화학 분야에서 두드러졌다. 전기 발전량은 5배, 철광석 생산은 10배, 화학비료 생산은 20배 많았으며, 북한의 수출액은 남한의 6배가 넘는 2억 달러에 달했다. 이렇게 경제 인프라 부문에서 큰 격차를 보이다 보니 1인당 국민소득도 1.5~3배 가까이 차이가 났다.

수카르노 대통령은 1964년 11월에 평양을 방문하며 김일성 주석과 "제국주의와 신식민주의에 맞서는 공동전선을 편다"는 공동성명을 채택했다. 수카르노 대통령의 평양 방문은 답방 형식이었다. 1965년 4월에는 '반둥회의 10주년 기념식'에 김일성 부자가 참석했고, 이를 통해 김일성 주석의 '첫 번째 비공산권 국가 방문'이라는 기록을 남겼다. 김일성 주석은 보고르식물원을 찾아 수카르노 대통령에게 '김일성화'와 그 씨앗을 증정받았다. 그리고 김일성 주석 80회 생일 축제가 열린 1992년 4월 15일에는 인도네시아의 수다르모노(Sudharmono) 부통령이 축하사절단 단장으로 참석했다.

2대(代)에 걸친 메가와티의 가교외교

메가와티 수카르노푸트리(Megawati Sukarnoputri) 대통령은 2002년 3월 28일 먼저 평양을 방문하여 김정일 위원장과 회담한 후 이어서 30일에는 한국을 국빈 방문하며 김대중 대통령과 정상회담을 가졌다. 메가와티 대통령은 김정일 국방위원장과 아주 각별한 인연을 맺고 있어 당시 평양 방문을 주목했으나 별다른 소득을 얻지 못한 채 '가교외교'를 마쳤다.

1965년 4월, 당시 김일성종합대학을 갓 졸업한 김정일 위원장은 '반둥회의 10주년 기념식' 참석을 위해 인도네시아를 방문한 김일성 주석을 수행했다. 이때 김일성 주석 부자의 공항 영접 행사 때 환영 꽃다발을 증정한 사람이 당시 파자자란대학교(Universitas Padjadjaran Bandung) 농과대학 1학년생이었던 메가와티 대통령이었다. 그녀는 그날 저녁 수카르노 대통령이 주최한 만찬에서 인도네시아 전통춤을 선보이기도 했다. 두 사람은 2002년 평양회담을 통해 37년 만에 재회한 것이다.

1964년 11월 평양을 방문한 수카르노 대통령이 김일성 주석과 환담하고 있다.

메가와티 대통령은 다섯 살 연상인 김 위원장과 자신을 '오누이 관계'로 표현해왔다. 부친인 수카르노 전 대통령과 김일성 주석이 비동맹그룹의 지도자로 각별한 교분을 쌓아온 점을 염두에 둔 것이다. 이처럼 김 위원장과 2대(代)에 걸쳐 인연을 맺어온 메가와티 대통령은 "김 위원장에게 남북, 북미 대화 재개의 필요성을 설득해 한반도 화해협력에 기여하고 싶다"는 뜻을 여러 차례 밝혀왔다.

1965년 4월 13일 수카르노 대통령은 보고르식물원을 찾은 김일성 주석에게 '김일성화'로 명명된 화분과 씨앗을 전달하며 양국 간 우호 관계를 다지고 있다.

2011년 11월 8일, 평양과 자카르타 두 도시는 2003년부터 자매결연을 타진한 결과, 김정식 평양시 인민위원회 부위원장과 파우지 보워 자카르타 주지사 간에 양해각서(MOU)를 체결했다.

이는 북한이 먼저 제안했는데, 핵 개발로 국제적 고립이 심화해가는 시점에서 몇 안 되는 우호국인 인도네시아와의 관계를 더욱 긴밀히 하겠다는 의도로 보였다.

③

한국과 인도네시아의 양국 정상회담

한국의 역대 대통령 중 이승만, 박정희, 윤보선, 최규하 대통령을 제외한 모든 대통령이 인도네시아를 방문했다. 1981년 6월에는 전두환 대통령이 한국 대통령으로는 처음으로 인도네시아를 방문했으며, 이듬해 1982년 10월에는 수하르토 대통령이 답방했다. 1988년 11월에는 노태우 대통령이, 1994년 11월에는 김영삼 대통령이 인도네시아를 찾았다. 2000년에는 건강이 좋지 않은 몸을 이끌고 압두라만 와힛(Abdurrahman Wahid, 구스 두르) 대통령이 두 차례에 걸쳐 방한했으며, 같은 해 11월에는 김대중 대통령이 인도네시아를 방문했다. 2002년 3월에는 인도네시아 최초의 여성 국가원수인 메가와티 수카르노푸트리 대통령이 방한했다.

2005년 11월에는 부산에서 열린 APEC 정상회담을 계기로 수실로 밤방 유도요노(Susilo Bambang Yudhoyono) 대통령이 방한했고, 이듬해 2006년 12월에는 노무현 대통령이 인도네시아를 방문해 양국 관계를 '전략적 동반자 관계'로 격상시켰다. 그 후 2012년 3월에는 유도요노 대통령이 국빈 자격으로 방한했으며, 그 해 11월에는 '발리 민주주의 포럼' 참석차 이명박 대통령이 발리를 찾았다.

2016년에는 조코 위도도(Joko Widodo) 대통령이 국빈 방한했고, 2017년 11월에는 문재인 대통령이 인도네시아를 국빈 방문해 기존 '전략적 동반자 관계'에서 '특별 전략적 동반자 관계'로 격상시키는 데 합의했다.

전두환 대통령 최초 공식 방문

전두환 대통령은 1981년 6월 25일부터 인도네시아를 공식 방문한 후, 7월 9일까지 아세안 5개국을 순차적으로 방문했다. 6월 27일 발표한 공동성명은 동북아시아와 동남아시아의 평화와 안정은 전 세계의 평화와 안정 유지에 필요불가결하다는 점에 인식을 같이했다. 또 경제적으로는 상호 보완 관계이며, 이를 바탕으로 앞으로 무역과 경제협력을 더욱 강화해나가기로 합의했다.

전두환 대통령이 수하르토 대통령과 환담을 나누는 모습

수하르토 대통령 최초 방한

수하르토 대통령은 1982년 10월 16일부터 4일간의 일정으로 한국을 공식 방문했다. 인도네시아 대통령으로는 최초의 방한이었다. 이는 1981년 6월에 전두환 대통령의 인도네시아 방문에 대한 답방이었다.

수하르토 대통령의 방한 첫 공식 일정은 국립묘지 참배였다.

수하르토 대통령은 한반도의 평화통일 달성을 위한 한국의 노력을 높이 평가하며, 남북 간 직접 대화를 지지하고 남북한 유엔 가입의 조속한 실현을 위해 아낌없이 지원하겠다고 약속했다. 그리고 양국 정부는 민간 부문 합작 사업의 증진을 장려하기로 했으며, 그런 의미에서 수하르토 대통령 내외는 창원에 있는 한국중공업 6개 공장을 시찰하기도 했다.

노태우 대통령 공식 방문

노태우 대통령과 수하르토 대통령은 머르데까 대통령궁에서 2시간 10분 동안 정상회담을 가졌다.

노태우 대통령은 1988년 11월 8일부터 12일까지 4박 5일간의 일정으로 공식 방문했다. 11월 10일 개최된 정상회담에서 서부 수마트라주 빠당(Padang)시 도로건설 등 인프라 구축에 대해 한국정부가 유상 지원하기로 했고, 인도네시아 '경제개발 5개년 계획'에 한국 기술과 자본을 투입하기로 합의했다. 또 '투자보장협정'의 조기 타결과 '자원공동개발'을 장려하기로 했다. 방문 기간 중 양국 정상은 동반 골프 외교로 정상회담에서 못다 한 이야기를 나눴고, 수하르토 대통령은 한국의 발전 모델을 인도네시아에 적용하기를 희망한다고 밝혔다.

김영삼 대통령 국빈 방문

1994년 11월에 열리는 APEC 정상회담 직전인 11월 13일에 인도네시아를 국빈 방문한 김영삼 대통령은 수하르토 대통령과 정상회담을 갖고 북핵 문제 협조 방안과 액화천연가스(LNG)의 안정적 공급 확보에 대해 논의했다. 수하르토 대통령은 남북대화가 재개되어 한반도의 평화와 안정이 이루어지기를 바란다고 언급했다. 아울러 김영삼 대통령이 LNG 안정 공급과 더불어 가격 합리화에 대한 문제를 제기하자, 수하르토 대통령은 이에 공감을 표하고 실무선에서 검토해보겠다고 답했다. 그리고 하루 전날에는 양국 과학기술 담당 장관들 간에 '원자력협력의향서' 서명식이 이뤄졌다.

1994년 11월 12일, 김영삼 대통령이 대통령궁에서 수하르토 대통령과 선물을 교환하고 있다(사진 제공 : 『한국-인도네시아 외교 40년사』).

제2차 APEC 정상회의

1994년 11월 15일에는 자카르타 근교 보고르 대통령궁에서 '제2차 APEC 정상회의'가 열렸다. 클린턴 미국 대통령, 장쩌민(江澤民) 중국 국가주석, 무라야마(村山富市) 일본 총리, 크레티앙 캐나다 총리 등 18개국의 정상 또는 정부 대표가 참석했다. 각국 정상은 인도네시아 전통 의상인 '바틱'을 입고 배석자 없이 8시간 동안 자유토론 형식으로 마라톤 회의를 진행했다. 정상들은 오찬을 가진 뒤 회의 장소와 인접한 보고르식물원을 산책하며 남국의 정취를 만끽했고, 오후 회의를 마친 뒤 열린 공동기자회견에서는 의장인 수하르토 대통령이 '보고르 선언'을 발표했다.

김영삼 대통령은 오전 8시 17분에 자카르타 만다린 호텔을 출발해 자카르타~보고르 자고라위(Jagorawi) 고속도로를 따라 50분 만에 회담장에 도착했다.

김영삼 대통령(왼쪽에서 여섯 번째), 보고르 대통령궁에서 열린 APEC 정상회의 참석(사진 제공 : 『한국-인도네시아 외교 40년사』).

4차선인 자고라위 고속도로는 현대건설이 지난 1974년 공사를 시작해 4년에 걸쳐 완공했으며, 완벽한 도로공사로 정평이 나 있었다. 김영삼 대통령은 이날 주제발표에서 '무역자유화'로 선진국의 무역자유화 시기가 앞당겨져야 한다고 역설했으며, 이와 함께 아시아태평양 지역 통신망 확충 문제를 논의할 'APEC 통신장관회의' 상설화를 제안했다.

압두라만 대통령 국빈 방한

2000년 2월 10일에는 압두라만 와힛 대통령이 국빈 방한했다. 김대중 대통령은 정상회담에서 '민주주의'와 '시장경제'라는 공동의 이념을 기반으로 모든 분야에서 협력을 강화해나가기로 했으며, 자원개발과 이동통신 분야 등에서의 협력과 통상 확대를 위해 노력하기로 합의했다.

김대중 대통령은 민관 합동으로 통상 투자 사절단을 구성해 조만간 인도네시아에 파견하겠다고 밝혔으며, 인도네시아 '국민차 프로젝트'의 한국 측 파트너였던 기아자동차의 현지 자동차 공장 건설을 조속히 재개해줄 것과 CDMA(코드 분할 다중 접속 사업) 진출에 협력해달라고 요청했다. 이에 대해 와힛 대통령은 화답했고, 한국의 대북포용정책에 대해 적극적인 지지 입장을 표명했다.

종교계 지도자이며 시민운동가였던 압두라만 와힛 대통령이 김대중 대통령과 정상회담에 들어가기 전 악수를 나누고 있다.

김대중 대통령 국빈 방문

2000년 11월 27일 김대중 대통령은 싱가포르에서 개최된 '아세안+3 정상회의'에 참석한 후 인도네시아를 국빈 방문했다. 정상회의에서 자동차, 정보통신,

건설 분야에서의 긴밀한 협력과 에너지의 안정적 공급에 대해 합의했다. 그리고 김 대통령은 인도네시아에 진출한 한국기업과 한인들의 안전한 거주와 기업 활동을 보장하는 데 특별한 관심을 보여달라고 요청했다. 양국 정상이 임석한 가운데 '범죄인 인도조약'과 '문화협정'이 체결되었다.

김대중 대통령과 함께한 동포간담회

메가와티 대통령 국빈 방한

메가와티 수카르노푸트리 대통령은 2002년 3월 28일부터 3일간 평양을 방문해 김정일 국방위원장과 김영남 최고인민회의 상임위원장을 만난 뒤 서해 직항로를 통해 3월 30일 방한했다.

메가와티 대통령은 김대중 대통령과의 정상회담에서 남북관계, 한반도 및 동아시아 지역 정세 등 공동 관심사에 관해 의견을 나누었다. 그리고 정보기술 분야에 대한 협력 강화를 합의하고 '형사사법 공조조약'과 '자원협력협정'에 서명했다.

메가와티 대통령과 김대중 대통령의 정상회담

노무현 대통령 국빈 방문

2003년 10월 6일, 노무현 대통령 내외는 '아세안+3 정상회의' 참석차 인도네시아 발리(Bali)를 방문했다. 이 행사는 '한-아세안 FTA' 추진을 위한 전기를 마련해주었다.

유도요노 대통령이 직접 카트를 몰고 영내 회담 장소로 노무현 대통령을 안내하고 있다.

그리고 노 대통령은 3년 후인 2006년 12월에도 국빈 방문하여 유도요노 대통령과 정상회담을 갖고 '전략적 동반자 관계'에 관한 공동선언에 서명했다. 방문 첫 일정으로 칼리바타 국립묘지를 참배했으며, 유도요노 대통령과의 정상회담에서 양국 간 자원, 에너지협력 방안 등 공동 관심사에 관해 의견을 나누었다. 두 나라는 노무현 대통령 방문을 계기로 원자력과 관광협력협정을 체결하고, 반부패 협력과 산림포럼 구성을 위한 양해각서도 체결했다.

유도요노 대통령 국빈 방한

수실로 밤방 유도요노 대통령이 2007년 7월에 국빈 방한하여 대인도네시아 투자와 관련해 16건의 양해각서에 서명했다. 또 에너지, 자원 분야 협력을 활성화하여 신규 투자사업을 발굴하기 위한 '제1차 한-인도네시아 에너지 포럼'도 개최했다.

그리고 2009년 6월에는 유도요노 대통령이 제주 서귀포에서 열린 '한-아세안 특별정상회의'에 참석했다. 이 행사는 '한-아세안 대화 관계 수립 20주년'을 기념하기 위한 것으로, 국내 대통령 선거를 불과 한 달 앞둔 시점임에도 불구하고 참석하는 결단을 내렸다.

이명박 대통령과 유도요노 대통령은 예정에 없던 '단독 오찬'에 이어 서귀포 해변가를 함께 산책하면서 각별한 친분을 과시했다.

한 예로 2010년 11월 서울에서 'G-20 정상회의'가 열렸는데, 회의를 앞두고 인도네시아 중부 자바 머라피산(Gunung Merapi)의 화산 폭발로 20명의 사망자와 20만 명에 달하는 이재민이 발생했다. 국내외적으로 어려웠던 인도네시아의 상황에도 유도요노 대통령은 정상회의에 참석해 양국 간 돈독한 신뢰 관계를 입증했다.

2012년 3월 25일에는 유도요노 대통령 내외가 '2012 핵안보정상회의'에 참석하기 위해 경기도 성남 서울공항을 통해 방한했다.

이명박 대통령 국빈 방문

이명박 대통령은 2009년 3월 6일에 인도네시아를 국빈 방문하여 2006년에 수립한 '전략적 동반자 관계'를 재확인했다. 그리고 30년 계약 기간이 만료되는 '서부 마두라 유전광구' 계약 연장에 합의하였고, '한-인도네시아 목재 바이오매스 에너지산업 육성협력'에 관한 양해각서에 서명했다. 이로써 20만ha의 바이오매스 우드팰릿용 조림지를 추가로 확보하게 되었다. 아울러 한국방위사업청과 인도네시아 국방부 간 'KFX/IFX 공동개발 의향서(LOI)'에 서명함으로써 양국 간 협력 범위가 광범위하게 확대되었다. 한편 인도네시아 발리에서 열리는 '민주주의 포럼'이 시작되기 한 달 전인 2010년 11월에는 '연평도 포격 사건'이 일어나 국내 안보가 위급한 상황이었다. 그런데도 이명박 대통령은 시간을 할애하여 발리로 날아가 9시간 동안 8건의 행사를 치르며 바쁜 일정을 소화했다. 이러한 노력으로 맺어진 양국 정상 간 신뢰 관계는 인도네시아가 한국을 자신들의 '경제발전 마스터플랜'에 주요 파트너로 참여해달라고 요청하는 결과를 가져왔다.

발리에서 양자 회담을 갖는 이명박 대통령과 유도요노 대통령

그리고 1년 후, 2011년 11월 16일부터 18일까지 발리에서 개최된 '한-아세안 정상회의'에 참석한 이명박 대통령은 유도요노 대통령과 양자 회담을 갖고 'CEPA 협상 개시 합의'와 '한-아세안산림협력협정'을 체결하여 한국의 산림녹화 성공 사례를 아세안 국가에 전수했다. 이는 40년 이상 이어온 '한-인도네시아

산림협력 파트너십'의 결정체였다. 이명박 대통령은 2012년 11월 8일 발리 라구나 호텔에서 열린 '발리 민주주의 포럼'에 참가해 인도네시아 최고훈장인 '빈탕 아디푸르나'를 받았다. 홍석우 지식경제부 장관과 하타 라자사 인도네시아 경제조정부 장관은 이명박 대통령과 유도요노 대통령이 배석한 가운데 그린카 협력을 위한 양해각서를 체결했다.

박근혜 대통령 국빈 방문

2013년 10월 7일부터 이틀간 열린 '제21차 APEC 정상회의'에 참가한 박근혜 대통령은 선도 발언에서 '다자무역체제의 신뢰 회복'을 강조한 뒤 자카르타로 건너와 10월 10일부터 3일간 인도네시아 국빈 방문에 들어갔다.

10월 11일에는 대사관 신청사 준공식 제막식과 기념식수를 끝내고 '한-인도네시아 비즈니스 포럼' 참석, 대우해양조선 방문, 350여 명의 한인이 초청된 동포간담회 참석 등 숨 가쁜 일정을 소화했다. 그리고 유도요노 대통령과의 정상회담에서 '한-인도네시아 포괄적 경제동반자협정'의 연내 타결에 합의했다. 아울러 '국방협력협정', '경제특구 개발 강화를 위한 양해각서', '창조문화산업협력에 관한 양해각서', '산림휴양 및 생태관광 개발에 관한 양해각서' 체결을 통해 양국 간 실질적 협력 확대를 위한 제도적 기반을 마련했다.

인도네시아를 국빈 방문 중인 박근혜 대통령이 유도요노 대통령과 정상회담을 갖고 있다.

문재인 대통령 국빈 방문

문재인 대통령은 2017년 11월 9일에 국빈 방문했다. 인도네시아 방문의 첫 일정으로 자카르타 물리아 호텔에서 300여 명의 한인과 한국과 인연이 있는 인도네시아인 23명을 초청해 '동포간담회'를 개최했다.

문 대통령은 "저의 첫 국빈 방문으로 인도네시아를 찾았다. 대한민국의 외교 지평을 확대해야 한다고 늘 강조해왔듯이, 주변 4대국을 넘어 우리의 시야를 넓혀야 대륙과 해양을 잇는 교량국가로 지정학적 이점을 살려나갈 수 있다. 인도네시아를 비롯한 아세안과의 교류, 협력 관계를 4대국 수준으로 격상시키고 발전시켜나가겠다"라고 말했다.

더욱이 인도네시아에 진출한 우리 기업이 3,000여 개에 이르는 점을 들어 인도네시아와의 교역 확대를 강조했다. 특히 "방산 분야 협력이 활발히 이뤄져 한국과 인도네시아는 잠수함과 차세대 전투기를 공동개발하는 유일한 나라"라고 강조했다.

문 대통령은 새로운 경제 영토로 아세안의 가능성에 주목하며 '신(新)남방정책'도 발표했다. 이는 인도네시아가 아세안의 국내총생산(GDP) 중 40%를 차지하는 세계 4위 인구 대국인 만큼 신남방정책의 전진기지로 공략하겠다는 의지를 내포한 것이다. 그뿐 아니라 '한-인도네시아 정상회담'에서 외교와 국방 분야 '2+2 회의' 등 신규 협의체 설치를 모색하고, 방산 분야 협력이 양국 관계의 표상임을 확인하며 역량 강화와 연구개발, 공동생산 등 협력 강화를 다짐한다는 내용의 공동성명을 채택했다.

문 대통령은 조코 위도도 대통령의 딸이 한류 팬인 점을 생각해 아이돌 그룹 샤이니 멤버 민호의 축하 동영상과 EXO의 사인이 담긴 CD를 선물하며 우호 관계를 다졌다.

문재인 대통령이 조코 위도도 대통령에게 선물받은 전통 의상 바틱을 입어보고 있다.

조코 위도도 대통령 국빈 방한

조코 위도도 대통령은 지난 2019년 11월에 방한하여 한국과 아세안 협력 30년을 기념하는 행사인 '2019 한-아세안 특별정상회의'에 참석했다. 그동안 한국에 4번 방한한 조코 위도도 대통령은 향후 30년간 아세안과 한국이 무역, 투자, 연구, 교육, 기술, 창조 산업과 재생에너지 부문에서 협력할 것을 제안했다. 그리고 한국에서 공부하는 인도네시아 과학자와 연구자를 만나 꼭 인도네시아로 돌아와 한국에서 보고 배운 지식을 국가를 위해 활용해달라고 당부했다.

방한 일정 중에는 '부산의 마추픽추'라 부르는 감천마을을 방문한 뒤 사진을 SNS에 올리고 산동네 빈민촌이 재단장하여 인기 있는 관광지가 됐다고 소개했다.

2018년 9월 국빈 방한한 조코 위도도 대통령 창덕궁 공식 환영식

그리고 숙소였던 부산 웨스틴조선호텔을 직접 방문한 문재인 대통령과 담소하는 사진을 올리며 친분을 드러내기도 했다. 또 현대자동차 울산공장을 방문해 현대자동차가 인도네시아에 약 15억 달러를 투자해 2020년부터 서부 자바주 찌까랑(Cikarang) 지역에 자동차 생산공장을 지을 계획을 전했다.

• 한국과 인도네시아 정상 간 교류 일지 •

한국 방문		인도네시아 방문	
1982.10	수하르토 대통령 방한	1981.06	전두환 대통령 방문
2000.02	와힛 대통령 국빈 방한	1988.11	노태우 대통령 방문
2002.03	메가와티 대통령 국빈 방한 (남북한 동시 방문)	1994.11	김영삼 대통령 국빈 방문 (APEC 정상회의, 보고르)
2005.11	유도요노 대통령 방한 (APEC 정상회의, 부산)	2000.11	김대중 대통령 국빈 방문
2007.07	유도요노 대통령 국빈 방한	2003.10	노무현 대통령 방문 (아세안+3 정상회의, 발리)
2009.06	유도요노 대통령 방한 (한-아세안 특별정상회의, 제주도)	2006.12	노무현 대통령 국빈 방문
2010.11	유도요노 대통령 방한 (G-20 정상회의, 서울)	2009.03	이명박 대통령 국빈 방문
2012.03	유도요노 대통령 국빈 방문 (서울 핵안보정상회의)	2010.12	이명박 · 유도요노 대통령 정상회담(발리 민주주의포럼)
2014.12	조코 위도도 대통령 방한 (한-아세안 특별정상회의, 부산)	2011.11	이명박 · 유도요노 대통령 정상회담(아세안+3 정상회의, 발리)
2016.05	조코 위도도 대통령 국빈 방한	2012.11	이명박 · 유도요노 대통령 정상회담(발리 민주주의포럼)
2018.09	조코 위도도 대통령 국빈 방한	2013.10	박근혜 대통령 국빈 방문
2019.11	조코 위도도 대통령 방한 (한-아세안 특별정상회의, 부산)	2017.11	문재인 대통령 국빈 방문

• 조코 위도도 대통령 취임 이후 고위인사 교류 일지 •

한국 방문		인도네시아 방문	
2015.07	이르만 구스만 상원의장	2014.10	김태환 대통령 특사(대통령 취임식)
		2017.01	정세균 국회의장 공식 방문
2015.10	줄키플리 하산 국민평의회 의장	2017.05	박원순 대통령 특사
		2018.09	문희상 국회의장 공식 방문
		2019.10	노영민 대통령 특사(대통령 취임식)

* 이상 국회의장 및 대통령 특사급 상호 방문 외에도 양국 정부 고위인사의 방문과 교류는 수없이 많았고, 지금도 계속 이루어지고 있다.

④

주인도네시아 대한민국대사관

남북한 대사관이 공존하는 최초의 아시아 국가

1966년 12월 1일, 한국은 인도네시아에 대한민국 총영사관을 개설하고 이창희 주태국 공사를 인도네시아 초대 총영사로 발령했다. 현지 정권이 수카르노에서 수하르토로 이양되던 시기였다. 총영사관은 현재 자카르타 수디르만 거리 캠핀스키 호텔 자리에 있던 호텔 인도네시아 647호(Rm.647, Hotel Indonesia, Jakarta)에 임시로 설치되었다가 그 후 1968년 10월 11일에 멘뗑 지역 디뽀네고로 거리(13, Jl. Diponegoro Menteng, Jakarta)에 청사 용도 건물을 매입해 이전했다. 그로부터 7년 후인 1973년 9월 18일에는 양국 외교 관계가 대사급으로 승격되면서 인도네시아는 남북한 대사관이 공존하는 첫 번째 아시아 국가가 되었다.

이 총영사관 청사는 대사 관계가 수립된 후에도 1978년 8월 10일 가똣 수브로또 거리에 소재한 현재의 신청사 자리(57, Jl. Gatot Subroto, Jakarta)로 이전할 때까지 계속 사용되었다. 1984년에는 동 구청사 신관을 직원 주택(2가구)으로 개축하고, 1986년에 본관도 개축해 공사 관저로 사용하다가 2001년 5월 2일에 매각했다.

현재 가똣 수브로또 거리에 위치한 대사관 신청사는 한인기업들이 매입해 기부한 약 3,963m²(1,199평)의 대지 위에 건축 면적 2,122m²(642평), 4층 콘크리트 건물로 지어졌다. 당시 미화 185만 6,000달러의 예산이 소요되었다. 1978년에 완공된 대사관 건물이 노후하자 2011년 5월 16일에 재건축 공사를 시작해 양국 수교일에 맞춰 2013년 9월 준공했다.

현재 인도네시아 대한민국대사관 신청사 본관 전경(위)과 2013년 12월에 열린 개관식(아래)

대사관은 그사이 2010년 7월 19일부터 2013년 7월 5일에 시내 탐린 거리의 더 플라자 오피스 타워(The Plaza Office Tower) 30층에 임시 청사를 마련하고 대사관 업무를 계속했다.

한인과 함께하는 대사관

인도네시아에서 한국정부를 대표하고 주재국 한인들의 권익과 안전을 도모하는 대한민국대사관은 한인사회 대소사에 직간접적으로 참여하며 여러 가지 편의를 제공하고 제반 문제 해결을 위해 노력하고 있다.

2018년에 발생한 롬복 지진과 술라웨시 팔루 지역에서 일어난 쓰나미 등 인도네시아에 극심한 재난이 발생할 때마다 재난 발생 지역으로 바로 달려가 한인의 피해 규모 파악과 구호 제공 등의 역할을 해왔다. 특히 2017년 11월에는 발리 아궁 화산 폭발로 발이 묶인 우리 국민을 대한항공 특별기 편으로 179명, 아시아나항공 전세기 편으로 266명을 수송했다. 이 일은 현지 동포들의 자긍심과 정부에 대한 신뢰를 크게 드높였다.

양국 화합의 첨병

2020년 코로나19가 팬데믹으로 확산된 가운데 한국은 가장 성공적인 방역 국가로 전 세계의 인정을 받았다.

한국은 인도네시아에도 신속 검사 키트 수만 개와 유전자 증폭 검사(PCR) 키트 3만여 회분을 1차로 공급하며 양국 관계를 더욱 돈독히 했다. 또 자카르타 수도권을 중심으로 시작된 대규모 사회적 규제(PSBB)와 외국인 입국 금지, 이동 제한 상황에서 현지 당국과의 긴밀한 조율에 힘썼고, 기민한 동포 안전 공지 등 자국민 보호를 위한 모든 노력도 아끼지 않았다.

한편 대한민국대사관은 1월 신년인사회, 3·1절 기념식, 광복절 기념식, 국경일 그리고 국군의 날 행사를 매년 열고 있다.

2019년 3월 1일에는 '3·1운동 100주년'을 맞아 한인사회 주요 단체 인사 620여 명을 초청해 공연과 만찬을 겸한 행사를 진행했다.

주인도네시아 대한민국대사관은 대사 관계 수립 이후 18명이 대사직을 역임했고, 2020년 7월 제19대 박태성 대사가 부임했다. 역대 총영사와 역대 대사는 다음과 같다.

대사관 주최로 2019년 자카르타에서 열린 3·1운동 100주년 기념식

• 한국대사관 역대 공관장 •

역 대	공관장	재임 기간
초대 총영사	이창희 총영사	(1966.11~1968.09)
제2대 총영사	한유동 총영사	(1968.09~1970.01)
제3대 총영사	김좌겸 총영사	(1970.01~1973.09)
초대 대사	김좌겸 대사	(1973.09~1974.03)
제2대 대사	이재설 대사	(1974.03~1979.04)
제3대 대사	함영훈 대사	(1979.04~1981.01)
제4대 대사	한우석 대사	(1981.01~1984.04)
제5대 대사	최상섭 대사	(1984.04~1987.03)
제6대 대사	김영섭 대사	(1987.03~1989.10)
제7대 대사	김재춘 대사	(1989.10~1993.01)
제8대 대사	장명관 대사	(1993.01~1994.02)
제9대 대사	김경철 대사	(1994.02~1995.03)
제10대 대사	민형기 대사	(1995.03~1998.05)
제11대 대사	홍정표 대사	(1998.05~2000.08)
제12대 대사	김재섭 대사	(2000.08~2003.02)
제13대 대사	윤해중 대사	(2003.07~2005.05)
제14대 대사	이선진 대사	(2005.06~2008.05)
제15대 대사	김호영 대사	(2008.06~2011.03)
제16대 대사	김영선 대사	(2011.03~2014.04)
제17대 대사	조태영 대사	(2014.05~2018.02)
제18대 대사	김창범 대사	(2018.02~2020.07)
제19대 대사	박태성 대사	(2020. 07~)

『한국-인도네시아 외교 40년사』 발간

2013년 인도네시아 대한민국대사관에서 발간한 『한국-인도네시아 외교 40년사』는 대사관 소속 현직 외교관인 이천희 서기관, 이인호 총영사, 전조영 참사관, 고경민 서기관이 분담해 직접 집필했다. 한-인도네시아 관계 '외교사'로는 최초의 책이다.

2013년 9월 18일, 주인도네시아 대한민국대사관이 『한국-인도네시아 외교 40년사』를 발간하자 '라와망운 한인 시니어클럽' 회원들이 기념 축하연을 주최했다.

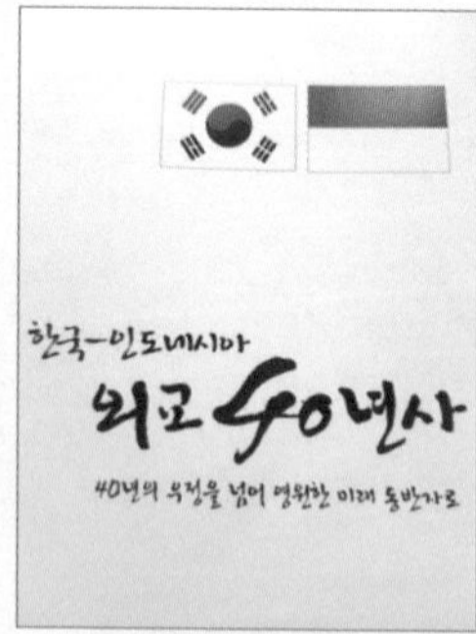

『한국-인도네시아 외교 40년사』 표지

⑤

주아세안 대한민국 대표부

아세안의 핵심 외교 파트너 역할 강화

한국정부는 2011년 11월 14차 '한-아세안 정상회의'에서 맺은 상주 대표부(국제기구에서 국가를 대표하는 외교공관) 설치 약속에 따라 2012년 9월에 아세안 본부가 소재한 자카르타에 '주아세안 대한민국 대표부(이하 우리 대표부)'를 설치하여 우리나라와 아세안과의 협력을 강화하고 있다. 1967년 8월 8일에 창설된 아세안(ASEAN), 즉 동남아시아국가연합(Association of Southeast Asian Nations)은 현재 인도네시아, 태국, 싱가포르, 말레이시아, 필리핀, 브루나이, 베트남, 미얀마, 라오스, 캄보디아 10개국이 지역협의체 체제를 갖추고 있다.

2008년 '아세안헌장'이 발효되면서 아세안 회원국들이 자카르타에 별도의 대표부를 개설하기 시작했고, 비회원국들과의 관계도 강화됨에 따라 미국, 중국, 일본, 러시아 등 주요 국가의 아세안 외교가 자카르타에서 활발히 이루어지고

2020년 2월 자카르타에서 열린 동아시아정상회의(EAS) 대사회의. 아세안+8 회원국이 참가하는 아세안 주재 대사들의 정례 회의다.

있다.

우리나라는 1989년에 아세안과 대화 관계를 수립했다. '대화 관계 수립'이란 회원국이 아닌 우리나라가 아세안과 외교협력 관계를 수립했음을 의미한다. 2019년 기준 아세안은 중국에 이어 우리의 제2위 교역 상대국이자 제1위 인적 교류 상대국이 되어 있다. 우리나라는 아세안+3 정상회의, 동아시아정상회의(EAS), 아세안지역안보포럼(ARF) 등 아세안이 주도하는 동아시아 지역협력체제에도 참여하며 역내 평화와 안정, 경제적 번영에 기여하면서 아세안의 핵심 외교 파트너로 발돋움했다.

다양한 입장과 각각의 이해관계를 가진 아세안 국가가 한반도 안보, 북핵 문제, FTA, 금융협력 등 우리 이슈에도 관심과 이해를 공유하고 있는 만큼 우리 대표부는 각국의 동향과 입장을 파악하고 아세안 회의에서 응분의 외교력을 발휘해 국익 보호와 역내 조화로운 번영 촉진이라는 중차대한 임무를 수행하고 있다.

신남방정책의 교두보

2017년 11월, 문재인 대통령은 인도네시아 국빈 방문 당시 아세안과 함께 교류 증대를 통한 상호 이해 증진(People), 호혜적이고 미래지향적인 상생의 경제협력 기반 구축(Prosperity), 평화롭고 안전한 역내 안보환경 구축(Peace)을 통해 '사람 중심의 평화와 번영의 공동체'를 추구하는 '신남방정책'을 천명했다. 이를 수행하기 위한 제도적 장치로 2018년 8월에 대통령 직속 '신남방정책 특별위원회'가 출범했고, 외교부는 2019년 5월에 대아세안 외교를 전담하는 '아세안국'을 설치했다. 또 한-아세안 협력사업을 실질적으로 추진할 수 있도록

2019년부터 한-아세안 협력기금을 당초 700만 달러에서 1,400만 달러로 2배 증액하였고 캄보디아, 라오스, 미얀마 등 메콩 국가를 대상으로 하는 한-메콩 협력기금도 당초 100만 달러에서 2019년에는 200만 달러, 2020년부터는 300만 달러로 증액했다.

신남방정책으로 주아세안 대표부의 위상도 크게 제고되어 2019년 5월부터 주아세안 대사에 차관급 인사를 기용했다. 2012년 출범 당시 대사를 포함해 3명뿐이던 대표부 조직도 2020년에는 외교관 16명의 규모로 대폭 증원하면서, 대표부 사무실도 주인도네시아 대한민국대사관의 1개 층을 벗어나 2019년 1월 자체 청사(Sentral Senayan II, 23F, Jl. Asia Afrika No.8, Gelora Bung Karno, Jakarta Pusat 10270)를 마련해 이전했다.

2019년 5월 17일에는 외교부 제1차관 출신의 임성남 대사가 림 족 호이(Lim Jock Hoi) 아세안 사무총장에게 신임장을 제정하는 자리에 '한-아세안 의회 외교포럼' 회장인 이석현 의원을 비롯해 우리 국회의원도 동석했다. 2019년 5월 22일 대표부 신청사 개소식에는 주형철 신남방정책특별위원회 위원장과 아세안 10개 회원국 주재 우리나라 대사가 모두 참석해 신남방정책 거점으로서의 새로운 출범을 축하했다.

우리 대표부는 아세안 지역을 아우르는 지역본부로서 아세안 회원국 주재 공관과의 협력을 강화하고 있다. 2019년 5월에 열린 아세안 공관장 회의를 필두로 8월에는 인프라 수주 활동 지원을 위한 아세안 인프라 담당관 회의를 대표부에서 개최했다. 2020년 1월에는 고용노동부 차관과 아세안 지역 노무담당관이 대표부에 모여 우리 진출 기업의 노무관리와 관련한 지원 방안을 협의했다. 그뿐 아니라 임성남 대사가 말레이시아, 필리핀, 베트남 등 개별 아세안 회원국을 방문할 때마다 현지 우리 기업, 공공기관과 함께

2019년 11월 7일 자카르타에서 열린 '한-아세안 대화관계 수립 30주년' 기념 리셉션 행사. 맨 왼쪽에는 김창범 주인도네시아 대사, 왼쪽에서 일곱 번째는 임성남 주아세안 대사. 맨 오른쪽이 박재한 한인회장

'아세안 팀 코리아 포럼'을 개최하고 있다.

우리 대표부는 신남방정책 홍보를 위한 공공외교 강화에도 힘쓰고 있다. 2019년 9월에는 한반도 비무장지대(DMZ) 주제 사진전을 아세안 사무국에서 열었다. '한-아세안 대화 관계 수립 30주년'을 맞이해서 우리 정부는 2019년 11월에 부산에서 '한-아세안 특별정상회의'와 '한-메콩 정상회의'를 개최했고, 이를 기념하여 우리 대표부는 11월 7일에 아세안 사무국 신청사에서 700여 명의 아세안 관련 인사와 한인사회 각 분야 인사가 참석한 리셉션을 성황리에 개최했다.

주아세안 대한민국 대표부 역대 대사로 초대 백성택 대사(2012.10~2015.4), 2대 서정인 대사(2015.4~2017.9), 3대 김영채 대사(2018.1~2019.5)가 역임했고, 현재 4대 임성남 대사(2019.5~)가 재임 중이다.

⑥

국가기관 동반 진출과 '수출주도전략'

한국정부는 정치·종교·문화적으로 공통분모를 거의 찾기 어려운 인도네시아와 수교를 성사시키기 위해 혼신의 힘을 쏟았다. 한국정부가 그토록 집중한 이유가 무엇일까? 일본은 태평양전쟁 개전 직전 미국으로부터 금수조치가 내려진 원유 같은 전략자원을 획득하기 위해 인도네시아 점령을 목표로 삼았다. 다른 주변 점령국인 버마, 필리핀에는 독립을 허용했음에도 인도네시아를 제외한 이유도 이 때문이다. 자원 보고이자 내수시장으로서의 발전 가능성을 염두에 둔 장기적 판단이었다. 한국도 예외가 아니었다. 한국은 국가 전략상 서둘러 국가를 승인하였고, 기업 진출의 선결 조건인 수교 문제를 해결하기 위해 혼신의 힘을 쏟아부은 결과 문호가 개방되기 시작했다.

1962년도 기준, 한국은 국가 살림살이에 쓰일 연간 소요 자금이 2억 달러인데 비해 외환보유고는 1억6,000만 달러에 지나지 않아 외환위기 일보 직전으로 치닫고 있었다. 불가피하게 '수출전략정책'으로 궤도를 수정해야 했다. 수출

역군들은 산과 바다를 누비며 무조건 달러를 벌어 부족한 외화를 충당하려 애썼다. 1961년도 수출 1위 품목은 철광석으로 중석, 생사(실크), 무연탄, 마른오징어, 활선어, 흑연, 합판, 미곡이 뒤를 이었고, 10위인 돼지털은 브러시 용도로 사용되었다. 이러한 정책 변화에 순응하기 위한 후속 조치로 수출주도전략의 상징적 존재인 대한무역진흥공사(KOTRA, 코트라)를 설립했다. 초창기 수출 전선에서 코트라 맨의 헌신은 대한민국 수출 기반을 확보하는 데 절대적 힘이 되어 주었다.

정부에서 유일하게 임무관을 파견하다

열대우림 지역에서의 산림개발은 대규모 중장비를 동원한 임도 건설, 벌채작업, 운송, 저장 등의 과정을 거치는 장비 싸움인 관계로 거액의 투자가 필요하다. 안전사고도 빈번하게 발생하여 주재국 당국과의 긴밀한 협조도 요구된다. 한국정부는 아직 정식 국교(대사급)가 개설되기 이전인 1971년에 이미 '임무관(林務官)'을 주인도네시아 총영사관에 파견했다. 심필구 초대 임무관을 시작으로 2017년 제12대 임영석 임무관, 2020년 제13대 이준상 임무관까지 산림청 소속 담당관을 파견하였다. 인도네시아는 대한민국 임무관이 파견된 유일한 국가다. 초기에는 수동적 임무를 수행하였으나 지금은 국가 간 협력 방안으로 범위가 확대되었다.

1987년부터 시작된 양국 간 공동기구인 '산림협력위원회'는 2018년에 제23차를 맞이했다. 2011년 한-인도네시아산림센터를 개설하였고, 2018년 '산림휴양 에코투어' 등으로 발전을 거듭해왔다. 이처럼 1970년대부터 기업 진출의 견인차 역할로 대인도네시아 정부의 협조에 일익을 담당했던 정부 파견관으로는 임무관 외에 국방무관, 상무관, 노무관, 공보관 등이 주재했다.

세계에서 여덟 번째 해외무역관, 코트라 개관

『세계은행 보고서』에 의하면, 1963년 기준 1인당 국민총생산액이 말레이시아 275달러, 필리핀 254달러, 일본 700달러, 미국 3,166달러였고, 한국은 100달러에 불과하여 세계 88개국 가운데 87위였던 최빈국이었다. 자원도 부족하여 주로 인적자원에만 의존할 수밖에 없었던 한국은 1960년대 중반에 이르자 '수출제일주의', '공업입국'이라는 휘호가 관공서를 비롯해 기업체 벽면을 장식하기 시작한다.

이즈음 정부의 대인도네시아 교역 확대 방침에 따라 1964년 7월 김동조 코트라 사장과 바스룰 자말(Basrul Djamal) 인도네시아 무역부 차관 사이에 무역 증진에 관한 논의가 이루어졌다. 이후 11월 1일에는 싱가포르에 이어 코트라의 여덟 번째 해외무역관이 자카르타에 개관했다. 정부는 코트라를 통해 수출기지 확보에 적극 나섰다. 수하르토 장군이 정식 대통령으로 취임한 다음 해인 1969년에 '제1차 경제개발 5개년 계획'이 시작되면서 양국 간 교역은 활기를 띠었다. 1970년 코트라는 자카르타 도심지에 위치한 사리나 백화점에서 '한국상품 종합전시회 및 바자회'를 열어 수익금을 당시 인도네시아 정국의 화두인 '영토통합' 기금으로 기부하여 언론의 조명을 받았다.

특히 1973년 9월 '대사급 수교'로의 외교 관계 격상은 대인도네시아 교역에 탄력을 불어넣었다. 1967년 120만 달러, 1969년 195만 달러였던 대인도네시아 수출은 '정식 수교' 이후인 1973년 3,238만 달러, 1974년 5,518만 달러로 급증하여 10대 수출국으로 부상했다. 아울러 양국 간 수교는 천연자원 부국인 인도네시아에 대한 자원개발 관심도를 증폭시켜 제한적인 국내 자원에 의존하는 것에서 탈피할 대안을 마련해주었다. 1960년대 말 산림개발, 1970년대 말 오일가스개발, 1980년대 초 유연탄개발 사업에 본격으로 뛰어드는 결실을 본다.

국책은행 금융지원과 종합무역상사의 역할

• 한국외환은행 자카르타 사무소

정부 수출진흥정책의 첨병인 코트라의 역할과 상응하는 정부투자기관으로 일찍이 자카르타에 터를 잡은 것이 한국외환은행이었다. 수출거래가 확대되면서 늘어나는 대외거래를 지원하기 위하여 1966년 7월에 공포된 '한국외환은행법' 취지에 따라 1968월 10월 2일에 자카르타 사무소가 개소했다.

그간 사무소 형태에서 1990년 3월 16일 한국외환은행 85%, 다나몬은행 15%의 지분 구조로 현지법인 PT. Bank KEB Danamon Indonesia로 탈바꿈했다. 2007년 12월에는 소형 금융회사인 '빈땅 마눙갈 은행(PT. Bank Bintang Manunggal)'을 인수하고 세계은행 산하의 IFC(국제금융공사)가 2대 주주(지분율 19.9%)로 참여했다. 2014년 8월에는 현지법인으로 출범한 하나은행과 합병하여 'KEB 하나은행(PT.Bank KEB Hana Indonesia)'라는 상호를 쓰게 되었다.

2014년 기준 30개의 영업점과 3,800여 개의 ATM기 운영으로 다양한 금융 서비스를 제공하고 있으며, 현지 대형 은행인 BCA(Bank Central Asia)와의 업무 제휴로 ATM기 공동 사용 등을 통해 고객 확충에 나서고 있다.

• 한국수출입은행

1976년 7월 1일에 설립된 한국수출입은행은 1982년 9월 1일에 자카르타 사무소가 코리아센터에 개소되었다. 1988년 8월에는 최초로 경협기금협정이 양국 간에 체결되어 수마트라 빠당(Padang) 도로 건설 프로젝트에 자금이 투여되었다.

국산 기계류와 자본재 수출을 촉진하고 현지 진출 국내기업에 자금을 원활히 지원하기 위해 1992년 6월 1일 자로 인도네시아 만디리은행(당시 Bank Dagang Negara)의 자회사(PT. Pengelola Investment Mandiri)와 합작금융회사인 '수은인니금융(PT. Koexim-Mandiri Finance)'을 설립했다.

• 우리은행

국책은행은 아니지만 1992년 한국상업은행의 현지법인인 '수르야상업은행(PT. Bank Korea Commercial Surya)'과 한일은행 현지법인인 '한일따마라은행(PT. Hanil Tamara Bank)'이 합작해 설립한 '한빛인도네시아은행(PT. Hanvit Indonesia)'을 거쳐 2005년 'PT. Bank Woori Indonesia'로 사명을 변경하였고, 메드코(MEDCO) 그룹의 금융 자회사인 '소다라은행(PT. Bank Saudara)'을 인수합병하여 2014년 12월 30일 자로 '우리소다라은행(PT. Bank Woori Saudara Indonesia 1906)'으로 탄생하여 총 7개소의 자체 영업점과 약 118개소의 소다라은행 네트워크를 보유하고 있다.

• 종합무역상사의 시작, 한남무역

영풍상사, 삼성물산, 천우사, 반도상사, 김성산업 등 대형 무역업체 5개사가 공동출자하여 1968년 7월 30일에 설립한 '한남무역진흥주식회사(한남무역)'는 같은 해 11월에 인도네시아 지사를 개설했다. 당시 인도네시아를 대상으로 한 전문 무역회사로 특화하여 한국상품의 수출 증대, 시장 개척에 크게 기여했다. 한남무역은 1973년에 쌍용그룹에 흡수되었다가 1975년 '종합상사지정제도'에 의한 제2호 종합상사인 (주)쌍용에 합병되어 시멘트, 철강 등을 인도네시아로 재수출하는 길을 트기도 했다.

국책연구기관과 국가협력기구

• '극동문제연구소'와 '인도네시아 전략국제문제연구소'

그간 경제교류에만 치중하던 양국 간 왕래에 문화교류의 필요성이 대두되자 경남대학교 극동문제연구소, 외교안보연구원, 한국개발원 등의 연구기관에서 이를 보완하는 대안을 내놓기 시작했다. 인도네시아 측에서는 '인도네시아의 부르킹스 연구소'로 별칭하던 인도네시아 전략국제문제연구소(Centre for Strategic

수하르토 대통령의 측근 실세이며 CSIS Indonesia 창설 후원자인 알리 무르토포(Ali Moertopo) 장군

and International Studies Indonesia, CSIS)가 '한국관계학' 연구를 주도하고 있었다.

'CSIS Indonesia'는 하리 짠 실랄라히, 유숩과 소피안 와난디 형제 등이 1971년 9월에 자카르타에서 창설한 싱크탱크로, 군부 실세였던 알리 무르토포, 수조노 후마르다니, 베니 무르다니 장군이 후원하고 가톨릭계와 화교계 실업인 단체가 재정을 후원했다.

경남대학교 극동문제연구소는 이 연구소와 매년 학술대회를 개최해 오던 중 1981년 12월에 '제3회 한-인도네시아 국제학술회의'에서 양국에 관한 '개설서'를 발간하기로 합의하여 1983년 8월에 『인도네시아』라는 단행본이 빛을 보게 되었다. 또 한국외국어대학교 교수진과 CSIS Indonesia 측의 마리 엘카 팡에스투(후일 무역부 장관 역임) 연구원이 서로 교차하여 학술교류를 이어나갔다.

• 코이카 제1호 유상원조사업

코이카는 1987년 6월에 대외협력기금(EDCF)을 설립했다. 코이카의 제1호 유상원조사업은 1987년 12월에 빠당시 우회도로 건설사업으로 시작된다. 그리고 1992년 9월 1일에 제1호 해외사무소인 '자카르타 사무소'가 개소하면서 지금까지 교육 프로그램과 자원봉사, 무상원조 기술협력사업을 수행해오고 있다.

코이카는 1994년 북부 술라웨시 마나도(Manado) 우회도로 건설을 지원한 것 이외에도 2001년부터 2003년까지 3년간 125만 달러를 지원한 인도네시아대학교 IT훈련센터 그리고 2012년에 완공된 국가정보통신교육원 건립사업 등을 진행하는 성과를 이뤄냈다. 코이카 자카르타 사무소 개소 첫해에 33만 달러에 불과하던 무상원조 규모가 2012년까지 1억3,700만 달러에 이르고, 유상원조도 2012년까지 총 5억1,300만 달러에 달했다.

Chapter 3

—

초창기 기업 진출 시대
: 한인기업 개척사의 선구자

1962년 11월 12일 일본을 방문 중인 수카르노 대통령과 김종필 중앙정보부 부장과의 회담이 성사되고, 다음 해 7월 한국기업 진출의 전초전인 '산림개발조사단'이 수카르노 대통령을 예방하면서 인도네시아로의 진출이 본격화된다. 이에 북한은 인도네시아 주재 소련대사관을 앞세워 한국기업들의 산림개발사업을 강력히 비난하고 나섰지만 새로 출범한 수하르토 정부는 한국과의 협력을 통해 경제개발을 이루고자 하는 강한 의지를 보였다. 이렇게 양국 간 외교 관계가 정립되면서 한국기업들은 칼리만탄, 수마트라의 정글과 오지를 종횡무진 누빈다. 전인미답지에 상륙하기 위해 소형 어선으로 장비와 보급물자를 운반하고, 폭우가 쏟아지는 진흙탕 속에서 활엽수잎으로 비를 가리며, 온갖 독충과 파충류의 공격에 맞서 싸워야 했다. 한인기업의 인도네시아 개척사는 정글 속에서 비지땀을 흘리며 그렇게 시작되었다.

특히 1970년대 산림개발사업에 전념한 '코데코(KODECO)', 1990년대 전성기를 누리던 목재가공업을 이끈 '코린도(KORINDO)', 2000년대 유연탄개발업종의 '키데코(KIDECO)' 등 상호도 비슷한 인도네시아 대표 한인기업인 '3K'의 미래 행보가 주목된다.

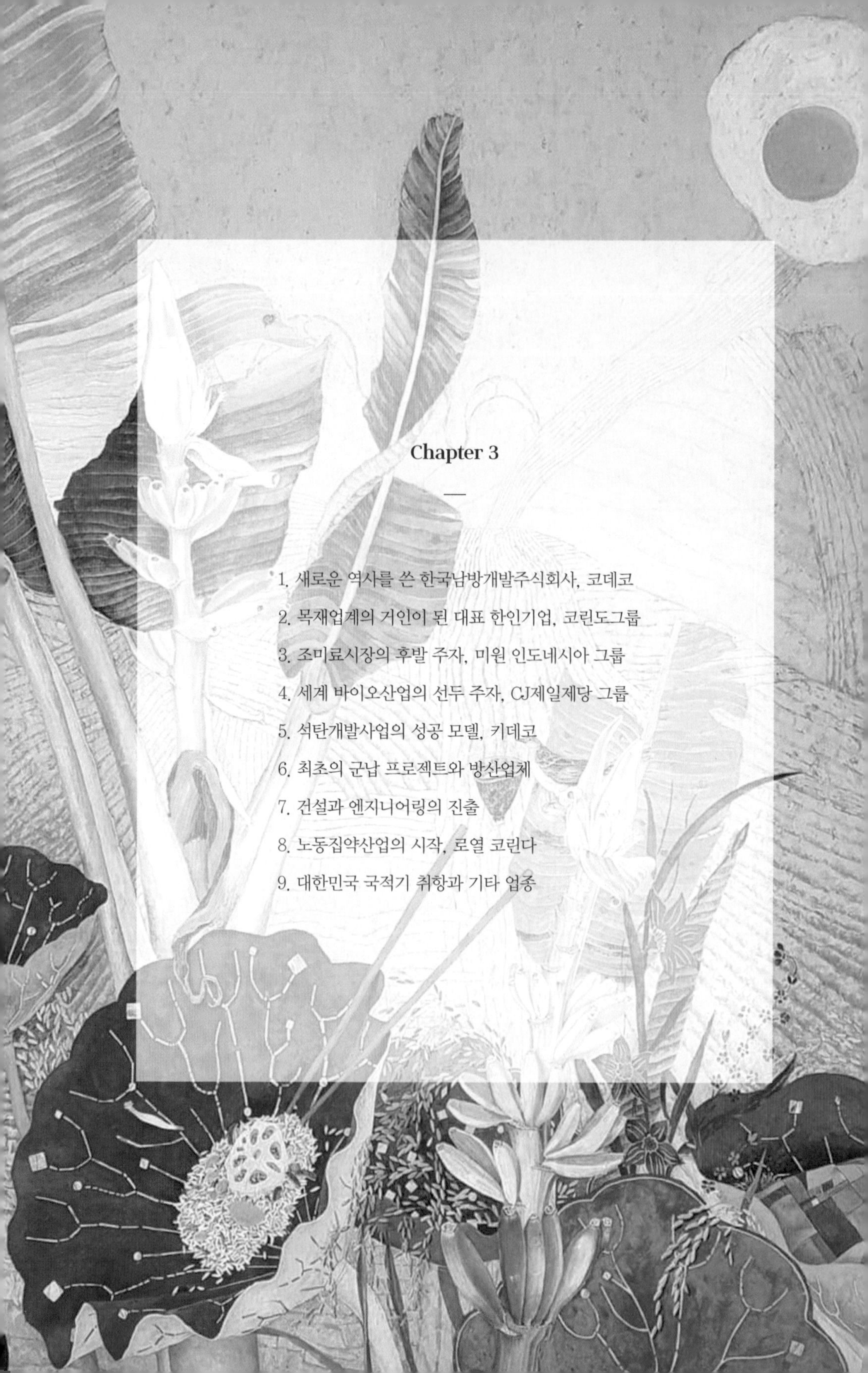

Chapter 3

—

1. 새로운 역사를 쓴 한국남방개발주식회사, 코데코
2. 목재업계의 거인이 된 대표 한인기업, 코린도그룹
3. 조미료시장의 후발 주자, 미원 인도네시아 그룹
4. 세계 바이오산업의 선두 주자, CJ제일제당 그룹
5. 석탄개발사업의 성공 모델, 키데코
6. 최초의 군납 프로젝트와 방산업체
7. 건설과 엔지니어링의 진출
8. 노동집약산업의 시작, 로열 코린다
9. 대한민국 국적기 취항과 기타 업종

①
새로운 역사를 쓴
한국남방개발주식회사, 코데코

최계월 회장과 수카르노의 인연 그리고 산림개발 이권 성사

일제강점기인 1919년, 경남 창원에서 출생하여 부모를 따라 히로시마로 이주한 최계월(崔桂月, 1919~2015)은 와세다대학교 법학부 재학 중에 태평양전쟁이 터지자 학도병으로 징집되었다가 육군 소위로 임관해 종전을 맞는다.

이후 그는 1947년에 동양무역사, 1958년에 흥아상사 그리고 1963년 11월에 서울 퇴계로 조양빌딩에서 '한국남방개발주식회사(KODECO, 코데코)'를 설립한다.

와세다대학교 동창들은 그를 '대장'이라 불렀다. 이유는 그가 신장 184cm로 체격이 좋고 공인 유도 4단과 가라데 3단을 수련했기 때문이다. 그리고 매년 가을 '옥스퍼드-캠브리지'의 정기전을 본떠 도쿄 스미다가와강에서 열리는 '와세다-게이오 정기 조정 경기'의 대표 선수로 출전할 만큼 무술과 스포츠에서 만능인이었다.

수카르노 대통령의 초청으로 자카르타를 처음 방문한 최계월 회장이 수카르노 대통령과 환담하고 있다. 수자르워 장관 증언

최계월은 일본 정계와의 친분 덕분에 수카르노 대통령과 인연이 닿아 1962년 8월 8일 인도네시아 정부의 초청을 받아서 자카르타를 처음 방문한다. 산림개발에 관한 이권을 약속받고 돌아온 그는 이 엄청난 특혜를 "한국인 손에 의해, 한국의 자본으로 성사시키겠다"라는 일념으로 박정희 국가재건최고회의 의장을 만난다. 그러나 신생국이나 다름없는 대한민국 정부는 해외투자 관련법은 물론 해외에 투자할 자금 여력조차 없었다.

제1차 산림개발조사단 파견과 난항

한준석 청와대 경제비서관은 1963년에 제1차 '산림개발조사단'을 인도네시아로 파견한다. 대한민국 목재이학계(木材理学界)의 태두인 심종섭 농림부 산림국장을 필두로 최계월 회장 일행이 수카르노 대통령을 예방했다. 아시안게임을 위해 완공된 지 얼마 되지 않은 호텔 인도네시아(Hotel Indonesia)에 여장을 푼 일행은 수카르노 대통령의 특별 지시로 체재 기간을 연장하면서 '한-인도네시아 산림개발의정서'를 체결한다. 훗날 뉴질랜드 대리대사를 지낸 박영은 자서전 『나의 외교관 생활 30년』에서 최계월과 수카르노 대통령의 친분을 비롯해 당시 상황을 자세히 기술하고 있다. 회사 설립을 위해 필요한 재정 지원은 죽마고우였던 장석규가 맡아 동업체제로 출범

1963년 7월 '산림개발조사단'이 보고르 대통령궁을 찾아 수카르노 대통령을 예방하였다. 오른쪽부터 최계월 회장, 심종섭 국장, 수카르노 대통령, 박영 외무부 과장, 익산 비서실장, 김임정 과장

했다. 합천 지역 만석꾼 아들인 장석규는 대구 대륜중학교를 거쳐 메이지대학교를 졸업하고 귀국하여 '거진해운'이라는 해운업을 운영하던 실업인이었다.

이렇게 해외투자 신청서가 경제기획원에 제출되었지만, 당시의 핍박한 외환 사정으로 투자 허가 절차는 진전을 보지 못하고 있었다. 이는 양국 국가원수의 약속을 받았다고 해결되는 일이 아니었다. 경제를 일으키기 위한 산업자금을 해외에서 유치하기도 바쁜 형국에 해외투자를 한다는 자체가 시기상조로 보였다. 이런저런 이유로 한국남방개발주식회사의 인도네시아 산림개발사업이 기약 없이 지연되자 심각한 자금난에 봉착한다. 빌린 돈을 제때 갚지 못하게 되자 '국제 사기꾼'이라는 험담마저 나돌기 시작했다.

'해외직접투자 제1호' 기업, 한국남방개발주식회사

1965년 10월 1일 새벽, 인도네시아에서는 대정변이 일어나 공산화로 치닫던 수카르노 정권이 붕괴하고 수하르토 우익정권이 들어선다.

그리고 1968년 2월 11일에 한국남방개발주식회사는 드디어 대한민국 '해외직접투자 제1호' 기업으로 새로운 역사를 쓰게 된다. 이틀 후인 2월 13일 자로 '한국은행 외환업무부 해외투자과' 명의로 1차 미화 300만 달러에 달하는 '해외투자 허가'가 떨어진다. 그리고 1968년 3월 14일에 한국 산림청과 한국남방개발주식회사 측이 공동으로 칼리만탄 지역에 투입되어 임상조사를 마치고, 25만ha 임지 허가에 대한 인도네시아 정부와의 최종 협정을 마무리 짓는다.

한국정부로부터 '은탑산업훈장'을 받는 최계월 회장. 목재개발의 선구자적 역할과 양국 우호 증진에 기여한 공로로 1974년 7월 박정희 대통령을 대신하여 김종필 국무총리가 수여하고 있다.

오일쇼크와 최계월 회장의 원유확보 프로젝트

1973년 10월 제4차 중동전쟁으로 야기된 '1차 오일쇼크'의 후유증이 가시기도 전, 6년 후에 다시 '2차 오일쇼크'가 일어나며 한국의 원유 비축량은 바닥을 보였다. 위기를 극복하기 위해 1978년 12월에 박정희 대통령은 석유수출국기구(OPEC) 회원국인 인도네시아산 원유확보를 긴급 지시한다.

한국정부는 최계월을 움직여 저유황벙커시유를 긴급히 공급받을 수 있도록 협조해달라는 공문을 주인도네시아 대한민국대사관으로 띄운다.

그리고 최계월은 평소에 친분이 두텁던 베니 무르다니 장군을 찾았고, 베니 장군은 1979년 10월에 수하르토 대통령과 독대하여 '원유 판매 시장의 다변화'라는 명분을 내세우며 일본에 배정되어 있던 일산 1만5,000배럴의 저유황유를 한국으로 돌리는 데 성공했다.

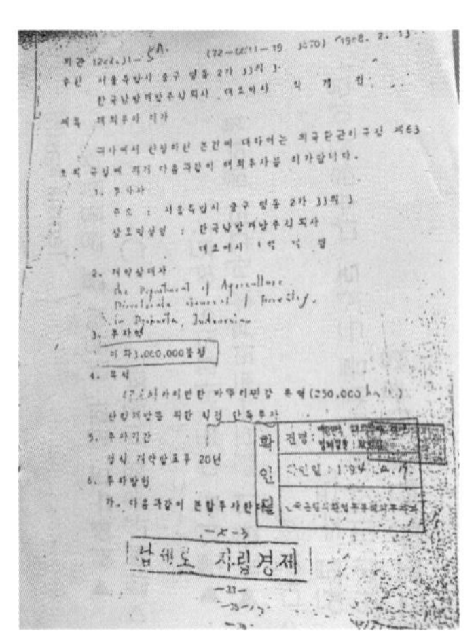
납세로 자립경제

1968년 2월 13일 자 정부(한국은행 외환업무부 해외투자과)의 해외투자허가서

그 후 박정희 대통령은 몇몇 재벌사 회장과 최계월을 관악골프장 회동에 초청해 막걸리를 돌리며 최계월을 설득했다. "최 사장, 산림개발 시작할 때 임자 애먹은 거 내 잘 알아. 이번에는 절대 돈 걱정 안 시킬 테니 한번 해봐"라며 여러 차례 권유하자 최계월은 "각하, 예, 하겠습니다!"라고 단호히 대답한다. 그러나 이 답변 하나로 그토록 건실하던 코데코그룹은 새로운 국면을 맞으며 고난의 길을 걷는다. 20년간 마두라 유전에 5억 달러의 자금을 투입하면서 자금이 경색된 16개 계열사(목재, 중공업, 전자, 수산, 농업 등)는 더 이상 버틸 힘을 잃는다. 그리고 1999년 11월에 주거래 은행인 한일은행(현 우리은행)으로부터 '적색 업체'로 낙인찍힌다.

코데코 - 한국 최초 해외원유개발사업 체결

한국정부는 코데코를 내세워 1980년 8월 2일에 시행된 '북동 마두라 유전'에 대한 공개입찰에 응찰했으나 그 결과는 실패였다. 시그너처 보너스(Signature Bonus) 금액이 2,200만 달러인 엑슨(Exxon)에 비해 겨우 300만 달러를 써넣은 코데코 측이 당해낼 방법은 없었다. 최계월은 또다시 베니 장군을 찾아가 자신의 어려운 입장을 설명하고 도움을 간청했다. 고심하던 베니 장군은 아직 입찰에 붙이지 않은 '서부 마두라 광구'를 생각해낸다.

서부 마두라 유전은 미국의 유니온(Union)이 입찰보증금으로 4,000만 달러를 제시할 정도의 유망한 광구로 인도네시아 국영석유공사 빠르따미나(Pertamina) 측이 직접 개발하겠다고 선언한 유전이었다.

베니 장군은 양국 간 우호 증진과 최초로 진출하는 한국기업이라는 명분을 내세워 대통령 특명으로 수의계약을 성사시켜주었다. 이는 1981년 1월 양국 간 '유전공동개발합의의정서'로 결실을 보았으며, 1981년 4월 1일에 코데코 에너지가 자본금 66억7,000만 원으로 설립된다. 그리고 1981년 제14차 경제장관회의에서 정부가 성공불융자 형식으로 개발자금의 80%를 지원하기로 의결한다.

마침내 1981년 5월, 코데코 에너지와 빠르따미나 간에 체결된 서부 마두라 유전 공동개발사업이 승인되면서 본격적인 유전개발이 시작되었다.

코데코 에너지의 유전개발은 한국 최초의 해외 원유개발사업으로 빠르따미나와 생산분배계약(PSC)을 체결하고 본격적인 석유 탐사를 시작하며 1983년 KE-2 광구에서 원유 및 가스를 생산했다. 그 결과 1984년 8월 27일에 태국 국적의 유조선 마운드 샴호에 42만 배럴의 원유를 싣고 여수항으로 입항하여 호남정유에 인도되었다. 그러나 그 직후 기술적 결함으로 생산량이 급감하며 상황은 원

서부 마두라 유전 K-2 광구 시추선

점으로 돌아간다. 더욱이 여러 차례 정권이 바뀌면서 더는 한국정부의 지원을 기대할 수 없는 상황에 부닥치자 코데코 에너지는 미국 텍사스에 본사를 둔 원유개발 회사인 맥서스 에너지사(Maxus Energy Co.)에 보유 지분의 50%를 매각했고, 맥서스 에너지사의 기술력을 바탕으로 다시 정상화에 성공했다. 이후 맥서스 에너지사는 중국 국영 오일 회사(CNOOC)에 지분을 넘기고 인도네시아에서 철수했다. 그리고 30년 계약 기간이 만료되는 2011년 5월 7일 자로 지분 10%만 남겨둔 채 운영권과 다수 지분을 빠르따미나에 넘겨주며 20년 기한으로 개발권을 연장했다. 창업주인 최계월 회장이 2015년 11월 향년 96세로 타계함에 따라 차세대인 정필립 대표가 현재 CEO 직책을 맡고 있다.

한편 코데코 에너지는 1988년 자회사 격인 오일 마케팅 회사(KIPCO, 대표 김영만)를 국영 빠르따미나와 합작으로 설립하여 2010년대에는 연간 20억 달러 이상의 거래 실적을 올리기도 하였다.

그 외 산림개발 동종업체 진출사

• 동부 칼리만탄의 한국인 개척자

1971년 4월 12일 7명의 한국인이 동화기업의 인도네시아 현지법인 '인니동화개발주식회사'로 부임하기 위해 자카르타 끄마요란 공항을 통해 입국한다. 이들 중에는 태평양전쟁 참전자 최용훈 소위, 미국에서 유학한 이명재를 비롯하여 인도네시아어를 전공한 이승민 신입사원도 포함되어 있었다. 그리고 고려대학교 부설 아세아문제연구소 소속으로 인도네시아 유학 중 현지에서 합류한 성인용 사원까지 포함하여 초기 현장 창설 요원은 8명이었다.

이들은 2주간의 자카르타 오리엔테이션이 끝나자마자 국내선 민항기 보락(Bouraq)에 몸을 실어 동부 칼리만탄의 유전 도시 발릭빠빤(Balikpapan)에 도착한다. 일행은 강기슭 갯벌에 세워져 있는 수상가옥을 임차하여 사무실과 숙소로 사용하였다. 1971년 5월에 미국산 캐터필러, 일제 닛산 중장비가 도착하자 생산 지역을 두 곳으로 나누고 말레이시아 업체에 하청을 줘 본격적인 생산 활동에 들어갔다. 이를 총괄할 중역으로 사주와 인척 관계인 김동환 전무가 한국에서 부임했다. 사업은 쉽지 않았다. 회사 측과 도급업자 간에 의견 충돌이 발생하며 내부적 동요가 일자 사직서를 내고 임의 귀국하는 직원이 속출했다. 이를 진정시키기 위해 한국 본사는 1971년 10월 원목 구매 주재원으로 말레이시아 따와우(Tawau)에 있던 김재유 씨를 생산부장으로 발령 냈다.

1974년 8월, 육영수 여사 서거 직후 승주호 전무의 지휘 아래 발릭빠빤 지역 한국인 임직원들이 모여 추도식을 거행하고 있다.

이렇게 우여곡절을 겪으며 1년 만인 1972년 3월에 6,000m^{3}의 원목을 실은 첫 운반선 '아시아 리버호(MV. Asia River)'가 인천항에 입항하는 감격을 맛본다. 이후 매달 한 척 분의 물량이 계속 입하하여 동화기업은 안정 궤도에 올라서며 미래의 일등 기업으로 도약하기 위한 발판을 마련한다. 칼리만탄의 정글 속에서 청춘을 바치고 전직하거나 퇴사한 이후 계속 인도네시아에서 삶을 이어가고 있는 이승민, 이원제, 이헌, 이항주, 지동주 등은 동부 칼리만탄의 진정한 한국인 개척자이며 증인인 셈이다.

• 원목금수조치로 발목 잡힌 '경남기업'과 '한니흥업'

1926년, 부친을 따라 싱가포르로 이주한 정원상, 정원성 형제는 종전 다음 해인 1946년 4월에 귀국한다. 그리고 1951년에 정원상은 다시 싱가포르로 돌아갔고, 동생 정원성은 같은 해 대구에서 경남기업(경남토건)을 창업한다. 그러나 최초로 해외건설 면허를 취득한 후 수주한 '태국 중앙방송국 타워 공사'가 중단되면서 '해외건설 제1호' 타이틀은 1966년 1월 태국 '파타니~나라티왓 도로 공사'를 착공한 현대건설에 넘겨주게 된다.

베트남전 당시 세탁소, 군납, 외과병원 공사(Ban Bet Thuet) 등 미군 특수를 누리며 성장한 경남기업은 기존 용역 장비를 전용할 방안을 찾던 중 인도네시아로 눈을 돌려 산림개발사업에 뛰어든다. 그리고 싱가포르에 설립한 자회사인 한성무역공사를 통해 미리 타당성 조사를 시작해 1970년 동부 칼리만탄주 북단 따라깐(Tarakan) 지역에 지분 65% 비율로 16만7,000ha의 임지를 확보했다. 그뿐 아니라 1973년에는 수마트라 시볼가(Sibolga) 지역에 두 번째 임지를 취득하며 생산 활동에 들어갔다.

그러나 1975년 회사 대표가 정원성 사장에서 재미교포인 신기수 사장으로 바뀌었고, 1980년대 초 원목금수조치에 뒤따른 목재가공 분야로 업종 전환이 이뤄지지 못하면서 인도네시아와의 인연은 단절된다.

1973년에 투자자들이 자본을 모아 창업한 '한니흥업'은 '한니 우타마(PT. Hanni Utama)'라는 현지법인을 설립해 중부 칼리만탄주 라만다우강 유역에 10만ha의 임지를 확보해 조업에 들어갔으나 1980년대 초 원목금수조치 이후 목재가공업으로 전환할 여건이 갖춰지지 않자 인도네시아에서 철수한다.

• 정치적 제약과 경영층의 경직된 대처로 실패한 '신흥목재'

1976년 우리에게 '우아미가구'로 잘 알려진 인천의 신흥목재가 730만 달러라는 거액의 투자 계획을 세우고 1977년에 서부 칼리만탄주 신땅(Sintang) 지역에 11만5,000ha 면적의 산림개발권을 확보한다. 그리고 7:3의 투자 비율로 '아주 발라판 자야(PT. Ahju Balapan Jaya)'라는 합작법인을 설립하여 야심 찬 시동을 걸었다. 그러나 생산 활동에 들어간 지 얼마 되지 않아 파트너와 분규에 휩싸이며 아주 발라판 자야는 전문 영역인 목재가공업의 꿈을 제대로 펼쳐보지도 못한 채 사업을 접어야 했다. 1978년 10월에 인천으로 향하는 첫 선적 테이프를 끊으며 3만m^3의 수출 물량을 단숨에 실어낼 때만 해도 이런 사태가 오리라고는 예상하지 못했지만, 파트너 측의 정치적 제약과 한국 경영층의 경직된 자세 때문에 서로 꼬여 '돌아올 수 없는 강'을 건넌다.

벌목 작업 중인 산림개발 현장의 기술자들. 초창기에는 도끼를 이용했으나 이후 필리핀 기술자들로에게 기계톱(체인소) 사용법을 배워 벌목했다.

인도네시아 독립전쟁 초기 수라바야, 족자카르타 지역에서 뛰어난 대중웅변가로 민심을 사로잡은 골수 민족주의자며 독립투사인 붕 또모(Bung Tomo)는 장기 독재 집권 체제로 들어가는 수하르토 정부의 큰 걸림돌이었다. 수하르토 정부의 산림부 장관이며 독립투쟁 기간 중 붕 또모와 동지 관계였던 수자르워 장관은 수하르토 대통령에게 건의하여 그에 대한 유화책으로 서부 칼리만탄주 뻔띠아낙(Pontianak)시에서 650km 내륙으로 들어가는 지역의 임지를 무상으로 제공한다. 붕 또모는 이 자산을 활용할 목적으로 서둘러 투자유치에 나선다.

1987년 4월 용역을 받고 북부 칼리만탄 따라깐 지역을 항공 서베이 중인 최명행 사장(맨 왼쪽)

이때 붕 또모는 칼리만탄 현장에서 잠깐 벗어나 자카르타에 업무출장 중이던 코데코의 최명행 씨를 만난다. 그는 항공 서베이 분야의 권위자로 알려져 있었다. 붕 또모의 이야기를 들은 최명행 씨는 1973년에 사표를 내고 한국으로 가 투자자 물색에 나선다. 그러고는 투자 의향을 비치며 은행 지급 보증까지 약속했던 '현대신건사'가 부도난 후 당시 홍콩에서 원목 수입 중개상을 하던 김재강 씨로부터 인천 신흥목재 이훈돈 사장을 찾아가보라는 연락을 받는다.

신흥목재 이훈돈 사장은 평북 의주 출신으로 신의주상고를 나와 압록강 유역에서 뗏목 운반업을 운영했었다. 6·25동란 때 월남하여 청량리 제기동에서 제재소를 운영하다가 인천 남구 도화동으로 공장을 옮겨 우아미가구라는 브랜드를 탄생시키며 크게 성공한 자수성가형 기업인이었다.

그러나 집권 10년 차에 들어가며 장기 집권의 조짐을 보이던 수하르토 정권은 비판자들을 더욱 강하게 탄압한다. 이로 인해 알리 사디킨(Ali Sadikin)과 더불어 재야를 대표하던 붕 또모의 강직함은 결국 된서리를 맞는다. 붕 또모는 1978년 4월 수하르토 정권에 의해 '정부전복' 혐의로 서부 자바주 뻔독 거데 지역에 위치한 니르바야(Nirbaya) 형무소에 수감된다. 그가 수감 생활로 기업 활동에 제약을 받자 한국 측 경영에도 직접적 영향을 주게 된다. 그리고 아주 발라판 자야는 진출 3년 만인 1981년에 끝내 조업을 중단하고 말았다.

• **갖은 난항 속 방향을 잃은 '유림사리(PT. Youlim Sari)'**

국내 중견 건설사인 유원건설은 중동 건설경기 침체에 대한 대안으로 해외 산림개발에 눈을 돌린다. 이리안 자야 지역은 아직 원목금수조치의 예외 지역임을 감안한 것이다. 1983년에 파트너사인 꺼분사리(Kebun Sari)와 미화 500만 달러의 자본금으로 현지법인을 설립했다. 49%의 지분을 보유한 유원 측은 투자금을 회수할 때까지 경영권을 행사하는 조건을 달았다. 이리안 자야 남단 머라우께(Merauke) 지역에 20년 기한의 40만ha의 임지를 확보한 뒤 생산에 들어가 1984년 2월 첫 선적 물량이 인천항에 들어갔다. 그러나 오지의 특성상 물류비가 비싸고 경제성이 떨어지는 원목 수종으로 인해 매년 불어나는 적자를 감당하기 어렵게 되자 잠정적으로 조업을 중단한다. 그리고 5년 후 1988년 조업을 재개하는 동시에 여건이 더 나은 동부 칼리만탄주 지역에 새로운 임지 15만 5,000ha의 산림개발권을 주 정부로부터 취득했으나 모기업인 유원건설이 부도처리되면서 방향을 잃고 말았다.

②

목재업계의 거인이 된 대표 한인기업, 코린도그룹

반세기 코린도그룹, 백년기업 '도약'

이역만리 열대의 나라 인도네시아에서 짧지 않은 세월인 반세기 동안 기업을 일구면서 오르막과 내리막을 거침없이 헤쳐온 코린도그룹은 남들이 가지 않는 선구자의 길을 뚜벅뚜벅 걸어왔다. '코린도(KORINDO)'라는 사명은 '코리아'와 '인도네시아'를 합친 것이다. 인도네시아 자카르타에 본사가 있는, 말 그대로 한상기업인 코린도그룹은 한국과 인도네시아 경제발전의 역사와 궤를 같이했다고 해도 과언이 아니다. 정치 · 경제학적 맥락에서 본다면, 코린도는 한국과 인도네시아의 경제개발계획에 적극 대응하며 반세기에 걸쳐 성장해왔다. 코린도는 양국의 대내외 환경 변화에 따라 위기를 맞기도 하고 기회를 얻기도 하면서 신규 사업을 채택해 지속 가능하며 현지화된 사업 모델을 발전시키는 등 혁신을 거듭하고 있다.

열대우림 기후의 밀림에서 기업을 일군 코린도는 1960년대 말 모국의 합판 산업 성장에 필요한 원자재인 원목개발사업을 시작으로, 2020년 현재는 주력 사업인 자원 관련(목가공, 합판, 조림, 팜오일, 천연림 경영, 석탄, 천연고무) 사업과 제지, 무역 사업을 비롯해 중공업(풍력발전 타워, 특장차, 플랜트), 물류(운송, 창고), 금융(보험, 증권, 리스), 부동산, 화학, 미디어(KBS World) 등 30여 개의 계열사를 보유하고 있다. 현재 한국인 300여 명, 현지인 2만여 명이 코린도에서 근무할 만큼 사업 영역을 보다 다각화하면서 성장해 인도네시아의 대표적인 대기업으로 자리매김했다.

코린도의 임직원 가운데 상당수는 밀림에서 온갖 어려움을 견뎌내며 열대우림의 개발 역사를 만들어온 개척자들이다. 원목개발사업 진출 초기의 오지 근무는 말 그대로 전쟁터와 다름없었다. 의료시설이 열악한 밀림에서 근무하다 말라리아에 걸려 죽을 뻔한 직원도 있고, 의사소통과 문화 차이로 일어나는 현지인들과의 여러 가지 갈등과 마찰도 극복해야 했다. 또 밀림에서 겪은 산림조사원들의 희귀한 무용담은 전설처럼 남아 두고두고 회자되고 있을 정도다.

위기를 기회로 만든 한인사회의 든든한 맏형, 코린도

현지 한인기업 사이에서 '맏형'이라는 수식어가 따라다니는 코린도는 코데코(KODECO)와 함께 초기 인도네시아 한국기업사의 첫 페이지를 장식한 기업이다. 코린도는 인도네시아의 풍부한 산림자원을 바탕으로 벌목사업에 진출한 후 산림정책 변화에 적극 호응하고 선도하며 인도네시아 목재산업의 성장을 이끌었다. 특히 1970년대 말 원목금수조치가 발표되면서 많은 기업이 철수할 때, 코린도는 합판제조업에 적극 투자하였고, 1990년대에 이르러서는 인도네시아 최대 합판생산 기업이 되었다.

코린도는 1969년 인니동화라는 기업명으로 동부 칼리만탄주 발릭빠빤 주변에 12만ha 규모의 산림개발 허가를 얻어 1971년부터 개발에 착수했고, 1974년에는 중부 칼리만탄주 빵깔란분의 허가권을 획득한 후 1976년부터 원목 생산을 시작했다. 인니동화는 한국의 대표적인 목재상이었던 동화기업의 현지법인으로 발릭빠빤 사업장으로 개발해 운영하다가 1976년에 빵깔란분 사업장부터 '코린도'라는 회사명을 사용했다.

1973년 인니동화 임지 현장을 돌아보는 승은호 코린도그룹 회장. 왼쪽에서 세 번째에 서 있다.(사진 제공 : 코린도그룹)

이 무렵, 한국의 모기업인 동화기업은 예상치 못한 부도를 맞았다. 훗날 재판에서 무혐의로 처리되었지만 이미 동화기업은 부도라는 치명상을 입는다. 그러나 모기업의 부도 후 그동안 쌓아온 신용만으로 일본 기업에서 빌린 약 700만 달러 어치의 벌목 장비로 새로 기업을 세우게 된다. 그것이 지금의 코린도다. 승은호 회장은 동화기업 창업주의 2세지만 거의 빈손으로 이국땅에서 큰 기업을 일궈냈다고 할 수 있다.

사업 다각화로 경쟁력 확보

코린도는 중부 칼리만탄주 빵깔란분 지역에 합판 공장을 건설해 1979년 4월부터 생산을 시작하며 발릭빠빤, 끼장, 파푸아로 사업을 확장했다. 이어 1984년에는 인도네시아에 신문용지 공장을 설립하였고, 1980년에는 합판접착제 원료인 포르말린과 레진 사업, 그리고 1985년에는 인도네시아 정부의 고용증진 정책에 부응해 신발산업에도 진출했다. 인도네시아 국장인 가루다(Garuda)를 닮은 독수리라는 의미를 담은 '이글(Eagle)' 상표의 스포츠화 공장은 한국에서 사양길에 접어든 신발산업을 인도네시아의 저렴한 인건비와 고용정책을 바탕으로 부응할 수 있다는 판단 아래 설립했다. 그리고 한국의 기술을 현지에 적용하기 위해 부산 지역 신발업체에서 80여 명의 기술자를 영입해 상품을 만들며 내

수시장에 공급함으로써 인도네시아 자국 브랜드로서 위상을 높였다.

한편 코린도는 1993년에 파푸아주 머라우께군과 보벤디굴군에 새로운 임지를 확보해 그해부터 원목 생산을 시작했고, 1998년에는 팜오일 플랜테이션사업에 착수했다.

코린도 특유의 DNA인 도전과 개척 정신

열대림개발에 대한 국내외적 우려가 심화하고 천연 열대림의 훼손과 황폐화가 쟁점으로 대두하면서, 인도네시아 정부도 1990년대 중반 이래로 천연림을 지속해서 관리하고 인공조림을 확대하는 정책을 추진한다. 현지 정부의 정책에 발맞춰 코린도그룹은 1998년 중부 칼리만탄주 빵깔란분 지역에 9만 2,150ha의 조림 허가를 획득해 1999년부터 본격적으로 조림지 조성을 시작했다. 조림사업의 경우 장기간 대규모 자금을 투입해야 하고 불확실성이 크며 진입장벽이 높은 사업이지만, 코린도만의 DNA인 도전과 개척 정신으로 성공적인 조림지를 조성했다.

2010년에는 일본의 오지제지(Oji Paper)가 지분투자를 희망하여 합작회사가 되었고, 매년 조림목 생산은 약 200만m³에 달하며 조림목 가공을 위한 우드칩밀(Woodchip Mill), 신재생에너지인 우드펠렛밀(Wood Pellet Mill), 제재소(Saw Mill), 바이오매스 발전소를 포함한 목가공단지를 건설함으로써 종합목가공사업의 기반을 마련했다. 나아가 우량한 형질의 유칼립투스 묘목을 대량생산하는 클론(Clone) 기술을 이용한 속성 용재 조림을 통해 기존 펄프재 위주의 생산에서 양질의 용재를 생산했다. 이로써 합판, 제재목, 집성목, CLT(Cross Laminated Timber) 등으로 부가가치가 높은 가공산업으로 확대해 수직 계열화된 선진 목가공사업의 꿈을 착실히 실현해나가고 있다.

코린도그룹이 직간접적으로 인도네시아와 한인기업 그리고 한인들에게 기여한 부분은 이루 헤아릴 수 없다. 실례로 인도네시아에 진출해 있는 한국기업에는 코린도 출신이 곳곳에서 활약하고 있다. 1997년 1월 29일, 코린도는 장학재단을 설립해 인도네시아 현지 장학생을 선발하여 학자금을 보조해왔다. 또 각 사업장 주변에 주거, 의료, 학교, 방송 등의 시설을 설립함으로써 지역사회의 사회적 인프라를 마련하는 데 앞장서고 있다. 이 외에도 기본적인 의식주 시설뿐 아니라 종교, 체육 활동 등이 가능한 시설을 통해 지역주민의 문화생활이 가능하도록 돕고 있으며, 인도네시아암센터 건립 후원 및 재난 재해 기부 활동으로 선한 영향력을 펼치고 있다. 그뿐 아니라 한국 산림청과 인도네시아 산림부 간 각종 협력사업의 가교 역할로 한국의 후발 투자자들에게 길잡이 역할을 톡톡히 하고 있다.

코린도는 지금까지 더 나은 삶과 풍요로운 사회를 만들기 위해 창업 철학인 선견(先見), 선행(先行), 선점(先占)의 경영이념을 바탕으로 끊임없는 도전과 개척 정신을 통해 코린도 신화를 계속 만들어갈 것이다.

③

조미료시장의 후발 주자, 미원 인도네시아 그룹

경쟁 업체의 모함으로 시장 진입에 난항을 겪다

국내 최초로 발효 조미료를 생산하며 경쟁사인 제일제당과 치열한 각축전을 벌이던 미원은 해외로 눈을 돌려 1973년 4월에 인도네시아 정부로부터 합작투자 허가권을 취득한다. 화공약품 수입상으로 재력을 모은 카요 살림(Kayo Salim)과 합작해 자본금 150만 달러의 현지법인 '미원 인도네시아(PT. Miwon Indonesia)'를 설립한다. 창업주 임대홍 회장은 교통이 불편한 오지에 물소를 타고 다니며 입지 선정 작업을 하는 것부터 모든 과정을 직접 챙겼다. 결국 양질의 당밀 원산지이며 인력이 풍부한 동부 자바 그레식(Gresik) 지역을 공장 부지로 낙점한다.

1975년에 준공했지만 대만, 일본계 경쟁 업체들의 극심한 견제가 이어진다. 수천 마리의 어류가 폐사한 원인을 미원 공장과 연관시켜 1975년 4월부터

1년간 '가동 중지' 명령을 받았다. 그러다 1976년에 반제품인 GA 생산에 한해 허가를 받아 재가동에 들어갔으나, 이번에는 인근 지역 식수원인 브란따스(Brantas)강을 오염시켰다며 1977년 10월부로 '생산 중지' 행정명령이 떨어졌다. 하지만 환경오염이 미원의 귀책 사유가 아니라는 근거를 제시하며 대정부 로비를 벌인 결과 1978년 정상 제품인 MSG(글루탐산나트륨) 생산 허가를 받을 수 있었다.

후발 기업의 추격전이 본격적으로 시작되다

일본계 '아지노모토(Ajinomoto)'와 대만계 '사사(Sasa)'로 양분되어 있던 인도네시아 조미료 시장에 후발 기업으로 뛰어든 미원은 특단의 대책을 내놓아야 했다. 우선 판매법인인 지꼬 아궁(PT. Jico Agung)을 설립해 '대리점 제도'를 정착시켰으며, 서울 본사에서 파견 나온 과장급 직원들을 판매원으로 배치하기도 했다. 단정한 복장을 한 한국인 중견 사원들은 무더운 장터를 누비고 다녔다. 각고의 노력 끝에 미원은 4년 만에 10%의 시장점유율을 확보하여 시장 진출을 위한 교두보를 마련한다. 그러나 선점 기업들의 텃세는 여전했고, 이를 타개하기 위해 MSG 원료를 100% 사용하는 아지노모토에 비해 2.7%의 핵산을 혼용하는 생산 패턴으로 변형해 품질 개선을 시도하였다.

동부 자바 그레식에 건설된 미원 공장 준공식에서 수하르토 대통령이 동판에 서명하고 있다.

④

세계 바이오산업의 선두 주자, CJ제일제당 그룹

삼성그룹 계열사이던 제일제당은 사료용 아미노산인 '라이신'을 생산할 목적으로 1988년 동부 자바주 빠수루안(Pasuruan)에 현지법인을 설립한다. 1991년 1월에 완공한 후 시제품을 생산하여 2월에 유럽으로 첫 선적을 시작했다. 이 공장은 CJ그룹 최초의 해외법인이었으며, 이후 6개 공장으로 규모를 확장했다. 중부 자바주 바땅(Batang) 지역에 소재하는 '스마랑 공장'은 양계 · 양어 사료 등 연간 약 26만 톤의 생산 능력을 보유하고 있으며, 북부 칼리만탄주 지역에도 연간 약 18만 톤의 양계 사료를 생산할 수 있는 설비가 들어서 있다.

사업 다각화로 사세 확장, 현재 세계 라이신 시장점유율 1위

제일제당은 2002년에 'CJ제일제당'으로 상호를 바꾸고 2018년 12월에 인도네시아 법인 설립 30주년을 맞았다. 2018년 현재 연간 25만 톤의 생산 실적을 보유하고 있으며, 6억 달러의 매출을 올려 세계 라이신 시장 점유율 1위 기업에 올라 있다.

CJ제일제당 인도네시아 빠수루안 바이오 공장 전경. CJ그룹 최초의 해외법인이다.

1997년에는 사업다각화의 일환으로 동부 자바주 좀방(Jombang) 지역에 식품 첨가 소재인 핵산과 조미료 원료인 MSG 생산공장이 들어서 있다. MSG 생산기지는 CJ그룹의 두 번째 해외 공장이 된다.

CJ제일제당은 2002년에 인도네시아 환경관리기업 대상을, 2003년에는 동부 자바주 수출 대상을 수상하며 명실공히 세계 바이오산업 선두 주자의 위상을 지키고 있다.

⑤

석탄개발사업의 성공 모델, 키데코

유연탄개발업종의 대표 주자, 키데코 설립

1970년대 두 차례에 걸친 에너지 파동을 겪으며 자원개발의 필요성이 대두되자 대한민국 정부는 대한광업진흥공사(현 한국광물자원공사)를 통해 해외탄광개발을 독려한다. 이지헌 탐사 전문가를 비롯한 대한광업진흥공사 실사팀은 1980년 동부 칼리만탄주 발릭빠빤시 인근에 있는 빠시르 탄광의 부존 자원을 확인한 후, 국내 5개 업체를 콘소시엄으로 묶어 1982년 5월 '한-인니자원개발주식회사'를 설립한다. 그해 9월 인도네시아 현지법인 키데코 자야 아궁(PT. Kideco Jaya Agung)을 설립하여 인도네시아 정부와 '생산 개시 후 30년 기한'의 조광권 계약을 체

동부 칼리만탄주 발릭빠빤 인근에 위치한 키데코 빠시르 탄광에서 운송된 석탄(유연탄)을 바지선에 하역하고 있다.

결하기에 이른다.

인도네시아 정부가 자국의 자원개발사업을 활성화하기 위해 해외투자를 적극적으로 유치하던 시기에 탄생한 '키데코'는 초창기 약 10년 동안의 공백 기간을 힘겹게 극복하며 '유종의 미'를 거둔 기업이다. 제3자에게 매각될 위기에 처하기도 하였으나 여러 차례 구조조정을 단행하면서 극적으로 회생한다.

키데코의 전격적인 매각 시작

키데코는 2011년 기준 3,100만 톤의 생산량으로 인도네시아 업계 3위에 올랐다. 그리고 누적 생산량 2억5,000만 톤을 달성하는 성과를 보였다. 13.5%의 정부 로열티와 45%의 법인세를 납부하고도 넘쳐나는 순이익은 직원복지, 사회공헌을 위해 사용하며 타의 추종을 불허하는 우량 기업으로 발전해왔다. 고용 효과 측면에서도 직영, 도급 인력을 합해 1만3,000명의 현지인을 주축으로 한국인을 포함한 50여 명의 외국인이 함께 일하고 있다.

상업 생산을 시작한 지 10년이 경과한 2003년도에 키데코는 공개입찰을 통해 지분의 과반을 내국 법인에 인도하였다. 이때 인디카 에너지(PT. Indika Energy)가 46%의 지분을 인수하고 SMJ가 5%를 매입하여 키데코는 49%의 지분만 보유하게 되었다.

30년 광권 계약 기간이 만료되는 2023년을 코앞에 두고, 2018년에 키데코 측은 보유주식 49% 중 9%만 남기고 2대 주주인 인디카 에너지에 전격 매각하면서 그 배경에 많은 관심이 쏠린 바 있다. 한편 빠르따미나(Pertamina)와 LPG 부문 합작사인 빠르따 삼탄 가스(PT. Perta Samtan Gas)의 지분율은 키데코가 그대로 유지하고 있다.

빠시르 탄광 석탄 운송 행렬

⑥

최초의 군납 프로젝트와 방산업체

수출 진흥의 일등 공신인 종합상사

1970~1990년대 대한민국 수출 진흥 일등 공신은 '종합상사 지정제도'에 의해 배출된 상사원들이다. 그들은 잘 훈련된 고학력 역군으로 야자잎에 싸여 있는 찬밥도 마다하지 않고 시장 바닥 구석구석을 누비고 다녔던 '무역전사'였다. 1975년 5월에는 삼성물산, (주)쌍용, 대우실업이 각각 제1·2·3호 순으로 종합무역상사로 지정되었고, 그다음 해에는 효성, 반도, 선경이 합류했다.

그리고 중소기업의 수출 창구로는 코트라가 설립한 고려무역이 예외적으로 지정되었고, 현대종합상사는 1978년에 막차를 탔다.

초기 종합상사의 기준은 해외지사 10개소, 수출국 10개국, 자본금 10억 원, 연간 수출 실적 5,000만 달러 이상이었고, 해외지사 설립 요건에 따라 대부분의 종합상사가 자카르타에 지사를 열었다. 이를 계기로 이전까지 주로 산림개발업, 목재 가공 분야에 의존하던 한국기업의 투자 형태는 새로운 국면을 맞이한다. 그러나 시장을 선점하고 있던 일본 종합상사나 화교계 기업과의 경쟁은 쉽지 않았다. 상사는 대부분 개점 휴업 상태로 파리만 날렸다. 하지만 전운이 걷히지 않았던 동티모르에 '군납 프로젝트'라는 대형 거래를 처음으로 성사시키며 새로운 역사를 쓰기 시작했다.

수출 1억 달러를 달성한 해인 1964년 11월 30일에 '제1회 수출의 날' 기념식이 열렸다.

최초로 동티모르 군납 수주한 효성물산

1975년 11월 28일 좌익 정파인 프레틸린(Fretilin)이 '동티모르 민주공화국'을 일방적으로 선언하고, 이틀 후인 11월 30일에는 친정부 4개 정파 대표가 발리보(Balibo)에 모여 "동티모르는 인도네시아로 통합한다"는 합방선언문을 채택하였다. 그리고 1975년 12월 5일 밤, 자카르타 쩐다나(Cendana) 대통령 관저에서 친인도네시아 정파 지도자들을 보호하고 주민들의 자유 의사에 따라 미래가 결정될 수 있도록 하는 군사작전 원칙이 의결되었다. 다음 날인 12월 7일 새벽, 국군의 총공격이 개시되어 딜리가 함락되었으며 10일 후에 친정부 정파에 의한 임시정부 수립이 발표되었다.

수하르토 대통령은 군사작전을 성공리에 완수한 동티모르 참전군의 노고를 위로하기 위해 대통령 하사품을 지급하도록 지시했다. 작전을 기획한 베니 무르다니 장군은 주한 총영사 시절 산업 시찰을 통해 잘 알고 있는 한국의 군수품을 머리에 떠올리며 주인도네시아 대한민국대사관에 협조를 구한다.

그리고 베니 장군의 제의를 받은 이재설 대사는 효성물산을 적격 업체로 낙점하여 공급계약 대상자로 추천했다. 이를 통해 효성물산이 수의계약으로 따

동티모르 군납품을 실은 대한항공 전세기 2대가 각각 할림 공항과 수라바야 공항에 도착하여 가루다항공으로 환적하고 있다. 맨 왼쪽에 앉아 있는 사람이 대한항공 고광국 지사장이며, 뒷줄 오른쪽이 효성물산 관계자다.

낸 품목은 정글 부츠, 판초, 야전 점퍼, 방풍 모자, 재킷 등 6개 품목이었고, 이를 운송하기 위해 대한항공 여객기 두 대의 객실 의자를 철거하고 화물을 실을 수 있도록 개조했다. 이렇게 1차로 개설된 신용장 금액은 미화 150만 달러였다. 그러나 대통령 하사품 긴급 수송 작전이 거의 끝나가던 무렵, 동티모르 작전에 참여하지 않은 여타 부대원들의 원성이 터져 나오기 시작했다. 차별한다는 이유였다. 수하르토 대통령은 국군의 사기 진작을 위해 40만 전군에게 추가로 신형 보급품을 지급하기로 했고, 무려 1,100만 달러 상당의 신용장이 효성물산 앞으로 개설되었다.

효성물산은 지급할 물품의 납기일을 맞추기 위해 대전피혁, 원미섬유공업 등의 계열사와 하청업체를 동원해 물품 생산에 박차를 가했고, 동남아시아로 운항하는 선편으로 화물을 실을 수 있었다. 그런데 주문량의 절반 정도를 실었을 때 물품 중 정글 부츠의 규격에 문제가 있다는 '클레임'이 들어왔다. 인도네시아인들의 족형이 소위 '나토 타입'으로, 발등이 높다는 점을 간과한 것이다.

효성물산은 이를 수습하기 위해 발주처인 국방부 군수국의 루돌프 카센다(Rudolf Kasenda) 국장을 필두로 생산공장 시찰단과 함께 김포공항으로 입국하였다. 그리고 즉각적인 개선으로 다행히 클레임은 무마되었고, 약 1년에 걸친 긴급 수송 작전 끝에 주문 물량을 모두 선적했다. 그리고 이는 일사불란한 종합상사의 효율성을 제대로 보여준 사례로 남아 있다.

이와 같이 한국-인도네시아 간 본격적인 교역의 시발점을 알린 동티모르 군납사업의 주역은 공급자인 효성물산이지만, 보이지 않는 곳에서 아낌없이 후원해준 주재 공관과 인도네시아 실력자와의 인맥 관계도 결정적인 요인으로 작용했다. 또 운송 분야에서 함께 보조를 맞춰준 고광국 대한항공 자카르타 지점장의 역할도 한몫했다.

군납사업 역사의 한 페이지, 전차상륙정 수주한 '코리아 타코마'

제3공화국의 2인자였던 김종필 국무총리를 동생으로 둔 김종락 회장은 1980년대 초 자신이 운영하는 '코리아 타코마(Korea Tacoma, 코리아 타코마 조선공업)' 조선사에서 전차상륙정(LST) 6척을 인도네시아 해군으로부터 수주하는 쾌거를 이뤘다.

이 수주전은 1965년부터 인도네시아에 입국해 국교 개설의 숨은 일꾼 역할을 담당한 기관원 출신 K 씨가 제안한 것으로, 1978년에 마산에서 진수한 해군 고속정 군납사업의 후속타였다.

수주를 위해서는 당시 복잡하게 얽혀 있던 수하르토 정권의 군맥을 제대로 짚고 들어가는 신중함이 필요했다. 김종락 회장은 해군 제독 출신에 무소불위의 사정 기관이었던 '치안질서회복사령관'으로 있는 4성 장군 수도모 제독을 찾았다. 자초지종을 들은 수도모 제독은 특유의 쓴웃음을 지으며 "여보 미스터 김, 인도네시아에는 5성 장군이 있다는 사실을 아직 모르십니까?"라고 속삭였다. 그와 면담을 마치고 나온 김종락 회장은 별 2개를 달고 특이한 외모를 지닌, 과묵한 베니 장군에게 어떻게 도움을 요청할지 별의별 궁리를 다 하며 수도모 제독에 대한 신상을 알아보고 대책을 세우기 시작했다.

김종락 회장은 베니 장군을 찾아가 양국의 경제협력을 도모하자며 양해를 구한 결과 인도네시아 정부로부터 해군 함정을 수주한다. 이를 계기로 이후에도 파생사업이 계속 연결되었는데, 이는 함정을 인도하면서 필연적으로 수반되는 정비업무가 발생하기 때문이었다.

코리아 타코마가 수주하여 건조한 동종의 전차상륙정

이때를 전후로 한국 종합상사들은 경쟁적으로 군납사업에 뛰어들었고, 인도네시아는 잠수함을 1·2차로 주문한 총 6척을 비롯해 고등훈련기 16대를 구매하며 대한민국 군수산업의 큰손이 되었다. 2011년 한국 해경도 인도네시아에서 생산한 CN-235 4대를 도입하기도 했다.

군수사업에 포문을 연 김종락은 일본 니혼대학교 상법과를 졸업한 뒤 한일은행 상무를 거쳐 한국야구협회 회장과 서울은행 은행장을 지냈다. 그는 서울은행 은행장을 끝으로 금융계를 떠났고, 1970년에는 미국의 군함 조선업체인 타코마와 기술제휴를 통해 방산업체인 '코리아 타코마'를 설립, 1991년까지 회장으로 활동했다. 그러나 노태우 정권이 들어서 미국과의 기술제휴로 상당한 기술력을 자랑했던 코리아 타코마는 문을 닫게 되었다. 결국, 한국과 인도네시아 간 군납사업 역사의 한 페이지를 장식한 코리아 타코마는 정치적 이유로 더는 앞으로 나아가지 못하고 한진중공업을 거쳐 성동조선에 매각되는 운명에 처한다.

⑦

건설과 엔지니어링의 진출

초창기 한국인 인력 1,500명이 투입된 대형 공사, '대림산업'

1973년에 진출한 대림산업은 수마트라 섬 리아우주에 소재한 두마이(Dumai) 정유공장 '수소화분해단지(Hydrocracking Complex)' 건설을 수주했다. 1982년 1월에 착공해 2년 만에 완공한 이 공사는 공사비 10억 달러에 달할 정도의 대형 공사로 한국인 인력 1,500명이 투입되었다. 작업 현장이 자카르타에서 동떨어진 수마트라 동부 지역이라 한국인 근로자에게 식자재를 공급하는 것만 해도 큰 사업이었다.

이때 입찰을 따내어 식품공급사업을 운영한 '무궁화 유통'은 당시 사업 경험을 바탕으로 현재 인도네시아 지방 도시로 사업을 확장하며 식품유통 분야에서 두각을 보이고 있다.

대림산업은 두마이 공사가 끝나자마자 이번에는 위치를 반뜬주로 옮겨 찔레곤 제철단지 내에 냉연제철공장을 EPC 형태로 건설했다. 발주처는 스페인 플랜트 시공사의 현지법인인 PT. Cold Rolling Mill Indonesia(인도네시아 냉간압연공장)였으며, 1985년 5월에 착공해 1987년 5월에 완공하였다.

난공사를 명품 공사로 바꾼 전설! '현대건설'과 '현대엔지니어링'

이명박 대통령이 당시 현장 경리사원으로 재직 중이던 1966년에 현대건설이 착공한 태국 '파타니~나라티왓 도로 공사'는 98km 2차선 도로로 '대한민국 제1호 해외건설공사'로 기록된다. 현대건설은 수많은 시행착오를 겪으며 열대 지역의 공사를 치른 경험을 바탕으로 인도네시아에 진출하여 '자고라위(Jagorawi) 고속도로 공사'를 1974년 초에 착공해 1978년 3월에 완공한다.

자고라위 고속도로는 공사비 3,400만 달러가 투자되었으며, 상당 액수의 적자를 감수한 프로젝트였다. 덕분에 40년이 지난 현재까지도 명품 도로로서 진가를 발휘하며 한인들의 자긍심으로 남아 있다. 특히 우기에 대한 대비가 제대로 갖춰져 있지 않은 공사 기간에 이를 극복하기 위한 방편으로 기상천외한 '천막 공법'을 적용해 완공했다는 후일담은 지금도 전설처럼 내려오고 있다. 그뿐 아니라 수주금액에 버금가는 비용이 더 들어갔음에도 불구하고 '시방서'대로 시공해 오늘날의 명품 도로가 되었다는 일화는 유명하다. 또 이 고속도로의 건설은 정주영 회장의 큰 그릇을 엿볼 수 있는 대목이기도 하다.

자고라위 고속도로 공사 모습. 오늘날까지도 명품 도로로 이름을 날리며 한국인의 자긍심을 높여주고 있다.

현대건설의 해외 플랜트 분야 첫 번째 공사인 세멘 찌비농(Semen Cibinong) 시멘트 공장은 1973년 3월에 미국 카이저 엔지니어링(Kaiser Engineering)이 인도네시아 정부로부터 수주해 현대 측이 이를 하청받아

1978년 1월에 완공했다. 현대건설은 이 공사를 발판으로 당시 대형 공사였던 두마이 정유 공장 증설 공사(Unit II Dumai)로까지 수주가 이어진다. 그리고 스페인 플랜트 건설사인 TRC가 수주한 '두마이 수소화분해 설비(Dumai Hydrocracking Complex, HCC)' 공사를 대림산업과 함께 수주했다. 1982년 착공하여 1984년에 완공된 이 공장은 휘발유, 등유, 경유 외 LPG, 항공유를 생산했다.

인도네시아 유명 관공서와 호텔 건설로 위력을 떨친 '쌍용건설'

쌍용건설은 1979년 8월 25일에 자카르타 지사를 설립한 후, 다음 해에 수마트라 횡단도로 건설 공사를 수주했다. 쌍용건설은 당시 인도네시아 수하르토 대통령의 차남 밤방(Bambang)이 발주하는 약 1억2,000만 달러 규모의 '플라자 인도네시아 콤플렉스와 그랜드 하얏트호텔' 건축 공사를 시공하게 된다.

그 후 군부와의 관계가 각별했던 아르타 그라하 그룹(Artha Graha Group)과 파트너를 이뤄 자카르타 도심지에 증권거래소Ⅱ 건물을 완공한다. 그뿐 아니라 발리 인터콘티넨털 호텔 수주, 라자왈리그룹과 호주의 투자사가 1억3,000만 달러에 공동 발주한 포시즌스 호텔 자카르타(Four Seasons Hotel Jakarta& Office) 건축 공사를 2013년 5월에 착공하여 3년 만인 2016년 6월에 완공하였다. 본 공사는 20층 호텔과 48층 오피스 타워, 그리고 5층 규모의 포디엄으로 구성된 복합 건물 프로젝트다.

완벽한 도로의 표본이 되어 시공 능력을 인정받은 '국제실업'

국제실업은 1974년 2월에 전장 82km의 북부 술라웨시주 '마나도(Manado)~아무랑(Amurang) 산업도로 공사' 입찰에 성공한다. 공사 금액인 1,750만 달러의 자금원은 IBRD 차관이었고, 호주의 발렌타인사가 설계를, 일본 PCI사가 공사 및 감독을 맡았다.

평택 현장에서 토목기술자로 일하던 송재선 기사는 이 공사 현장으로 발령을 받아 1974년 6월에 자카르타 할림 공항을 통해 입국한다. 그리고 도착 다음 날에는 곧장 마나도를 거쳐 육로로 8시간이나 걸리는 아무랑(Amurang) 현장에 도착해 하루에 18시간씩 작업을 강행했다. 그러던 어느 날, 함께 일하던 현장소장(최승준)이 아스팔트 공사 현장 감독 중 심장마비를 일으켜 쓰러졌고, 결국 3일 만에 별세하여 유해를 자카르타로 운구하는 안타까운 사고도 일어났다.

이 공사는 호주, 일본 회사와 공조한 덕분에 시방서 내역을 철저히 지켜 완벽한 도로의 표본이 되었다. 준공 직전인 1977년에는 북부 수마트라 아엑 나울리(Aek Nauli)~따루뚱(Tarutung) 간 129km 공사를 수의계약으로 수주할 정도로 한국 건설 회사의 시공 능력을 인정받는다. 아엑 나울리~따루뚱 공사 금액은 1,950만 달러였다.

국제실업은 인도네시아에서 두 건의 대형 공사를 연속으로 이어갔지만, 1983년에 서울 본사가 부도를 맞으며 수마트라 공사를 끝으로 한국인 관리 인력은 각자의 길을 선택했다. 그리고 송재선 기사를 비롯해 이곳에 잔류한 몇몇 동료는 1980년대 말부터 본격적으로 인도네시아로 진출하기 시작하는 한국 진출 업체들의 파트너로서 많은 역할을 하게 된다.

그 외 건설사의 진출

인도네시아에 가장 먼저 진출한 한국 건설업체는 삼환기업이다. 미국 공병단이 발주한 자카르타 시내 주택공사를 63만3,000달러에 수주해 1970년 6월에 시공에 들어갔고, 이로부터 10년 후인 1980년 8월에 수마트라 동서 횡단 구간인 '잠비(Jambi)~무아라 붕오(Muara Bungo)' 간 도로 건설도 시공하였다.

1980년에 진출한 한보종합건설은 '자카르타~므락(Merak)' 간 13.5km의 2차선 고속도로 공사를 1981년 3월에 착공해 1982년도에 완공했다. 뒤이어 자카르타 '또망(Tomang)~그로골(Grogol) 고속도로 공사' 등 대형 토목 공사를 수행하면서 시공 및 관리 능력을 인정받았다. 그러다 1996년에 자카르타 그로골 고가도로 교차로 공사와 쩽까렝(Cengkareng) 톨게이트 진입로 공사 두 건을 1,100만 달러에 정부와 수의계약했다. 톨게이트 진입로 공사는 2차선 700m 길이의 고가도로를 건설하는 교량구조물 공사였다. 그러나 안타깝게도 이 공사 작업 중 상판 낙반 사고가 발생하여 현지인 근로자가 희생되었다. 이때 본사에서 근무하던 권대욱 사장이 급히 달려와 사태 수습에 진력했지만, 한보그룹의 마지막 계열사였던 한보종합건설은 주거래 은행인 제일은행의 지원 중지로 1997년에 결국 부도가 나 사라지게 되었다.

• 기억해야 할 초창기 개척자 •

태평양전쟁 징용자, 신교환

사선(死線)을 넘어 암본으로 그리고 귀국

태평양전쟁이 막바지에 접어든 1944년 7월 9일, 24척의 대규모 선단을 편성한 일본 해군의 수송 선단이 남방으로 항진하고 있었고, 선내에는 남방 지역 주둔군의 식량을 자급자족하기 위해 교육을 마친 7명의 청년 징용자가 승선하고 있었다. 이 중에는 유일한 조선인 신교환이 있었다. 이들 일행은 마닐라에서 하선 후 1,000톤에 불과한 작은 중고 수송선으로 갈아타 보르네오 동쪽 유전 도시 발릭빠빤(Balikpapan)항에 도착한다. 그리고 2주 후에는 다시 일반 수송선이 아닌 해군 전투함에 승선해 죽음의 항해 끝에 몰루카 제도의 암본(Ambon)항에 도착한다.

암본 섬은 연합군과 전선이 대치되는 접점 지역으로 일본 해군 함대사령부가 기지로 삼고 있었다. 신교환 일행이 이곳에 불려온 이유는 수만 명에 달하는 일

진행자 뒤에서 밝은색 양복을 입고 서 있는 신교환 회장(1986년)

본군의 식량 자급자족을 위해 농장을 개간하고 관리하는 일이었다. 그러나 일 본의 패색이 짙어지면서 보급선 운항이 거의 끊겨 식량난은 더욱 가중되었고, 생산 목표량을 달성하지 못했다는 이유로 일본인 농장장이 신교환으로 교체되기도 했다. 그리고 일왕의 항복 방송이 나온 지 사흘 후인 8월 18일, 두 척의 군함에 탑승한 영국군이 암본 섬에 상륙했다. 뒤따라 들어온 네덜란드군은 억류한 일본군 전원을 인근 세람(Seram) 섬으로 이동시켰고, 그중 150명의 조선인과 5,000여 명의 대만인을 북쪽에 위치한 할마헤라(Halmahera) 섬으로 이동시켰다. 그리고 한 달여가 지나서야 꿈에 그리던 귀국선이 입항했다. 신교환은 암본 섬에서 보낸 2년의 삶이 결코 짧은 세월이 아니었다며, 마치 10여 년 지옥에서 살다 온 것처럼 고통스러웠다고 회한의 눈시울을 적셨다.

사라왁 산림개발과 '신흥양행'의 부도 그리고 홀로서기

1962년 2월, 김종필(JP) 중앙정보부 부장과 석정선 국장은 '동남아친선사절단'을 구성해 6개국을 순방하던 중 고딘 디엠 대통령의 초청으로 베트남에 입국한다.

현지에서 '신흥양행'을 운영하는 재월교포 김태성은 말레이시아령 사라왁의 산림개발권을 취득하고 정부 보증으로 미국 FNCB 은행에 융자금 150만 달러를 끌어들여 '사라왁 산림개발'에 착수한다. 그러나 소위 '4대 의혹 사건'이 터져 최종 책임자인 김종필이 외유를 떠나고 석정선은 구속되면서 사라왁 산림개발사업은 중단 사태를 맞는다. 그리고 1965년 3월, 신교환은 신흥양행 김태성 사장을 만나 사업계획서와 융자신청서를 건네받고 현장 점검을 위해 사라왁 미리(Miri)로 출장을 떠난다. 그 후 우여곡절 끝에 융자 신청이 처리되면서 신교환이 부탁받은 임무는 완수했지만, 그럼에도 회사 운영은 순탄치 못했다.

1968년 3월에 신교환은 사업 거점을 잠재력이 큰 인도네시아로 옮겨 재기하려는 김태성 사장으로부터 자카르타 지사를 맡아달라는 부탁을 받고 가족의 전송을 받으며 미화 100달러의 여비를 가지고 자카르타에 도착한다. 그러나 도착한 지 몇 개월 되지 않아 회사가 부도 처리되었으니 급히 귀국하라는 서울 본사의 통신문을 접수한다. 망연자실한 신교환은 결국 홀로 서겠다는 결심으로 산림개발과 판매업종의 현지 회사를 설립한다.

그리고 천신만고 끝에 수마트라 방카 섬에서 집하한 원목을 신용장을 받고 인천항을 향해 첫 배를 띄웠다. 시간이 흘러 원목 수출에 경험을 쌓은 신교환의 사업 규모가 커지자 월 3~4척의 물량을 동명목재에 공급한다. 이는 동명목재의 원가절감에 크게 기여해 서로 깊은 신뢰가 쌓인다. 이후 동명목재와의 거래가 안정되자 신교환은 동명목재 본사에서 파견 나온 조동렬 과장에게 과감하게 업무를 인계하고 산림개발 등 본연의 업무로 돌아가게 된다.

장달수 사장의 미완성 사업

금호관광호텔 화재 사건

1982년 12월 29일 이른 아침, 대구의 대표적인 호텔인 금호관광호텔에 방화로 인한 화재가 발생하여 건물이 전소되었다. 5명의 한국인 가족과 또 다른 5명의 일본인 관광객이 희생되었고, 20여 명이 부상을 당했다. 현재까지도 인도네시아 한인사회에 회자되는 이 사건의 희생자 가족은 당시 한인회 수석부회장으로 다양한 업종의 투자를 성사시키며 사업가로서 크게 촉망받던 장달수 사장이었다.

1973년 새로 임명된 거류민회 임원진 기념사진 속에서 장달수 사장의 모습을 찾을 수 있다. 앞줄 오른쪽이 염동희 상임부회장(한국외환은행 사무소장), 왼쪽 선글라스를 쓴 이가 장달수 사장, 뒤편이 조용준 총무간사

1939년생인 장달수 사장은 전남 화순 출생으로 대한민국 제4대 공군참모총장인 장덕창 중장의 양아들이었다. 1968년에 양부와 함께 대만을 방문했다가 인도네시아 거주 대만 교포인 소피안을 소개받는다. 그리고 그해 자카르타로 들어가 한남무

역 김정진 사장과 시멘트 수출 계약을 성사시켜 인도네시아와 시멘트 무역을 시작하는 계기를 만들었다.

촉망받던 사업가

성격은 좀 급하나 통 큰 사업가 기질을 타고난 장달수 사장. 그는 시멘트 수출로 거래를 튼 바 있는 한인시멘트와 1972년부터 현지에 시멘트 크링커 분쇄 공장과 시멘트 공장 건립을 추진했으나 불발로 끝나고 만다. 이렇게 시멘트 공장 건설이 수포가 되자 철강 공장을 유치하는 쪽으로 대안을 찾았고, 그 결과 1973년 11월에 동부 자바주 수라바야 지역에 한일자야(PT. Hanil Jaya Metal Works)라는 제철 공장을 준공했다. 이후 대만 교포 소피안과 50 대 50으로 합작법인 뿌사까 부아나(PT. Pusaka Buana)를 설립하고 1981년도에 공장 건설을 완료한다. 이때 섬유기계, 원료, 보조재료 등을 수출하는 첫 실적을 올렸을 뿐 아니라 한국인 직원 40여 명을 고용하며 '일석이조'의 효과를 가져왔다. 상업 생산에 들어가자마자 업계는 활황을 맞으며 3년 만에 총투자금 미화 800만 달러 전액을 회수하는 성공을 거두었다.

자금 유동성이 생긴 장달수 사장은 '여수화학단지'를 표본으로 삼아 수마트라 메단 지역에 대규모 석유화학단지를 설립하겠다는 야심 찬 계획을 그리던 중, 대구에서 불의의 사고를 당하고 말았다. 한편 1975년에 한일자야 소속으로 인도네시아와 인연을 맺은 박성천 회장(당시 경리과장)은 장달수 사장이 사세를 확장하던 시점인 1979년에 장 사장의 참모가 된 지 불과 3년 만에 상사를 잃고 1990년에 독자적인 사업에 나선다.

박 회장은 1990년에 운동기구 생산업체인 낫소 스포츠(PT. Nassau Sport)를 설립했고, 1994년에는 인도네시아 상업은행인 'Bank Dagang Negara(현 만디리은행)'와 한국수출입은행을 연결하여 합작금융사인 '수은인니금융회사(PT. KoExim-Mandiri Finance)' 설립에 기여했다.

한일자야 공장 내부 모습

⑧

노동집약산업의 시작, 로열 코린다

인도네시아 지역 사회공헌과 신뢰가 가장 큰 자산

가발 세공 과정 중 마무리 단계인 염색, 탈색 부문 전문가였던 이현상 씨는 인도네시아 현지 회사에 취업한 최초의 한국인이다. 그는 1969년 4월에 홍콩에 본사를 두고 있는 영국계 가발 회사 월드 윅(World Wig)에 입사해 6개월간 홍콩에서 오리엔테이션을 마치고, 10월에 인도네시아 현지 공장 발리 윅(PT. Bali Wig)에 파견된다. 그리고 3년 후 한국으로 돌아간 그는 화교 사업가인 헤리 위야따(Heri Wiyata)와 파트너 관계를 맺어 한국산 화장품과 가발을 인도네시아로 수입하는 무역업을 시작한다.

그 후에 두 사람은 미국, 유럽 등 선진국 사이에서 점차 수요가 늘어나는 인조눈썹의 가능성에 주목하면서, 1974년 인도네시아에서 인조눈썹 제조공장을 설립하기로 의견을 모은다. 그리고 여성용 가발 세공업이 번성하고 충분한 노동력을 제공할 수 있는 중부 자바주 뿌르바링가(Purbalingga) 지역에 로열케니(PT. Royal Kenny Company Indonesia)라는 내국 법인을 설립한다. 1세대 동업자 간 신뢰를 바탕으로 내국 법인을 운영하기로 한 것이다. 이제는 2세 경영 체제로 승계하는 과정에서 발생할 수 있는 불확실성에 대비해 1999년 2월에 외국 투자 법인인 로열 코린다(PT. Royal Korindah)를 설립해 후계 경영 체제를 굳히고 있다.

미국 CNN 방송 경제 르포 방영으로 주목받다

현재 로열 코린다는 세계적으로 유명한 화장품 회사 랑콤에 제품을 공급하고 있다. 그뿐 아니라 마돈나 같은 세계적인 톱 연예인에게 주문자 생산 서비스를 제공하며 명성을 떨치고 있다. 그리고 2017년 7월에는 CNN 방송에서 '로열 코린다'를 취재해 소개했는데, 이때 부친의 뒤를 이은 2세 경영인 이준호 사장이 미국에서 유학한 경력으로 쌓은 유창한 영어 실력으로 방송 인터뷰에 응하기도 했다. 로열 코린다의 나라별 수출 비중은 미국이 50%로 가장 크고, 뒤를 이어 영국, 일본 등 다양하게 분포되어 있다.

로열 코린다는 2019년 기준으로 2만여 명의 고용 인력을 창출하며 대식구를 거느리고 있으며, 주주를 제외하고는 외국인 근무자가 한 사람도 없을 정도로 철저하게 현지화된 기업이다. 또 여성 근로자가 85%를 차지하고 있으며, 그동안 노사분규나 임금체불이 한 번도 없었다는 점은 회사로서 충분히 자부심을 가질 만하다. 이뿐만 아니다. 입사 3년이 지나면 근로자들의 발이나 다름없는 오토바이 구매를 위해 지급보증을 해줄 정도로 직원 복지에도 남다른 배려를 해왔다. 현재는 오토바이 2만8,000대 분에 대해 회사 보증을 공여하고 있다.

로열 코린다 2세 경영인 이준호 사장의 CNN 인터뷰 장면

로열 코린다는 납세, 고용 창출 면에서도 역내에서 가장 큰 공헌을 하고 있다. 그동안 로열 코린다는 두 차례에 걸쳐 인도네시아 대통령 표창을 받았고, 새로 부임하는 주지사, 시장, 군수의 첫 번째 기업체 방문 코스이기도 하다. 이처럼 오늘의 로열 코린다가 있기까지 가장 든든한 버팀목이 되어준 것은 창업 초기부터 변함없이 유지되어온 현지 파트너와의 돈독한 신뢰 관계였다.

• 기억해야 할 초창기 개척자 •

최초의 한인 취업근로자 이현상 회장

권총 노상 강도 피습 등 우여곡절이 많았던 시절

로열 코린다 창업주인 이현상 회장은 1969년도에 입국한 초창기 인물 중 한 사람으로 한국인 최초로 현지 회사에 취업했다.

그 후 그는 인도네시아에 최초의 노동집약 기업을 만들어 인도네시아인 2만 명을 고용하는 등 인도네시아 지역사회 경제발전에 큰 공헌을 하는 우량 기업을 일궈냈다. 하지만 이런 성공의 이면에는 씻기 힘든 악몽 같은 기억이 아직도 남아 있다.

뿌르바링가 공장에서 이현상 회장

1982년 12월 30일 오전, 그는 전날 새벽 대구에서 발생한 화재로 전 가족이 희생된 장달수 한인회 수석부회장의 빈소에서 꼬박 밤을 새우고 직원들 연말 급료를 준비하기 위해 보로부두르 호텔에 있는 은행 지점을 찾았다.

그 후 바로 자금을 찾아 경리 직원에게 넘기고, 차에 올라 귀가하고 있었다. 신호 등에 걸려 잠깐 멈춰 선 순간 두 대의 오토바이에 나눠 탄 괴한 4명이 차 앞을 가로막았고, 두 발의 실탄이 발사되었다. 그중에 정면에서 쏜 총탄이 운전대를 맞고 이현상 회장의 다리를 관통했으나 다행히 목숨은 구할 수 있었다.

이 사건으로 엄청난 충격에서 헤어나오지 못한 이현상 회장은 치유의 시간이 필요했다. 그 후 사업체를 동생에게 맡기고 인도네시아를 떠나 자녀 교육 등을 명분으로 1984년에 미국 뉴욕으로 이주한다. 그러나 8년 후, 로스앤젤레스로 거처를 옮겨 사업에 열중하던 중 'LA폭동'이 일어나며 또다시 곤경에 처한다.

이 회장은 고심 끝에 15년간의 미국 생활을 청산하고 마지막 목적지가 될지도 모를 인도네시아로 다시 돌아왔다.

⑨

대한민국 국적기 취항과 기타 업종

1980년대 들어서부터 한인 진출 기업의 업종이 다변화된다. 우선 목재가공과 관련한 부자재 공장이 들어서기 시작했다. 또 1970년대에 진출한 건설업체들의 전문 인력이 소규모 하청업체로 변신하면서 중소 규모의 공장 건설업에 종사하기 시작했다.

1980년대 중반부터는 봉제, 섬유, 신발 등 노동집약산업이 본격화되었다. 그리고 그렇게 낙관적이지 않던 인도네시아 합판산업이 예상보다 빨리 자리를 잡자 한국인 기술 인력의 유입이 늘었다. 아울러 합판운송을 전담하는 해상운송업도 전성기를 맞는다. 그 수혜자들은 바로 한국 국적의 해운사였다. 그리고 1989년 9월에 국적기인 대한항공이 '서울~자카르타' 직항로를 개설하면서 인적 이동이 한층 편리해지고 화물운송의 기동성에 가속도가 붙게 되었다.

무역 주재원 파견 시작

• '서울통상' 인모 수집책으로 파견된 오세윤 주재원

1980년대 중반, 노동집약산업이 인도네시아에 진출하기 전까지는 구로공단의 2대 수출 품목이 의류와 가발이었을 정도로 이와 관련한 사업이 전성기를 이뤘다. 서울통상(주)의 최준규는 우리나라 여성의 섬세한 손재주와 풍부한 노동력 그리고 국내 조달이 가능한 원료의 장점을 살려 가장 먼저 가발사업에 뛰어들었다. 그리고 주요 수입국인 미국이 1965년도에 중공산 가발에 대해 수입금지 조치를 내리자 제3국인 한국의 서울통상, YH무역 등이 호황을 누린다. 이렇게 국내 가발 제조업을 선도하던 서울통상은 1967년 5월 인모를 수집하기 위해 인구가 많은 인도네시아로 한국외국어대학교 영어과 출신인 오세윤을 자바 지역 주재원으로 파견한다. 인도네시아어를 구사할 수 있는 인력이 전무할 때라 그는 지방 곳곳을 누비고 다녔고, 인도네시아의 잠재력을 간파했다. 그리고 그는 소속사에 사표를 내고 귀국했다가 1년 만에 인도네시아에 재입국하였다.

한식당 코리아 하우스에서 열린 1세대 원로들의 모임. 왼쪽부터 김만수, 설윤관, 오세윤, 장진건

이후에는 현지 목재 회사에 오래 몸담으며 한인사회에서 개척 시대의 일원으로서 생업을 이어왔다. 오세윤은 인도네시아 국적을 취득하고 인도네시아 땅에 영원히 묻힐 준비를 하고 있다. 그는 1960년대에 인도네시아에 들어와 거주하고 있는 한인 중 최장기 거류민이다.

• '한국합판'의 김필수 주재원

1953년 군산에 성냥공장을 세웠던 고판남은 1960년대 초 가발과 더불어 대한민국의 3대 주력 수출 상품이던 합판 제조업에 뛰어들어 사세를 확장해나갔다. 한국합판은 이 시기에 합판 생산용 원자재인 원목을 수입하기 위해 1968년부터 김필수 주재원을 자카르타에 파견한다.

이후 김필수는 주재원 생활을 정리하고 재일동포인 장인의 자금을 투자받아 '협화상사'라는 무역회사를 설립한다. 그러고는 인맥을 이용해 원목 거래 계약을 성사시켰으나, 당시 원목금수조치를 앞두고 투기성 거래가 기승을 부리는 상황에서 대기업들의 자금력과 정보력을 당하기에는 역부족이었다. 결국 사업상 큰 손실을 보고 주재원 재직 당시 거래처였던 일본 종합상사(도요 멩카)의 배려로 중개업을 시작하며 생업을 유지했다.

김필수는 한인 원로 1세대 동료들과 함께하는 시간을 유일한 낙으로 삼다가 당뇨 증세 악화로 고국으로 돌아가 눈을 감았다.

합판 관련 산업

국내에 합판 공장이 속속 완공되자 이와 관련한 부품업체의 동반 진출도 가시화되고 로터리, 수지, 샌드 페이퍼, 건조기, 검 테이프 공장이 뒤따라 들어왔다.

부산에서 합판과 관련한 기계 공장을 운영해온 '이원기계'는 인도네시아 대형 목재 기업인 자얀티그룹(Jayanti Group)과의 합작으로 1979년 수라바야에 합판기계 공장을 건설했다. 또 동종 업종으로 인텍마스(PT. Intec Mas)가 설립되어 주로 코린도그룹의 하청을 도맡았고, 우일기계는 한국에서 직접 수주 활동을 관장했다.

M. Hasan
Chairman of the Indonesian
Wood Panel Association
(APKINDO)

6개의 목재 관련 협회장을 도맡아 인도네시아 목재산업을 육성시킨 봅 하산 회장

100여 개 합판 공장이 동시에 건설되면서 근로자들의 낮은 숙련도로 인해 품질 면에서 우려가 되었다. 그러나 인도네시아 제조업체들이 한국, 대만, 일본 기술자를 적극 유치하고 기술 이전을 받으면서 1980년대 후반부터는 경쟁력을 갖추기 시작했다. 이를 발판으로 인도네시아는 부가가치가

높은 미국, 유럽, 일본 시장은 물론 중동까지도 시장을 넓혀 1990년대에는 전 세계 합판 무역량을 독점하며 전성기를 누린다.

그 당시 인도네시아 목재가공업종에 진출한 한국인 인력은 코린도, 코데코, 림바선경(PT. Rimba Sunkyung) 등 한국계 공장 외에도 현지 공장까지 진출하여 대만 출신 전문 인력과 경쟁했다.

인도네시아 합판산업이 인도네시아 총수출량의 20%를 담당하며 1980년대 말부터 1990년대까지 전성기를 누리게 된 것은 6~7개의 목재 관련 협회 회장을 모두 겸임하며 철저하게 판매 카르텔을 형성하여 일사불란하게 협회를 이끈 봅 하산(Bob Hasan) 덕분이었다.

1994년, 그는 김운용 IOC 수석부위원장의 추천으로 국제올림픽 위원(IOC)에도 피선되었다. 한때 한인청년을 양자로 삼아 매우 아꼈으며, 눈에 보이지 않게 한인기업의 후원자 역할을 할 정도로 한국과 깊은 인연을 맺고 있었다. 2020년 3월 31일 89세를 일기로 영면하였다.

한국해운업(벌크운송)의 전성시대

• 범양상선(범양전용선)

1966년에 '범양전용선'으로 창업한 범양상선은 유공의 파트너인 미국의 걸프로부터 석유수송권을 인수하면서 재계 순위 27위의 해운 재벌사로 급격히 성장한다.

싱가포르 지사를 통해 인도네시아 업무를 관장하던 범양상선은 1982년에 인도네시아 정권 실세인 봅 하산 회장이 운영하던 해운사 까라나 라인(PT. Karana Line)과 공동 운영(Joint Operation) 계약을 맺었고, 허군욱 초대 지사장이 부임하였다. 그리고 1990년대 당시 120여 개의 목재가공(합판) 공장에서 쏟아져 나오는 물량을 소화하기에 바빴다.

1980년대 초에는 원목금수조치가 단행되고 합판제조산업이 활황을 맞으면서 인도네시아는 세계 합판교역을 독점하며 벌크운송 분야 해운업도 전성기를 구가한다. 인도네시아 항구에 범양상선 소속의 파나막스급 대형 본선 10여 척이 동시에 떠 있을 정도였으며, 연간 운송수입이 1억2,000만 달러에 달해 외형으로는 삼성물산 다음이었다. 그러나 국내 해운업 경기는 1970년대 호황을 지나 1980년대 들어서부터 불경기로 접어들었다. 이에 따라 구조조정의 시련을 겪으며 인도네시아 상황과는 다른 국면에 처해 있었다.

• 현대상선, 동남아해운

그 당시에 인도네시아는 합판 물량 확보 경쟁에서 현대상선이 범양상선의 뒤를 쫓고 있었다. 현대상선 측 파트너사는 범양상선과 달리 순수한 비즈니스 그룹인 '다야 삭띠(Daya Sakti)그룹'이었다. 현대상선은 대한민국 굴지의 대기업이라는 이점을 살려 꾸준히 버티며 극복해나갔다.

또 양강 체제의 구조에 이어 이름을 올리는 또 하나의 해운사인 '동남아해운'이 있었으나 벌크 분야는 주로 근거리 노선 운송에 치중했다. 그리고 IMF 사태 이후 한국해운업은 또다시 구조조정의 직격탄을 맞으며 휘청거리기 시작한다. 1970~1980년대 해운업의 주역은 하나같이 굴곡진 행보를 보이면서 통폐합의 돌풍에 휩싸였다.

• 한인이 세운 현지 해운 회사

제2대 범양상선 자카르타 지사장을 역임한 김상태 사장은 1991년 독립하여 한인이 현지에서 세운 최초의 해운 회사 '선바루 해운사'를 운영하였다. 그리고 연관 운송 회사인 '아네카 트란스', 'QCN'으로 영역을 넓혀나갔다.

대한민국 국적기 취항으로 날개 달다

해외여행자유화 조치가 이뤄짐에 따라 항공 노선망이 더욱 확대되었다. 1989

년 7월에 타결된 항공협정에 따라 1989년 9월 11일에는 대한항공 '서울~자카르타' 직항노선을 개설해 여객사업의 수익을 높이는 효자 노선으로 자리 잡았다. 그리고 한 달 뒤인 10월에는 가루다항공에서 '서울~자카르타' 직항노선이 취항했고, 2년 후인 1991년 10월에는 대한항공 '서울~발리' 직항노선이 문을 열었다.

아시아나항공은 2001년 5월 5일부터 '인천~자카르타' 노선에 처녀 취항했다. 이 노선은 매주 월·목·토요일 주 3회 운항하며, 오전 11시 25분에 출발해 오후 5시에 도착하는 여정이었다. 그러나 2005년 7월 운항이 중단되었다가 2013년 7월 19일에 주 7회로 운항을 재개했다.

대한항공(KAL)의 첫 취항을 축하하는 화동들

이렇게 한국과 인도네시아 간 여객 수요가 급속히 늘어난 이유는 양국 간 교역이 확대되면서 진출 기업이 증가했고, 발리가 신혼여행지 2위로 꼽힐 정도로 관광 수요가 증가한 데 기인한다. 한편 인도네시아 관광객들의 한국 방문도 큰 폭으로 늘었다.

항공기와 관련해 웃지 못할 사건도 있었다. 1998년 외환위기를 맞아 사회가 극도로 혼란할 당시, 인도네시아에서는 재야 그룹이 기획한 '모나스 광장 100만 명 시위' 디데이(D-Day)를 앞두고 외국인과 화교들의 대탈출 소동이 벌어졌다.

그때 미국인과 유럽인은 도피처로 발리에 대기해놓은 미군 함대를 찾아가고, 일본인은 여유 있게 이착륙하는 국적기에 오를 수 있었지만, 한국인은 항공편 부족으로 발만 동동 구르고 있었다.

그 당시에 가장 성시를 이룬 사업장이 있다면, 바로 항공권을 발매하는 여행사와 항공사였다. 심지어 웃돈을 얹어주고 표를 구하는 경우도 있었다. 결국 표를 구하지 못한 한국인 남성들은 폭동에 대비해 도심지 호텔로 모이거나 동네 자경단(자치경찰단)을 만들었다. 그리고 공항에서 국적기가 도착하기만을 애타게 기다리던 한인들은 부녀자를 우선 탑승시키는 규칙을 정하기도 하였다.

그 밖에 잊혀진 사업체

대우그룹 총수이자 한때 대한민국 재계 서열 2위에까지 오르며 신화적 인물로 평가받았던 김우중 회장. 그가 창업했을 당시에는 인도네시아 시장에 원단을 간접 판매하는 수출상이었다. 김 회장은 1960~1966년 한성실업 무역부장으로 재직했고, 그 당시에 트리코트(Tricot) 원단과 제품을 싱가포르 수입상에게 수출했다. 그러나 이 물량의 90%는 밀수 형태로 인도네시아 시장으로 흘러 들어갔다. 그리고 종합무역상인 한남무역을 통해 섬유 제품 외에도 시멘트 품목을 수출하고 커피 등을 수입하였다.

이 밖에도 무역이나 현지 공장 건립을 추진하다 결실을 보지 못하고 잊혀진 몇몇 기업의 흔적이 남아 있다. 1979년 12월 장달수 사장은 대구에 화학섬유(폴리에스테르 조제트) 생산 파일럿 공장인 (주)태웅을 설립해 인도네시아 현지법인 푸사카 부아나(PT. Pusaka Buana)에 기계, 원료, 부자재를 수출했다. 이는 인도네시아 화학섬유 생산공장에 최초로 섬유기계, 원료, 부자재를 수출한 사례로 기록된다.

동산유지공업은 1959년에 부산에서 자본금 5,000만 원으로 설립한 회사로, 1969년 '코티 스페시 샴푸'를 개발해 국내 최초로 샴푸를 제조 · 판매했다. 그리고 1971년에는 44만5,000달러 상당의 '다이알 비누' 11만1,400개를 생산하며 1년에 걸쳐 인도네시아로 수출했다. 1974년부터는 인도네시아에 합작투자 형태로 제품 생산을 본격화했으며, 현지 공장 건설에 우리 설비와 기술력이 투입되었다.

또 목포의 대표적인 향토 기업인 '남양어망공업'은 1960년 자본금 200만 원으로 어구(漁具) 제조업을 시작했다. 1963년에는 무역업 등록을 마쳤고, 이를 기점으로 1969년 인도네시아에 진출해 주재원 김동성을 파견하였다.

최초의 한식당 '코리아 하우스'

평양에서 '명월관'이라는 간판을 걸고 식당을 운영하던 장원일이 피난에서 돌아와 평양냉면집으로 재개업한 장소가 현재 서울 을지로에 위치한 '우래옥' 본점이다. 장원일의 장남 장진건은 고등학교 역사 교사였지만, 부친의 가업을 잇기 위해 교사직을 중단한다.

그즈음 한국과 인도네시아와의 외교 관계가 수립되고, 자카르타에 진출하는 기업이 많아짐에 따라 한인들의 왕래가 증가해 한식당에 대한 수요가 점점 커졌다. 1969년 말, 장진건은 현지 조사차 자카르타에 첫발을 내디딘다.

장진건은 1년 이상의 준비 끝에 1971년 2월 15일 '호텔 아소까' 1층에 코리아 하우스(Korea House)라는 간판을 내건 인도네시아 최초의 한식 전문 식당을 연다. 바로 그 자리에서 1972년 7월 16일 재인도네시아한국거류민회 창립총회가 열렸다.

해외 진출의 중요성을 느낀 장진건은 자카르타 분점을 개업한 지 2년이 지난 1973년에 지배인으로 종사하던 현덕 여사에게 운영권을 넘기고 시장 규모가 큰 미국 사업에 집중한다.

황해도 해주의 양조장집 딸이었던 현덕 여사는 '이모'라는 닉네임을 사용하며 친근하고 품격 있는 자태로 고객들로부터 호감을 얻어 사업을 번창시켰다. 그리고 현덕 여사는 식당 운영권을 인수해 1973년에 '뉴 코리안 하우스'로 상호를 바꿔 재단장했으며, 1989년 식당 자리에 '그랜드 하얏트 호텔'이 들어서기 전까지 문전성시를 이뤘다.

1972년 7월 16일 '재인도네시아한국거류민회' 창립총회가 코리아 하우스에서 열렸다. 초대 회장에 최계월 회장, 부회장에 강중경 코트라 관장, 창립 간사에 김경천 씨가 선출되었다.

한국기업이 진출하면서 자카르타에 한인 수가 늘자 홍콩에서 요식업소를 운영하던 홍콩 교포 찰리 장은 인도네시아의 잠재력을 내다보고 자카르타 도심지에 있는 사방 호텔 내에 '서울

하우스'라는 간판을 내건 제2호 한식당을 개점한다. 이렇게 자카르타에 한인 수가 늘어남에 따라 외식을 하고 행사를 열 수 있는 장소도 하나둘씩 생겨나면서 외식업이 한인들의 기대에 부응하기 시작하였다.

최초의 한국인 전용 숙박시설, 게스트하우스

미군정에 의해 적산 자산으로 분류된 서울 충무로 동화백화점의 관리권을 인수 경영하다 괌, 대만 등지로 해외 유랑 생활을 하는 남편을 찾아 자카르타에 들어온 김동효 할머니의 이야기는 흥미롭다. 김 할머니는 과거에 대한민국총영사관 건물과 5분 거리에 있는 멘뗑 지역 망운사꼬로(Mangunsakoro) 거리에 방 7개를 갖춘 저택을 임차해 1968년 11월부터 '게스트하우스'를 운영하였다. 이는 체재비를 절약하고 한국 음식을 맛볼 수 있는 숙박업을 해보라는 총영사관 이찬용 공보관의 제안에 따른 것이다.

그 당시에는 개업한 지 얼마 되지 않은 호텔 인도네시아(Hotel Indonesia)와 그 건너편에 있는 호텔 아소까(Hotel Asoka) 외에 외국인이 묵을 수 있는 호텔이 제한되어 있었다.

게스트하우스는 이런 불편을 해소하고 비용과 치안에 대한 걱정을 덜 수 있으며, 정보 교환은 물론 한국 음식을 먹을 수 있다는 장점 때문에 공관원, 장단기 출장자, 산림개발 현장에서 출장 온 진출 기업 현장 직원 등이 선호하는 장소가 되었다. 이곳은 '망운사꼬로의 집' 또는 '홀아비 센터'로 불리기도 하였다.

코리아 하우스가 입점해 있던 땀린가 호텔 아소까(왼쪽 건물)와 건너편에 신축 중인 프레지던트 호텔(현 풀만 호텔)

Chapter 4

한인기업의 오늘 그리고 내일
: 한눈에 살펴보는 산업별 한인기업 진출 50년사

반세기 동안 이뤄진 한인기업의 인도네시아 진출과 성장 그리고 안정적인 정착은 불굴의 의지와 열정을 가진 한국인의 도전정신을 통해 일구어낸 값진 결실이다. 2020년 현재 현지에서 활동하는 2,000여 개의 한인기업은 100만여 명의 인력을 고용하며 인도네시아 경제의 한 축을 담당하고 있다. 인도네시아 한인기업의 50년에 걸친 활동 시기와 산업 유형별로 살펴보면, 한국과 인도네시아 양국의 경제개발 계획이 상호보완적으로 맞물려 돌아간다.

인도네시아 한인기업 진출 역사는 크게 3단계로 나눠볼 수 있다. 3장에서 살펴보았듯이, 1967년 수하르토가 집권한 후 사회·정치적 혼란을 극복하고 경제개발을 위해 박차를 가하고 있을 시기가 한국기업의 제1단계 진출기다. 제2단계 진출 시기는 인도네시아가 1980년대 후반 외국인 직접투자에 대한 규제를 완화하면서 시작된다. 32년간 철권통치한 수하르토 대통령이 실각한 후 인도네시아가 혼란에 빠지자 여느 외국 기업은 대거 철수했지만 한인기업은 꿋꿋이 남아 위기를 기회로 만든다. 2단계 이후 2020년 현재까지 20여 년 동안 우리 기업은 제3단계 진출 시기를 맞이했다. 그리고 머지않아 코로나19 팬데믹 이후 한인기업은 네 번째 출발점을 맞게 될 것이다.

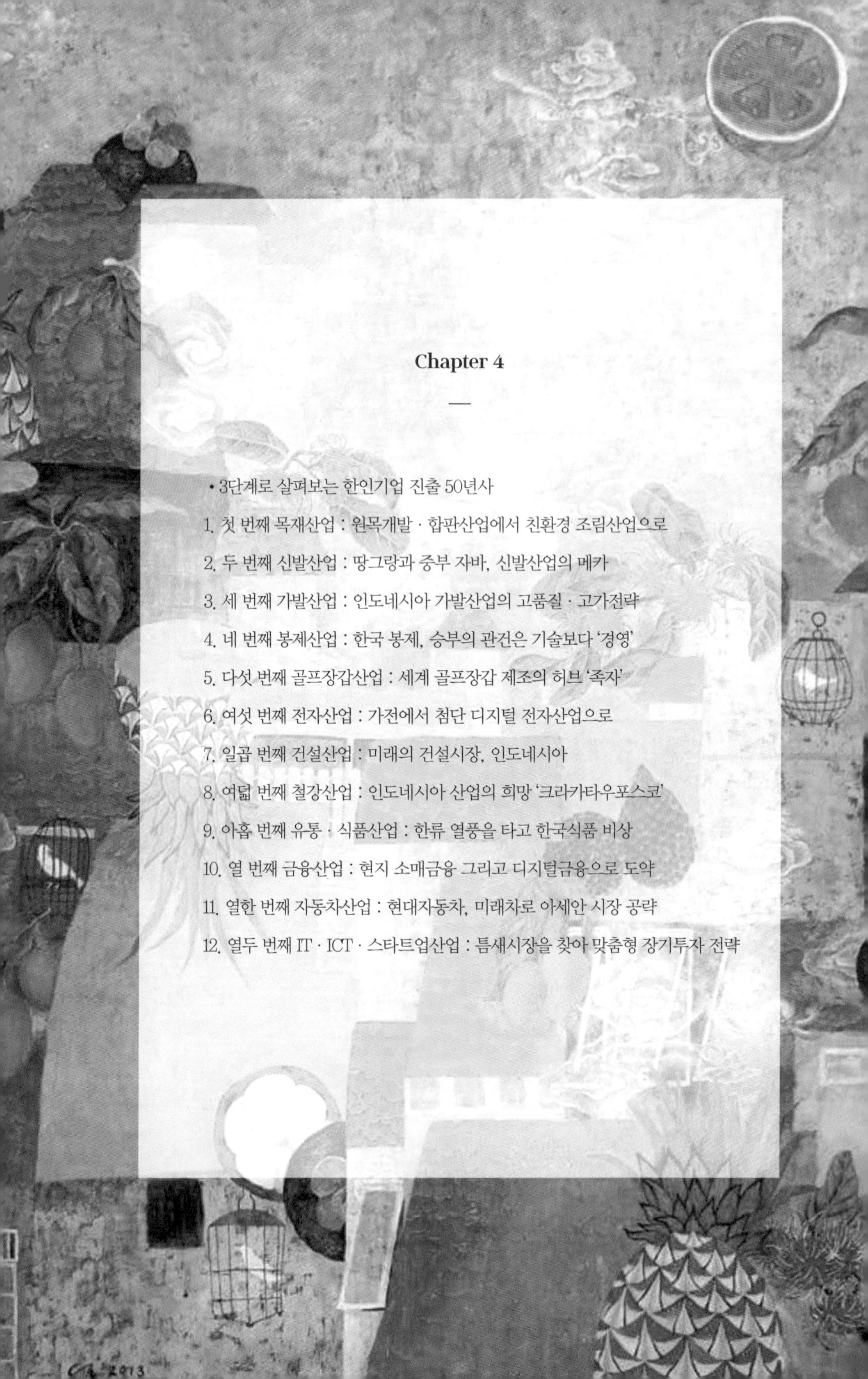

Chapter 4

—

3단계로 살펴보는 한인기업 진출 50년사

• 제1단계 진출 : 원목개발, 미원, 건설, 종합상사

우리 기업의 인도네시아 진출 시기를 초창기부터 산업별로 살펴보면, 한국이 '제2차 경제개발 5개년 계획(1967~1971)'을 한창 진행할 때, 인도네시아는 '제1차 경제개발 5개년 계획(1969~1974)'을 막 시작했다. 이 무렵 한국은 산업 발전을 위한 천연자원이 필요했고, 인도네시아는 자국의 자원개발이 필요한 시기였다.

1960년대 후반부터 한국기업이 본격적으로 인도네시아에 진출한 배경은 국내 경제개발에 필요한 목재 · 원유 · 석탄 · 사탕수수 등 원자재를 확보하기 위한 목적이었다. 이를 위해 1968년 코데코(KODECO, 한국남방개발주식회사)가 남부 칼리만탄주 지역의 원목개발을 위해 진출했고, 이듬해 코린도(KORINDO, 당시 인니동화개발주식회사)도 같은 업종으로 동부 칼리만탄주 지역에 진출했다.

코데코와 코린도 진출 이후 원목개발이 러시를 이뤘고, 이에 부응해 인도네시아에 투자한 한국기업은 경남교역, 한니홍업, 신홍목재, 유림사리 등 총 7개 업체가 있었다.

그러나 1980년대 초, 원목금수조치 이후 기존 한국계 원목개발 회사 중 합판공장을 소유한 코린도와 코데코 정도의 기업만이 원목개발사업을 지속할 수 있었다. 그리고 현재까지 산림 분야 사업을 지속하고 있는 기업은 '코린도'가 유일하다.

미원(현 대상)은 1973년 인도네시아에 천연 조미료(MSG) 제조 합작기업인 '미원 인도네시아(PT. Miwon Indonesia)'를 설립해 국내 최초로 해외 플랜트를 수출했다. 미원은 판매 영업부터 시작해 1975년에는 공장을 완공했다. 그리고 이듬해부터 조미료 중간 제품(DGA) 생산에 돌입했으며, 1978년 본격적으로 사탕수수를 발효한 MSG 생산을 시작했다.

1973~1986년에는 건설과 무역업의 진출과 자원 확보형 투자가 주류를 이루었다. 1972년 12월에는 삼환기업이 수마트라 횡단고속도로 공사 계약을 인도네시아 정부와 체결했다. 그리고 1973년 6월에는 대림산업이 가스 압축 플랜트 공사를 수주했으며, 같은 해 12월에는 현대건설이 자카르타와 보고르를 잇는 자고라위(Jagorawi) 고속도로 건설 계약을 체결했다.

한남무역이 1968년에 종합상사로 진출해 인도네시아에 시멘트를 수출하고 커피를 수입했다. 그리고 1973년 11월에는 한일시멘트가 동부 자바주 수라바야에 철근 생산공장인 한일자야를 설립했다.

한국정부는 1970년대 두 차례에 걸친 석유파동을 경험하면서 본격적인 원유 확보와 개발에 총력을 기울였다. 그 결실로 1981년 5월에 코데코 에너지와 국영 석유 회사 빠르따미나(Pertamina)와의 서부 마두라(Madura Barat) 유전공동개발사업이 승인되었고, 이로써 본격적인 유전개발이 시작되었다. 코데코 에너지의 유전개발사업은 한국 최초의 해외석유개발사업으로, 한국기업이 막대한 자본과 기술이 요구되는 석유개발사업을 해외에서 참여했다는 점에서 큰 의미를 가진다.

• 제2단계 진출 : 노동집약산업부터 기술집약산업까지

키데코(KIDECO)는 1982년에 삼탄이 인도네시아와 합삭하여 설립한 유연탄 채굴 및 판매 회사다. 동부 칼리만탄주 빠시르 광산 채굴권을 보유한 키데코는 이곳에서 생산하는 유연탄을 한국과 인도네시아를 비롯해 전 세계로 판매했다.

또 1980년대 후반기에 들어서면서 봉제와 신발 등 노동집약적 한국기업이 동남아시아 국가를 투자 대상으로 주목하기 시작했는데, 주로 원화절상, 임금 상승, 노사분규, 선진국과의 통상마찰 등 국내외적으로 경영 여건이 나빠졌기 때문이었다. 당시 동남아시아 국가 가운데 인도네시아는 노동력이 풍부하고 비교적 임금이 낮았을 뿐 아니라 일반특혜관세(GSP) 혜택을 받고 있었던 만큼 한국에서 노동집약산업의 투자가 몰렸다. 하지만 영세한 자본의 중소기업이 다수 진출하면서 현지 언어와 문화의 이해 부족, 장시간 노동, 미숙한 인력관리 등으로 현지 사회와의 갈등이 증폭되는 문제가 다수 발생했다. 한편 인도네시아로 집중되던 노동집약적 중소 규모 제조업 투자는 1992년 이후 중국과 베트남 등이 신규 투자처로 부상하며 대폭 감소하기 시작했다.

1990년 초에는 도자기 생산공장인 한국세라믹, 피아노 등 악기 제조 회사인 삼익인도네시아가 각각 설립됐다. 또 전자산업과 바이오산업의 진출이 시작되어 오늘날 LG전자, 삼성전자, CJ 같은 투자 성공 사례를 낳는 기반을 마련했다.

1993년 이후 인도네시아의 최저임금 인상률이 급등하자 해외투자 자본의 성격도 노동집약산업에서 기술집약산업으로 점진적으로 전환된다. 1990년대 중반 이후에는 석유화학, 조립금속 등 '중간기술 제조업'과 철강·자동차·전자 등 기간산업 분야와 플랜트 건설, 그 밖에 사회간접자본 시설 확충 부문에도 대거 참여했다. 또 다양한 산업의 진출과 더불어 현지 한국계 기업을 주로 겨냥한 손해보험 서비스를 목적

한국세라믹 인도네시아 땅그랑 공장 생산 현장

으로 1996년에 삼성화재(PT. Asuransi Samsung Tugu)가 현지법인을 설립했다. 이어 1997년에는 KB손해보험(KB Insurance), 1998년에는 메리츠화재(Meritz Korindo Insurance) 등이 각각 진출했다.

1990년대 들어서부터 수출 호조로 인도네시아의 내수 경기가 좋아져 증가해 주식시장과 부동산시장 모두 활황을 맞았다. 하지만 경기 과열에 따른 물가 상승과 부동산시장 등의 거품이 발생했고, 대규모 무역수지 적자를 겪으면서 경상수지 적자를 면치 못했다. 인도네시아는 정확한 외채 규모를 파악할 수 없을 정도로 금융과 자본시장에 대한 관리감독이 소홀했다. 결국 인도네시아는 외환위기를 맞으며 1997년 10월 국제통화기금(IMF) 체제에 들어간다.

이처럼 한국과 인도네시아에서 동시에 발생한 외환위기로 현지 한인기업들은 위기를 맞는다. 또 1997년 경제위기와 1998년 이후 민주화 과정의 정치·사회적 불안정은 한인사회를 위협했다. 특히 인도네시아에서 1998년 5월에 일어난 사태는 5,000여 명의 한인이 비상 탈출해야 하는 위기 상황이었지만 많은 한인 사업가가 잔류하면서 현지 직원들과 함께 회사를 지켜냈다. 이때부터 많은 인도네시아인은 자신들이 어려울 때 도와준 한국인을 진정한 친구로 여긴다.

• 제3단계 진출 : 중화학공업, 유통, 금융, ITC, 방산과 한류

1998년에 일어난 5월 사태로 오히려 위기를 극복한 한인사회는 더 강건해졌다. 2000년 이후 봉제업체가 다시 증가하고 금융, 유통, 철강, 석유화학, 정보통신기술(ICT)과 한류 관련 산업 등 다양한 산업이 진출하면서 인도네시아 한인의 수는 지속해서 증가했다. 일본인 체류자들은 5월 사태 이전에는 5만여 명에 이르렀지만, 이후에는 2만 명 규모로 줄면서 한국인에게 최대 외국인 공동체 자리를 넘겨주었다.

한인 투자의 세 번째 물결은 중소기업 투자로 시작됐다. 외환위기 이후 현지

통화의 가치가 하락하는 덕분에 소자본 창업이 가능해졌다. 따라서 2000년대 중반을 넘어서면서 봉제 부문의 인도네시아 투자가 다시 성황을 이뤘고, 폐업하는 한인기업의 관리자들이 귀국하지 않고 독립해 창업하는 경우도 적지 않았다. 2005년 188개였던 한국봉제협의회(KOGA, 코가) 회원사는 2007년 227개, 2012년 정회원사 255개로 증가했고, 준회원사도 118개 늘어난 것만 보아도 짐작이 된다.

2004년 12월 31일에는 세계무역기구(WTO) 섬유협정 발표로 미국, 캐나다, 유럽연합의 섬유 쿼터가 철폐되면서 섬유 제품의 자유무역이 시작됐다. 봉제업과 관련된 한국기업은 더는 쿼터가 부여된 나라에 투자할 필요가 없어졌고, 이에 따라 인도네시아의 비교 우위가 다시 조명받기 시작했다.

2007년에 KEB하나은행이 현지 소매은행 인수를 시작으로 우리소다라은행, 신한인도네시아은행, OK뱅크인도네시아, IBK인도네시아은행 등 순차적으로 한국계 은행이 현지 시장에 진출해 소매금융시장으로 영역을 확대하고 있다. 생명보험 회사로는 처음으로 한화생명(Hanwha Life Insurance)이 2013년 현지법인을 설립해 영업하고 있다.

한국 증권사도 속속 현지 시장에 진출했다. NH투자증권이 2009년 현지 증권사와의 합작사 형태로 처음 진출한 이후 키움증권과 미래에셋대우 그리고 신한금융투자에 이어 한국투자증권까지 총 5개 증권사가 진출해 있다.

2010년 전후에는 한국에 글로벌 대기업의 투자가 이어졌다. 2008년 10월 롯데마트가 인도네시아 마크로(Makro) 19개 점포를 인수하며 한국 유통업체로서는 최초로 인도네시아 시장에 진출하여 2023년까지 인도네시아 전역에 점포를 100개 수준으로 확대할 계획이다.

한국타이어는 2013년 9월에 서부 자바주 버까시(Bekasi) 지역에 있는 공단에 7번째 글로벌 생산시설을 완공해 승용차용 타이어, 초고성능 타이어, 경트럭용 타이어 등을 연간 1,100만 개 생산할 수 있는 생산설비를 갖췄다. 같은 해 12월에는 포스코와 인도네시아 국영 철강업체 크라카타우스틸이 각각 70%, 30%씩 투자해 크라카타우포스코를 설립했다. 이 회사는 연간 생산 능력 300만 톤

규모의 동남아시아 최초 일관제철소를 완공해 가동을 시작한 지 4년 만에 누적 판매량 1,000만 톤을 돌파했다.

롯데케미칼은 5조 원에 달하는 자금을 투입해 반뜬주 찔레곤 지역 약 47만m^2 부지에 납사분해설비(NCC) 등 대규모 석유화학단지 건설을 진행 중이다. 현대자동차는 약 1조8,000억 원을 투자해 서부 자바주 찌까랑 지역 델타마스 공단에 연간 25만 대 생산 규모의 공장을 짓고 있다. 이 완성차 공장은 2019년 12월에 착공해 2021년 말 완공을 목표로 하고 있다.

새로운 도전의 기회, 신수도 메가 프로젝트

현재 인도네시아 수도인 자카르타는 저지대인 데다가 무분별한 지하수개발과 고층 건물 급증 등의 영향으로 매년 평균 7.5cm씩 지반이 내려앉는 바람에 도시 면적의 40%가 해수면보다 낮아졌으며, 우기 때는 도시 기능이 마비될 정도로 홍수가 발생한다. 심한 교통체증과 함께 심각한 대기오염 등으로 수도로서 기능을 상실한 상태다.

인도양과 태평양 사이에 길게 펼쳐진 인도네시아의 중심은 칼리만탄(보르네오)이다. 수카르노 초대 대통령은 집권 시기에 중부 칼리만탄주 빨랑까라야(Palangkaraya) 지역으로 수도 이전을 계획했다. 이후 수하르토 대통령과 수실로 밤방 유도요노 대통령이 수도 이전을 추진했으나 무산되었다. 그 후 결단력 있는 조코 위도도 대통령이 신수도 이전 메가 프로젝트를 통해 서부에 편중된 경제개발을 해소하고, 이를 통한 국토의 균형 발전과 함께 2040년까지 인도네시아를 5대 경제대국으로 만들겠다는 야심 찬 계획을 발표했다.

• 동부 칼리만탄 지역 새 행정수도 이전 사업

2024년 1단계 완공을 목표로 총 330억 달러, 한국 돈 40조 원가량이 투입될 인도네시아 동부 칼리만탄 지역 새 행정수도 이전 사업은 한국기업에 새로운 기회로 떠오르고 있다. 신수도 메가 프로젝트는 부동산개발과 인프라스트럭처사업에 정보기술을 결합한 스마트 시티로 건설을 추진한다. 우리 정부와 기업도 아세안과 스마트 시티 협력에 적극적인 만큼 이해관계가 맞아떨어진다. 4차 산업혁명의 핵심 플랫폼인 스마트 시티는 도시에 인공지능(AI) 등 첨단과학을 접목해 산업 · 환경 · 교통 · 범죄 등 다양한 문제를 해결하는 미래산업이다.

이에 우리 정부와 기업이 잰걸음을 보인다. 2019년 9월에는 우리 정부기관인 행정중심복합도시건설청(행복청)과 인도네시아 공공사업주택부 간 공식 '교류 · 협력 양해각서(MOU)'를 체결하기로 합의했고, 이에 따라 세종시 '행정도시' 건설 경험과 기술력을 공유할 계획이다.

이어 현대건설은 국영 건설 회사 후따마 까르야(Hutama Karya)와 양해각서를 체결해 수도 이전 사업은 물론 자카르타 북부 방조제사업과 대형 국책 정유 그리고 석유화학 공사에 대해서도 상호 협력을 모색하고 있다.

인도네시아 신수도 예정지 동부 칼리만탄(사진 제공 : 데일리인도네시아)

• **신수도 예정지 '동부 칼리만탄'에 부는 변화**

동부 칼리만탄주 발릭빠빤시 스삥간(Sepinggan) 국제공항은 자카르타에서 여객기로 2시간 정도 걸린다. 인도네시아에서 깨끗하고 평균소득이 높은 도시로 알려진 발릭빠빤은 한인들에게 익숙한 도시는 아니다.

발릭빠빤은 축복받은 도시다. 작은 어촌에 불과하던 이곳은 1897년에 석유가 발견되자 식민지배하던 네덜란드가 유전을 개발해 광업 중심지와 무역항으로 키운다. 그뿐 아니라 천연림이 펼쳐진 동부 칼리만탄은 천연목 벌채사업과 합판사업, 석탄광산과 오일팜사업 등 자원사업이 번창하면서 지금도 인도네시아에서 부유한 도시 가운데 하나다.

조코 위도도 대통령이 동부 칼리만탄주 뻐나잠 빠세르 우따라(Penajam Paser Utara)군과 꾸따이 까르따느가라(Kutai Kartanegara)군에 신수도 확정을 발표하면서 인근에 있는 발릭빠빤이 또 한 번 새롭게 조명받고 있다. 신수도 이전에 맞춰 2019년 12월에는 발릭빠빤에 '칼리만탄한인회'를 창립하며 현지 한인도 활기를 되찾고 분주해진 모습이다. 발릭빠빤에는 코린도 지역사업부 직원과 빠르따미나 정유 공장 고도화 프로젝트를 수주한 현대엔지니어링 주재원 등 한인 50여 명이 근무하고 있다. 그리고 이곳에 2007년 '칼리만탄국제기독학교(KICS)'를 세운 이성헌 선교사는 신수도가 완공되면 학교에 학생 수가 많아지리라 전망하며 가까운 시일에 고등학교를 짓고 싶다는 기대감을 표했다.

신수도 이전 지역을 한눈에 보려면 뻐나잠 빠세르 우따라군(郡) 스빠꾸면(面) 조림회사 ITCI 사업장으로 가야 한다. 현재 수도 예정지는 정부가 토지매매를 금지했지만 주변 지역과 발릭빠빤은 부동산 가격이 급등하고 있다.

신수도는 2020년 7월 착공해 2024년 완공을 목표로 하고 있지만 코로나19 사태로 다소 지연될 것으로 보인다. 신수도의 초기 정착 인구는 150만 명이며, 최대 300만 명이 목표다.

그리고 2020년 상반기에 완공을 앞둔 동부 칼리만탄 주도 사마린다(Samarinda)시와 발릭빠빤시를 연결하는 연장 99.3km의 고속도로는 동부 칼리만탄을 인도네시아 중심지로 발전시킬 대동맥이 될 것이다. 발릭빠빤과 사마린다는 신수도를 지원하는 거점 도시로 발전할 전망이다.

한-인도네시아 관계 변화에 따른 기업 환경

1. 전략적 동반자 관계(2006.12.~2017.10.)
: 다양한 협력 프로젝트로 한국기업 진출 활기

2006년에 12월 노무현 대통령이 인도네시아를 국빈 방문하며 양국 관계를 '전략적 동반자 관계'로 격상했음을 선언했다. 양국은 민주주의와 시장경제라는 공동 가치에 기초한 동반자라는 인식 아래 협력의 폭과 깊이를 증대시켰다. 2007년 4월 산업자원부 장관과 대한상공회의소 회장을 단장으로 한 200여 명의 민관합동 경제사절단이 자카르타를 방문했다. 사절단은 에너지·가스·석탄개발, 발전소 건설, 산업기술협력, 조림, 투자 등의 협력 프로젝트를 발굴했다. 그리고 양국 정상 간 실질 협력 강화 합의에 따라 우리 기업의 구체적 프로젝트가 성사됐다. 2007년 8월에는 한국중부발전과 삼탄 등이 참여하는 컨소시엄이 수출입은행의 프로젝트 파이낸싱을 통해 약 7억4,000만 달러 규모의 찌레본 석탄화력발전소 민자사업을 수주하게 되었다.

우리 기업의 진출도 활발해져 2008년에 SK에너지가 국영 석유 회사 빠르따미나와 공동으로 윤활유 공장을 건설하고, 조림 투자도 38만ha에 달하는 등 가시적 성과를 보여주었다. 2009년에는 한국전력공사가 바얀 리소시즈(Bayan Resources) 지분을 인수하고 연 700만 톤의 유연탄 공급 계약을 확보했다. 한국중부발전은 수마트라 200메가와트급 수력발전소사업 합의각서(MOA)를 체결했고, 중부 자바주 딴중자띠 화력발전소 운영권을 확보하는 등 에너지 분야에서의 협력이 크게 확대되었다.

2009년에는 산업의 근간이라고 할 수 있는 제철산업에 우리 기업이 진출했다. 포스코는 인도네시아에서의 철강 생산을 위해 인도네시아 국영 회사 크라카타우스틸과 합의서를 제출했다. 이로써 우리의 최대 해외투자 사업이자 인도네시아의 비에너지 분야 외국인 투자사업으로는 최대 규모인 크라카타우포스코(PT. Krakatau Posco) 일관제철소 건설이 첫 삽을 떠 2013년 12월 완공되었다.

2. 특별 전략적 동반자 관계(2017.11.~)
: 한-인도네시아 포괄적경제동반자협정(CEPA)

2017년 11월 문재인 대통령과 조코 위도도 대통령과의 정상회담에서 양국 관계를 2006년 수립된 '전략적 동반자 관계'에서 '특별 전략적 동반자 관계'로 격상하는 내용의 공동 비전 성명을 채택했다. 문 대통령은 안보에서 양국 간 전략적 소통이 원활해질 수 있도록 외교 · 국방 당국이 모두 참여하는 회의체를 모색하고 차세대 전투기 개발사업의 원만한 진행을 포함해 방산 분야에서 협력의 폭과 깊이를 더해가기로 했다. 조코 위도도 대통령도 북한은 한반도 비핵화를 위해 유엔의 모든 제재에 복종하고 미사일 발사를 중단할 것을 촉구하고 문 대통령이 북한과의 대화 가능성을 열고 있는 것에 대해 높이 평가했다. 이에 문 대통령은 정상회담에 앞서 아세안과의 협력을 주변 4강국 수준으로 높이는 내용의 '신(新)남방정책'을 내놨다.

이로 인해 두 나라는 포괄적경제동반자협정(CEPA)을 사실상 타결하면서 경제 관계 전반에서 문턱이 한층 낮아졌다. '한-인도네시아 CEPA'는 국회 비준을 거쳐 2020년 발효될 전망이다. 인도네시아는 2007년 한-아세안 자유무역협정(FTA) 이후 우리 정부가 추진해온 신남방정책의 핵심 국가로 인도에 이어 한국의 두 번째 CEPA 체결국이 된다.

양국 간 CEPA가 발효되면, 한국의 주력 수출 품목에 대한 가격 경쟁력이 높아진다. 자동차용 강판, 자동차 부품, 합성수지 등에 5~15% 부과됐던 현지 관세가 즉시 철폐되고, 현지에서 완성차나 조립 공장을 짓는다면 무관세로 차량을 판매할 수 있게 된다. 현재 자카르타 인근 버까시 지역 델타마스 공단에 대규모 완성차 공장을 짓고 있는 현대자동차의 인도네시아 진출에 걸림돌을 걷어낸 셈이다. 현재 인도네시아 자동차시장은 일본계 브랜드가 95% 이상 장악한 상황으로 진입 장벽이 높았으나, 앞으로 한국 자동차가 일본 자동차와 가격 경쟁에서 대등한 선상에 설 수 있게 된다.

3. 한-인도네시아, 미래를 향한 아름다운 동행
: 인도네시아 코로나19 극복에 한국기업 적극적 지원

코로나19가 전 세계를 휩쓸자 인도네시아도 코로나19 검사와 방역 준비가 절대적으로 미흡해 위험한 상황에 부닥쳤다. 인도네시아는 코로나19 검사와 방역에 탁월한 능력을 입증한 한국에 긴급 지원을 요청했다. 레트노 마르수디 인도네시아 외무부 장관은 코로나19와 관련해 한국의 경험을 공유하기를 희망했고, 이에 강경화 외무부 장관도 인도네시아의 상황에 우려를 같이하고 방역 물품 등은 여력이 닿는 대로 최대한 지원하겠다고 약속했다.

그리고 한국정부뿐 아니라 현지에 주재하고 있는 한국기업들의 도움도 끝없이 이어졌다. 각 기업은 진단 키트와 마스크를 지원하고 드라이브스루 진료소를 설치해주는가 하면, 방호복은 한국에서 원단을 들여와 현지 한인봉제업체 등을 통해 50만 벌을 제작해 지원했다. 이에 인도네시아는 말레이시아, 싱가포르 등 이웃 나라와 달리 한국을 오가는 하늘길을 막지 않고 무비자 입국 금지, 도착 비자 발급 중단, 건강확인서 제출 등 절차만 강화하는 것으로 화답했다. 이에 따라 기업인들이 비교적 자유롭게 오가며 사업을 진행하는 데 무리가 없었다.

①

첫 번째 목재산업 :

원목개발·합판산업에서 친환경 조립산업으로

대낮에도 어두컴컴한 인도네시아 밀림에서의 원목 벌채 작업은 전쟁터나 다름없다. 임학과를 전공한 한국인 팀장과 현지인 길잡이로 구성된 임상조사팀이 사람의 발길이 닿지 않는 밀림에 들어가 어느 지점에 어떤 크기, 어떤 종류의 나무가 얼마나 있는지를 조사한다. 이어 벌채를 한다면 도로를 어떻게 내면 좋을지 소상하게 지도에 표시하여 보고서를 작성한다.

밀림에서는 생명을 위협하는 일이 일어날 수 있다. 원시림 조사 과정에서 멧돼지와 사슴을 통째로 잡아먹는 길이 10m 가까이 되는 비단구렁이 등의 맹수가 나타날 수 있다. 또 산판(산에서 나무를 베어다 파는 현장)에서 일하다 보면, 문화 차이와 언어장벽으로 팀원인 인도네시아 작업자가 흉기를 휘두르며 무서운 존재로 돌변할 수 있다. 그뿐 아니다. 보이지 않는 말라리아 같은 풍토병과 향수병을 이겨내야 하는 등 수많은 고초를 이겨내고 일궈낸 결과물이 인도네시아 원목개발사업이다.

이런 이유로 한국기업 해외 진출사 첫 페이지를 장식하는 코데코와 코린도는 역사 이상의 의미를 지닌다.

원목을 실어 나르는 로깅 트럭(사진 제공 : 코린도그룹)

한국기업의 인도네시아 산림 부문 진출은 기존 원재료 수입 방식에서 벗어나 인도네시아에 현지법인을 설립해 직접 경영을 수행하는 해외직접투자 방식으로 이뤄졌다. 그리고 1960년대 말에 진출한 원목개발, 합판제조 등은 자원개발 방식의 산업 유형이었으나 이제는 조림이나 팜오일 등 지속 가능한 친환경산업으로 진화하고 있다.

자원민족주의 태동과 위기 그리고 산림산업의 변화와 대응

산업화가 태동하던 1960년대 한국 합판산업의 원료는 대부분이 동남아시아 열대 나왕목의 수입에 의존하고 있었다. 그런데 당시에 최대 원목 생산 국가인 필리핀과 말레이시아 사라왁 지역이 1970년대 초부터 원목금수조치를 단행하자 한국정부와 기업들은 풍부한 산림자원을 보유한 인도네시아를 새로운 수급지로 삼는다.

이 과정에서 한국 원목개발업체는 단순히 수입처를 바꾸는 것을 넘어 인도네시아에서 한국정부나 기업이 직접 산림을 개발하는 직접투자 방식을 선택했다. 동남아시아의 원목 수출국을 중심으로 산림 부문의 자원민족주의가 태동하던 시기인 만큼 해외기업이 생산한 원목을 단순히 수입하는 것보다는 직접 개발하는 것이 원료의 안정적인 공급에 더 효율적이라는 목재산업계의 요구가 있었기 때문이다. 이런 상황에서 한국정부는 1968년에 외국환 관리 규정에 '대외투자'라는 장을 신설했으며, 이를 통해 자원개발, 원자재 확보, 수출 촉진 등의 부문에서 제한적이지만 해외투자가 시작될 수 있었다.

인도네시아는 1967년에 수하르토가 권좌에 오른 후, 사회 · 정치적 혼란을 극복하고 경제개발을 위한 재원 마련을 위해 산업화 정책에 박차를 가하고 있었다. 산업화의 발판으로 인도네시아 최대 자원인 광물과 원유, 산림 등의 부문에 개발 계획이 입안되기 시작했다.

당시 수하르토는 부하 장군들에게 자와 섬 밖의 열대림을 나눠주기도 했다. 자금과 기술력이 없던 그들은 외국의 자본과 기술을 도입해 산림을 개발하고자 각종 법 규정을 제정했다. 그리고 산림 부문에서는 산림기본법(1967), 해외투자법(1967), 국내투자법(1969), 산림개발권에 관한 법령(1970)을 차례로 마련하면서 국내외 투자자들을 인도네시아 산림개발에 참여할 수 있도록 다양한 유인책을 순차적으로 도입했다.

한국기업들도 이런 흐름에 힘입어 인도네시아의 산림개발산업에 착수하게 되었다. 가장 먼저, 코데코가 1968년 2월에 한국정부로부터 1차 300만 달러를 빌려 남부 칼리만탄주 바뚜리찐에 27만ha의 임지를 단독 투자 형태로 확보해 개발에 착수하면서 인도네시아 산림개발의 선두 주자가 되었다. 이어 1969년에는 인니동화가 동부 칼리만탄주 발릭빠빤에 12만ha, 1970년에는 경남교역이 동부 칼리만탄주 따라깐(Tarakan)에 20만ha, 1973년에는 한니흥업이 중부 칼리만탄주 라만다우강 유역에 11만5,000ha, 1976년 말에는 아주 발라판 자야가 서부 칼리만탄주 멀라위강(Sungai Melawi) 유역에 11만5,000ha의 천연림개발에 착수하면서 한국기업에 의한 인도네시아 산림개발 러시가 이뤄졌다. 한국기업이 개발한 산판에서 생산한 원목은 대부분 한국으로 수출되었고, 이로 인해 한국은 안정된 원자재 공급을 발판으로 1970년대에 세계 합판산업의 선두 국가 지위에 오를 수 있었다.

선적을 앞둔 합판 완제품(사진 제공 : 코린도그룹)

1973년에는 석유파동을 계기로 자원민족주의가 대두되면서 동남아시아 산림 대국도 산림자원의 중요성에 눈뜨기 시작했다. 1974년부터 인도네시아 정부는 외국인 기업과 합작하여 원목을 개발하는 합작회사 설립을 금지하고 신규 외국인 투자를 불허했다. 나아가 산림 파괴에 대한 국내외의 우려가 커짐에 따라 임산자원 보호정책을 강화하고, 1970년대 말부터 원목금수조치를 여러 차례에 걸쳐 예고했다. 이에 따라 한국 원목개발업체들은 1980년대 이후 도산하거나 다른 업종으로 전환하며 큰 위기를 맞았다.

1985년 중반까지 시행된 원목금수조치로 기존 한국계 원목개발 회사 가운데 합판 공장을 소유한 코린도와 코데코 정도의 기업만이 원목개발사업을 지속할 수 있었다. 코린도그룹 목재가공본부 합판부서에서는 지속 가능한 천연림 경영을 통해 생산된 양질의 원목으로 2019년 기준 연간 30만m^3의 합판을 생산하고 있다. 이 중 96%를 세계시장으로 수출하는 데 한 해 수출 실적이 3억5,000만 달러, 다시 말해 인도네시아 전체 합판 생산량의 4분의 1에 해당하는 양으로 글로벌 합판 메이커로서 확고히 자리매김하고 있다.

산림 평가 방식의 변화, '벌목에서 조림으로'

열대림개발에 대한 국내외적 우려가 심화하고, 천연 열대림의 훼손과 황폐화가 쟁점화함에 따라 인도네시아 정부도 과거의 목재 생산 같은 이용 가치로만 산림을 평가하던 방식에서 나아가 산림의 총체적 가치를 평가하기 시작했다. 중부 칼리만탄주 빵깔란분(Pangkalan Bun) 지역에 있는 나따이 목가공단지는 칼리만탄 정글에서 한국과 일본, 인도네시아 3개국 간 3자 비즈니스 모델을 창출한 종합목가공단지로 성장했다.

현재 자카르타 빤쪼란 지역에 위치한 코린도그룹 본사 사옥(사진 제공 : 코린도그룹)

코린도는 유칼립투스 클론을 활용한 속성용 재조림사업을 집약경영 시스템으로 추진 중이며,

세계 최고의 속성용 재조림을 통한 제재목, 집성목, CLT(Cross Laminated Timber), 합판, 칩, 팰릿, 바이오매스(Biomass) 발전 등 수직 계열화된 선진 목가공사업을 추진할 계획이다.

식재 후 3년이 지나야 수확이 가능한 코린도의 팜 농장은 인도네시아 파푸아와 말루쿠 지역에서 현재 연간 25만 톤가량의 팜오일을 생산하고 있다. 이곳의 식재 면적은 서울시 면적보다 조금 작은 5만5,000ha이다.

코린도는 한인기업 최초로 인도네시아 팜오일 인증 ISPO를 획득했으며, 파푸아 팜오일 기업 중 최초로 인도네시아 규정에 근거한 주민 농장을 조성해 지역 주민과 상생함으로써 지속적 성장을 도모하고 있다.

한-인도네시아산림센터 설립으로 양국 협력사업 확대

코린도그룹 이외에도 한국 대기업들이 2000년대 이후 해외산림자원개발에 활발히 투자하면서 팜오일 분야에 대상홀딩스, 삼성물산, 삼탄, LG상사, JC케미칼, 포스코대우 등이 진출했다.

한국임업진흥원은 중부 자바주 스마랑에서 바이오매스 시범조림사업을, 산림조합중앙회는 서부 자바와 칼리만탄에서 속성수와 고무나무 조림사업을 진행하고 있다. 무림P&P는 파푸아에서 펄프 생산용 조림사업을 펼치고 있다.

한국과 인도네시아의 산림협력에는 한국정부와 각 기관의 노력과 지원이 컸다. 1979년 한-인도네시아임업위원회 개최를 계기로 조림투자, 연구협력, 산림개발, 산림보호, 인력개발 분야까지 확대 · 발전해왔으며, 2007년에는 한-인도네시아산림포럼 구성으로 양국의 산림협력은 한층 도약한다.

2005년 수마트라 섬 북부를 휩쓴 쓰나미로 파괴된 해안 맹그로브숲을 복원하기 위한 한국국제협력단(KOICA)의 개발원조사업을 선두로, 2006년에는 룸핀에 현대식 양묘장 조성사업을 시작했고, 2009년에는 롬복 섬에 소규모 산림전용 · 황폐화 방지와 산림 탄소 축적 증진 활동(REDD+) 시범사업 등 기후변화

대응을 위한 역량 강화사업을 추진했다.

정부 간 산림협력사업과 조림투자 기업에 대한 지원 등을 위해 한국 산림청과 인도네시아 산림부는 2011년에 인도네시아 산림부(현 환경산림부) 내에 '한-인도네시아산림센터'를 설치했다. 이 센터는 이탄지 복원, 산불 관리, 산림을 이용한 생태관광과 환경교육, 해외산림자원 확보, 산림 바이오에너지 생산, 기후변화 대응, 인재교류사업 등으로 양국협력 사업을 확대하고 있다.

②

두 번째 신발산업 :

땅그랑과 중부 자바, 신발산업의 메카

신발산업 가운데 스포츠화의 경우 1970년대는 일본이, 1980년대는 한국이, 1990년대 이후에는 인도네시아와 베트남 등 동남아시아 국가와 중국이 전 세계 생산기지 역할을 맡고 있다. 1980년대 후반기에 들어 한국과 대만의 신발 제조업체가 대거 동남아시아와 중국 등지로 생산기지를 이전한 배경에는 나이키, 리복, 아디다스 등 글로벌 브랜드의 빅 바이어이자 브랜드 마케팅 기업이 개발도상국인 동남아시아와 중국 등으로 OEM(주문자 상표 부착 생산) 수입처를 대거 전환했기 때문이다. 인도네시아는 1990년대 전후로 한국의 중소 자본이 가장 선호하는 투자 대상국이었다. 따라서 짧은 기간 노동집약산업을 중심으로 한국기업의 집중 투자가 이뤄졌다.

당시 한국은 중국, 베트남과 수교하기 이전이었다. 따라서 부산에 밀집되어 있던 한국 신발 제조업체들이 초기에 이전을 고려한 국가는 태국과 인도네시아였다. 그리고 1960년대 후반부터 원목개발과 합판제조, 건설 등 한국기업이 이미 현지에 진출해 있었기 때문에 인도네시아 투자는 진출에 따른 초기 비용을 줄일 수 있다는 게 큰 장점으로 작용했다.

한국계 신발 공장 생산라인

특히 코린도그룹의 신발사업 부문인 가루다인다와(PT. Garuda Indawa, 일명 이글)는 한국계 신발 제조업체의 첫 투자 회사로 1980년 중반기에 가동을 시작해 이미 시장에서 자리매김하고 있었다. 이처럼 앞서 진출한 가루다인다와는 해외투자에 경험이 없던 한국 신발업체와 함께 선례를 공유하며 큰 힘이 되었다.

초창기 진출 기업, 땅그랑 지역에 클러스터 조성

한국계 신발제조업의 인도네시아 진출은 1985년 가루다인다와가 첫 테이프를 끊은 이후, 1980년대 말부터 1990년대 초까지 성화(Sung Hwa Dunia), 프라타마(Pratama Abadi Industri), 동양(Tongyang Indonesia), 동조(Dong Joe Indonesia), 태화(Tae Hwa Indonesia), 스타윈(Starwin Indonesia), 도손(Doson Indonesia), 코리네시아(PT. Korinesia), 금강제화 등이 대규모 생산설비를 구축하고 OEM 방식의 생산 체제를 구축했다. 초창기에 진출한 신발 기업들은 동양을 제외하고 모두 땅그랑(Tangerang)에 공장을 세웠다.

그러나 1990년대 초반 한국이 중국, 베트남과 수교하면서 한국의 주요 투자지로 부상했다. 이를 계기로 글로벌 신발산업에 지각변동이 일어났고, 인도네시아 신발업계는 어려움에 직면한다. 엎친 데 덮친 격으로 1993년도 이후에는 인도네시아의 최저임금 인상률이 연간 10%를 상회함에 따라 인도네시아에서 생산비 절감 효과가 낮아진 동시에, 한국에서 지리적으로 더 가까운 중국과 베트남이 대안 생산기지로 부상했다.

한편 인도네시아의 한국계 신발 제조 투자 기업은 1980년대 중반 이후로 반뜬주 땅그랑을 중심으로 클러스터를 형성했다. 이에 따라 땅그랑은 수도권의 대표적인 한인 집중 거주지로 부상했고, 신발 회사 직원들의 소비는 땅그랑 지역경제에 활력을 불어넣었다. 하지만 1990년대 중반 이후 중국과 베트남이 새로운 생산기지로 부상하고, 2000년대 초반까지 이어진 인도네시아 정치경제와 사회적 혼란은 과거 관행에 익숙했던 대부분의 한국계 신발 기업이 존속하기 어렵게 만들었다. 이에 인도네시아 신발 투자 기업 1세대로 분류할 수 있는 성화, 가루다인다와, 동조, 스타윈, 코리네시아, 태화 등이 2005년을 전후해 폐업 절차를 밟았다.

인도네시아 진출 초창기에 한국기업은 반뜬주 땅그랑 지역을 중심으로 클러스터를 형성했고, 일부는 버까시 지역에서 한국식 대량생산 제조 라인을 설비 투자해 OEM 방식으로 유명 브랜드를 수주해 사업을 영위했다. 하지만 현지에서 직접 경영 방식을 채택한 한국 신발 기업은 해외투자 경험이 없었고, 현지 문화에 대한 이해 부족으로 인한 노동자들과의 갈등과 마찰을 빚어 적지 않은 사회문제로 부각했다. 이는 한국기업의 해외투자와 인도네시아 진출에 큰 교훈이 되었다.

급변하는 신발산업, 중부 자바 이전과 '스피드 팩토리'

1998년 아시아 외환위기 이후, 침체한 신발산업이 2005년에 성사된 파크랜드(PT. Parkland World Indonesia)의 풍원제화 인수를 계기로 현지 한국 신발 제조업계가 다시 활기를 되찾기 시작했다. 이어 창신(Chang Shin Indonesia)과 태광(Taekwang Industrial Indonesia) 등 대규모 한국 신발 기업의 투자가 이어지면서 신발업계가 제2의 도약기를 맞는다.

2004년에는 수실로 밤방 유도요노 대통령이 집권하면서 인도네시아의 정치와 사회가 안정되고, 대외 여건이 변화하면서 제조업 시황이 회복하기 시작했다. 한국 신발 기업은 이에 발맞춰 재인도네시아한인상공회의소(KOCHAM, 코참)

와 재인도네시아한국신발협의회(KOFA, 코파)를 중심으로 다시 반등의 기회로 삼았다.

최근에는 자바 섬 내 최저임금 차별화의 이점과 조코 위도도 정부(2014~2024)의 국토 균형 발전 정책에 부응해 우리 신발 기업도 중부 자바 주도 스마랑(Semarang) 주변의 즈빠라(Jepara) 지역과 살라띠가(Salatiga), 브레베스(Brebes) 등지에 대규모 생산기지를 조성하고 있다.

2016년 이후에는 한국계 신발업체의 인도네시아 내 이전(반뜬주에서 중부 자바주 또는 수도권에서 수방과 가룻 등 서부 자바주 외곽 지역)이 가속화되어 화승, 파크랜드, KMK, 프라타마, 창신, 태광 등 대기업이 대이동을 주도하고 있다. 아울러 인도네시아 내 한국계 신발업체는 노동집약산업에서 생산 시스템을 자동화하는 장치산업으로 전환하는 형국이다.

인도네시아의 신발산업 발전에 크게 이바지한 숨은 주역은 신발 부품 관련 산업이다. 신발 부품산업은 1980년대 말부터 지속 성장해 최근 현지에서 조달하는 신발 자재와 부자재가 70%에 육박한다.

최근에 일어나는 중국, 동남아시아 등 여러 나라 인건비의 지속적 상승과 국가와 지역 차원의 산업 정책 변화 등에 따른 생산비 증가로 해외에 대규모 생산기지를 운영 중인 신발 기업은 성장 한계에 직면해 있는 상황이다.

한편, 신발산업에도 로봇과 3D 스캐닝 그리고 프린팅 기술의 혁신과 도입 속도가 빨라지면서, 고기능 · 고품질 제품군은 기술 수준이 높고 시장이 가까운 본국으로 유턴하는 경향도 보였다. 하지만 글로벌 스포츠 브랜드인 아디다스가 '4차 산업혁명 교과서'로 평가돼온 독일과 미국 내 스피드 팩토리(Speed Factory)를 2020년 4월에 폐쇄하기로 했다. 본사가 위치한 독일로 생산시설을 유턴한 지 불과 3년 만의 일이다. 다만 독일 인더스트리 4.0(Industry 4.0)의 대표 사례로 거론되는 독일 안스바흐의 아디다스 스피드 팩토리나 최근 중국에서 부산으로 유턴하는 한국기업의 사례는 신발산업의 미래 역동성이 얼마나 크며, 이에 대한 선제적 준비가 필요한지를 시사한다.

이제 인도네시아에서 한국 신발산업은 제3의 도약기를 맞고 있다. 미중 무역

전쟁으로 글로벌 신발 브랜드의 중국 이탈이 가속화되고 있고 생산과 소비 중심지로 아세안(동남아시아국가연합)이 급부상하고 있다. 이렇게 급변하는 시장에서 현지의 한국기업은 자동화와 혁신을 통해 미래의 신발산업을 준비하고 있다.

재인도네시아한국신발협의회(KOFA)

2008년에 인도네시아 스포츠화 제조업이 활력을 되찾을 무렵, 재인도네시아한국신발협의회(KOFA, 코파)가 설립되었다.

코파는 2009년 11월에 초대 회장으로 송창근 KMK그룹 회장을 선임했다. 이어 제2대 송창근 회장(2012~2013), 제3~5대 신만기 회장(파크랜드, 2014~2019) 그리고 제6대 이종윤 회장(프라타마그룹 PT. SMI, 2020~)이 바통을 이어받았다.

2020년 코파는 신발 제조 회사 20여 개 회원사와 자재 및 임가공 회원사 180여 개 등 총 200여 회원사가 참여하고 있다. 회원사는 한국인 근로자 2,000여 명과 현지인 근로자 25만여 명을 고용해 나이키, 아디다스, 뉴발란스, 아식스 등 글로벌 브랜드 제품을 연간 1억3,200만 켤레, 총 35억 달러 매출액을 기록하며 인도네시아 수출 실적에 크게 기여하고 있다.

재인도네시아한국신발협의회(KOFA)는 경제적으로 어려운 현지인을 돕는 사회활동에 나서고 있다.

코파는 현지에서 회원사의 비즈니스 활동 외에도 권익 보호와 정보 공유, 최저임금 관련 협의와 대책 수립, KOFA 소식지인 〈코파의 힘〉과 연간 통합본 발행, 현지 빈곤층 지원과 재난·재해 성금 및 생필품 지원 등 지역사회 봉사와 신발 관련 전시회, 세미나 참관 및 주최, 코파 총회 개최 등 다양한 활동을 펼치고 있다.

* 참고로 재인도네시아신발부품관련협의회(KFSA)는 1999년 발족해 초대 박영우 회장(1999.11~2002.12), 제2대 강희중 회장(2003~2005)이 선임됐다. 신발부품관련협의회는 재인도네시아한국신발협의회(KOFA)가 설립되면서 코파에 흡수되었다.

• 자랑스러운 한인기업인 •

KMK 글로벌스포츠그룹 송창근 회장

'휴먼 터치 경영'으로 각별한 인도네시아 사랑 펼치는 성공 모범 기업

재인도네시아한인상공회의소(KOCHAM) 회장직을 7년간 맡아온 송창근 회장의 경영철학은 '휴먼 터치 경영(Human Touch Management)'으로 "종업원은 회사의 자산을 넘어 생명"이라고 강조하며 경영의 중심에 항상 '사람'을 우선으로 둔다. 수년 전, 중부 자바주 살라띠가(Salatiga) 지역에 설립한 새 신발 제조 회사의 회사명은 'PT. Selalu Cinta Indonesia(언제나 인도네시아를 사랑해)'이다. 회사 이름에서 알 수 있듯이 KMK 글로벌스포츠그룹 송창근 회장의 인도네시아 사랑은 유별나다.

사내 병원인 'KMK 메디컬센터'는 등록된 외래 환자가 8만 명이 넘을 정도로 큰 규모를 자랑하고, KMK 직원은 물론 직원 가족도 진료 혜택을 받을 수 있다.

인도네시아 노동절을 앞두고 KMK 땅그랑 공장을 방문한 조코 위도도 대통령을 안내하는 송창근 회장

인도네시아 전통 복장인 바틱(Batik)을 즐겨 입는 송 회장은 2만8,000명에 달하는 직원에 대한 배려와 사랑도 현재 진행형이다. 종종 직원이 사는 마을을

직접 방문하고 그들의 삶을 둘러보며 형편이 어려운 어린이들에게 장학금을 지급하는 프로그램도 운영한다. 또 회사 내의 대중음악 밴드를 적극 지원하는 등 다양한 특별 활동도 장려한다.

그뿐 아니다. 인도네시아 최대 이슬람 명절인 르바란(Lebaran, Idul Fitri) 때 고향을 방문하는 모든 직원에게 악수와 덕담을 나누며 살뜰히 챙긴다. 이러한 이유에서인지 이 회사에는 20년 이상 장기근속자가 많다.

조코 위도도 대통령도 연임을 위한 대선을 치르고, 당선이 확실시된 직후인 2019년 4월 30일 노동절을 앞두고 KMK 땅그랑 공장을 방문하여 근로자들의 근무 여건을 살피고 애로 사항을 들으며 회사의 작업 시간과 임금 수준 등 근로 환경이 매우 좋다는 칭찬을 아끼지 않았다.

송창근 회장은 한국 청년실업 문제에 대한 해법을 찾는 데도 앞장서고 있다. 2015년 세계한상(韓商)대회 대회장으로 선출되어 '인턴 페스티벌'을 처음 개최하여 '우수한 청년 인재의 해외 진출'을 지원하고, 2018년 3월에 문재인 대통령도 참석한 베트남 하노이에서 열린 '아세안 청년 일자리 협약식'에서 아세안에 진출한 한인기업이 '1사 1청년 일자리 운동'에 참여할 것을 제안하여 사업을 진행하고 있다.

송 회장은 한인기업인과 한인은 현지 사회에서 보면 손님인 만큼 인도네시아 사람에게 친절하고 배려하는 마음을 가지는 자세가 중요하며 인도네시아 사회의 기본 덕목인 '무샤와라(Musyawara, 협의)와 고똥로용(Gotong Royong, 상호부조)'처럼 서로 이해하고 존중하는 마음을 지녀야 한다고 한다.

Focus 대표적인 한인 경제 단체(1)

가장 역량 있는 외국인 경제 단체 '코참'

재인도네시아한인상공회의소는 가장 역량 있는 외국인 경제 단체로 성장했다. 인도네시아 경제계에서 코참의 위상을 한층 끌어올린 KMK 글로벌스포츠그룹 송창근 회장이 그 중심에 있다. 송 회장은 2013년 코참 회장에 선임된 이후 7년 동안 단체를 이끌었다.

2014년 12월 코참은 주인도네시아 미국상공회의소(AMCHAM)와 양국 상공인 협력을 골자로 하는 양해각서(MOU)를 체결하는 등 인도네시아에서 외국인 상공인 단체와 어깨를 나란히 하며 선도하고 있다.

코참은 한인기업의 애로 사항이 있는 곳이면 언제든 달려가는 해결사 역할을 톡톡히 하고 있다. 2020년 4월 초부터 코로나19가 확산되자 인도네시아 당국이 코로나19 확산을 막기 위해 '대규모 사회적 제약(PSBB)'을 시행했다. 이 과정에서 일부 한인기업의 공장이 폐쇄되는 어처구니없는 사태가 발생했고, 코참이 중재해 문제를 해결했다. 2011년 현지 관세 당국이 보세구역 내 업체에 대한 하청을 제한한다는 행정명령 강행을 며칠 앞두고, 코참은 대한민국대사관과 재한국봉제협의회(KOGA)와 협력해 적극적으로 대응함으로써 원만하게 문제를 해결하기도 했다. 코참이 한인기업의 크고 작은 애로 사항을 해결한 일은 부지기수다.

코참의 주요 사업을 살펴보면, 매년 적정한 최저임금을 결정하기 위해 인도네시아경영자총회(APINDO)와 긴밀히 협력하고 신정부의 경제 로드맵에 참여할 뿐 아니라 매년 산업부, 무역부, 노동부 장관 등 주요 정부 인사를 초청해 '비즈니스 다이얼로그'를 개최한다. 또 2015년 『대정부 투자제한보고서』를 발간했고, 2016년에는 고충처리위원회를 발족하였다.

코참은 2001년부터 국제상공회의소(IBC) 회원으로 활발하게 활동하고 있으며, 인도네시아 주재 미국상공회의소와 일본, 싱가포르, 유럽 등 외국인 상공회의소와 협력해 인도네시아 대정부 활동을 강화하고 투자 유치에 협력하고 있다. 특히 급변하는 글로벌 환경에 발 빠르게 대응할 수 있도록 주재국 정부의 경제 정책을 입안하는 데 조언하고 있다. 또 법률 개정에 따른 혼선과 애로사항이 발생할 때 주재 상공회의소와 공동으로 서한을 작성하여 이를 정부에 전달함으로써 한인기업 권익 보호와 동시에 인도네시아 경제발전을 위한 올바른 방향을 제시해 왔다.

'비즈니스 다이얼로그' 행사

한인기업인의 권익 증진과 주재국 정부에 한인기업을 대변하는 단체인 코참은 회원사의 역량을 강화하기 위해 격주로 '토요일 100분 회의'를 진행해, 인도네시아 최신 경제 동향을 공유한다. 전문가 강연과 주재국 각 부서 관리를 초청해 정책설명회 등 간담회를 개최해 한인기업의 빠른 이해를 돕고 개정된 법령으로 인한 불이익을 방지하는 데 힘쓰고 있다.

각종 세미나와 간담회, 비즈니스 포럼 등을 꾸준히 개최하여 현지 주요 정책을 한인기업과 공유하며, 법 규정에 대한 높은 이해와 법규 준수를 돕기 위해 인도네시아 정부기관인 국세청, 관세청, 이민청 등과 공동으로 신규 법안 설명회를 지속적으로 개최하고 있다. 이렇듯 코참은 양국 관계를 우호적으로 유지하기 위한 매개체 역할을 해오고 있다.

기업 관리에 필수적인 지식과 기술을 한인기업인들에게 제공하고 성공적 기업 경영을 위한 한국외국어대학교 글로벌 CEO 과정을 지난 2014년도부터 진행하였으며, 2020년 2월에는 4기 수료를 마쳤다. 글로벌 CEO 과정은 한국외국어대학교 경영대학원이 해외 주요 도시에서 한인사업가와 지역 유력인사를 대상으로 운영하는 비학위 수여 특별 과정이다.

초창기 코참은 1991년 재인도네시아한인회 산하 6개 상임분과위원회 중 상공분과위원회로 설립해 운영되다가 코참으로 조직을 확대 · 개편하고 초대 회장에 승은호 코린도그룹 회장이 선임됐다. 2013년 7월에는 코참이 확대 · 발족하고 송창근 제3대 회장을 선임했다. 2020년 현재 코참의 임원 및 사무국 수는 53개사이며, 회원사 수는 200여 개사가 활동하고 있다. 송창근 회장을 중심으로 안창섭 수석부회장과 이강현 수석부회장을 비롯하여 35개사 회장단과 20여 명의 사무국 직원으로 구성되어 있다.

③

세 번째 가발산업 :

인도네시아 가발산업의 고품질·고가전략

최근 외모에 관한 관심이 높아지면서 가발 수요가 증가함에 따라, 고용 창출이라는 사회경제적 관점에서 가발산업이 재조명받고 있다. 대한가발협회에 따르면, 한국계 기업 제품이 전 세계에서 유통 중인 가발의 60% 정도를 차지하는 것으로 추산되고 세계 가발시장의 80% 이상을 차지하는 미국 시장에서 한인기업의 비중이 80% 이상을 점유하고 있다고 한다. "세계 가발시장은 한국인으로 통한다"라는 말이 있을 정도다.

인도네시아에서도 가발 제조업은 한인기업이 주도하고 있다. 1960~1970년대의 가발은 한국의 주력 수출 상품이었다. 그러나 인건비 상승과 수요 감소, 후발 개도국과의 가격 경쟁 등으로 침체기를 맞이했다. 이에 따라 한국에서 가발산업에 종사하던 인력은 기술과 자본을 가지고 중국과 인

가발 공장 내 전시실에 진열되어 있는 다양한 스타일의 제품

도네시아 등으로 이주해 지금까지 이어져오고 있다.

최근에는 가발에 대한 인식이 바뀌었다. 예전에는 단순히 대머리를 가리는 제품이었지만, 최근에는 언제나 손쉽게 사용할 수 있는 미용 제품이라는 인식이 확산하고 있다. 2004년 가발, 탈모 전용 샴푸, 탈모치료제 등을 포함한 전체 한국 탈모 관련 시장 매출 규모는 4,000억 원에 불과했지만 2017년에는 4조 원으로 10배가 됐다. 이 중에 가발시장 규모는 1조 원으로 추산되며, 가발시장의 성장은 한국과 아시아뿐 아니라 세계적으로 확산되고 있다.

인도네시아에는 한국계 가발과 속눈썹 생산업체가 50여 개 있고, 이들은 서부 자바주 수까부미와 가룻, 중부 자바주 뿌르발링가(Purbalingga), 족자카르타주 보봇사리(Bobotsari)와 반자르(Banjar), 동부 자바주 시도아르조(Sidoarjo) 등에 산재해 있다. 이 가운데 중부 자바주 지역에는 크고 작은 규모의 가발과 속눈썹 제조 회사가 70여 개 있고, 이 중 70%가 한국기업이다. 이 지역에서 가발과 속눈썹 제조업체가 고용한 노동자는 5만~6만여 명이고, 한국기업이 고용한 인력이 4만 명에 육박한다.

현재 인도네시아 가발시장은 저가 저품질 제품이 시장을 점유하고 있다. 그러나 앞으로 개인소득이 증가함에 따라 고품질 제품과 올림머리를 위한 헤어피스 제품의 수요가 증가할 것으로 예상된다. 이런 시장의 흐름에 발맞춰 인력을 감축하고 고가 정책으로 전환해 내수시장을 개척해야 할 것이다.

최근에는 인구가 많고 인건비가 저렴한 중국과 동남아시아 그리고 아프리카까지 가발 생산에 본격적으로 뛰어들면서 경쟁이 치열해졌다. 따라서 이제는 저가 제품에서 탈피해 고품질의 차별화된 상품을 생산할 시기가 도래했다.

• 자랑스러운 한인기업인 •

성창인도네시아 김영율 회장

'고품질 가발 제품'에 중점 둔 인도네시아 최대 가발 제조 회사

인도네시아에서 가장 큰 가발 제조 회사인 성창인도네시아를 경영하는 김영율 회장은 재인도네시아모발협의회 회장이다. "인류가 존속하는 한 가발 수요는 계속될 것이다"라는 게 김 회장의 지론이다. 세계적으로 탈모로 인한 가발 수요가 증가하고 있고, 한국에서도 미용 목적의 가발시장이 커지고 있기 때문이다. 김 회장은 인도네시아 가발시장은 현재 저가 저품질 제품이 시장을 점유하고 있지만 향후 중산층 증가로 고품질 제품과 올림머리를 위한 헤어피스 제품 수요가 증가할 것이라 말한다. 이에 성창인도네시아도 발 빠르게 기존 제품과 차별화된 고급 제품을 생산하며 온라인과 오프라인 매장을 공략하고 있다.

김영율 회장은 앞으로 인도네시아에서 가발 제조업이 10~15년가량 존속할 것으로 전망되는 만큼 이에 인력을 감축하면서 고가 정책으로 전환하고 내수시장을 개척할 계획이다. 그러면서도 최근 노동집약산업 분야의 기업이 자카르타를 포함한 수도권 지역에서 임금이 상대적으로 저렴한 서부와 중부 자바로 이전하고 있기 때문에 앞서 진출한 기업과 정보를 공유하고 협력해야 한다고 강조한다. 실제로 중부 자바 도로는 외길인 경우가 많고 현지인은 주거지에서 가까운 곳에 취업하려는 경향이 커 기존 공장과 일정 거리를 두고 설립해야 인력 수급과 관련해 충돌하지 않을 수 있다. 최근에는 족자카르타에서 신규 기업 진출로 인한 인건비 경쟁이 치열해지면서 인건비만 올려놓은 사례가 있었다. 김 회장은 업계 리더로서 좁은 지역에 공장이 몰리면 인력 수급이 어려워지고, 결국 인건비 상승과 경쟁력 하락으로 이어진다고 조언했다.

가발 제조업을 천직으로 생각하며 평생 가발 제조에 몰두한 김영율 회장

④

네 번째 봉제산업 :

한국 봉제, 승부의 관건은 기술보다 '경영'

1970~1980년대 한국의 산업화를 이끈 효자였던 섬유 · 봉제산업은 신발산업과 마찬가지로 제조업의 근간으로, 오늘날 한국이 세계 10위권 경제 대국으로 성장하는 데 밑거름이 되었다. 노동집약산업으로 대표되는 이들 산업은 1980년대 말부터 생산기지를 동남아시아로 이전하면서 쇠락하기 시작했다.

국내에서 신발산업과 비슷한 시기에 성장과 쇠락의 궤를 같이한 봉제산업 역시 1980년대 후반기에 접어들어 한국의 정치와 경제, 사회 등 민주화에 따른 노동쟁의 증가, 가파른 원화 절상 및 임금상승에 따른 제조 원가 상승으로 채산성이 급격하게 악화하면서 국내 중소기업들이 해외 진출을 모색하게 되었다. 그리고 그 대상지로 풍부한 노동력과 저렴한 인건비라는 조건을 충족하는 동남아시아 국가 가운데 인도네시아를 선택했다.

인도네시아는 세계 10대 섬유 제조 국가이며, 섬유 · 봉제산업은 인도네시아에서 가장 오래된 산업 가운데 하나다. 인도네시아 정부는 1980년도 후반기에 높은 고용 창출로 노동시장을 이끄는 섬유 · 봉제산업을 대표 수출산업으로 육성하기 위해 외국인 투자를 적극 유치했다. 때마침 한국 봉제 기업들도 해외 생산기지 이전을 모색하던 터라 인도네시아 투자는 타이밍이 절묘했다.

자카르타에 있는 한국계 봉제업체 생산라인

재인도네시아한국봉제협의회 이완주 전 회장에 따르면, 1988년부터 한국 봉제업체는 주로 종합상사를 중심으로 인도네시아에 먼저 진출했다. 이는 앞서 종합상사가 목재와 무역 등 다양한 사업을 인도네시아에서 펼치면서 현지에 대한 정보와 경험이 있었기 때문에 동남아시아 국가 가운데 인도네시아를 투자국으로 낙점했다는 것이다.

인도네시아 한인사회도 큰 변화를 맞는다. 1980년대 후반기에 한국 신발 · 봉제 기업이 인도네시아로 대거 생산기지를 이전하자 인도네시아 한인공동체는 양적으로 팽창해 큰 변혁기를 맞으면서 인도네시아의 경제와 사회에 작지 않은 파장을 일으켰다.

대규모 인력이 처음 해외로 파견되면서 사전에 현지 언어와 문화에 대한 이해가 전혀 없었고, 작업 공정에 대한 인도네시아어 표준 설명서가 없는 등 여러 가지 문제가 발생했다. 이 때문에 기업과 현지 직원의 잦은 갈등과 마찰로 한국 기업의 어두운 면이 빈번히 현지 언론에 보도되기도 했다.

인도네시아로 진출한 초창기 한국 봉제 기업은 코오롱상사가 투자한 코오롱랑긍(PT. Kolon Langgeng)으로, 1987년에 설립해 1988년부터 본격적인 생산을 시작했다. 코오롱랑긍 이후에 진출한 서광인도네시아와 캄파리인도네시아, 다다인도네시아 등의 업체는 당시에 자카르타에서 유일한 산업공단인 뿔로가둥산업공단에 둥지를 틀었다. 이후 한국계 봉제업체의 투자가 속속 이어지면서 북부 자카르타(Kota Jakarta Utara)시 딴중 쁘리옥항 인근 짜꿍 지역에 있는 보세구역인 KBN(Kawasan Berikat Nusantara)과 자카르타 인근 버까시, 땅그랑, 보고르 지역으로 확대되었다.

한국인의 저력으로 극복한 봉제업계의 시련

1990년대 초반 한국이 중국, 베트남과 수교하면서 봉제업계 역시 신발업계와 비슷한 어려움에 직면한다. 인도네시아의 일부 수출 오더(주문)가 신흥 투자국인 중국과 베트남으로 이전한 것이다. 엎친 데 덮친 격으로 1993년 이후 인도네시아 최저임금 인상률이 연간 10%를 상회함에 따라 인도네시아에서 생산비 절감 효과가 낮아진 동시에 중국과 베트남은 물류비용이 더 저렴하니 두 나라로 일부 오더가 이전함에 따라 상황은 더 나빠졌다.

더욱이 1997년에는 태국발 외환위기가 아시아를 강타했고, 인도네시아는 이를 계기로 1998년 5월 사태와 함께 외환위기를 맞으면서 정치와 치안이 불안해지고 경제도 나락으로 떨어졌다. 당시에 많은 외국계 기업들은 인도네시아에서 철수했지만, 한국계 기업은 꿋꿋이 남아 위험과 어려움을 견디고 숨을 고르며 재기의 기회를 노렸다. 이런 상황에 대해 현재 봉제업체 BPG(Busana Prima Global)를 운영하는 박재한 현 한인회장은 당시 한국 업체가 고난을 무릅쓰고 공장을 가동했으며, 온갖 어려움 속에서도 바이어와의 약속을 이행하고 납기를 지키는 데 최선을 다했다고 회상했다. 기업들의 이런 노력이 있었기에 한국기업에 대한 신뢰가 더 높아졌고, 실제로 인도네시아의 대혼란을 극복한 봉제업체를 비롯한 한국기업은 더욱 성장할 수 있었다.

그러나 2001년에 일어난 9 · 11테러 사건 이후 미국 바이어들이 수입처를 중국, 베트남 등지로 옮기면서 일부 한국 봉제업체는 또 다른 어려움을 겪었다. 인도네시아가 전 세계에서 가장 많은 이슬람교도를 둔 국가라는 이유로 일부 미국 바이어들이 수입처를 바꾼 것이다. 하지만 폭풍이 한바탕 지나가면 청명한 하늘이 뒤따르기 마련이다.

2005년 1월 1일부터 WTO(세계무역기구)의 섬유협정에 의한 섬유 수입 쿼터가 전면 해제되면서 미국과 EU(유럽연합)에 대한 수출 경쟁력이 되살아났다. 더욱이 2008년에 열린 베이징 올림픽 이후 중국의 생산원가가 급속도로 상승하면서 일부 중국 수출 주문이 인도네시아로 되돌아왔다.

이 무렵인 2000년도 중반에는 수출 주문이 인도네시아로 몰리면서 세아상역과 한솔섬유, 한세실업 등 한국의 의류 수출업체가 대거 진출했다. 그리고 단위 공장당 50개 라인 규모의 대형 봉제 공장 신설이 러시를 이루며 업계가 다시 호황을 누렸다. 특히 세아상역은 2011~2015년 패브릭 밀(Fabric Mill)을 단계적으로 완공해 본격적으로 원단을 생산함에 따라 편직-염색-봉제로 이어지는 일관 생산 체제를 갖추게 되었다.

봉제업계 30년, 이제는 내수시장을 주목할 때

좋은 일에는 시련이 따르기 마련이다. 2000년 이후 개혁시대를 맞은 인도네시아에서는 민주화 운동이 활발하게 진행되고 경제가 높은 성장을 이어가면서 복수 노조를 전면 허용해 노동계 활동이 활성화되었다. 노동계는 경제성장에 걸맞은 임금 인상을 요구했고, 심지어 공단을 중심으로 집단 위협 시위(일명 스위핑)가 벌어져 제조업체를 크게 위협했다. 2002년과 2013년에는 각각 40%가량의 높은 최저임금 인상 등 지속적인 임금 상승으로 봉제업계는 위기를 맞는다. 이렇게 채산성이 악화하자 한국 봉제업체는 임금이 저렴한 곳을 찾아 서부자바주 외곽 지역인 수까부미와 중부 자바 주도 스마랑 주변 지역으로 공장을 이전하며 자구책을 마련했다.

인도네시아 섬유 · 봉제산업에서 한국 봉제업체의 위상은 매우 높은 편이다. 1980년대 후반부터 한국은 인도네시아 섬유 · 봉제산업에 꾸준히 투자했으며, 특히 2013년부터 2017년까지 5년간 대인도네시아 외국인 누적 투자 건수에서 한국 진출 기업이 가장 많았고, 투자 금액으로는 한국 진출 기업의 투자액이 2위를 차지했다.

하지만 이 시점에서 꼭 짚고 넘어가야 할 불편한 진실이 있다. 서부 자바주 버까시 소재 봉제업체 S사 사장 A 씨가 2018년 10월에 직원 4,000여 명에게 급여를 주지 않고 야반도주하는 사건이 발생했다. 이 사건은 인도네시아 노동부 장관이 직접 관여할 만큼 현지 사회에 파문이 컸다. 한국 언론 보도로 국내에 알려진 뒤 문재인 대통령은 외교부를 통해 인도네시아 정부와 적극 공조할 것을 지시했다. A 씨는 한국에 거주 중으로, 지불해야 할 체불임금과 해고수당 중 일부는 송금한 것으로 알려졌다. 재인도네시아한인상공회의소와 코가는 이 사건 때문에 현지 한인기업의 이미지 훼손으로 이어질 것을 우려해 현지 당국과 협력하며 해법을 찾는 데 총력을 기울였다.

인도네시아에서 한국계 봉제 · 섬유업체의 전망은 그리 장밋빛이 아니다. 한국뿐 아니라 현지 한인사회에서도 봉제산업은 전망이 없다는 부정적 인식이 많아서 젊은 층의 신규 인력 유입이 거의 없는 실정이다. 이로 인해 현재는 과거 봉제산업의 성장을 일군 고령화된 봉제 장인들이 버티고 있다. 인도네시아에서 봉제 기업을 경영하는 이완주 전 코가 회장의 조언에 따르면, 과거 봉제산업은 기술이 중요했지만, 지금은 자동화 기계 도입으로 경영이 무엇보다 중요해졌다. 더불어 인도네시아인 봉제 장인의 양성을 강조했다.

문효건 전 코가 회장 역시 1990년도 전후로 한국 봉제업계가 인도네시아에 처음 진출했을 때에는 생산성이 기대에 미치지 못해 많은 어려움을 겪었다고 한다. 그러나 이제는 한인기업에 근무하는 인도네시아 직원들도 기술력이 향상되고 숙련되었을 뿐 아니라 책임감과 리더십을 갖춘 지도자급 인재로 성장해 각 회사에서 중추 역할을 담당하고 있다고 전했다.

2억7,000만 인구와 평균연령 29세의 젊은 인구구조를 갖춘 인도네시아는 경제성장과 인구 증가 속도가 맞물려 의류 제품에 대한 수요가 연간 5~10%가량 성장하고 있다. 특히 젊은 층은 외모에 관심이 많은 만큼 패션의류시장이 크게 성장할 것으로 기대된다.

한국 봉제업체 그리고 기타 섬유업체가 인도네시아에 진출한 지 30년이 넘었다. 이제 한국기업은 수출시장에서 더 나아가 인도네시아 내수시장을 주목할 시기다.

재인도네시아한국봉제협의회(KOGA)

1990년에 설립된 재인도네시아한국봉제협의회(KOGA, 코가)는 2019년 기준 총 회원사가 286개이다. 이는 여러 한인 단체 중 회원 수로는 최고의 규모를 자랑한다. 2007년에 227개 업체였던 것에 비해 25%가량 증가했다. 인도네시아 봉제 · 섬유산업의 공식 고용 인구는 150만 명 이상이며, 이 중에서 한국계 봉제 · 섬유업계의 고용 인구는 60만 명 정도를 차지하면서 고용 면에서도 크게 기여하고 있다.

제29회 재인도네시아한국봉제협의회 정기총회

2018년 기준으로 인도네시아 전체 봉제 · 섬유 수출 실적은 130억 달러다. 이 중 30%를 한국 업체가 수출하고 있다. 봉제 부문만 본다면, 인도네시아 봉제 수출의 70%를 차지할 정도로 인도네시아 수출에 기여도가 매우 높다.

코가의 주요 활동은 회원사의 비즈니스 활동을 위한 협력, 권익 보호와 정보 공유, 월간 〈KOGA〉 발간, 인도네시아경영자총회(APINDO)와 협력해 서부 자바 지역 회원사의 최저임금 경쟁력 강화 노력 등 현지 업체를 포함한 서부 자바 전체의 봉제 회원사 결성에 앞장서고 있다. 또 봉제산업을 컨설팅하는 국제기관인 BWI(Better Work Indonesia)와 협력해 노사 문제 해결 방법을 모색한다. 그리고 코로나19 사태와 관련해 지역 주민과 관공서에 방역용품을 기부하는 등 현지 사회에 적극 봉사하고 한다.

역대 회장단은 초대 이병곤 회장(1990)을 시작으로 2대 · 3대 강인식 회장(1991~1992), 4 · 5대 정동진 회장(1993~1994), 6 · 7대 이완주 회장(1995~1996), 8 · 9대 이용환 회장(1997~1998), 10 · 11대 정동진 회장

(1999~2000), 12 · 13 · 14 · 15대 문효건 회장(2001~2004), 16 · 17 · 18 · 19대 김경곤 회장(2005~2008), 20 · 21 · 22 · 23 · 24대 배도운 회장(2009~2013), 25 · 26 · 27대 김종림 회장(2014~2016), 28 · 29대 박재한 회장(2017~2018)이 역임했고, 현재는 30대 안창섭 회장(2019)이 이끌고 있다.

⑤

다섯 번째 골프장갑산업:

세계 골프장갑 제조의 허브 '족자'

자바 섬 중남부에 위치한 족자카르타(족자) 사람들은 순박하고 작은 일에 만족하며 느림의 미학을 실천하는 삶을 사는 것으로 알려져 있다. 족자의 현지 한인들도 그들의 이런 성향을 잘 알기에 조심스럽게 타인을 배려하며 살고 있다. 족자는 알고 보면, 골프장갑 제조의 '메카'라고 해도 과언이 아니다. 족자에 사는 한국인 80%가 골프장갑 제조업에 종사하고 있으며, 그 밖에 봉제, 가방, 가발, 가구, 제조업, 건축업, 관광업, 식당 등을 생업으로 살아간다.

족자 지역에 골프장갑 제조업체가 진출하기 시작한 시기는 1990년대 초반 기호(PT. Kiho)라는 회사의 진출 시기와 같다고 보면 된다. 기호가 족자 장갑 제조업체의 기반이 되어 지금은 미국과 유럽에 유통되는 골프장갑의 60%가량을 족자에서 생산한다.

족자에 골프장갑 생산업체가 자리 잡게 된 이유는 성품이 온화하고 손재주가 좋은 인력이 풍부하고 질 좋은 양가죽이 생산되며 인건비가 다른 지역에 비해

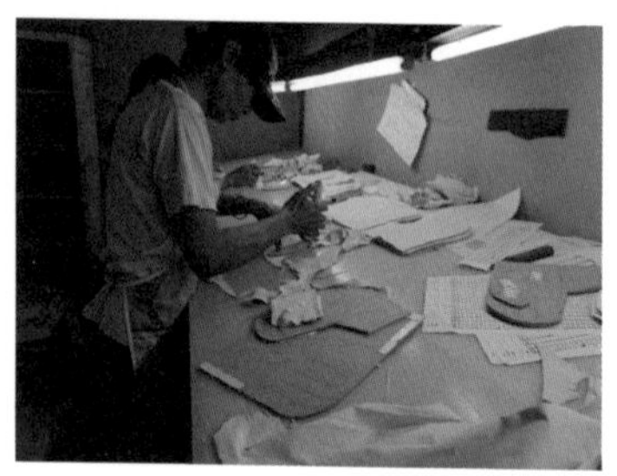

족자에 있는 한국계 골프장갑 제조업체 생산공장

상대적으로 저렴하기 때문이다.

1997년 아시아 외환위기가 족자 골프장갑 생산업체에는 기회가 됐다. 외환위기 직후 박세리 선수를 시작으로 미국 LPGA에서 한국 선수들이 두각을 나타내고 한국에 골프 붐이 일면서 골프장갑 수요도 급증한 것이다. 이곳의 대다수 골프장갑 제조업체는 비교적 규모가 작은 편으로, 직원을 300명 이상 고용하는 업체가 10개가량 되고, 1,000명 이상인 업체는 2개 정도다.

현지 직원 300여 명을 고용하고 있는 이혁재 자바글로브 사장에 따르면, 연 매출 450만 달러 규모의 자바글로브가 생산하는 제품 중 70%는 미국에 수출하고, 30%는 한국과 일본에 수출한다. 품목별로 골프장갑을 60%가량 생산하고, 나머지 생산라인에서 스포츠와 오토바이, 스키 등의 장갑을 생산한다.

골프장갑 제조는 생산기술의 변별력이 낮다. 이런 이유로 30년 역사를 갖고 있는 족자 골프장갑 제조업계는 한때 호황을 누렸지만, 자재비와 인건비가 지속적으로 상승한 반면 납품 가격은 거의 변동이 없는 게 당면한 문제다. 이에 따라 업계는 지속 가능한 사업 모델 발굴 등 활로를 모색하고 있다.

⑥

여섯 번째 전자산업 :

가전에서 첨단 디지털 전자산업으로

자카르타에서 동쪽으로 35km가량 떨어져 있는 서부 자바주 찌까랑(Cikarang) 지역은 2009년 이전까지 한인이 3,000명에 육박한 한인 밀집 지역으로 한식당, 한인 슈퍼마켓과 편의시설 등이 즐비했다. 이 지역은 1990년대 초부터 한국 전자 기업의 집중 투자가 이뤄진 곳으로, 2010년까지 20여 년간 전성기를 구가했다. 그러나 스마트폰이 대중화되면서 VCR과 AV 등이 사양화되었고, 아세안(동남아시아국가연합)에 산재해 있던 가전 부문의 구조조정으로 일부 품목이 생산기지를 베트남으로 옮기면서 2020년 현재 찌까랑 지역은 한인이 1,000여 명으로 줄어 한산한 분위기다.

인도네시아는 1985년부터 외국인 직접투자에 대한 규제를 완화하기 시작했다. 이 무렵에 한국의 인건비는 급상승했고, 그로 인해 한국의 전자산업은 인건비가 저렴하고 노동력과 자원이 풍부한 인도네시아를 생산기지로 결정했다. LG전자가 1990년과 1995년에 각각 반뜬주 땅그랑과 서부 자바주 찌비뚱

찌까랑에 위치한 삼성전자 디스플레이 생산 라인

에 현지 공장을 설립했고, 1991년에는 삼성전자가 찌까랑에 공장을 설립해 VCR과 AV, TV, 냉장고, 세탁기, 에어컨 등을 생산하기 시작했다. 이에 따라 2010년까지 양사의 협력업체 100여 개가 찌까랑 지역에 대규모 클러스터를 형성했다.

삼성전자와 LG전자는 인도네시아 진출 초기인 1990년대 초, 일부 품목의 일반특혜관세(GSP) 혜택 등으로 수출을 위한 전초기지를 마련한 것은 물론 이를 바탕으로 성장잠재력이 큰 내수시장을 공략했다. 하지만 이미 앞서 진출해 터를 닦은 일본 전자기업 샤프와 파나소닉 등이 현지 내수시장을 장악하고 있어 초창기 일본 기업의 아성을 넘어서기는 쉽지 않았다.

LG전자와 삼성전자, 인도네시아 가전시장 석권 및 수출에 기여

인도네시아는 1997년에 아시아 외환위기를 맞았고, 이듬해 5월 사태로 경제가 흔들렸다. 그러나 2000년도 초부터 인도네시아가 정치 · 사회적으로 안정을 되찾으면서 경제가 다시 살아났고, LG전자와 삼성전자는 고품질의 제품력으로 소비자들에게 체계적이고 신속한 한국식 서비스를 제공했다. 그 결과, 가전부문 내수시장의 점유율을 높여 2000년대 중반부터는 일본계 전자업체를 제치고 현지 가전시장을 석권했다. 또 삼성전자와 LG전자는 1990년대 후반과 2000년대 초반에 인도네시아의 전자제품 총수출 실적 60억 달러 가운데 양사의 수출 금액이 25억 달러를 웃돌며 인도네시아 수출 실적에도 크게 기여했다.

인도네시아의 경제성장은 2000년대 중반 이후 6%대의 높은 성장률을 보이면서 이에 따라 시장도 다변화됐다. LG전자 인도네시아의 이경준 법인장에 따르면, 1990년부터 2000년 초반까지는 가전시장이 고가 제품과 저가 제품 등으로 양분화되었다. 그러나 2000년대 중반 이후부터는 인도네시아에 중산층이 늘면서 중가형 제품 시장이 확대되었다. 그리고 2012년에는 파나소닉이 자회사 산요의 백색가전사업을 중국 하이얼에 매각하고, 2016년에 대만 폭스콘이 샤프를 인수했다. 이러한 상황에서 한국 가전은 고가 시장을 타깃으로 정했고, 샤프와 파나소닉, 산요 등은 중가 시장을, 현지 토종 기업인 폴리트론(Polytron)과 코스모스(Cosmos), 덴뽀(Denpo) 등은 저가 시장을 형성하며 제품 시장이 3등분되었다.

휴대폰 부문에서는 2000년대 중반까지 노키아가, 2008년부터 2012년까지는 블랙베리가 각각 절대 우위를 보였다. 그러나 2012년부터 삼성전자 휴대폰이 블랙베리를 추월하고 시장점유율을 45%로 끌어올리면서 크게 앞서나갔다. 그뿐 아니라 가전 부문에서는 LG전자가 인도네시아 고급 시장에서 독보적 위치를 차지하며 양사는 첨단 디지털 제품 생산과 판매에 주력하고 있다.

이강현 삼성전자 인도네시아 전 부사장에 따르면, 인도네시아 고위 관리들과 만나 베트남의 법인세 혜택, 현지 정부의 일관성 있는 정책, 노동생산성 등의 장점을 여러 차례 제의했으나 진행되지 않았다고 한다. 그러나 최근 조코 위도도 정부가 추진하는 '일자리 창출과 투자 유치를 위한 노동법 등 80여 개 법률의 1,200여 개 조항을 일괄 수정'하기 위한 '옴니버스 법안'이 통과한다면, 전자산업은 물론 제조업 발전에도 큰 힘이 될 것이라고 전했다. 현재 인도네시아 정부가 '옴니버스 법안'을 마련해 국회에 제출한 만큼 앞으로의 상황은 더욱 긍정적일 것으로 내다보았다.

LG전자는 구미사업장의 TV 생산라인 6개 중 2개를 인도네시아 찌비뚱 공장으로 옮겨 인도네시아의 TV 생산 능력을 대폭 확대하고, 이를 통해 아시아권 TV 거점 생산기지로 육성한다는 계획이다. 1995년에 준공된 찌비뚱 공장은 TV, 모니터, 사이니지(전자간판) 등을 생산하고 있다. 이번 라인 이전을 계기로 조립, 품질 검사, 포장 등 전 공정에 걸친 자동화 설비도 대거 확충해 생산 능력을 50% 늘릴 방침이다.

• 자랑스러운 한인기업인 •

(주)용마일렉트로닉스 마용도 회장

(주)용마일렉트로닉스(용마)에서 생산하는 전기밥솥 상표인 '매직콤'은 '인도네시아 최초의 전기밥솥', '시장점유율 1위의 전기밥솥', '전기밥솥의 대명사'라는 수식어가 따라다닌다.

용마 전기밥솥 이전에는 인도네시아에 '전기밥솥'이라는 단어조차 없었으니 당연히 전기밥솥시장도 없었다. 중동에 난로를 파는 격이라며 반대하는 사람도 많았지만, 마용도 회장은 무에서 유를 창조할 수 있다는 발상의 전환으로 전기로 밥을 짓는 '마법 같은 전기밥솥'을 출시한다. 인도네시아 사람들은 다른 회사의 전기밥솥을 살 때도 여전히 "용마 매직콤(Magic Com) 주세요"라고 말할 정도로 국민 브랜드가 되었다.

용마는 1979년에 창업해 1995년 인도네시아에 최초로 전기밥솥을 소개했으며 1997년 34회, 2000년 37회 무역의 날에 각 1,000만 달러, 3,000만 달러 수출탑을 수상한다. 2000년에는 (주)매직콤으로 상호를 변경했으며, 2001년 인도네시아에 법인을 설립하고 전국에 A/S 센터를 설치했다.

2005년 즈음에 한국 인건비가 급등해 운영난에 부딪혔을 때, 한국 본사에서 마케팅과 연구개발(R&D)을 하고, 중국 공장에서 주문자 상표 부착 생산(OEM)을 한 뒤 인도네시아에 수출하는 글로벌 오픈소싱의 구조를 구축하여 난관을 극복했을뿐더러 2006년에는 (주)용마일렉트로닉스로 상호를 변경하며 재도약을 한다.

2002년 6월 6일, 인도네시아국립대학교(UI) 한국정원 개원식에서 마용도 회장

마용도 회장은 대기업 하도급업체로 일하면서 자신의 브랜드를 가져야 하며,

시장이 커질수록 특등품만이 주목을 받는다는 것을 알았다. 이후 2017년에 인도네시아 전자식 전기밥솥시장 원년을 선포하면서 인도네시아 최초로 현지식 볶음밥 나시고렝(nasi goreng)이 가능한 현지 맞춤식 전자식 밥솥을 개발했다. 용마에서 생산한 고가 전자식 밥솥은 신혼부부들이 가장 선호하는 제품 1위로 꼽힌다.

용마는 원칙을 지키는 정도경영과 사회 환원에도 앞장서는 착한 기업으로 2020년에는 서울시장 표창(사회복지공동모금회)을 받았다. '용마는 삶의 매직이야(Yongma is magic in life)'라는 CM송으로 인도네시아인의 마음을 사로잡았듯이 다양한 사회공헌을 통해 현지 사회에 정착했다.

2009년 10월에 인도네시아 빠당(Padang) 지역에서 지진이 발생하자 쌀 1만 부대와 밥솥 1,000개를 구호물품으로 보냈으며, 2002년에는 인도네시아국립대학교(UI)에 카페테리아, 연못(분수대)을 갖춘 '한국정원(약 1,652m^2, 2층)'과 2003년에 가자마다대학교(UGM)에 카페테리아, 세미나실, 서클 룸, 동아시아연구센터를 갖춘 현대식 3층 건물인 '한국관(용마관)'을 세웠다. 이곳에서 수많은 학생이 한국어를 공부하며 한국을 알아간다.

인도네시아 시장의 무한 잠재력을 파악한 용마는 생활가전, 주방용품으로 수출 품목을 확대하고 있다. 오늘도 마용도 회장은 소비자의 '삶의 매직이 되기 위해' 한국 면적의 19배가 넘는 인도네시아 곳곳에 깃발을 꽂고 있다.

⑦

일곱 번째 건설산업 :

미래의 건설시장, 인도네시아

한국 해외건설은 1965년부터 시작되어 올해로 55년째를 맞이하고 있다. 그간 전 세계를 대상으로 한 누적 수주액은 2019년 말을 기준으로 약 8,300억 달러를 기록하고 있다. 누적 수주액을 기준으로 보면 중동 지역이 약 4,300억 달러로 단연 1위를 기록하고 있으며, 아세안(동남아국가연합) 지역은 중동의 40%에 미치지 못하는 1,660억 달러의 누적 수주액을 기록하고 있다. 그런데 최근 들어 아세안 지역이 크게 약진하고 있다. 줄곧 압도적 1위를 기록하던 중동 지역이 불안정한 유가 등의 원인으로 주춤하는 사이 아세안 지역이 높은 경제성장과 풍부한 인프라 수요, 신남방정책 등에 힘입어 2018년부터 중동을 앞서 나가기 시작했다. 2019년 아세안 지역에서의 수주 실적을 국가별로 분석해보면, 수주 금액으로는 인도네시아가 37억 달러로 단연 1위를 기록했고, 이어 베트남(16억 달러), 싱가포르(13억 달러) 순이다.

한국기업이 인도네시아 건설시장에 뛰어든 지도 50년이나 됐다. 1970년대

자고라위 고속도로 건설 현장(사진 제공 : 『한국-인도네시아 외교 40년사』)

미국 공병단이 발주한 자카르타 주택공사를 삼환기업이 수주해 인도네시아에 처음 진출한 이후, 삼환기업의 수마트라 횡단고속도로(1972), 대림산업의 가스 압축 플랜트 공사(1973), 현대건설의 자고라위 고속도로(1973) 등을 수주했다. 이어 자카르타증권거래소(1997), 바땀 공항 확장(1997), 팔렘방 수반 가스 처리시설(2002), 플라자 인도네시아 확장(2006), 발리 인터콘티넨탈 호텔, 서부 자바주 찌레본 660MW 화력발전소(2012) 등 일일이 열거할 수 없을 정도로 많다.

2019년 9월에는 현대엔지니어링이 '발릭빠빤 정유 공장 고도화 프로젝트', 21억7,000만 달러 규모의 공사를 수주했다. 그리고 의외로 현지 한인들에게 잘 알려지지 않은 사실이 있다. 1980년대 후반 자카르타 동부 외곽 서부 자바주의 버까시, 까라왕, 찌깜빽 지역을 연결하는 이른바 찌깜빽 고속도로를 한국기업이 건설했다는 것이다. 당시 고속도로 공사를 수주한 벽산건설의 현장소장 최재원 씨에 따르면 '자카르타~찌비뚱' 구간은 일본 기업이 건설했고, '찌비뚱~찌깜빽' 구간은 벽산건설이 어려운 공사 환경을 이겨내며 완공했다.

한국 건설 대기업의 대규모 프로젝트 뒤에는 현지에 정착해 기업을 일구고 있는 한인 건설업체가 있다. 파워텍(PT. Powertech Indonesia)은 다양한 플랜트 건설공사사업에 참여해 연간 1,500만 달러 이상의 매출을 기록하고 있다. 2013년에는 코린도그룹의 자회사 코린띠가 후따니(PT. Korintiga Hutani)의 바이오매스 발전소, 포스코와 국영 크라카타우스틸이 공동 투자한 크라카타우포스코 일관제철소의 전기공사, 코크 플랜트의 기계 및 전기공사를 수주해 성공적으로 완수했다. 앞서 2007년에는 사우디아라비아 아람코의 KCG 프로젝트에 500여 명의 인도네시아 산업인력을 파견해 프로젝트를 성공시키며, 인도네시아에 있는 한국기업이 해외공사를 처음으로 수주하는 성과를 올리기도 했다.

또 다른 현지 한인 건설업체인 SSA(PT. Sepuluh Sumber Anugerah)도 2010년에 더

욱 까다로워진 건설업 면허 조건을 충족시키며, 인도네시아 정부 산하 건설업 등록청(LPJK)으로부터 최고 등급인 종합건설 B-2 허가를 취득했다. 이로써 한인이 운영하는 현지법인 건설 회사로는 처음으로 종합건설시장에 진출하게 됐다.

EPC(Engineering Procurement Construction) 종합건설은 공사를 수행하는 동시에, 단독 입찰 참여 외에도 인도네시아 국영 건설업체는 물론 종합건설업체와 협력하며 발전소, 오일 · 가스 석유화학, 대형 생산 플랜트 등의 건설 공사도 참여하고 있다.

SSA는 자카르타 외곽 세랑 지역에 5ha 규모의 건설자재 공장에서 철골구조물, 탱크, 설비배관 등 연간 1만5,000톤을 생산해 납품하고 있다. 특히 2012년에는 국영 건설 회사 위자야 까르야(Wijaya Karya)와의 컨소시엄으로 약 2억 달러 상당의 쉐브론 퍼시픽 인도네시아가 발주한 2억 달러 상당의 석유 프로세싱 설비 EPC 공사에 참여했다.

인도네시아는 2011년 경제성장 촉진 마스터플랜(MP3EI)을 발표하고, 2025년까지 세계 10대 경제 대국 진입을 목표로 하고 있다. 6개 회랑(Corridor)에 15년간 3단계로 총 4,700억 달러를 투자할 계획이다. 인도네시아 정부가 관심을 보이는 칼리만탄주 발릭빠빤시 인근에 새로운 수도를 만드는 공사를 2020년 7월에 시작할 계획이었으나 코로나19 여파로 착공이 늦어지거나 공사가 지연될 가능성이 높다. 인도네시아 정부는 신수도를 스마트 시티로 만들어 전기차만 다니는 친환경 도시, 드론 택시가 날아다니는 미래 첨단 도시로 만들겠다는 포부로 전 세계 투자자에게 문을 열어놓고 있다.

자카르타 면적의 3배 규모인 18만ha를 확보한 새 수도의 건설비용은 330억 달러로 추산되며, 총건설 비용 중 19%를 국고에서, 나머지 자금은 국영기업과 민간기업의 투자를 유치하는 등 민관협력 방식으로 조달한다는 방침이다. 이에 따라 한국 건설업체들의 진출과 활약이 기대되는 상황이다.

⑧

여덟 번째 철강산업 :

인도네시아 산업의 희망 '크라카타우포스코'

"값싸고 품질 좋은 철강 제품을 만들어 국가 산업 발전에 이바지하자는 의미의 제철 보국!" 생전에 박태준 포스코 명예회장이 강조하던 포스코의 창업정신이다. 철강 제품은 건축자재, 기계, 선박, 자동차, 가전제품 등 산업 전 분야에 걸쳐 광범위하게 사용되고 있어 제조업에는 없어서는 안 될 기초 소재이기 때문에 '산업의 쌀'이라고 부른다.

인도네시아의 수카르노 초대 대통령 역시 "철은 모든 산업의 근간"이라며 1960년대 초 동일한 인식을 하고, 인도네시아 철강산업 발전을 위해 국영 철강사 설립을 계획했으나 1965년 실각하면서 무산된 바 있다. 이후 1970년대 초 수하르토 대통령이 자카르타에서 서쪽으로 100km가량 떨어진 반뜬주 찔레곤시 지역에 국영 철강 회사인 크라카타우스틸(Krakatau Steel)을 설립하였고, 1980년대에는 동남아시아 최초의 전기로 일관밀로 성장했다.

이후 인도네시아 철강업계는 크라카타우스틸 이외에도 구능스틸(Gunung Steel)

등 다수의 중소형 민영 철강 회사가 설립됐으나 설비투자와 연구개발 부진으로 큰 성과를 얻지 못했다. 이로 인해, 인도네시아 철강산업은 상하 공정 수급 불균형이 발생하여 높은 수입의존도를 보이는 구조적인 문제점을 안고 있었다.

인구 세계 4위, 국내총생산(GDP) 세계 16위로 미래의 경제 대국을 꿈꾸고 있던 인도네시아는 안정적인 경제발전을 뒷받침하기 위해 철강 제품의 수급 안정화가 절실했다. 이에 2010년 인도네시아의 크라카타우스틸과 한국의 포스코가 각각 7 : 3의 비율로 투자한 '크라카타우포스코(PT Krakatau POSCO)'가 설립되었고, 찔레곤 지역 약 396만 6,942m^2(120만 평) 부지에 터를 닦기 시작한 지 3여 년 만인 2013년 12월 23일에 300만 톤 규모의 동남아시아 최초 일관(一貫)제철소를 준공하였다. 대한민국 고유의 기술과 자본으로 해외의 용광로에서 철광석을 녹여 쇳물을 뽑아낸 뒤 완제품까지 생산할 수 있는 일관제철소를 건설한 첫 사례였다.

크라카타우포스코는 가동 첫해인 2014년 170여만 톤을 판매한 이래 2016년부터는 280만 톤 수준으로 판매량이 꾸준히 늘어 2017년 흑자로 전환했다. 2018년에는 1월 15일 누적 판매 1,000만 톤을 돌파한 데 이어, 고수익 후판 판매 확대 및 판매 가격 상승 등으로 가동 후 최대 후판 판매량을 달성하며 약 2,100억 원의 영업이익을 올려 설립 후 최대 실적을 달성했다.

인도네시아는 그동안 수입에 의존하던 고품질 철강재를 자체 조달함으로써 수입 대체 효과를 누린 것은 물론 철강 수요 산업의 경쟁력도 대폭 높일 수 있게 된 것이다.

인도네시아 최대 중화학공업의 중심 지역인 반뜬주 찔레곤에 위치한 크라카타우포스코 일관제철소 전경

한편, 크라카타우포스코는 기업의 사회적 책임을 다하기 위하여 잦은 자연재해로 어려움을 겪는 이재민을 지원하고, 지역 복지시설 지원, 주택건립사업 등 사회문제 해소에 적극적으로 동참하고 있다. 특히 2014년에는 크라카타우포스코 일관제철소 인근 지역의 높은 청년 실업 문제를 해소하기 위해 청년 일자리를 제공하고

취업 교육을 실시하는 사회적 기업 PT. KPSE를 설립해 글로벌 기업 시민 경영 이념을 실천하고 있다.

CSR(기업의 사회적 책임) 활동도 꾸준하다. 2020년 인도네시아의 코로나19 확산을 막기 위해 현지법인들이 뜻을 모아 한국산 신속 진단 키트와 구호품을 찔레곤시에 잇따라 전달했고, 포스코 본사에서도 10억 원어치 고성능 마스크 3만 2,000개를 보내 제철소는 물론 31개 협력사의 모든 임직원과 가족이 사용하도록 지원했다. 그 밖에도 포스코는 2006년부터 매년 40여 명의 인도네시아 대학생에게 장학금을 지원하고, 7~8명에게는 한국 유학의 기회를 제공하는 등 현지의 차세대 리더 육성과 사회문제 해결에도 적극적으로 동참하고 있다.

⑨

아홉 번째 유통 · 식품산업 :

한류 열풍을 타고 한국식품 비상

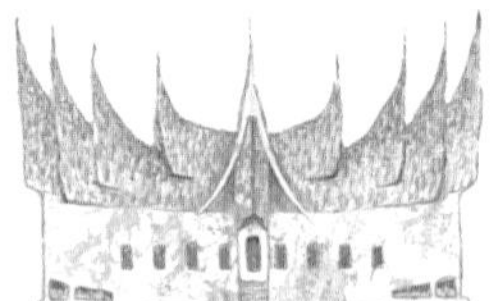

2000년 이전에 인도네시아에 살았던 한인이라면 생활과 가장 밀접한 슈퍼마켓 헤로(Hero)와 골든트룰리(Golden Truly) 그리고 자카르타 끄바요란 바루(Kebayoran Baru) 지역에 있는 현대화된 전통시장 빠사르 마에스틱(Pasar Mayestik)에 대한 추억이 있을 것이다. 인도네시아 최초의 현대식 슈퍼마켓은 1971년에 현재 남부 자카르타 빠사라야 쇼핑몰 인근에 문을 연 헤로와 1984년에 골든트룰리를 들 수 있다. 이들 슈퍼마켓은 인도네시아 중상층을 겨냥한 소비재 상품을 판매했다. 1980년대 인도네시아는 소비재산업이 크게 뒤처져 있었던 만큼 90%가량이 수입 상품으로 진열되었다.

인도네시아는 2020년 기준 2억7,000만 인구 가운데 노동 가능 인구가 전체의 68%, 평균연령은 29세로 젊은 인구구조를 가진 역동적인 소비시장이다. 소득이 증가하고 도시화가 빠르게 진행됨에 따라 소비자들은 전통시장보다는 쇼핑의 편리함을 제공하는 현대적인 유통 채널을 선호하는 경향을 보인다.

대표적인 한국 투자 유통기업, 롯데마트

롯데마트는 인도네시아에 진출한 대표적인 한국 투자 유통기업이다. 롯데마트는 지난 2008년 말 대형 마트 '마크로' 19개 점을 인수하며 한국 유통업계에서 처음으로 인도네시아 시장에 진출했다. 2019년 12월에 중부 자바주 뜨갈 지역에서 50호점을 열었고, 2023년까지 인도네시아 전역에 100개 점포를 열 방침이다. 인도네시아 유통업계 역시 온라인 중심으로 재편되고 있는 만큼 10대 도시 대형 점포와 중소 도시 거점 점포를 연결해 전국적인 물류 네트워크로 활용할 방침이다.

앞서 롯데그룹은 2013년 6월에 자카르타 메가꾸닝안 지역의 복합 단지인 '찌뿌뜨라 월드 자카르타'에 복합 쇼핑몰인 '롯데쇼핑 애비뉴점'을 오픈했다. 롯데의 유통 노하우가 집약된 애비뉴점에는 롯데백화점을 비롯해 쇼핑몰, 롯데면세점, 롯데리아, 엔제리너스커피 등이 입점했다.

한국 상품 전파하는 '무궁화유통'

유통산업에서 현지 한인이 운영하는 유통 기업과 슈퍼마켓을 빼놓을 수 없다. 이들 유통 기업은 먼 타국에서 한인들의 식생활을 책임져주었을 뿐 아니라 2000년대 후반기부터 시작된 인도네시아 한류 열풍을 일으키는 데 큰 역할을 하고 있다. 1980년대 초반부터 태동한 한인 슈퍼마켓은 무궁화를 시작으로 도라지, 뉴서울, 한일마트, K-마트 등이다. 이들 유통 회사는 인도네시아 대도시 식품 유통 점포에 납품하거나 한국인이 근무하는 지방에 있는 회사에 한국 식품을 공급하고 있다.

무궁화유통은 사업 초창기인 1980년대 초 구멍가게나 다름없는 약 23m^2(7평) 남짓한 상점에서 '한국종합식품'으로 출발했다. 그리고 한인들과 현지 사회에 한창 알려질 때쯤 자카르타에 일본 식품점 '사쿠라'가 개점했고, 창업자인 김우

무궁화유통 본사 건물과 창립 30주년 기념식

재 · 박은주 부부는 사쿠라에서 착안해 조국 사랑의 마음을 담아 '무궁화'로 상호를 바꿨다.

1981년 김치 납품을 시작으로 식품 판매의 첫걸음을 뗀 무궁화유통은 40년 동안 한국식품을 중심으로 가정용품, 의류, 화장품, 완구 등 한국상품을 전문 유통하면서 인도네시아 전역에 한국 소비재 상품 붐을 일으킬 만큼 성장했다. 무궁화유통은 2020년 현재 인도네시아 전역의 유통망에 1,000여 가지 한국상품을 공급하며 한국상품 전문 유통 기업으로 확고히 자리매김했다.

무궁화유통은 한국식품업체와 직거래를 통해 신선한 식품을 수입 · 유통하고 있다. 무궁화 자카르타 본점을 중심으로 다르마왕사와 끌라빠가딩, 땅그랑, 찌까랑, 찔레곤, 족자, 스마랑, 반둥, 메단, 발리, 수라바야 등 수도권과 지방에 15개 점포를 운영하고 있으며 물류창고, 여행업, 제과업 등으로 사업 영역을 넓히며 중견 업체로 성장하고 있다.

또 인도네시아 대형 유통업체에도 한국식품을 공급하고 있다. 롯데마트, GS마트, 까르푸, 헤로, 하이퍼마트, 랜치마트, 푸드마트 등 200여 곳에 한국식품 위탁 코너를 마련하는 등 총 4,000여 개 유통매장을 통해 한국상품을 판매한다.

한국식품을 인도네시아에 수입해 본점과 지점 및 현지 유통업체에 공급하려면 인도네시아 식약청에서 식품수입허가인 ML(Makanan Luar)을 받는 등 까다로운 절차를 완벽하게 밟아야 한다. 1,000여 개의 식품을 취급하는 무궁화유통은 이를 충족하기 위해 10여 명의 담당 직원이 인도네시아 식약청에 등록 · 관리하는 업무를 전담하고 있다.

무궁화유통은 한류 확산에도 기여하고 있다. 매년 자카르타에서 열리는 〈자카르타 국제 프리미엄 소비재전〉에 참가하고 있으며, 대형 쇼핑몰에 K-푸드의 우수성을 홍보하고 있다. 그뿐 아니라 CSR 활동도 지속해서 벌이고 있다.

홈쇼핑 사업에 진출한 한국기업

한국기업은 인도네시아 오프라인 마켓뿐 아니라 온라인 마켓에도 도전했다. 인도네시아에서 1990년대 말부터 2000년대 초반까지 TV 홈쇼핑이 대세였고, 이후 인터넷과 모바일 기기 보급에 따라 다양한 미디어 플랫폼을 활용하는 '미디어 커머스'로 발전하고 있다.

2005년 12월 현대백화점 그룹의 계열사인 현대홈쇼핑이 인도네시아 TV홈쇼핑시장에 전격 진출했으나 2006년 9월 철수했다. 현대홈쇼핑은 인도네시아 현지에서 생산한 상품과 글로벌 브랜드의 의류, 생활용품, 화장품, 패션용품, 잡화 등 판매를 시도했지만 당시 인도네시아 텔레비전 방송국의 광고료가 비싸고, 신용카드 보급률이 낮아 결제하기 어려웠으며 물류 체계가 열악한 점 등의 장애를 극복하지 못했다.

2007년에는 현대홈쇼핑 인도네시아 법인장을 역임한 유국종 대표가 **레젤 홈쇼핑**(PT. Lejel Home Shopping)을 설립했다. 레젤은 2008~2009년에 해피콜 양면팬이 크게 인기를 끌면서 인도네시아 시장에서 자리를 잡았다. 창업 초기에 원활한 판매를 위해 쇼룸과 콜센터를 운영하며 홈쇼핑업계에서 1위를 선점했다. 현재는 모바일 숍부터 온라인 숍까지 다양한 판매 방식을 활용한다. 레젤은 한국 드라마, 영화, 음식, 라이프스타일 채널 등 다양한 프로그램과 콘텐츠를 함께 방영하면서 홈쇼핑과의 시너지를 높이고 있다. 인도네시아 전역을 커버하는 49개 지점을 만들어 당일 배송 시스템을 구축했으며, 자카르타 본사에는 콘텐츠 제작 및 방송을 위한 자체 방송 센터를 보유하고 있다. 레젤은 한국 브랜드의 신뢰도를 강조하는 전략을 구사하며 한국 중소기업 제품을 적극 인도네시아에 판매한다.

메르디스 인터내셔널(PT. Merdis International)은 2007년 인도네시아에서 사업을 시작해 한국의 다양한 가전제품, 뷰티&주방용품 등을 인도네시아 소비자에게 공급하는 동시에 홈쇼핑용 제품과 영상을 기획 · 공급하는 홈쇼핑 전문 벤더사로 성장했다. 메르디스의 설립자는 대기업 종합상사 주재원 출신인 김경현 대표다.

2010년에 인도네시아 미디어 그룹 엠텍(Emtek)과 협력해 홈쇼핑사업 오숍(O Shop)을 론칭했고, 2015년에는 말레이시아 시장에도 진출했으며, 한인 홈쇼핑 회사인 레젤과도 협업 중이다. 최근에는 홈쇼핑 외에도 디지털 마케팅을 기반으로 한 온라인 사업으로 확장 중이며 약국, 백화점, 방문판매 회사 등 오프라인 채널에도 수입 제품을 유통시키고 있다. 현재 인도네시아 2대 홈쇼핑사다.

MNC Shop은 인도네시아 최대 미디어 그룹 MNC와 한국의 GS홈쇼핑이 2012년 세운 합작법인으로, TV와 온라인 플랫폼을 통합한 24시간 시스템을 가동하며 계좌이체, 신용카드, 물품 인도와 동시에 현금지불방식(COD) 등의 다양한 결제 시스템을 갖추고 있다.

• 자랑스러운 한인기업인 •

무궁화유통 창업자 김우재 · 박은주 회장 부부

한인 생활의 '구심점' 역할, 인도네시아에 한국인의 선행을 심는 기업

남부 자카르타시 세노빠띠 지역의 첫 한국 슈퍼마켓 무궁화유통은 1980년대 중반 현지 한인 생활 반경의 구심점이었다.

김우재 회장은 현지 한국식품 수입유통사업의 첫 물꼬를 텄다. 그는 한국항공대학교를 나와 대한항공에서 10년간 근무한 후 동부 칼리만탄 따라깐 지역에서 원목개발사업을 하기 위해 1977년 인도네시아로 들어왔다. 그러나 현지 정부의 원목금수조치로 뜨리부디 위스누(PT. Tribudi Wisnu)사업도 좌초하고 만다.

하지만 그는 가내수공업으로 김치를 만들고, 임대한 포커27 프로펠러기에 김치와 식료품을 실어 사마린다 가스전 하라빤 인사니(Harapan Insani)에 공급하면서 '김치맨'이라는 별명을 얻는다. 이후 대림건설의 두마이 석유정제시설 건설 현장에 물품을 공급하게 되면서 탄탄한 사업 기반을 닦았다.

1998년 5월 한인회에 비상식량을 전달하는 김우재 회장

오랜 세월 한인들의 애환이 깃든 '무궁화슈퍼'는 정규 한국식품 수입유통업체로 성장했고, 건설과 부동산 부문에도 진출했다. 김우재 회장이 평소 지역 주민과 현지 유력 인사들과 다져온 우호 관계는 1998년에 자카르타 5월 사태를 맞아 큰 힘을 발휘했다. 김 회장이 대통령 군사자문이던 따룹(Tarub) 장군에게 부탁해 무장군인을 지원받아 당시 전쟁터를 방불케 했던 자카르타에서 버스 편으로 한인들을 공항까지 실어 날랐고, 대피 중인 동포들을 위해 한인회에 비상식량을 전달했다. 인근 지역 주민들은 무궁화유통과 한인들의 차량과 재산을 보호하기 위해 적극 협조해주었다.

한편 김 회장은 부인 박은주 여사와 함께 1984년부터 땅그랑 시따날라 한센인 마을을 후원하고, 현지 어린이 50여 명의 심장병 수술을 지원했다. 나시오날대학교(UNAS) 한국학과 학생들의 장학금 지원과 한인 포스트 '사랑의 전화'에도 꾸준히 참여해 사각지대에 놓인 빈곤층 한인 가정도 돕고 있다. 1994년부터 한국 충주 중 · 고등학생 300여 명에게 장학금을 지급하고 독거노인, 다문화가정, 농아학교에 쌀과 연탄을 지원하는 봉사 활동도 계속하고 있다.

김우재 회장 부부는 뿌르나 박티 뻐르띠위 박물관(Purna Bhakti Pertiwi Museum) 2층에 전시된 한복이 낡은 것을 안타깝게 여겨오다 1996년 새 한복(관복) 두 벌을 기증해 한복 문화를 영구 보존하게 했고, 2004년에도 습기로 손상된 한복을 새 것으로 한 번 더 교체해주었다.

2012년 제17대 세계한인무역협회(월드옥타) 회장을 역임한 김우재 회장은 재외동포 권익 신장과 국가 발전을 위한 활동을 인정받아 2013년 국민훈장 동백장을 수훈했다. 김 회장은 2009년에 회고록 『인도네시아에 핀 무궁화』를 출간했다.

Focus 대표적인 한인 경제 단체(2)

• 세계한인무역협회(월드옥타)에서 두각을 나타낸 '자카르타 지회'

세계한인무역협회(월드옥타)는 세계 한인 경제인들이 결성한 단체로, 1981년 창립 당시에 16개국 101명의 회원으로 시작해 39년간 꾸준히 성장했다. 2020년 현재는 68개국 141개 지회, 7,000여 명의 정회원과 2만1,000여 명의 차세대 회원을 보유한 세계한인무역협회는 750만 재외동포 중심 경제 단체다.

'월드옥타 자카르타 지회'는 2007년 2월에 설립되어 다른 국가와 비교해 다소 늦게 출발했지만, 월드옥타 내에서 두각을 나타낼 뿐 아니라 인도네시아를 대표하는 한인 경제 단체로 자리매김하였다. 무궁화유통 김우재 회장은 2010년 월드옥타 이사장으로 선임된 데 이어 2012년에는 월드옥타 제17대 회장에 선출됐다. 김 회장은 임기 중인 2013년 10월, 인도네시아 발리에서 열린 '제18차 세계한인경제인대회'를 성공리에 개최했다. 이 행사에 67개국에서 700여 명의 회원이 참가하면서 월드옥타 자카르타 지회는 한국 · 인도네시아 협력 관계 증진뿐 아니라 한인경제인과 한국의 위상을 높였다.

김우재 회장은 월드옥타의 기본 사업으로 차세대 경제 지도자 육성을 꼽는다. 그는 12년 동안 '차세대 무역 스쿨'을 진행해 600여 명의 경제사관을 배출하는 등 차세대 한인무역인 육성에 힘을 쏟았다.

2019년 11월에는 배응식 회장이 정기총회를 열고 김종헌 무궁화유통 대표를 새 지회장으로 선출하였다. 김종헌 신임 자카르타 지회 회장은 사무총장을 시작으로 부회장, 수석부회장을 맡아왔으며 풍부한 경험을 바탕으로 차세대와 기성세대의 균형을 잡아줄 수 있는 신진 리더다. 역대 월드옥타 자카르타 지회 회장은 1대 김우재(2008~2010), 2대 최동욱(2011~2012), 3대 강희중(2013~2015), 4대 배응식(2016~2019) 등이다.

제19차 세계한인경제인대회 기념사진

• 자랑스러운 한인기업인 •

진영(PT. Jinyoung) 창업자 이진호 회장

천연조미료로 인도네시아 식품시장에서 탄탄한 입지 구축

화학조미료가 주를 이루는 인도네시아 조미료시장에 천연 원료에서 추출한 제품을 생산 · 판매하는 한국계 현지 토종 기업이 있다. 바로 진영(PT. Jinyoung)이다. 2002년 자카르타의 식품소재연구소로 출범한 진영은 이듬해 서부 자바주 보고르 지역에 공장을 설립해 각종 축산물과 어패류 등에서 추출한 천연 엑기스로 다양한 제품을 생산하고 있다. 20여 년 가까이 지속적인 연구개발과 축적된 생산 기술, 노하우를 바탕으로 현재 관련 업계에서는 가장 많은 700여 종의 제품에 할랄(Halal) 인증을 받아 인도네시아 식품 소재 분야에 탄탄한 입지를 굳혔다. 할랄은 '허용된 것'이라는 뜻의 아랍어로, 이슬람 율법상 무슬림이 먹고 사용할 수 있도록 허용된 식품 · 의약품 · 화장품 등에 붙는 인증이다. 그만큼 할랄 심사는 까다로운 것으로 알려져 있다.

진영의 창업자 이진호 회장은 (주)대상(당시 미원)에서 30년간 재직했다. 그리고 대상의 현지법인 미원 인도네시아(PT. Miwon Indonesia)에서 대표이사직을 맡아 40여 년간 현지에서 근무했으며, 퇴직한 이후 인도네시아에서의 사업 경험을 바탕으로 진영을 창업했다.

생산라인을 점검하고 있는 이진호 진영 회장(왼쪽)

진영의 강점은 이진호 회장을 필두로 반둥공과대학교 MBA 출신 이지완 사장 등 한국 임원진은 물론 각 부서에 고급 인력이 포진해 있어 전문성을 발휘한다는 점이다.

2000년대 초반 인도네시아의 천연 엑기스 시장은 수입산 원료가 대부분이었다. 진영은 2003년부터 쇠고기와 닭고기 등의 축산물과 게, 새우, 어패류 등으로 전문 생산

설비를 갖춰 천연 엑기스를 생산 · 가공 분말화했다. 이렇게 진영은 인도네시아 시장에서 개척자 역할을 하면서 현지 라면, 육가공, 복합조미료 분야의 식품 기업과 신뢰 관계를 구축했다.

또 인도네시아산 향신료를 엄선해 고유의 풍미를 간직할 수 있도록 독자적인 건조 · 살균 기술을 개발했다. 이를 통해 각종 향신료 제품을 위생적이고 안전하게 우수한 제품을 생산 · 가공해 해외로 수출하고 있다.

진영은 이렇게 지속적인 연구개발을 통해 한국 업체 최초로 인도네시아에서 소성식 빵가루를 생산했다. 기업 간 B2B 거래와 함께 소비자 브랜드인 '제이푸드(J.Food)' 빵가루를 출시해 인도네시아 유통업체와 한국 소매점 등을 통해 판매하고 있다.

⑩

열 번째 금융산업 :

현지 소매금융 그리고 디지털금융으로 도약

1960년대 후반에 코데코(KODECO)와 코린도(KORINDO, 당시 인니동화) 등 한국기업의 제1차 인도네시아 투자가 본격적으로 이뤄짐에 따라 한국과 인도네시아 간 교역이 증가하기 시작했다. 이에 따라 금융 지원과 시장조사의 필요성이 커지자 1968년 한국외환은행(현 KEB하나은행) 자카르타사무소가 문을 연다.

1980년대 후반은 제2차 한국기업이 인도네시아에 진출하는 시기다. 1988년부터 한국 신발과 봉제 등 노동집약산업이 인도네시아에 쏟아져 들어오자 현지에 진출한 한국기업들의 금융 지원이 절실해졌다. 1990년에 가장 먼저 한국외환은행이 현지법인(Bank KEB Danamon Indonesia)을 설립했다. 이어 1992년 한국상업은행의 현지법인(Bank Korea Commercial Surya)과 한일은행 현지법인(Hanil Tamara Bank)이 각각 설립되었다. 1998년 7월 한국상업은행과 한일은행이 합병하여 1999년 1월 은행명을 한일은행에서 한빛은행으로 변경함에 따라 인도네시아 법인도 한빛인도네시아(Hanvit Indonesia)가 되었다. 2002년 한빛은행이 또

한 번 우리은행으로 브랜드명을 교체하면서 한빛인도네시아도 우리은행인도네시아로 사명을 변경했다.

2004년 인도네시아 최초로 직접선거에 의해 선출된 수실로 밤방 유도요노 대통령이 집권하면서 정국과 치안이 안정되고, 대(對)중국 자원 수출이 크게 증가하면서 연평균 6%의 높은 경제성장률을 기록했다. 그리고 우호적인 정치, 경제, 사회 분위기에 따라 2005년 이후 제3차 한국기업의 인도네시아 투자 러시가 이어진다. 이에 부응하여 KEB하나은행은 2007년에 현지 은행을 인수해 현지법인을 설립한다. 우리은행인도네시아는 2014년 현지 상업은행인 소다라 은행을 인수 · 합병, 우리소다라은행(PT. Bank Woori Saudara Indonesia)으로 공식 출범했다. 현지 고객을 다수 확보하고 있던 소다라은행을 인수 · 합병한 우리소다라은행은 우리은행 기업금융과 소다라은행 개인금융의 강점을 살려 현지 소매금융시장에서 경쟁하게 됐다. 신한은행은 2016년에 신한인도네시아은행, OK저축은행은 2019년에 OK뱅크인도네시아, IBK기업은행은 2019년에 IBK인도네시아은행 등으로 각각 현지 은행 두 곳을 인수 · 합병(M&A)하면서 현지법인을 설립했다. KB국민은행도 2020년 현지 중형급 소매은행 부꼬삔은행(Bukopin Bank)의 지분 67%를 인수하고 현지법인을 설립했다.

최근 수년 동안 한국계 은행이 앞다퉈 인도네시아에 진출하는 데는 또 다른 이유가 있다. 대출금리에서 예금금리를 뺀 예대마진율이 한국보다 3배 정도 높기 때문이다. 한국 시중 은행의 예대마진율은 약 1.17%p에 불과하지만, 인도네시아는 약 5%p나 된다. 더욱이 2억7,000만 명의 세계 4위 인구 대국으로, 성인 인구의 계좌보유율이 40% 정도에 불과해 성장잠재력이 높은 편이다.

외환은행과 하나은행 합병 세러머니 (2014.03.10)

하지만 어려운 금융 환경이 장애물이다. 인도네시아에는 시중 은행 격인 상업은행이 120여 개에 달하고, 여기에 지방 은행까지 포함하면 1,700여 개에 이를 정도로 금융사가 난립해 있다. 더욱이 인도네시아 현지 은행들의 독점 체제와 인도네시아 금융 당국

(OJK)의 엄격한 감독은 외국계 은행에는 어려운 여건이다.

한국계 은행들은 진출 초기에 현지에 이미 진출해 있는 한국기업을 대상으로 기업금융 영업에만 초점을 맞췄다. 그러나 2007년부터 KEB하나은행이 현지 소매은행인 빈땅마눙갈은행(PT. Bank Bintang Manunggal)을 인수한 것을 시작으로 이후에 진출한 한국계 은행들도 인수·합병을 통해 현지화 전략으로 리테일(소매) 영업을 확대하는 등 변신을 시도하고 있다.

최근에 인도네시아 금융산업은 디지털 뱅킹을 확대하고 있다. 이를 통해 한국계 은행들도 현지에서 비대면·디지털 기반의 금융 서비스 등 첨단 금융 서비스를 선보이고 있다.

기타 리스업으로는 한국수출입은행이 1992년 종합금융(리스) 현지법인 인도네시아 한국수출입만디리은행(PT. KoExim Mandiri Indonesia)을 설립했다. 이 은행을 설립할 당시 인도네시아 측 합작은행은 만디리은행의 전신인 다강느가라은행(Bank Dagang Negara)이었다. 그리고 앞서 코린도그룹의 클레몽종합금융(PT. Clemont Finance)을 1989년에 설립해 영업을 하고 있으며, 2019년에는 KDB산업은행이 인도네시아 자카르타에 사무소를 열었다.

대형 증권사, 미래시장 인도네시아에 투자

인도네시아에 진출한 첫 한국 증권사는 동서증권이다. 동서증권은 1996년 인도네시아 대기업 칼베그룹(Kalbe Group)과 합작으로 동서콜리빈도증권(PT. Dongsuh Kolibindo Securities)을 설립했지만, 1997년 아시아 외환위기로 동서증권 본사가 부도나고 현지법인의 소유주가 바뀌면서 지금의 **키움증권**(PT. Kiwoom Sekuritas Indonesia)이 되었다.

외환위기 직후 동서증권 인도네시아법인 출신인 김희년 대표가 세운 또 다른 증권사는 인도네시아 최초의 온라인 증권사인 **이트레이딩**(eTrading)이다. 당시 김 대표는 현지 소형 증권사를 인수해 상호를 변경하고 이트레이딩을 설립했다.

이트레이딩은 인도네시아에 온라인 증권 거래 관련 법규정도 없고 온라인 거래 시스템도 구축되지 않은 상태에서 투자자들에게 온라인 주식 거래 방법을 가르치며 불완전하게 출발했지만, 혁신적인 발빠른 행보로 온라인 주문 거래 시스템을 구축한 후 2년여 간 인도네시아에서 유일한 온라인 증권사로 독점적 지위를 누리기도 했다.

이트레이딩은 2013년 이후 **미래에셋대우**(PT. Mirae Asset Daewoo Securities)로 사명을 변경하고 현재까지 운영하고 있다. 2013년 이트레이딩을 대우증권에 매각할 당시 인도네시아 증권거래소 발표 자료에 따르면, 인도네시아 전체 증권사 수는 183개였다. 총주식계좌 수는 35만여 개였고, 이 중 7만5,000여 개가 이트레이딩 고객의 계좌였을 정도로 높은 시장점유율을 보였다.

키움증권과 미래에셋대우 외에 NH투자증권은 2009년 현지 증권사와 합작 형태로 진출했고, 이어 신한금융투자와 한국투자증권이 진출해 현재 총 5개의 한국계 증권사가 인도네시아에 진출해 있다.

⑪

열한 번째 자동차산업 :

현대자동차, 미래차로 아세안 시장 공략

기아자동차, 국민차 '띠모르' 출시했지만 실패

한국 기아자동차는 1990년대 중반 인도네시아에 진출했다. 기아차의 인도네시아 진출은 수하르토 당시 인도네시아 대통령의 전폭적 지원으로 1993년 대통령의 막내아들 후또모 만달라 뿌뜨라(일명 또미)와 합작 사업에 관한 계약을 맺으며 시작되었다. 그리고 1996년 기아차는 인도네시아 국민차 사업권을 얻어 세피아(1500cc) 모델을 '띠모르(Timor)'로 결정했다.

기아자동차는 자동차에 부과되는 수입관세를 면제받는 특혜를 누렸으나, 이에 반발한 일본 업체들이 세계무역기구(WTO)에 제소했다. 그리고 1997년 한국보다 먼저 외환위기를 맞은 인도네시아의 자동차 수요가 30% 수준으로 급감했고, 1998년 1월에는 "기아차에만 특혜를 주는 건 부당하다"라는 WTO 판결에 따라 기아차의 국민차 사업권이 취소됐다. 결국 1998년 수하르토 대통령의 실각으로 기아차가 추진한 인도네시아 국민차사업은 완전히 중단되었다.

현대자동차, 아세안 지역 공략으로 미래 성장동력 확보

조코 위도도 인도네시아 대통령은 2019년 11월 부산에서 열린 '한-아세안 특별정상회의' 기간 중 현대자동차와의 투자협약식에서 현대차가 진출하면 인도네시아 국민은 일본차뿐 아니라 현대차까지 선택의 폭을 넓힐 수 있게 될 것이라고 전하며, 현대자동차의 투자가 꼭 성공하여 완전 무공해인 수소차와 전기차가 인도네시아에서 생산될 수 있기를 바란다는 메시지를 전했다. 또 2020년 1월 자카르타에서 열린 서비스산업 관계자와의 연례회의에서 2024년 이전하는 신수도에 전통적인 내연기관 차량의 운행을 금지하고 친환경 자율주행 전기차만 운행하게 할 것이라는 강력한 의사를 내비치면서 향후 친환경 미래 자동차로의 변화를 강조했다.

현재 현대자동차는 약 1조8,000억 원(15억 달러)을 투자해 인도네시아에서 연간 25만 대를 생산할 수 있는 완성차 공장을 짓고 있다. 이것은 일본차가 95% 이상을 차지하는 인도네시아 시장을 차세대 전략 거점으로 삼아 돌파구를 마련하겠다는 승부수다. 서부 자바주 찌까랑 지역 델타마스 공단에서 2019년 연말부터 시작된 완성차 공장 건설은 2020년 코로나19 사태에도 불구하고 예정된 공정률을 보이고 있다. 현대차는 인도네시아 공장이 2021년 연말에 완공되면 소형 스포츠유틸리티(SUV) 차량 양산을 시작으로 소형 다목적(MPV) 차량과 세단을 생산할 계획이다.

인도네시아에서는 2019년 기준으로 약 103만 대의 자동차가 팔렸으며, 이는 아세안 국가 중 최대 수치다. 시장조사업체 BMI(Business Monitor International) 리서치는 2022년에 인도네시아 자동차 판매는 약 146만 대, 생산은 163만 대 규모로 확대될 것으로 전망한다. 이처럼 인도네시아가 높은 성장을 이어가며 아세안 시장 1위로 우뚝 설 날이 머지않았다. 더욱이 인도네시아는 현재 자동차 보급률도 낮다. 한국자동차산업협회의 자료에 따르면 인도네시아는 인구 1,000명당 자동차 보유 대수가 86대에 불과하다(2017년 기준, 세계 82위). 더욱이 더운 나라에 사는 사람들은 차에 대한 구매 욕구가 큰 편이다. 이런 이유로 소득 수준이 높아질수록 자동차 판매가 크게 늘어날 것이 확실하다.

현대차의 인도네시아 진출은 한국정부의 신남방정책과 미래차에 사활을 건 현대차, 인도네시아 정부의 필요와 요구로 만들어진 공동 작품이다. 현대차는 2025년까지 미래차사업 역량 확보를 위해 총 61조1,000억 원을 투자하는 내용을 골자로 하는 '2025 전략'을 2019년 12월에 발표했다. 현대차 '2025 전략'은 '지능형 모빌리티 제품'과 '지능형 모빌리티 서비스'의 2대 사업 구조를 축으로 '내연기관 고수익화', '전동차 선도 리더십', '플랫폼 사업기반 구축' 등 3대 전략 방향으로 나뉜다. 이는 인도네시아 정부가 추구하는 미래산업의 방향성과 일치한다.

현대차 아태권역본부 이강현 부사장에 따르면, 현대차는 2018년에 말레이시아에 설립했던 아태권역본부를 2019년 인도네시아로 이전하고 아세안 지역 진출을 준비해왔다. 또 인도네시아에 생산법인과 판매법인을 각각 100% 단독 투자법인으로 설립했다. 이는 그동안 현대차가 진출하지 않았던 아세안 지역에 전략적 교두보를 마련한다는 의미로, 인도네시아와 아세안 지역 공략으로 미래 성장동력을 확보하겠다는 의지라고 할 수 있다.

현대차는 2021년 말부터 인도네시아 현지에서 본격적인 내연기관 차량과 전기차를 생산 · 판매할 계획이다. 이를 위해 우선 브랜드 인지도를 높이는 데 주력하고 있다. 현대차는 동남아시아 최대 차량공유업체인 그랩(Grab)과 함께 2020년 1월부터 자카르타에서 전기차 20대로 시범사업을 벌이고 있다. 그리고 현대차는 2020년 말까지 차례대로 운영 대수를 확대할 계획이다.

인도네시아가 코로나19 위기에 직면하자 발 빠른 지원으로 서부 자바주 버까시에 드라이브스루 진료소를 설치하고, 인도네시아 국가재난방지청(BNPB)에 방역복 5만 세트 기부를 약속하는 등 현대차 이미지 제고에도 총력을 기울이고 있다. 아울러 현대차 인도네시아법인은 2020년부터 팰리세이드, 산타페 등 현대차의 주력 SUV와 세단 등의 모델을 현지 시장에 수입 · 판매할 만반의 준비를 하고 있다.

• 자랑스러운 한인기업인 •

현대자동차 아태권역본부 이강현 부사장

'한국 휴대폰' 쥐여주던 열정으로 '한국차' 타게 한다

최근 삼성전자 인도네시아에서 현대자동차 아태권역본부로 자리를 옮긴 이강현 부사장은 30년가량 근무한 삼성전자에서 회사 분위기가 전혀 다른 현대자동차로 직장을 옮긴다는 것이 쉬운 결정은 아니었다고 말한다. 이강현 부사장은 현지 한인들은 말할 것도 없고, 인도네시아 정부 고위 인사뿐 아니라 인도네시아 사람들 안에서도 삼성전자 하면 '미스터 리'를 떠올릴 만큼 각인된 인물이다. 삼성전자를 대표하는 얼굴이었던 그가 힘들게 이직을 결정한 이유는 "인도네시아 사람들에게 한국의 삼성 휴대폰을 쥐여주었으니, 이젠 한국의 현대차를 타게 해야 한다"는 사명감 때문이었다.

그는 1993년 삼성전자 주재원으로 현지에 왔을 때부터 인도네시아의 유력 신문과 방송 매체에 등장한 유명인사다. 또 최근 한 이슬람 단체에서 만든 그의 삶을 조명한 유튜브 영상이 조회 수 100만 건을 넘으며 인도네시아 현지에서 그의 영향력을 입증했다.

인도네시아와 이강현 부사장과는 기막힌 인연이 있다. 대학 시절 인도네시아어를 배우기 위해 현지에서 어학연수를 받을 때 사귄 친구가 국립은행 은행장 아들이었던 것이다. 그 인연으로 그는 친구 부모님의 양아들이 되었고, 이후 양부모님의 소개로 인도네시아인 아내를 만나 이슬람으로 개종했다.

이 부사장은 2004년 삼성전자에서 차장으로 근무할 때 인도네시아에서 근무한 공로를 인정받아 '자랑스러운 삼성인상'을 받았다. 그리고 1990년대 초, 한국상품의 불모지에 한국을 대표하는 '삼성'의 이미지를 심은 이강현 부사장은 외국인으로서 힘든 인도네시아 전자협회 회장직과 휴대전화협회 수석부회장직을 맡았다. 그는 제27회 시드니 올림픽 때 인도네시아 대표팀을 이끌고 참가하는 등 인도네시아의 정치, 경제, 사회, 문화계를 종횡무진 활동하며 한국인을 위한 봉사도 꾸준히 하고 있다. 그 일환으로 한국외국어대학교 인도네시아 글로벌 CEO 과정을 적극 리드하며 돕고 있다. 그의 꿈은 한국과 인도네시아의 든든한 가교 역할을 함으로써 두 나라가 경제는 물론 문화 교류 면에서도 일본이나 중국, 미국보다 더 가까운 형제 관계를 맺는 것이다.

CNBC 경제 프로그램에 출연해 현대자동차 인도네시아 투자 및 전기자동차 생산에 관해 인터뷰하는 이강현 부사장

⑫

열두 번째 IT · ICT · 스타트업산업 :

틈새시장을 찾아 맞춤형 장기투자 전략

1980년대 후반 자카르타 외곽 땅그랑 지역의 한국계 신발 공장에서 자카르타 사무실과의 유일한 통신수단은 SSB라고 부르는 무선송수신기, 즉 옥외에 높이 안테나를 단 '무전기'였다. 당시 한국 신발업체들은 SSB를 이용해 연간 5,000만 달러가량을 수출입하는 놀라운 실적을 올렸다. 자카르타 외곽 지역은 유선전화 선이 없어서 열악한 통신장비인 SSB를 사용하는 것은 불가피한 선택이었다. SSB를 이용한 업무 연락 방법은 음질이 좋지 않아 불편함이 많았지만, 통신료가 저렴한 장점도 있었다. 그리고 1980년대 말 한국 신발 공장들은 카폰을 1대씩 설치했다. 당시 가격은 대당 2만5,000달러로 웬만한 승용차 1대 값이었다. 불과 30년 전에 유용한 통신수단이었던 SSB와 카폰은 이제 박물관에서나 볼 수 있는 물건이 됐다.

인도네시아는 섬나라라는 특성 때문에 유선인터넷보다는 모바일 분야가 먼저 발달했다. 유선전화 보급률이 매우 낮았던 인도네시아에서 1990년대 후반

휴대폰이 대중화되었다. 이때 노키아 제품이 시장점유율 65%까지 끌어올리면서 시장을 장악했고, 이어 소니 에릭슨과 모토로라, 삼성 휴대폰 순이었다.

이어 블랙베리 메신저(BBM) 기능을 장착한 블랙베리 휴대폰이 2008년부터 2012년까지 시장에 돌풍을 일으켰다. 그러나 구글과 메신저 앱인 왓츠앱(WhatsApp) 등 다양한 모바일 응용소프트웨어(모바일 앱)를 탑재한 스마트폰이 등장하면서 블랙베리는 사양길에 접어들었다. 그 자리를 대신해 삼성 스마트폰이 2020년 현재까지 매출액 측면에서 시장을 장악하고 있으며, 스마트폰의 등장은 인도네시아 경제를 디지털 경제로 바꾸는 대전환점이 되었다.

한국 IT업체의 진출과 도전

재인도네시아한국정보통신기술협회(KICTA) 박성빈 사무총장에 따르면, 인도네시아에 1990년대 말 닷컴 열풍이 불기 시작할 때 2000년 설립된 한국 종합 IT 서비스 사업자인 볼레넷(boleh.net)과 2001년 모바일 콘텐츠 서비스를 시작한 트리야콤(Triyakom)이 한인 IT업체의 1세대로 선구자 역할을 했다. 그리고 이어 2004~2005년에는 와이더댄(WiderThan), 이루온(Eluon), 유엔젤(Uangel) 등의 대표적인 한국 모바일 서비스 사업자가 인도네시아 통신사를 대상으로 모바일 서비스를 제공하면서 인도네시아 내 한국 IT 기업들의 진출이 본격적으로 시작되었다.

이후 2007년과 2010년에는 크레온(Kreon)과 멜론(Melon Indonesia)이 각각 인도네시아에 디지털 게임과 음원 서비스를 제공하기 시작했는데, 이 두 기업은 인도네시아에 진출한 한국 IT 기업 중에서 의미 있는 사업 성과를 이룬 것으로 알려져 있다.

SK텔레콤과 인도네시아 최대 통신사업자인 텔콤(Telkom)이 설립한 조인트 벤처 'PT. Melon Indonesia'는 한국에서의 디지털 음원 서비스 성공을 발판으로 인도네시아에 유무선 디지털 음원 서비스 '멜론'을 론칭했다. '크레온'은 게임 퍼블리싱업체로서 인도네시아에서 온라인 게임 퍼블리싱사업을 시작해 사업적으로 큰 성공을 이뤘다. 크레온은 거의 10년 가까이 인도네시아 게임시장에서 1인칭 슈팅 게임(FPS), 역할 수행 게임(RPG) 등의 게임 장르를 석권했으며, 현지 IT 환경에 최적화된 사업 전략을 수립하고 적극적으로 실행한 것이 사업 성공의 주요 요인으로 꼽힌다.

2014년에는 SK플래닛이 인도네시아 이동통신사 엑셀 악시따(XL Axiata)와 합작사 엑셀 플래닛(XL Planet)을 설립해 일레브니아(Elevenia)라는 브랜드를 탄생시키며 인도네시아 이커머스시장을 선도적으로 개척하기 시작했다. 하지만 대규모 국제 자본과 탄탄한 중국 자본을 등에 업은 다수의 중국 이커머스 사업자의 등장으로 인도네시아 시장에서의 경쟁이 격화되었다. 이로 인해 아쉽게도 2017년 인도네시아에서의 사업을 철수하기로 하고 사업 지분을 살림(Salim)그룹에 매각했다.

인적 네트워크를 활용한 틈새시장 공략이 성공 비결

2017년 이후에는 한국정부의 신남방정책 추진과 고젝(Gojek), 토코피디아(Tokopedia) 등 대표 인도네시아 스타트업의 성공 사례가 늘어나는 추세였다. 이를 계기로 다양한 분야의 IT 기반 사업자가 한국 자본의 지원, 한국 IT 스타트업의 아이디어와 기술력을 바탕으로 인도네시아 시장에 진출하며 새로운 성공 사례를 만들기 위해 고군분투했다. 대표적인 한국계 스타트업으로는 CoHive(공유오피스), 9Lives(보험 플랫폼), Qraved(레스토랑 소개 앱), Cashtree(모바일 광고 플랫폼), OK Home(홈 클리닝 서비스), 코드블릭(이커머스 솔루션), 스튜디오 쇼(콘텐츠 크리에이션) 등을 꼽을 수 있다.

최근에는 코로나19로 IT 아웃소싱시장에서 건강, 교육, 의료 분야 관련 프로젝트가 증가하고 있다는 분석이다. 이처럼 포스트코로나 시대에 발맞춰 온라인 교육 분야에 진출한 한국기업이 있다. 2019년 말 한국 모바일 학교 알림장

앱의 선두 주자인 '아이엠스쿨'을 운영하는 NHN에듀가 인도네시아 진출을 위해 합작법인 설립 계약을 완료했다. NHN에듀는 아이엠스쿨 운용기술을 인도네시아에 이전하고, 만화끼따는 교육용 만화 콘텐츠를 제작 서비스한다. 인코르는 인도네시아 나시오날대학교(UNAS)와 협력해 인도네시아 최초의 사이버대학교 설립 허가를 받은 교육법인으로 다양한 교육 플랫폼을 운영하는 기업이다.

결제 서비스업체인 퍼스트 페이먼트(First Payment Indonesia)를 운영하는 박성빈 사장은 한국 IT 기업이 인도네시아에서 고젝과 같은 대규모 IT사업을 단기간에 일궈 성과를 낸다는 것이 쉽지 않기 때문에 현지 시장에 대해 주도면밀히 검토하고 다양한 인적 네트워크를 활용해 틈새시장을 공략하는 것이 성공 비결이 될 것이라고 말한다. 인도네시아 시장은 한국시장에 비해 사업 실행과 소기의 성과를 내기에 상당한 시간이 소요되는 곳인 만큼 사업 운영 자금, 사업 전략 등에서 오랫동안 버틸 수 있는 준비와 맷집이 필요하다고 조언한다.

• 자랑스러운 한인기업 •

30년 넘게 이어진 인도네시아와 CJ그룹의 인연

CJ그룹의 글로벌화에 중추적 기반이 된 인도네시아

인도네시아에서 CJ그룹 하면 가장 먼저 떠오르는 것이 뚜레쥬르와 CGV다. 하지만 이것이 다가 아니다. CJ제일제당은 옛 삼성그룹 제일제당 시절인 1988년 12월 인도네시아 동부 자바주 빠수루안(Pasuruan) 지역에 그룹의 첫 해외법인을 설립하고 사료용 아미노산 '라이신' 판매를 시작했다.

CJ제일제당에 인도네시아는 상징적 의미를 지닌 국가다. 인도네시아는 CJ제일제당이 처음으로 글로벌 사업을 시작하며 해외시장에 대한 경험과 노하우를 쌓은 곳이고, 이는 주력 사업인 바이오사업과 식품사업이 한국을 넘어 세계로 뻗어나가는 근간이 된다. 이를 발판으로 CJ제일제당의 라이신, 트립토판, 핵산은 글로벌 시장 점유율 1위에 오르는 데 중추 역할을 했다. 이처럼 CJ바이오가 세계 최대 수준의 바이오 기업으로 성장할 수 있었던 이유는 바로 CJ제일제당의 최초 해외 생산 거점인 인도네시아 공장이 있었기 때문이다.

CJ Feed&Care 사업부는 반뜬주 세랑공장을 시작으로 동부 자바주 좀방, 북부 수마트라주 메단, 남부 칼리만탄주 등 인도네시아 전국에 6개 공장, 50개 종계장, 1,300여 개의 육계농장을 운영하고 있다. 이처럼 인도네시아 권역은 전체 Feed&Care 글로벌 매출의 3분의 1 이상을 차지하는 핵심 국가다.

2002년에는 CJ대한통운이 진출하며 전국적으로 구축된 물류 인프라를 활용해 다국적 기업의 물류를 처리하고 있다. 서부 자바주 버까시 공단 내 축구장 규모(부지 기준 4만2,000m^2)의 대형 물류센터를 인수한 CJ대한통운은 전략적 인프라 투자로 크라카타우포스코의 철강 등 특수 물류까지 병행하며, 인도네시아 물류사업을 토대로 동남아시아 거점을 확대하는 데 집중하고 있다.

인도네시아의 물류 비용은 전체 다른 동남아시아 국가보다 훨씬 높은 수준이며 '인도네시아 물류산업 육성 정책'에 따라 전국적으로 고속도로 확장 공사가 이루어지면서 도로 인프라가 구축되었다. 그리고 화물에 대한 모든 추적 절차와 배송 체계가 디지털화되면서 인도네시아는 중·장기적으로 다른 글로벌 국가와 비교해도 매력적인 물류시장임이 분명하다.

'한국 문화'로 인도네시아인 생활에 파고드는 기업

CJ그룹은 2011년 CJ푸드빌이 베이커리사업으로 뚜레쥬르 매장을 오픈하며 첫 B2C 시장에 진출했다. CJ푸드빌은 2011년 자카르타 중심부에 있는 고급 쇼핑몰 '스나얀 시티'에 뚜레쥬르 1호점을 오픈하고, 이후 제2의 도시인 수라바야와 최대 관광지 발리를 포함해 48호점을 오픈하며 프리미엄 베이커리 문화를 한국 B2C 브랜드로 현지 시장에 안착하는 데 성공했다. CJ그룹의 식품 부문은 한국의 맛을 더한 소스로 한국 식문화 전파에 앞장서고 있으며 프리믹스 제조법인과 햇반 등 CJ 주요 제품을 수입·유통하고 있다. 또 2020년 획득한 할랄 인증과 함께 할랄 브랜드 '코라사(KoRasa)'를 탄생시키며 최대 무슬림 국가인 인도네시아를 발판 삼아 글로벌 할랄푸드시장을 확대할 계획이다.

뚜레쥬르는 2020년 1월 인도네시아에서 할랄(Halal) 인증을 획득하고 제품 생산에 나섰다.

그리고 2012년에는 CGV를 열고, 2015년에는 첫 CJ E&M 합작영화를 만들었다. CGV는 2013년에 현지 극장 체인 '블리츠 메가플렉스(Blitz Megaplex)'를 위탁경영하며 인도네시아에 본격 진출했다. 현재 68개를 운영 중인 CGV 인도네시아의 키(key)는 '컬처플렉스(Cultureplex)'로 영화는 물론 다양한 즐길 거리가 어우러진 복합 문화 공간의 개념으로 차별성을 두고 있다. CJ E&M은 현지 합작영화사로 총 11편의 영화를 제작했다. 그중에서 2017년 개봉한 〈사탄의 숭배자〉는 누적 관객 420만 명을 돌파하며 역대 로컬 호러 영화 1위 기록을 경신했다.

CJ그룹은 글로벌 사회에 공헌하겠다는 사명에 따라 2004년 아쩨 쓰나미부터 2018년 중부 술라웨시주 팔루 지역의 지진, 2020년 코로나19 재난 등 국가적 위기 때마다 그룹 차원의 지원을 인도네시아 정부 측에 전달했다. 또 공장 지대 근교 주민들과 지역사회에 대한 사회적 책임을 다하기 위해 각종 CSR 활동을 펼친다.

그 밖에도 CJ푸드빌은 CSV(Creating Shared Value) 상생 모델로서 2015년부터 코트라(KOTRA)와 함께 일자리 창출을 위해 노력하고 있으며, CGV에서는 인도네시아 자국 문화 융성을 위한 인프라 지원을 위해 로컬 제작물을 CGV 상영관에 편성하여 독립예술 영화가 성장할 수 있도록 돕고 있다.

• 자랑스러운 한인기업인 •

로얄수마트라 이호덕 회장

신뢰와 인간관계를 바탕으로 해외시장 개척에 성공하다

수마트라 메단에 위치한 로얄수마트라는 인도네시아에서 한국인이 최초로 개발한 대규모 주택단지로 골프장을 비롯해 다양한 부대시설을 갖추고 있다. 전체 면적 총 260만㎡로 보고르식물원의 3배, 여의도의 절반에 이르는 대규모 부지에 아파트 1,000세대와 중대형 단독주택 1,125세대가 들어서 있다. 그리고 로얄수마트라는 싱가포르국제학교를 비롯한 교육시설, 상업, 체육, 단독주택, 아파트를 개발하고, 부대시설로 수마트라를 대표하는 골프장(18홀)을 운영하고 있다. 인도네시아의 국민소득이 높아지면서 건강에 대한 관심이 부쩍 커질 것을 겨냥해 의료기기 유통 및 특수장비 판매 회사인 '메디슨 자야리야'도 경영하고 있다. 최근에는 캄보디아로까지 투자를 확대해 앙코르와트와 바이온 사원 등 세계적 유적의 관광 거점인 시엠레아프에 'SNMDC'라는 합작회사를 설립하고, 160만㎡ 규모의 복합관광단지를 건설하는 중이다.

이호덕 회장은 1975년 경남기업에 입사하면서 처음 인도네시아 땅을 밟았다. 입사한 지 불과 4년 만에 인도네시아본부 사무소장으로 임명되면서 성공을 이뤘지만, 자신의 사업을 일구고 싶다는 열망으로 '기회의 땅' 인도네시아에서 맨몸으로 승부수를 던지기로 작정했다. 이후 매일 아침 5시에 인도네시아 현지 시장인 빠사르빠기(Pasar Pagi)를 돌며 시장조사를 했다. 그리고 화교들이 장악한 현지 시장에서 남다른 친화력으로 화교 인맥을 쌓고 화교 상술을 배우며 양말과 옷, 양말 기계 등을 수입하기 시작했다. 1980년대 중반부터는 인도네시아 정부의 공공 입찰에 참여해

로얄수마트라 GCC(메단)에서 열린 아시안 시니어 마스터즈 골프대회 (오른쪽에서 두 번째 이호덕 회장)

인도네시아 직업훈련소에서 선반, 밀링 등 3,000만 달러 규모의 기계를 납품하는 입찰에 성공하면서 한국정부로부터 석탑산업훈장을 받았다. 그리고 각종 특수장비와 중계 기기, 섬유 원단, 의류 등 수입 품목을 다변화하면서 목재와 고무 등 인도네시아 특산품을 한국과 싱가포르에 수출했다.

모험과 도전을 즐기는 이호덕 회장은 사업이 궤도에 오르자 수마트라 섬에서 부동산개발업으로 큰 성공을 거두며 오늘에 이르렀다. 물론 어려운 시절도 있었다. 사업을 시작할 당시 대한민국의 송금 제한 조치 등으로 창업에 필요한 자금을 원활히 조달하기 어려웠고, 새로 사업을 시작하면서 누구나 겪기 마련인 인간관계에 대한 신뢰를 구축하는 데 오랜 시간이 걸렸다. 그러나 평소 신뢰를 쌓아둔 인도네시아 현지 은행에서 선뜻 담보 없이 대출을 해주면서 사업은 금방 안정을 찾을 수 있었다. 이 회장이 해외사업에서 가장 중요한 것은 '신뢰와 인간관계'라고 강조하는 이유가 그 때문이다.

이호덕 회장은 문제를 일으키고 실패하는 한이 있어도 자신만의 목표를 세워 몰두하고, 도전하고, 미쳐야 한다고 말한다. 그리고 인도네시아는 그런 이 회장의 무모한 열정과 도전을 받아준 큰 품을 가진 나라라고 회고했다.

• 자랑스러운 한인기업인 •

동양종묘(PT. Oriental Seed) 박병엽 대표

인도네시아 먹거리 책임지는 농업계의 대부 한인기업

인도네시아 고추종자시장에서 단일 업체로 최고점유율을 유지하는 동양종묘(PT. Oriental Seed)는 박병엽 대표가 2000년도에 자본금 40만 달러를 투자해 설립한 기업이다. 박 대표는 1982년 농촌진흥청 산하 원예시험장에서 근무하다, 농우바이오로 자리를 옮겨 고추 육종을 담당했다. 이어 1992년부터는 농우바이오 자회사인 중국 세농종묘를 거쳐 1994년 (주)농우바이오를 통해 인도네시아에서 파견 근무했다. 그러고는 2000년 동양종묘를 설립했다. 동양종묘는 인도네시아 고추종자시장의 약 10%를 생산하고 있으며, 그 외에도 토마토, 수박, 참외, 멜

중부 자바주 마글랑 지역에 있는 동양종묘 연구소에서 고추 육종에 대해 설명하는 박병엽 대표

론, 오이 등의 종자를 직접 개발해 판매한다. 현재 100여 품종을 보유하고 있으며, 700여 명의 직원을 고용해 연 매출 400억 루피아의 실적을 올리고 있다.

회사의 가장 큰 보람은 현지 주민을 직원으로 채용하고, 현지에서 농자재를 구매하여 지역사회의 고용을 창출하는 동시에 지역사회에 소득원을 제공하고 인도네시아의 자연환경인 기후를 이용해 연중 세대 단축을 통한 신품종을 계속 개발해 소비자에게 좋은 품질의 채소 종자를 공급해 농가 소득 증대에 기여하는 것이다.

박 대표가 처음에 사업을 시작했을 때, 대량생산부터 판매까지 쉬운 일이 하나도 없었다. 초창기에는 토지 선정에 실패하면서 중부 자바주 워노소보 지역과 서부 자바주 가룻 지역 등 여러 곳을 전전했고, 종자 판매상에게 외상을 주었다가 대금을 받지 못한 적도 있었다. 이뿐만 아니다. 2010년에는 연구소 인근에 있는 머라삐 화산 폭발로 재배 중인 모든 작물이 화산재로 뒤덮여 20만 달러의 손실을 입었고, 회사 직원의 횡령과 절도 사건도 겪었다. 박 대표는 인도네시아에서 보낸 이런 힘들었던 시간은 값진 경험과 좋은 투자가 되었다고 말한다. 10년간의 시행착오 끝에 2010년부터 현재 위치한 중부 자바주 마글랑에 정착하여 탄탄하게 회사를 경영하고 있다.

지금도 품종을 개발하는 일이 가장 행복하다고 말하는 박병엽 대표는 앞으로 인도네시아는 경제가 성장하고 소득이 높아져, 채소 소비량도 더불어 증가할 것으로 예상하는 만큼 채소종자시장의 잠재력은 무한하다고 내다봤다.

Focus 한인여성 기업인의 활약

1970~1980년대는 한국에서도 여성이 경제활동을 하기 힘들었다. 더구나 인도네시아에서 한인여성의 경제활동은 아주 드문 일이었다. 인도네시아 진출 초창기의 여성은 대부분 남편을 따라 이주해 '누구의 부인'이라는 이름으로 활동했다. 그러나 현재는 인도네시아에서 한인여성 기업인과 창업자 그리고 현지 취업자가 점차 증가하는 추세이며, 한국여성의 기질과 장점을 살려 현지에서 성공을 이뤄내는 사례가 점차 늘고 있다. 한인여성 사업가가 진출한 주 업종은 컨설팅, 여행업, 무역, 외식업, 교육업, 의료기기 수입, 인테리어, 액세서리, 의류 유통, 화장품 수입, 출판 미디어 분야다. 요즘은 세무사, 변호사, 큐레이터, 전문 작가 등으로 활동 범위가 다양해졌다.

최초의 인도네시아 한인여성 기업인은 PT. ATI의 **배정옥** 대표로, 1972년 26세의 젊은 나이에 달랑 50달러를 쥐고 인도네시아로 건너왔다. 반자르마신(Banjarmasin)과 사마린다(Samarinda), 따라깐(Tarakan) 등에서 원목사업을 하며 10여 년 동안 한국과 일본에 수출하였다. 원목사업이 자리를 잡아가자 한인들에게 제대로 된 한국 음식을 대접하겠다는 열망으로 자카르타에 150명을 수용하는 한국관 식당을 오픈했다. 원목사업과 식당업을 병행하며 당시 외무부 장관을 지낸 아담 말릭(Adam Malik, 재임 1966~1977) 등 많은 인도네시아 사람과 친구가 되었다. 지금은 양계용 의약품을 유통하는 사업을 하고 있으며, 초대 민주평통위원, 한인회 부회장, 한인상공회의소 부회장, 코윈(KOWIN) 회장 등을 역임했다.

현재 한인 공동체에서 일하는 대표적인 여성 사업가로는 인도네시아에서 자수성가한 컨설팅업계의 여장부, 우리컨설팅(Wooril Consulting&Wooril Tour) 김민규 대표를 비롯해 인꼬 바땀(PT. Inko Batam) 공자영 대표, 리틀램유치원 등 사교육기관을 운영했던 박현순 원장, 프라임(PT. Prime Freight Indonesia)의 이희경 대표 등이 있다. 그리고 2세 여성 경영인으로는 종합 건설 회사 PT. SSA(PT. Sepuluh Sumber Anugerah)의 황미리 대표와 진영(PT. Jinyoung)의 이지완 대표 등이 있으며, 그 밖에도 수많은 여성 사업가가 인도네시아에서 활발한 활동을 펼치고 있다. 그중에는 일찌감치 인도네시아에 와서 사업을 일구고 글로벌 리더로 성장한 대표적인 여성 기업인도 있다.

남성 중심 세계에서 굴지의 서비스업종 회사를 일군 글로벌 리더
CEO SUITE 김은미 대표

김은미 대표는 한국에서 대학을 졸업한 후 1984년에 외국계 은행에 입사해 경력을 쌓다가 호주 명문 대학원 졸업장을 손에 쥐었다. 하지만 당시 한국에서는 고급 스펙을 쌓은 여성조차 남성들을 돕는 업무만 하게 했다. 1990년도에 한 호주 회사의 동남아시아 총괄 이사직을 맡았지만, 여전히 동양 여성으로서 느끼는 높은 장벽을 경험했다. 현재 그 장벽을 뛰어넘은 김은미 대표는 공유오피스 분야에서는 1세대 사업가로 손꼽힌다. 1997년 인도네시아에서 창업한 공유사무공간 회사인 CEO SUITE를 설립하여 한국, 말레이시아, 싱가포르, 중국 등 아시아 8개국, 11개 도시에 21개 지점을 둔 글로벌 기업으로 성장했다. 자카르타에 5개 지점이 있으며, 본점은 처음 시작한 자카르타 증권거래소타워 BEJ에 있다.

CEO SUITE는 기업과 개인 고객에게 5성급 호텔과 같은 사무공간과 더불어 법률, 회계, 세금, 통역 등 회사 운영에 필요한 각종 서비스를 제공한다. 김 대표의 경영 철학은 비즈니스를 넘어 사람을 돕는 것이다. 이윤 추구에 앞서 고객이 필요한 서비스를 제공하자는 취지다. 페이스북, 트위터, 우버, JP모건, 삼성, 포스코, SK 등 글로벌 기업들이 CEO SUITE를 선택한 이유다.

"비행기 트랩에 오를 때가 가장 설렌다"는 김은미 대표(한국지점이 있는 광화문 교보빌딩에서)

김은미 대표는 인도네시아의 거리 청소년들을 위한 유기농 농업학교 배움의 농장(Learning Farm)을 설립하였고, 인도네시아 최초의 엔젤 투자가이자 인도네시아 스타트업 멘토다. 인도네시아에서 영문판 『Leap for the world(2016)』를 출간했는데, 이는 2011년 한국 청년들의 해외취업과 창업을 위해 쓴 『대한민국이 답하지 않거든 세상이 답하게 하라』를 번역한 책으로 오디오 북으로도 출간되었다.

CEO SUITE는 2020년 9월이면 창업 23년 차에

접어든다. 코로나19 사태가 공유사무공간업에 엄청난 타격을 줘 큰 경쟁사마저 곳곳에서 철수하고 있지만 숱한 경제위기에도 꾸준히 성장을 거듭해온 CEO SUITE는 역경에 굴복하기보다 또 한 번 성장하는 기회로 삼고 있다.

김 대표는 연세대학교 '미래여성 백인상(2009)', 연세대학교 '올해의 여동문상(2010)', 여성신문 '미래여성지도자상(2011)', 동아일보 '한국 경제를 움직인 CEO상(2017)', 매일경제 '글로벌 리더상(2018)'을 수상했다.

Chapter 5

—

인도네시아
한인사회의 형성과 성장

한국과 인도네시아가 정식 국교를 수립한 지 47년이 지난 지금, 인도네시아 한인사회는 놀랄 만큼 성장했다. 인도네시아에 뿌리를 내리고 각 분야에서 나름의 색깔을 빛내며 활동 영역을 넓혀온 한인들의 모습은 다른 어떤 나라의 공동체에서는 볼 수 없는 강한 소속감을 형성하며 한인사회를 발전시켜왔다.

시작부터 탄탄대로였을 리는 만무하다. 타국에서 주체적으로 한인의 결집을 이끌어온 한인회와 지역 한인회, 한국부인회가 자리를 잡고 스펙트럼을 넓혀갔다. 개척시대부터 서로가 서로에게 기댈 어깨가 되어주려던 마음이 모였기에 가능한 일이었다. 이에 인도네시아 한인사회가 어떻게 형성되고 발전해왔는지 되짚어보자. 아울러 아이들의 교육을 걱정하던 한인들이 한마음 한뜻으로 세운 자카르타한국국제학교의 역사도 들여다보자. 이 장은 우리의 후손들이 걸어야 할 올바른 방향을 제시하는 현명한 지침서가 될 것이다.

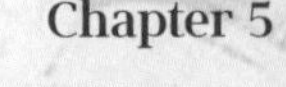

Chapter 5

①

대한민국거류민회의 탄생

'남의 나라 영토에 머물러 사는 사람'이란 뜻의 거류민(居留民)에는 서러움과 강인함이라는 단어가 따라붙는다. 모국에서 4,510km 떨어진 인도네시아에 삶의 터전을 일군 한인들은 타국살이의 설움을 극복하기 위해 지독할 만큼 강해져야 했다.

본격적인 한인사회의 형성은 1972년 7월 16일 최계월 회장(한국남방개발주식회사 KODECO 대표)을 중심으로 설립한 '재인도네시아공화국 대한민국거류민회(거류민회)'의 등장 이후부터라고 할 수 있다. 이는 광복 전후 인도네시아 한인들이 질서를 갖추며 조직한 집단으로 활동 범위를 점차 넓혀갔다.

조직 설립 배경 : 700여 한인을 위한 단체 결성 시급

1970년대 초기 한인들은 고국을 방문할 때마다 공관에 일시 귀국 허가를 받아야 했고, 기업들은 경리 업무까지 공관의 통제를 거쳐야 운영 자금을 수령할 수 있었다. 한국보다 먼저 인도네시아와 국교를 맺은 북한대사관이 있는 데다 중앙정보부의 통제가 심하던 시절이었기 때문에 한인단체 조직 설립은 생각하기 힘들었다. 더욱이 체류국의 눈치를 보고 있던 주인도네시아 대한민국총영사관(총영사 김좌겸) 역시 한인단체 창립에 긍정적인 견해가 아니었다.

이런 상황에서 700여 한인들의 여론을 모을 단체 결성이 시급하다는 목소리가 나오기 시작했고, 1972년 7월 16일 역사적인 '거류민회(초대 회장 최계월)'가 창립되었다.

1972년 7월 16일 거류민회 창립 총회 모습

거센 외부의 압박으로 자칫 유명무실한 단체로 전락할 위기에 처하기도 했지만, 1973년 최계월 회장(코데코 대표), 염동희 상임부회장(한국외환은행 소장), 장달수 부회장, 이상윤 부회장(한남무역 지사장), 조용준 총무간사, 정무웅 회계간사, 신병하 사업간사 체제로 보강하면서 본격적인 활동을 시작하게 된다.

활동과 평가 : 코리아센터유지재단 설립과 한인학교 설립 추진 특별위원회 발족

1974년 7월에는 한국외환은행, 코트라, 국제실업, 현대건설, 삼환기업, 대림산업, 코데코, 미원, 쌍용, 한일시멘트, 동명목재, 협화실업, 경남기업 등 13개 회사가 공동 출자해 한국회관관리재단의 전신인 '코리아센터유지재단(회장 최계월, 재단 이사장 염동희)'을 설립했다. 이후 한인 2세에게 민족 정체성을 심어주고 현지 적응력을 높이기 위한 교육의 필요성이 대두되면서 '한인학교 설립 추진 특별위원회'를 조직했다. 이를 계기로 9월에는 거류민회운영위원회와 대사관(대사 이재설)이 공동 발의해 '자카르타한국국제학교(JIKS)' 설립을 논의하기에 이른다. 그 후 대사관 옆에 새로 지은 학교 건물(1977.7.25 준공)과 한인회관(1984.2.18 준공)은 1993년 초까지 JIKS의 초등부 교실로 사용되었다. 그 뒤로 거류민회 사무실과 한인상공회의소, 한국부인회, 각종 강의실로 활용되다가 신축 공사를 위해 2012년 2월 15일에 철거했다. 33년 동안 한인들과 풍파를 함께 겪은 한인회관은 그렇게 역사 속으로 사라졌다.

거류민회는 대사관과 한인회관의 건축 그리고 한인 2세 교육에 역점을 둔 과감한 사업을 추진했다. 1975년 5월에는 '안보 궐기대회'를 열어 안보가 불안한 조국을 위해 거주 한인과 공관원으로부터 방위성금 7,000달러를 모아 애국심과 향수까지 보태어 한국정부에 보냈다. 한인공동체가 자리를 잡아가며 공동사회에서 여성의 역할 또한 강조되었고, 이에 따라 1973년 관(官) 주도로 재인도네시아한국부인회(초대 회장 김정순)가 창립되었다.

철거를 앞둔 한인회관 옆의 예전 영사동 건물 앞에서 기념 촬영하는 한인회 관계자들(2012)

한인역사의 보물지도 『거류민회 회보』

한인들의 세월이 담긴 귀중한 자료

거류민회의 활동이 다양해지면서 한인들에게 거류민회에서 추진하는 사업과 한인사회의 소식을 전하는 간행물이 발간되었다.

1975년 탄생한 『거류민회 회보』는 1985년 중반까지 매년 4회씩 발행되었다. 첫 발행일과 마지막 발행일 날짜를 정확히 알 수는 없지만, 타자기 글자판의 키를 손가락으로 하나하나 눌러 타이핑한 『거류민회 회보』는 40년 전 인도네시아 한인들의 상황과 생활을 엿볼 수 있는 귀중한 자료다.

1982년 5월 말에 발간한 제21회 《거류민회 회보》에는 지역사회 봉사 활동을 포함한 소식과 사업의 경과 보고, 경제와 공관 소식이 상세히 실려 있다. '올림픽후원회 성금 모으기에 적극적으로 참여합시다'라는 표어가 하단에 박스 처리된 것이 인상적이다. 1982년에 분화한 인도네시아의 갈룽궁(Galunggung) 화산으로 피해를 본 자바 섬의 이재민에게 거류민회와 JIKS, 한인교회가 합동으로 전달한 구호 물품도 상세히 기록되어 있다.

또 하나 주목할 것은 지역 소식도 실린 점이다. 5월을 맞이하여 해외건설협회 위문단이 수라바야 거류민들과 건설 현장 직원들을 위해 공연을 열었는데, 단장 김현철을 비롯해 김희갑, 김상국, 최헌, 조미미 등 그 시대를 풍미했던 연예인들의 이름이 열거되어 있다.

1990년대 탈냉전 시대에 들어서기 전까지 국내외 안보에 촉각을 기울이던 모습도 회보 곳곳에 드러난다. 대사관 강당에서 개최한 안보 정세 브리핑과 사업보고서에 평화통일 연수 교육을 실시했다는 내용도 기재되어 있다.

이 밖에도 JIKS 증축에 드는 거류민회의 찬조금 내역이나 거류민회 사무실에 기증한 도서, 새로 부임한 사람들의 명단도 눈에 띈다.

1975년부터 1985년까지 발행한 계간지 『거류민회 회보』

한인동포들이 인도네시아에 본격적으로 진출하기 전이라 한인 소식지 『거류민회 회보』 역시 가족공동체 같은 분위기를 풍긴다. '본 회보는 보안상 거류민 각자가 보관에 각별히 유의하고 불필요한 경우 소각을 요함'이라는 문구에서 추측할 수 있듯이 보안상 편집인 명단은 기재하지 않은 것으로 보인다.

②

본격적인 한인사회의 형성 과정

1960년대 이후 한국은 급속한 산업화에 성공하면서 경제 강국으로 주목받았으며, 세계인들의 인식 속에 '한국인' 하면 부지런한 민족이란 수식어가 따라붙기 시작했다. 인도네시아에 정착한 한국인들 역시 인도네시아 현지 정부의 제재 정책과 사회적 차별 속에서도 '한민족'의 강인함을 보이며 현지 적응에 성공했다.

2019년 외교부의 집계에 의하면, 인도네시아에는 2만2,774명의 재외한인이 거주한다. 주인도네시아 대한민국대사관의 2020년도 발표에 따르면 단기 체류 허가증인 끼따스(KITAS, Kartu Izin Tinggal Terbatas)와 거주 허가서인 끼따스/끼땁(KITAS/KITAP, Kartu Izin Tinggal Terbatas/Tetap)을 소지한 재인도네시아 한인은 2만명에 미치지 못한다.

인도네시아 초기 한인의 상당수는 칼리만탄과 수마트라 섬에 거주하면서 산림 개발에 주력했다. 입학할 연령대의 아이를 둔 가정은 자카르타에 살며 가장만 섬에 들어가 일하는 경우가 흔했다. 1970년대 중반에는 수출 역량을 강화하기 위해 종합상사들이 진출하면서 한인사회 분위기가 조금 바뀌었다. 1,000여 명의 한인들은 기업의 내부 행사나 거류민회가 주관하는 연말 송년회, 야유회에 참석하는 것이 당연시되었다. 모국과 떨어진 이질적인 문화의 낯선 땅에서 외로움을 달래거나 사업상 연맥을 찾는 길이기도 했다.

1980년 초, 대한민국 해군 순항함이 인도네시아를 방문했을 때는 사열식을 구경하기 위해 수백 명의 한인이 구름 떼처럼 몰려들었다. 타국에서 한국해군 부대의 모습을 지켜보며 고향을 그리워하고 조국을 자랑스러워하는 애국심이 고취되는 순간이었을 것이다.

1990년대 들어 친목 모임의 성격이 강하던 거류민회는 한인기업들이 인도네시아에 대거 진출하면서 성격이 달라졌다. 그동안 한인들끼리 똘똘 뭉치던 분위기에서 벗어나 현지인과 상생하고 협력을 도모하는 것이 중요하다는 걸 깨달은 것이다. 이 시기에 거류민회를 이끈 제3대 승은호 한인회장은 한인기업가들의 요청으로 재임을 이어가며 변곡점을 지나는 한인회를 지금의 반열에 올려놓았다.

③

한인의 목소리가 모이는 두물머리 '재인도네시아한인회'

재인도네시아한인회는 48년의 역사를 자랑한다. 6명의 한인회장은 '아름다운 공동체'라는 구호를 내걸고 의견이 다른 소수의 목소리에도 귀 기울이며, 겸손한 마음으로 정진 · 협력하여 지난 40년 동안 인도네시아 한인들을 대표하는 봉사 단체로 이끌고 있다. 그뿐 아니라 한인들 상호 간에 친목과 화합을 도모하는 것은 물론 희로애락을 함께하며 상부상조한다. 외부적으로는 한국과 인도네시아 양국 간의 상호 이해와 협력을 위해 관계 증진에 힘쓰고 양국 간의 관계가 더욱 발전할 수 있도록 아낌없이 달리며 노력한다. 그래서 재인도네시아한인회의 이념도 '소통으로 하나 되는 한인사회, 나눔으로 축복받는 한인사회, 인도네시아 사람들과 더불어 사는 한인사회'다.

한인회 조직은 회장을 중심으로 수석부회장과 부회장, 자문위원, 이사, 사무국장으로 구성돼 있다. 역대 한인회장과 한인사회 주요 인사들은 명예회장과 명예고문, 고문을 역임한다. 한인회장은 회계연도별 예산을 책정해 이사회의 승인을 얻어 집행하고, 회계연도 말에 감사를 받는다.

재인도네시아한인회는 기획분과, 동포 안전 · 권익분과, 재정 · 자산분과, 교육분과, 사회 · 복지분과, 문화 · 예술분과, 대내외홍보분과, 대외협력분과, 행사 관련 분과, 청년분과, 지역분과, 부인회, 노인대학, 한인니문화연구원으로 나뉘는 전문화된 분과별 활동으로 한인사회에서 일어나는 폭넓은 사업들을 기획하거나 지원한다. 경제활동으로 인한 이주가 많은 인도네시아 한인들의 특성을 배려한 '무료 법률 상담반'도 운영하는데, 대부분의 민원이 경제활동과 직결되기에 점차 한인회 무료 법률 자문위원들을 찾는 한인이 늘고 있는 추세다.

④

역대 재인도네시아한인회 회장 인물사

인도네시아 한인을 대표하는 한인회장의 직함은 한인사회를 위해 온전히 봉사하는 자리이기에 무엇보다 '섬김의 리더십'이 중요하다. 한인사회를 위해 무보수로 솔선수범하지만 인도네시아 한인사회와 현지에 한인회장이 미치는 영향이 매우 큰 만큼 깐깐한 검증의 잣대를 통과해야 한다.

재인도네시아한인회가 다른 나라 공동체보다 앞서 성장과 발전을 할 수 있었던 이유는 '한국인 대표 공동체'라는 자긍심을 가지고 불철주야 노력해온 한인회장들의 노고 덕분이다. 이렇듯 역대 한인회장은 시대의 요구에 부응하는 리더십으로 한인공동체를 이끌어왔다.

이런 이유 때문일까. 재인도네시아한인회 역대 한인회장들의 상훈 내역은 유독 화려하다.

최계월 초대 회장은 대한민국 은탑산업훈장과 대한민국 국민훈장 동백장, 인도네시아 최고공로훈장, 인도네시아 경제발전 특별공로상에 서훈되었으며 제

2대 신교환 회장은 1987년과 1994년에 국민포장과 대통령 표창을, 제3대 승은호 회장은 1991년과 2002년에 국민훈장인 석류장과 모란장을 수상했다. 뒤이어 제4대 신기엽 회장이 2009년 석류장을, 제5대 양영연 회장이 2019년 목련장에 서훈되었다.

제1대 최계월 회장 : 한인사회의 초석을 이룬 선구자

(임기 : 1972.7.16~1986.10.14)

"애국하는 심정으로 해외 자원개발 사업에만 쏟아부은 열정은 나의 영광이자 조국의 영광이다."

헌신적으로 한인사회의 기반 시설을 닦은 '전설의 개척자'

한국의 해외투자 1호 기업인 코데코(한국남방개발, KODECO) 창업주이자 재인도네시아거류민회 초대 회장이라는 기록을 남긴 최계월 회장은 한인사회에 남긴 업적도 남다르다. 1972년 재인도네시아거류민회 초대 회장으로 피선되어 1976년 한국학교(JIKS, 현 대사관 영사동) 설립에 앞장서며 한인사회의 단합력을 높이는 데 집중했다. 한인들을 위한 기반시설의 중요성을 절실히 느낀 최계월 회장은 13만 달러를 쾌척해 공관과 한인기업 자녀들을 위한 한국학교를 건립했고, 이듬해에는 코리아센터 건립을 위한 지원금 35만8,000달러를 기부했다. 당시 가뭄의 단비 같은 통 큰 기부로 자녀 교육 문제가 걸려 인도네시아 이주를 주저하게 하는 커다란 걸림돌 하나가 해결되었다.

최 회장은 한국대사관과 재인도네시아거류민회의 협력 관계 증진을 위해 매

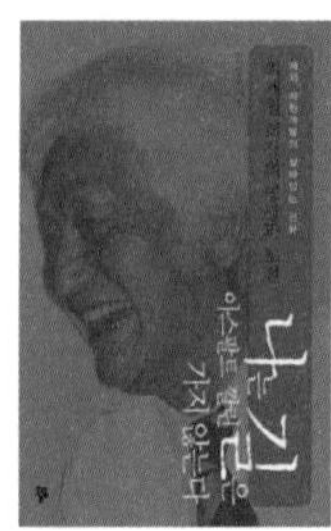

인도네시아에서 맹활약한 최계월 회장 관련 저서와 2020년 자카르타한국국제학교에서 열린 '최계월 초대 회장 흉상' 제막식 겸 장학금 전달식

년 5월 대사관 직원들과 함께 보고르 식물원 등으로 야유회를 갔다. 광복절 기념행사와 '한인 송년의 밤'을 주최하는 등 타국 생활에 지친 한인들이 고국에 대한 향수를 달래는 축제의 장을 마련했다.

아직도 한인사회에서는 그에 관한 여러 가지 미담이 전설처럼 내려온다. 최계월 회장은 모국의 어려움을 함께 나누는 일에도 늘 앞장섰는데, 수재의연금 전달(1981.10.)과 평화의 댐 건설 성금 모금(1986.12.)이 대표적 예다. 이 밖에도 어려운 동포 가족의 월 생활비를 보조한 일은 두고두고 회자된다. 재인도네시아한인회가 소장한 빛바랜 사진첩과 최 회장의 업적을 제보하기 위해 한인회를 찾은 한인들이 정성스레 보관해온 사진이 이를 말해준다.

최계월 회장의 파란만장한 일대기에 관한 저서도 4권이나 출간되었다. 『역사는 꿈꾸는 자가 만든다(한대희 저, 1992)』, 『그들은 나를 칼리만탄의 왕이라 부른다(권태하 저, 1994)』, 『나는 아스팔트 깔린 길은 가지 않는다(이호 저, 1993)』, 『낭만의 제국(이호 지음, 2007)』이다. 그와 관련한 저서들은 한인 수교관계(1973) 전인 1968년에 진출한 선두 주자 코데코를 비롯해 인도네시아의 무수한 개척사를 생생히 전해준다.

2018년 9월에는 최계월 회장의 업적을 기리는 장학금 약정식이 자카르타한국국제학교와 코데코 간에 체결되었다. 그의 서거 5년 뒤인 2020년 1월에는 장학금 전달식과 함께 한국학교 설립에 공헌한 최계월 회장의 흉상이 자카르타한국국제학교 나래홀 강당 앞에 설치되었다. 인도네시아 한인사회의 초석을 마련한 선인을 기념하려는 후세들의 뜻이다. 최 회장은 이제 굵직한 한인역사의 한 페이지로 남게 되었다.

- 1919.01.05~2015.11.27(경남 창원 출생)
- 코데코(KODECO) 대표(1963.11~1993.11) 및 총회장(1993.11)
- 해외국민연합회 회장(1980.11~1987)
- 한국해외산림개발협회 회장(1976.10~1981.02)
- 코데코에너지(주) 대표이사 사장 취임(1981.04)
- 홍콩 석유판매회사(KIPCO) 사장(1988.04), 인도네시아 현지법인 KODECO HEAVY Industry 사장(1990.06), 인도네시아 현지법인 KODECO Fishery 사장(1992.10) 취임

대한민국 은탑산업훈장(1974), 대한민국 국민훈장 동백장(1977), 5·16 민족상 산업부문본상(1978), 인도네시아 독립 50주년 기념 경제발전 특별공로상(1995), 인도네시아 최고공로 훈장(Bintang Jasa Pratama)(1996)

제2대 신교환 회장 : 세계로 웅비하는 한인회

(임기 : 1986.10.15~1990.06.19)

"정도를 걸어라. 그러면
누구 앞에서도 당당해질 수 있다.
인도네시아에 사는 한인 모두가
한-인도네시아 양국의 친밀한 유대를 가능하게 하는
자랑스러운 한인 역사의 주인공이다."

한인의 대변자이자 미래에 대한 비전을 제시한 '인도네시아 민간인 대사'

제2대 한인회장을 지낸 신교환 회장은 인도네시아 원목과 합판 시장을 개척하며 초창기 해외 진출 역사의 산증인으로 통한다. 그는 1944년 일본 해군에 징용되어 인도네시아 암본 섬에서 복무하던 중 해방을 맞아 귀국한 후, 울산에서 10년간의 교직 생활을 마치고 서울에서 활동했다. 1968년에는 신흥양행 초대 주재원으로 파견되어 인도네시아 원목 시장에 진출해 한니(韓尼)목재주식회사와 PT. Hanni Mercantile Co. Ltd의 대표를 지냈다.

1972년 7월 거류민회(초대 회장 최계월) 창립 후 사용하던 거류민회 사무실은 김경천 초대 간사장의 요청으로 신교환 회장의 자택으로 옮겨졌다. 1978년 한국회관(현 코리아센터)이 준공되어 거류민회 사무실이 이전되기까지 5년이 넘는 시간 동안 신교환 회장의 자택은 '교민들의 사랑채'로 애용되었다. 그는 1974년 거류민회 수석부회장으로 선출되어 실질적인 운영에 참여했고, 1986년 10월에는 2대 거류민회 회장에 취임했다.

1980년대 중반 거류민회 회장의 주요 업무는 한인들의 목소리를 대변하는 것이었다. 지금처럼 각종 미디어를 통해 개인의 의사를 전달하기 쉽지 않은 상황이라 회장의 역량이 무엇보다 중요한 시기였는데, 신 회장은 이를 성실히 수행했다.

최계월 초대 회장과 신교환 회장이 담소를 나누는 모습

그는 한인들의 복리 증진에도 적극적으로 앞장섰다. 인도네시아에 거주하는 한인을 대표해 주재국인 인도네시아에 한인들의 권익을 위한 의사를 전달하는 중책을 맡았다. 신 회장의 이러한 행보는 일제강점기와 한국전쟁을 겪으며 움츠러든 한인들에게 자신감을 일깨워주기에 충분했다.

신교환 회장은 한국 청년과 현지인들에게도 어엿한 경제인으로 자리 잡을 수 있도록 혜안을 제시하고 현실적인 조언도 아끼지 않았다. 이는 한-인도네시아 우호 증진으로 이어졌고, 신 회장에게 '인도네시아 민간인 대사'라는 별호가 꼬리표처럼 따라붙게 되었다. 1999년에는 6월 외교통상부 산하 재외동포재단에서 '역사 속 한국인'으로 선정되어 TV와 《주간동아》에서 그간 겪은 민족의 수난사를 증언했다.

울산MBC는 2003년 8월 31일에 울산 출신 해외 이민 개척자 신교환 회장을 집중 취재해 〈세계 속의 한국인 : 100달러의 출발, 100만 달러의 인생, 해외 이민 개척자 신교환〉을 방영했다.

신 회장은 은퇴 후 집필 활동에 매진하며 제2의 인생을 펼쳤다. 2003년 8월부터 2년간 교민신문 《한타임즈》에 연재한 '나의 동남아 40년사'는 그의 사후에 책으로 출간되었다.

신교환 회장의 자서전적 유고집

신 회장의 장남 신기엽 회장(제4대 한인회장)과 신기섭 · 신기혁 형제는 아버지가 연재한 글을 재구성해 2007년 2월 15일에는 서울 외교센터에서, 3월 5일에는 자카르타에서 '고(故) 신교환 회장 서거 1주년 추모식 및 출판기념회'를 치렀다. 특히 그의 자서전적 유고집 『젊은이여, 세계로 웅비하라』는 그를 기억하는 한인들에게 깊은 울림을 주었다.

- 1927.08.18~2006.03.08(경남 울산 출생)
- 1944년 7월 일본 해군에 징집, 인도네시아 암본 섬에서 복무 해방 후 1946년 6월에 귀국
- 1947~1957년 언양중학교, 울산 농림고등학교 교사
- 1957~1966년 도서출판 '신교사', '한국이민문제연구소', '한국열대농림학회' 운영
- 1966년 말레이시아를 거쳐 1968년 5월 인도네시아 정착
- 한니(韓尼)목재주식회사와 PT. Hanni Mercantile Co, Ltd 대표
- 민주평통자문위원회 인도네시아 지회장 역임
- 국민포장(1987), 대통령 표창(1994) 수상

제3대 승은호 회장 : 묘목 한 그루를 울창한 숲으로 가꾸는 한인회
(임기 : 1990.06.20~2012.12.31)

"언제든지 지금이 가장 적기다. 혹시 실패할까 봐, 책임져야 할까 봐 두려우면 아무것도 못 한다. 항상 도전해야 한다." -『코린도그룹 50년사』 중에서

'효율적인 한인회 시스템'을 구축하고 최장기로 한인회를 이끈 리더십

'인도네시아 한인사회의 대부'라 부르는 '승은호'라는 석 자는 한인사회에서 절대 빠질 수 없는 이름이다. 그만큼 승은호 회장은 23년간 한인회 회장직을 맡으며 인도네시아 한인사회를 지금의 위치에 올려놓은 데 결정적 역할을 한 인물이다.

그는 제3대 한인회장에 당선된 이듬해에 교육 · 사회, 기획 · 행정, 문화 · 체육, 상공, 섭외 · 홍보, 재무 · 회계로 나뉜 6개의 상공분과위원회를 설치해 한인회의 사업이 효율적으로 진행되도록 바꿔놓았다. 이를 계기로 한인사회에 문제가 발생했을 때 분과별로 지정된 한인회 직원이 신속히 문제에 집중할 수 있도록 '효율적 업무 시스템'을 구축했다.

재단법인 재인도네시아한인회로 등기 및 《한인뉴스》 창간

남의 나라 영토에 머물러 사는 '거류민'과 주체적 의지가 실린 '한인(韓人)'은 어감부터 다른 법이다. 승 회장은 취임 4년 뒤인 1994년 12월에 재단법인 한

인회로 등기를 마쳤다. 이를 통해 재인도네시아거류민회는 '재인도네시아한인회'로 거듭나며 더욱 체계적인 진용을 갖추었고, 3개월 뒤에는 교민애로지원센터를 설립해 한인들의 목소리에 본격적으로 귀 기울이기 시작했다.

2년 뒤인 1996년 7월 15일에는 한인공동체 네트워크의 중요성을 논하며 월간지 《한인뉴스》를 창간했다. 《한인뉴스》는 별도의 예산 없이 광고에 의존했지만, 한 호의 결호도 없이 매달 3,500부씩 발간되었다. 승 회장은 그 공을 《한인뉴스》를 성원한 한인기업체와 한인들에게 돌렸다.

인도네시아 '한인들의 리더'에서 '아시아 한인들의 리더'로

1999년 8월에는 또 한 번 조직을 확대 개편해 상공분과위원회를 재인도네시아 한인상공회의소로 개편하며 본격적으로 한인기업 지원에 나섰다.

재인도네시아한인상공회의소가 주관한 한인기업 경영세미나와 한인상공인 간담회 · 포럼, 동남아한상대회는 한인회의 활동에 무관심하던 한인기업들이 한인회에 관심을 보이는 계기가 되었다. 승은호 회장의 주도로 2011년 7월 자카르타에서 '아시아한인회총연합회 총회와 제6회 동남아한상대회가 사흘 동안 열렸다. 이 행사에서 공표한 것처럼 '화상(華商)을 넘어 세계로 나아가는 한상(韓商)네트워크'는 무엇이든 일류로 만들겠다는 그의 집념을 엿볼 수 있는 대목이다.

승은호 회장은 2018년 11월 10일 아시아한인회총연합회와 아시아한상총연합회 회장직을 사임했다. 그는 아시아한인회총연합회(2008년 출범)를 10년간 이끌었고, 2003년 동남아한상연합회 이름으로 시작해 2014년 현재의 협회명으로 명칭을 변경한 아시아한상총연합회에서 15년간 수장을 맡았다. 지휘를 맡은 단체마다 반드시 성공으로 이끈다는 평가를 받은 그는 《재외동포신문》이 선정한 '2019 올해의 인물' 한인경제 부문에 이름을 올리기도 했다.

재인도네시아한인회가 송년의 밤 행사에서 모은 불우이웃돕기 성금을 YPAC(Yayasan Penderita Anak Cacat, 인도네시아 불우장애아를 위한 후원재단)에 전달하는 승은호 회장(2011.4.20)

『인도네시아 한인록』 발간과 자카르타한국국제학교 건물의 신축을 돕다

승은호 회장은 취임 10년째인 2000년 6월 『인도네시아 한인록』을 발간하고 격동의 20세기를 건넌 선인들의 업적을 기리는 한편, 다가오는 21세기를 준비하자고 목소리를 냈다. 콘텐츠는 인명, 업체, 업소, 지방한인회, 생활 정보로 나누어 한인사회의 정보를 빠짐없이 실었다.

1990년 전후 늘어난 학생을 모두 수용할 수 없던 JIKS의 열악한 교육 환경을 개선하기 위해 거액을 기탁해 학교 대지를 구입했다.

1993년 3월에는 현재 위치한 'JL. Bina Marga No.24, Kel. Ceger, Jakarta Timur, Indonesia'로 학교 건물을 신축해 이전하도록 도왔다. 이는 유수의 한국 기업이 한국학교의 발전을 주도하며 인도네시아에 진출한 한인들에게 모범이 된 대표 사례로 꼽힌다.

노블레스 오블리주의 실천과 '원 스텝 어헤드'

인도네시아에서 성공한 사업가의 길을 걸었기에 인도네시아와 한인사회에 봉사하는 것이 자연스러운 승은호 회장은 코린도 사회공헌재단(Yayasan KORINDO, 이사장 승범수 코린도그룹 수석부회장)을 통해 진정한 노블레스 오블리주(noblesse oblige)의 미덕을 전파하고 있다. 승은호 회장의 차별화된 사회공헌 활동은 인도네시아에 발을 디딘 순간부터 시작되었다.

사업장 주변에 주거, 의료, 학교, 방송 등의 시설을 설립함으로써 지역사회의 사회적 인프라 구축에 앞장서는 한편, 인도네시아암센터 건립 후원과 재난 재해 기부 활동도 대단위로 펼쳐왔기 때문이다. 장학재단을 시작으로 사회공헌 활동을 강화하며, 인도네시아 내 지한파(知韓派)를 만들고 차세대 한인사회를 짊어질 젊은이들을 육성하는 기부 활동 범위도 넓혀나가고 있다. 장학생에 선정된 재외학생과 현지인 학생들은 국제사회에 필요한 인재로 성장하고 있다. 이는 2019년 그룹 창립 50주년 기념행사에서 발표한 코린도그룹의 새로운 슬로건 '원 스텝 어헤드(one step ahead, 한

2020년에 발간한
『코린도그룹 50년사』

발 앞서)'와도 부합한다.

재인도네시아한인회의 역사도 승은호 회장의 한발 앞선 사고와 행동력 덕분에 인도네시아 사회에서 흔들림 없이 단단한 기반을 구축할 수 있었다.

- 1942년 만주 출생
- 1969년 인도네시아 진출
- 동화기업 사장 역임(1982.12)
- 코린도그룹 회장(1987.09~현재)
- 제3대 재인도네시아한인회장 회장(1990.06~2012.12)
- 자카르타한국국제학교 재단 이사장(1990.10~2016.12.31)
- 초대 재인도네시아한인상공회의소 회장(1999.08~2013.06)
- 자카르타한국국제학교(JIKS) 재단 이사장(1990.10~2016.12)
- 재외한국학교 이사장협의회 초대 공동의장(2009)
- 평화통일자문회의 위원(1991.07~2005.06)
- 민주평통아세안지역회의 부의장(2013.07~2015.06)
- 세계한인회장대회 의장 및 공동의장(2002, 2007, 2008)
- 세계한상대회 대회장(2008), 세계한상대회 리딩 CEO 및 운영위원(2002~현재)
- 아시아한상총연합회 회장(2003.07~2018.12)
- 아시아한인회총연합회 회장(2008.03~2018.11)
- 국민훈장 석류장(1991)과 모란장 수상(2002)
- 인도네시아 대통령 공로훈장(1994)

제4대 신기엽 회장 : 신뢰와 소통으로 더불어 사는 한인회

(임기 : 2013.01.1~2015.12.31)

"'매일 감사하며 정도를 걸으라'는 아버지의 가르침을 되새기며 최선을 다한다. 인도네시아인과 더불어 사는 한인사회가 되길 바란다."

'부자 한인회장'으로 2대에 걸친 한인회 사랑

제4대 재인도네시아한인회 회장을 지낸 신기엽 회장은 제2대 한인회장을 지낸 신교환 회장의 장남이다. 신기엽 회장이 4대 한인회장으로 선출되면서 '부자(父子) 한인회장'이라는 유일무이한 기록을 남기게 되었다. 자카르타에 한인들이 겨우 120명이던 시절, 1973년 8월에 선친의 뜻을 따라 인도네시아에 들어온 신기엽 회장은 47년간 그의 아버지가 그랬던 것처럼 한인사회의 음지와 양지를 마다하지 않고 활동하면서 인도네시아인에게 한국인의 이미지를 제고시켰다.

신 회장은 '수직적 관계'가 아닌 '수평적 관계'의 중요성을 인식해 한인회장으로 일하면서 한인사회에서 자생한 단체들의 활동을 존중하며 적극적으로 호응하고 공동의 선 차원에서 도움이 되도록 매사에 최선을 다했다.

신기엽 회장은 한인사회의 수장이 되기까지 1986년부터 23년간 한인회 운영위원과 이사를 역임했다. 2007년부터 2012년까지 6년 동안 문화 · 체육분과 위원장 겸 부회장과 수석부회장직을 맡았고, 수많은 행사에 참석해 한인의 안전, 권익 신장, 관계 기관과의 협의를 위해 최선을 다하는 등 '동행의 리더십'을 실천했다.

신 회장이 취임한 2013년은 한국과 인도네시아 수교 40주년을 맞아 '한-인도네시아 우정의 해(Korea-Indonesia Friendship Year)'로 중요한 시기였다. 그해 취임하자마자 자카르타에 6년 만에 덮친 폭우로 인해 막대한 피해를 보자, 신 회장은 재인도네시아한인회 주최로 수재민들을 돕기 위한 모금 운동을 벌였다. 15억 7,000만 루피아(성금 14억, 물품 1억7,000만) 상당의 수재의연금과 물품을 모아서 인도네시아적십자사(Palang Merah Indonesia, PMI) 유숩 깔라 총재(2014~2019 전 부통령)에게 전달했다. 유숩 깔라 총재는 성금 전달식에 현지와 한인 언론사를 초청해 한국인들의 도움에 깊은 감사를 전했다.

'한-인도네시아 수교 40주년'을 맞이하여 한인회와 한인단체, 대사관, 한인기업이 주체가 되어 다양한 분야에서 행사가 동시에 진행되었다. 이 가운데 2014년 12월에 열린 '한-인도네시아 우정의 페스티벌'은 600여 명의 현지인과 600여 명의 한인이 초대된 전례 없는 대규모 행사로 열렸다. 신 회장은 이 행사를 통해서 정치와 경제를 뛰어넘는 포괄적인 협력 관계의 구축을 염원했다.

2015년 8월 16일에는 재인도네시아한인회와 자카르타 주 정부가 공동 기획한 '한-니 광복 광복 70주년 기념 걷기 대회'를 열어 한인동포 2,500명과 자카르타 시민 3,500명이 함께 광복의 기쁨을 만끽했다. 일본의 압력으로 자카르타 주 정부와 내부의 반대 의견에도 불구하고 한인회는 이를 일사천리로 준비했다. 최초이자 최대였던 '한-니 광복 70주년 기념 걷기 대회'의 열기와 역사적 축제의 뭉클한 감동은 한인과 인도네시아인의 마음 그리고 수디르만과 스망기 거리 곳곳에 스며들었다.

'한-니 광복 70주년 기념 걷기 대회'

신 회장의 임기 동안 재인도네시아한인상공회의소 역시 변화를 맞이했다. '한인회는 사회봉사 단체, 상공회의소는 기업권익 대변 단체로 분리해야 한다'라는 평소 소신대로 2013년 6월에 열린 한인회 이사회 정기총회에서 신 회장은 한인상공회의소 회장직을 전격 사퇴하고, 송창근 수석부회장을 차기 상공회의소 회장으로 추대했다. 이로써 그동안 한인회장이 겸직하던 한인상공회의소 회장직이 분리되면서 3기 한인상공회의소(회장 송창근)가 출범하게 되었다. 이를 통해 한인상공회의소는 22년 만에 독립 단체로 거듭나면서 한인기업에 대한 각종 문제에 대해 발 빠른 대처가 가능해졌다.

이 밖에도 2015년에는 낙후된 찌끼니 지역에 도심 재생 목적으로 '한-인도네시아 우정의 벽화 마을' 사업을 추진해 자카르타 주 정부, 중부시, 자카르타 예술대학과 합심, 벽화마을을 조성해 현지 언론의 주목을 받았다. 이 사업은 인도네시아에 거주하는 한국인 예술가와 현지인 학생 200여 명이 1년에 걸친 준비 끝에 2015년 12월에 완성되었다.

이렇게 인도네시아와 한인사회에 대한 열정 하나로 달려온 신 회장은 '신뢰는 신뢰를 낳기 마련이다. 매일 감사하면서 사는 사람이 행복한 사람이다'라는 소신으로 '인도네시아와 한인사회'를 향해 늘 마음을 열어두었다.

- 1948년 경남 울산 출생
- 1973년 8월 인도네시아 진출, 20여 년 목재 사업에 종사
- PT. Hanindo Express Utama 대표(1993년 1월 설립)
- 재인도네시아한인회 운영위원, 이사(1986~2006)
- 재인도네시아한인회 문화 · 체육분과 위원장 겸 부회장(2007~2009)
- 재인도네시아한인회 수석부회장(2010~2012)
- 제2대 재인도네시아한인상공회의소 회장(2013.01.01~2013.06.30)
- 국민훈장 석류장(2009) 수훈
- 2013 월드코리안 대상

제5대 양영연 회장 : 문턱을 낮추고 동반 성장하는 한인회
(임기 : 2016.01.01~2019.02.28)

"정직과 신뢰, 의리와 소통은 한인사회의 화합에 꼭 필요한 긍정의 미덕이다. 한인들의 힘이 하나로 모이는 한인회로 거듭나길 바란다."

행동하는 따뜻한 카리스마의 리더십

2015년 12월, 5대 한인회장 선거에 단독 출마한 양영연 회장은 2회에 걸친 한인회장선거관리위원회(의장 이승민) 회의를 거쳐 제5대 한인회장으로 추대되었다. 양 회장은 한 번에 여러 마리 토끼를 잡기보다는 시무부터 처리해야 한다는 의지대로 먼저 정관 개정 절차를 통해 선거를 치르면서 애매했던 부분부터 개정해나갔다. 이 과정을 통해 한인회 활동에 각계각층의 한인들을 불러 모으는 데 성공하며 제5기 회장단의 인지도를 높였다.

그는 한인회장을 맡게 된 가장 큰 이유 중 하나로 재인도네시아한인회와 JIKS의 관계 정립을 꼽았을 만큼 더 많은 한인공동체의 학교로 자리매김하도록 물심양면으로 지원을 아끼지 않았다. 그 결과 JIKS를 '한인들의 학교'로 인식시키고, 학교와의 유대를 더욱 공고히 다졌다.

지역 한인회를 하나로 묶는 '재인도네시아한인회총연합회 결성'은 '한인회관 건립'과 '한인사회 분쟁조정 활성화'와 함께 양 회장의 선거 공약 중 하나였다. 한인회장을 맡은 지 얼마 안 된 2016년 3월 10일 각 지역 한인회 대표 11명과 관계자들이 모여 재인도네시아한인회 회의실에서 '제1차 재인도네시아한인회 총연합회' 회의를 가졌다. 이날 각 지역 한인회장은 지역 한인회에서 추진 중인 일과 어려움을 공유하자며 공조가 제대로 이뤄지기 위한 비상망을 구축하자는 데 합의했다. 단기간 내에 색깔이 서로 다른 지역 한인회를 하나로 묶은 양영연 회장의 추진력이 돋보인 일이었다.

평소 '국익을 위해서라도 동포 구제사업은 꼭 필요하다'는 신념으로 2016년 7월 26일 재외한인구조단(대표 권태일)과 업무협약도 체결했다. 한인회가 불법체류자를 한국으로 돌려보내면 재외한인구조단이 국내 정착을 돕는 시스템을 통해 2019년까지 4명의 불체자가 고국의 품으로 돌아갈 수 있었다.

양 회장이 중점을 둔 또 다른 일은 한인동포 간의 송사 중재였다. 복잡한 인도네시아의 소송 절차를 뚫고 분쟁에서 이기더라도 재정적, 심적으로 손해를 본다는 것을 주지시키며 불협화음이 들리면 재빨리 이견 조정에 나섰다. 그 결과 재임 기간 내 수십 건의 한인 간 분쟁이 조정되었다.

2016년 8월 한인동포가 많이 거주하던 남부 자카르타의 빠라마(Parama) 아파트에서 대형 화재가 발생했을 때 '한인주민돕기 성금'을 모금해 전달한 일이나 2018년 롬복과 술라웨시 팔루 지역의 지진 발생 때 재난 구호 성금을 전달한 일 등 나눔을 실천하는 데 늘 솔선수범을 보였다.

특히 2017년 9월에 한국관광공사와 공동으로 개최한 '한-인도네시아 친선 한복 패션쇼'는 한국의 고유한 아름다움을 인도네시아에 전하며 인도네시아에 거주하는 한인들에게 자긍심을 심어주었다. 한복 디자이너 조윤주 씨의 한복 60점을 선보이고 참가 신청을 통해 뽑힌 한인들이 직접 아마추어 모델이 되어 무대에 올라 더욱 의미가 컸다. 디자이너는 그날의 감동을 영원히 소장하길 바란다는 뜻에서 한인회에 황룡포와 황원삼을 기증했다.

2017년은 양 회장에게 특히 바쁜 한 해였다. '한-인도네시아 친선 한복 패션쇼'가 열리고 한 달 뒤인 11월 8월, 문재인 대통령이 2박 3일간의 일정으로 인도네시아를 국빈 방문해 연 동포간담회에 참석해 그 자리에서 대통령으로부터 2018년 평창 동계 올림픽 기간 중 많은 한인의 고국 방문을 요청받았다. 각 한인기업과 단체에서 평창 동계 올림픽 홍보를 위한 캠페인을 벌이고, 재인도네시아한인회는 신속히 '인도네시아 다문화가정 모국방문단 추진위원회'를 결성해 JIKS와 지역 한글공부방에서 추천한 다문화가정 모국방문단을 꾸린 뒤 활동 경비 모금에 나섰다. 그 결과 재인도네시아한인회와 한인상공회의소 등 여러 단체에서 거금을 모금해 모국 방문 대상자로 선정된 다문화가정 청소년들에게 항공료를 포함한 경비 전액을 후원했다.

다문화가정 모국방문단은 2018년 2월 7일부터 4박 6일의 일정으로 한국을 방문해 평창 동계 올림픽 피겨스케이팅 경기를 관람하고 스키장에서 난생처음 눈 구경을 한 뒤, 남산 한옥마을과 경복궁을 둘러보았다. 출국 당일에는 김정숙 여사의 초대로 청와대를 방문해 오찬을 함께하는 뜻깊은 시간을 가졌다. 늘 꿈꾸던 모국을 방문하고 돌아온 다문화가정 청소년들은 재인도네시아한인회에 감사의 마음을 담은 손 편지를 전달했다.

또한 김창범 주인도네시아 한국대사와 함께 '2018 자카르타-팔렘방 아시안게임' 공동본부장을 맡아 성공적 개최를 지원하는 민관합동위원회(이하 '민관합동위') 출범식을 거행했다. '2018 자카르타-팔렘방 아시안게임'은 남북이 공동으로 단일팀을 이루어 출전한 두 번째 대회였다. 한국선수단의 예상을 뛰어넘는 선전과 민관합동위의 활약, 한인들의 열정적인 응원의 삼박자가 잘 어우러져 한인사회 내 협력이 강화되고 한인들의 위상이 높아지는 감동적인 대회였다.

그동안 한인회 활동에 관심이 적었던 한인 단체와 청년들이 소속된 단체의 동참을 요청한 양 회장의 노력으로 한인회 행사에 참여하는 청년들의 수가 부쩍 증가했다.

김정숙 여사의 청와대 오찬에 초대받은 다문화가정 모국방문단

'다문화가정 평창 동계 올림픽 모국방문'과 '한인회총연합회 결성', '인도네시아 대한체육회 창립' 등 한인사회를 위해 헌신한 공로가 인정되어 양 회장은 2019년 10월 5일 '제13회 세계한인의 날 기념식'에서 목련장을 수훈했다.

"한인회 회원 수가 1,000명이 넘기를 고대한다"는 양 회장은 재임 기간 동안 한인회 임직원들을 더 챙겨주지 못한 점이 아쉽다는 감회를 늘 이야기한다. 한인회장에서 물러난 지금도 그는 사람들의 기억 속에 한인회를 찾아온 손님을 반갑게 맞이하던 인심이 후하고 호쾌한 주인의 모습으로 남았다.

- PT. Bosung Indonesia(1991.08~현재)와 PT. Taewon Indonesia(2003.06~현재) 대표
- 자카르타 땅그랑 F.C 명예회장(2005.11~현재)
- 세계한인무역협회(OKTA) 인도네시아 지회 수석부회장 및 본회 상임이사(2007~2010), 인도네시아 지회 고문(2011~현재)
- 재인도네시아대한체육회 초대 회장(2011.06~2015.12)
- 세계체육총연합회 초대 회장(2012.01~2014.12)
- 재인도네시아한인회 5대 회장(2016.01~2019.02)
- 현 재인도네시아대한체육회 명예 회장, 재인도네시아한인회 명예 고문, 재인도네시아한인상공회의소(코참) 명예 고문
- 자랑스러운 한국인 한민족 동포대상(한국신문기자연합회, 2015)
- 국민훈장 목련장 수훈(2019.10.05)

제6대 박재한 회장 : 소통과 공감으로 젊어지는 한인회

(임기 : 2019.03.01~현재)

"미래를 위한 세대교체의 중요한 시기에 함께 걷고 달리며 한인회를 이끌어가는 나는 진정한 행운아다."

한인공동체의 화합을 위해 동분서주하는 젊은 뉴 리더

2019년 3월 1일에 새롭게 출범한 제6대 박재한 한인회장은 한인들의 관심과 신뢰가 기반이 되는 '화합'의 중요성을 강조한다. '한인회는 동포가 함께하는 소중한 공동체'라는 취지에 맞게 '사람 없이 존재할 수 없는 것이 기업이듯 화합 없이 한인사회의 성장도 불가능하리라'는 거시적 안목으로 한인회 활동을 펼쳐나간다. '신뢰 관계 유지'가 가장 중요하다는 29년 차 전문 경영인 출신다운 신념이다.

박재한 회장이 한인사회에서 주목받게 된 것은 10여 년 전이다. 2009년 인도네시아를 국빈 방문한 이명박 전 대통령이 우수 기업으로 선정된 그의 사업체인 PT. BPG(Busana Prima Global) 봉제 공장을 방문해 격려하면서부터다. 이후 2013년 11월 11일 한국기업이 밀집한 찌까랑 산업 지역에 한인사회 최초로 4성급 비즈니스호텔 '자바 팔레스 호텔'을 개관하며 다시 한번 주목받게 된다. 이 호텔은 매년 3~5회 각종 전시를 개최해 한인들이 문화예술 생활을 누리는데 기여하고 있다.

이 밖에도 보이지 않는 곳에서 재인도네시아한인회를 물심양면으로 지원하던 박 회장은 차세대의 '젊은 한인 CEO'로 선정되었다. 그는 창립 30주년을 맞은 한국봉제협의회(KOGA)의 제28~29대 회장을 맡아 회원사 간 신뢰를 바탕으로 정보 교류를 통해 어려운 경영 환경을 이겨냈다. 이후 한국봉제협의회를 한인 단체의 모범 사례로 만드는 등 업계의 젊고 신뢰받는 리더로 떠올랐다.

한인공동체의 숙원사업인 『인도네시아 한인 100년사』 편찬위 발족

모든 것은 오직 마음이 지어낸다는 뜻의 '일체유심조(一切唯心造)' 사상을 좋아한다는 박 회장은 마음먹은 일은 반드시 해내며 꼭 결과로 보여주는 성격이다. '한인동포가 공감하는 한인회가 되기 위해 각계각층의 목소리를 수렴하는 것이 기반이 되어야 한다'는 생각대로 박 회장은 한인회의 숙원사업 중 하나인 『인도네시아 한인 100년사』 편찬 작업을 추진한다. 그는 '인도네시아 한인 100년사 편찬위원회(이하 편찬위)' 편찬위원장을 맡아 인도네시아 한인들의 100년 역사를 기록하고 정리하는 대업에 앞장섰다. 가장 먼저, 인도네시아 한인 진출 역사의 주역인 원로들을 초빙해 한국기업의 인도네시아 진출 약사를 들으며 생생한 목소리를 싣는 데 힘썼다. 편찬위가 출범하자 각계 원로들과 간담회를 개최하며 지나온 100년의 한인 역사를 갈음하는 일이 다가올 100년을 준비하는 작업임을 강조했다.

박 회장은 '3 · 1운동 100주년 평화 걷기 대회'를 주최해 삼일정신(三一精神)을 기반으로 한 평화 · 화해의 메시지와 선열들의 숭고한 애국심을 계승하자는 메시지를 한인사회에 전하기도 했다. 2019년 8월 25일에는 재인도네시아한인회와 인도네시아-한국 친선협회(Indonesia Korea Friendship Association, IKFA)가 주최한 '광복절 기념 5km 마라톤 · 걷기 대회'에 길거리를 가득 메운 수많은 한인과 현지인들이 한-인도네시아 양국의 독립을 되새기며 함께 걷는 진풍경을 연출했다.

코로나19 위기 속 신속히 대처하는 추진력 발휘

박재한 회장의 최대 장점은 자타가 공인하는 신속한 대응력이다. 2020년 3월 코로나19 사태가 전 세계적으로 발생했을 때, 재인도네시아한인회는 마스

2020년 코로나19가 창궐하자 한인들의 안전을 위해 무상으로 마스크를 배부하는 모습

크를 확보해 JIKS와 현지 취약계층, 한인 동포들에게도 무상 배포해 타국에서 불안해하는 한인들을 안심시키려 노력했다. 이에 그치지 않고 자카르타 메디스트라(Medistra)병원과 '한인전담 COVID-19 진료' 협약을 체결해 한인들이 한국산 진단 키트로 코로나19 검사를 신속히 받을 수 있도록 조치했다. 8월부터는 주인도네시아 대한민국대사관과 협력해 인도네시아에서 의료시설이 가장 좋은 실로암(Siloam) 병원 36개 체인과 MOU를 체결, 한인들의 코로나19 검사와 입원의 편의를 제공한다. 이처럼 재인도네시아한인회는 밤낮없이 대사관과 비상대책반을 가동해 이국땅에서 혼란에 빠진 한인들을 위해 백방으로 뛰었고, 한인들은 서로 마음을 의지하면서 어려운 시기를 극복해나가고 있다. 한인 청년들을 흡수하며 한층 젊어진 한인회가 앞으로 어떤 유익한 행정들을 쏟아내며 새로운 역사를 써 내려갈지 자못 기대된다.

- 재인도네시아한국봉제협의회(KOGA) 28~29대 회장(2017.07.20~2019.07.08)
- 재인도네시아대한체육회 고문(2018.01.26~현재)
- 재인도네시아월드옥타 고문(2018.01.01~현재)
- 자카르타한국국제학교 법인 이사(2017.01.01~현재)
- 민주평통 동남아 남부협의회 자문위원(2017.09.01~2019.08.31)
- 재인도네시아청년회 고문(2016.08.01~현재)
- 재인도네시아한인상공회의소(코참) 고문(2019.03.01~현재)
- 2017년 제98회 전국체전 충주 개최 인도네시아선수단 단장

24년간 한인과 함께한 동반자 《한인뉴스》
《월드코리안신문》 선정, 세계한인회보 콘텐츠 대상 수상

《한인뉴스》 1996.07(창간호/타블로이드판)~2020.06까지 《한인뉴스》의 표지 변천사

재인도네시아한인회 산하 섭외 · 홍보분과위에서 발행하는 월간지 《한인뉴스》는 24년 동안 한인사회에서 일어난 크고 작은 일을 공유하고 기록하는 일을 담당해왔다. 한인회와 대사관의 활동에 관한 기사나 사설, 논평을 다루는 정론지의 품격을 갖추고 읽을거리를 제공한다.

《한인뉴스》가 발행되기 전, 재인도네시아거류민회에서는 1975년부터 1980년대 중반까지 계간지 형태의 『거류민회 회보』를 발간했다. 그 후 1994년 하반기에 타블로이드판 형태의 《한인회보》가 두 차례 발행되다 내부 사정으로 발행이 중단되었다. 회지 발간 정도로 생각해 허가를 받지 않아 '출판법'에 위반되어 3호 발간을 준비하던 중 한인회에 경찰들이 들이닥치는 사건이 벌어졌다. 경찰서로 연행된 관련자들은 다음 날 당장 출국하라는 명령으로 크게 곤욕을 치른다. 2년간의 재준비 끝에 1996년 7월 15일에 정식으로 창간한 《한인뉴스》는 6개월 후 읽고 보관하기 쉬운 책자 형태로 발전했고, 창립 1주년에는 지금과 같은 잡지 형태로 발행되기 시작했다.

매월 초 3,500부가 발행되는 《한인뉴스》는 인도네시아 한인사회와 각 지역한인회, 한국어과가 있는 현지 대학뿐 아니라 문화체육관광부, 국회도서관 등 한국의 주요 정부 부처를 비롯해 10개국의 해외 한인회에 무료 배부된다. 더욱이 2006년 4월호부터는 재인도네시아한인회 홈페이지에 동시 게재되어 장소에 구애받지 않고 읽을 수 있다.

《한인뉴스》는 몇 차례 큰 변화를 겪으며 성장해왔다. 창간 10주년인 2006년에는 김영민 편집장이 편집을 맡으며 문화예술 소식이 강화되었다. 그리고 박정자 편집장이 재임하던 2012년에는 《월드코리안신문》이 선정한 '우리 회보 최고야! 2012' 세계한인회보 콘테스트에서 콘텐츠 대상을 수상했다.

2016년 8월 15일에 열린 '《한인뉴스》 창간 20주년 기념식'에서는 12년간 《한인뉴스》 편집인으로 재직하며 '《한인뉴스》 후원회'를 조직해 재정 조달에도 힘쓴 조규철 전 편집인(한인회 전 수석부회장)에게 공로패가 수여되었다. 그리고 20년 동안 《한인뉴스》에 '인도네시아법률해설'을 집필한 이승민 변호사와 한인사회 · 인도네시아의 역사와 시사에 관한 칼럼을 기고해온 김문환 논설위원, '드라마로 배우는 바하사'의 허영순, '신성철 칼럼'의 《데일리인도네시아》 신성철 대표, '행복에세이'의 서미숙 문협 회장, '잘란 잘란 인도네시아'의 사공경 한인니문화연구원장 등 6명의 장기 기고자에게 감사패를 전달했다.

《한인뉴스》가 2020년 5월까지 한 호의 결호도 없이 287호를 세상에 내놓은 힘은 다름 아닌 '편집인들의 사명감과 열정 그리고 책임감'일 것이다. 《한인뉴스》 발행인은 한인회장이 맡으며 전문 편집장을 둔다. 1대 편집인 천성호 씨를 시작으로 김우년(1999~2003), 조규철(2004~2015), 강희중(2016~2017), 전민식(2018), 김희년(2019) 씨가 맡아 《한인뉴스》의 방향을 결정하고 이끌었다. 2004년부터는 전문 편집장을 선임해 이경화 편집장의 후임으로 김영민 씨가 2006년 2월부터 2010년 12월까지, 박정자 씨가 2012년 말까지 '미디어 전략가'의 역할을 훌륭히 소화해냈다. 2013년에는 홍석영 편집장이 디자인과 편집의 변화를 시도하며 질적 향상과 양적인 성장을 이루었다. 지금 이 순간에도 인도네시아 한인사회의 무수한 이야기가 《한인뉴스》에 기록되고 있다.

재인도네시아한인청년회 'KIYA'

2007년에 설립된 한인청년회의 정식 명칭은 '재인도네시아한인차세대협회(Korea Indonesia Youth Association, KIYA)'다. 30명의 회장단과 40여 명의 정회원으로 구성된 한인청년회는 회원 간 친목 도모, 업무 협력, 본국과 현지 한인사회를 위한 공익사업, 현지 유관기관 네트워크 구축 등을 도모한다. 초대 이진수 회장(2007~2010), 2대 장윤수(2011~2012), 3대 김종헌(2013~2016) 회장에 이어 현재 4대 정제의 회장이 모임을 이끌고 있다.

주로 타국 생활에서 벌어지는 문제와 관련된 정보를 수집하고 문제 해결을 위한 방문, 면담, 간담회를 갖고 있다. 한인청년회의 대표적 행사인 'Maju Satu Langkah(한 걸음 더)'로 2019년 제5차 행사에서는 인도네시아 최대 미디어 그룹인 MNC Group의 Media CEO와 만났고 2019년 제6회 행사에서는 전 자카르타 관할 세관장, 세관 고위 공무원과 함께 관계 개선과 업무 협조 등 의미 있는 시간을 가졌다.

한인청년회의 제5차 'Maju Satu Langkah(한 걸음 앞으로)' 행사

조규철 전(前) 편집인의 《한인뉴스》 사랑

조규철 전 《한인뉴스》 편집인이 그간 발행된 《한인뉴스》를 살펴보고 있다.

인도네시아 한인의 과거는 물론 현재와 미래를 연결해준 《한인뉴스》를 새롭게 개편해 발전시킨 중심에는 조규철 전 《한인뉴스》 편집인이 있었다.

초창기 《한인뉴스》는 흑백사진에 신문 용지 수준으로 내용도 부족한 점이 많았으나, 2004년 3월에 조규철 전 편집인이 《한인뉴스》를 맡게 되면서 대대적인 개편 작업이 진행되었다.

조규철 편집인은 다양한 취재진을 확보해 기사를 개선하고, 종이 질을 높이고, 컬러 면을 확대했으며, 남다른 애정과 열정으로 직접 '한인뉴스 후원회'를 조직해 재정 조달에도 힘썼다.

2012년 《한인뉴스》가 재외동포재단 주최 세계 교민 잡지 콘테스트에서 콘텐츠 부문 대상을 수상함으로써 그의 노력은 결실을 맺었다.

한인회는 2016년 8월 15일에 열린 《한인뉴스》 20주년 축하 행사에서 조 전 편집인에게 12년간 《한인뉴스》 편집인으로서 한인사회의 화합과 소통에 기여한 공을 인정해 공로패를 수여했다.

그는 1987년 효성물산 자카르타 주재원으로 근무한 후 독립해 1990년에 플라스틱 포장자재를 제조 · 판매하는 동중인도네시아를 설립했고, 1991년과 1995년에 각각 땅그랑과 KBN 보세구역에 생산공장을 세워 가동하고 있다.

조 전 편집인은 2001년 한인회 부회장에 취임해 2009년부터 2015년까지 수석부회장을 2회 연임하는 등 총 14년을 한인회 부회장으로 봉사했다.

한국정부는 2012년에 재외동포 권익 신장을 통해 국가사회 발전에 이바지한 공로를 인정해 조 전 편집인에게 국민훈장 석류장을 수훈했다.

⑤

한인을 하나로 모으는 지역 한인회

반세기의 역사를 자랑하는 인도네시아 한인사회는 재인도네시아한인회와 지역 한인회가 각자의 자리에서 제 역할에 충실했기 때문에 오늘날까지 동반 성장할 수 있었다. 2020년 4월 기준 인도네시아에는 14개의 지역 한인회가 존재한다(아쉽게도 2011년 11월 10일에 출범한 찌까랑한인회는 내부 사정으로 인해 공식 활동을 접은 상태로 대신 김일순 전 사무국장이 찌까랑 지역 한인 단톡방에서 한인사회에서 일어나는 소식을 공유하고 있다).

지역 한인회들의 설립 시기는 한인사회 형성 초기부터 최근까지 수십 년씩 차이가 나지만, '지역 한인을 하나로 모이게 하는 중추적 역할 수행'이라는 목표는 동일하다.

재인도네시아한인회와 지역 한인회는 한인동포와의 소통이라는 공통 목표와 다른 단체를 연결하는 중심 임무를 수행하기 위해 2016년 3월에 재인도네시아한인회총연합회(Korean Association)를 편성해 그동안 지역 한인회 단독으로 해결하던 한인들의 분쟁 조정 등을 함께 해결하며 한인사회의 화합을 이끌어 내고 있다.

지역 한인회의 초석, 가장 긴 역사를 자랑하는 동부자바한인회

2020년 창립 43주년을 맞은 동부자바한인회의 역사는 지역 한인회 중 가장 긴 역사를 자랑한다. 지역 한인회가 동부 자바에서 제일 먼저 결성된 이유는 인도네시아 제2의 도시이자 동부 자바주의 중심 도시인 수라바야(Surabaya)에 내로라하는 한국기업들이 줄지어 진출한 중요 지역이기 때문일 것이다.

이를 입증하듯 거류민회가 설립된 지 6년 뒤인 1978년 8월 17일에는 50여 명의 개인 사업자들이 모여 김덕림 초대 회장을 중심으로 지역 한인회를 설립했다. 정식 명칭은 '재인도네시아동부자바한인회'지만 수라바야에 많은 한인이 체류해 '동부자바수라바야한인회'나 '수라바야한인회'로 불리기도 한다. 대사관 지원의 수라바야 순회 영사를 통해 동부자바한인회가 연간 처리하는 민원은 250여 건에 달해 그야말로 바쁜 업무의 연속이다.

그동안 동부자바한인회는 일촉즉발의 위기를 지혜롭게 극복해왔다. 2018년 5월 13일 수라바야 구벙 지역의 산타마리아 성당 외 두 곳에서 폭탄 테러가 일어났다. 이때 즉각적으로 상황실을 운영해 사태의 상황 보고와 이에 따른 교민 행동 지침을 공지하며 한인을 보호하는 데 힘썼다. 2017년 11월 발리 아궁 화산이 분화했을 때, 27기 회장단(회장 배춘식)과 임원들이 정부 대응팀과 함께 수라바야에 코리아 데스크를 설치한 후 발리에서 피신한 한국인들의 안내를 맡아 고립되었던 439명의 한인을 정부에서 급파한 특별기에 태워 안전하게 고국으로 돌려보내는 데 일조했다. 당시 수석부회장이던 이경윤 현 동부자바한인회장은 이 공로로 외무부장관 표창장을 받았다.

동부자바한인회는 그 이후로도 어려움에 직면했지만 이에 굴하지 않고 성장했다. 1998년 인도네시아 경제위기 때는 광복절 행사가 취소되었고, 2003년에는 J.W. 메리어트 호텔 앞에서 일어난 차량 폭탄 테러로 송년 잔치가 취소되었다. 이런 악재 속에서도 2004년 대통령 단체 표창을 수훈하며 2,000여 명의 한인을 대표하는 한인단체로 성장했다. 이러한 원동력에는 2008년에 동부자바한인회한글학교 현부미 교감이 대통령 표창을 수상하는 등 한글학교와 부인회, 청년회의 활약이 뒷받침했기 때문이다.

동부자바한인회는 김덕림 초대 회장에 이어 PT. Miwon과 PT. Hanil Jaya의 법인장이 2~3기 회장을 지낸 뒤, 제4~12기(1981.8.17~1989.8.16)까지 두 회사가 번갈아 한인회를 이끌었다. 그러던 중 한인 수의 증가로 회장을 직선 투표로 선출하자는 여론에 따라 출범 9년 만인 1989년에 강종일 회장(1989.8.17~1990.8.16)이 13기 동부자바한인회장에 새롭게 선출되었다. 그리고 14기 윤여선 회장(1990.8.17~1992.8.16) 때부터는 한인회장의 임기가 2년으로 늘면서 좀 더 안정적인 운영 체제가 가능해졌다. 뒤이어 15기 최동현 회장(1992.8.17~1994.8.16), 16기 안장훈 회장(1994.8.17.~1996.8.16), 17기 채규준 회장(1996.8.17~1998.8.16), 18기 윤여선 회장(1998.8.17~2000.12.31), 19~21기 김수용 회장(2001.01. 1~2006.12.31), 22~24기 임택선 회장(2007.1.1~2012.12.31), 25기 정곤영 회장(2013.1.1 ~2014.12.31), 26~27기 배춘식 회장(2015.1.1.~2018.12.31)이 선출되었다.

배춘식 회장은 재임 기간 중 새롭게 단장한 홈페이지를 통해 한인회 활동을 공유하며 '열린 행정'을 실현하려는 노력을 아끼지 않았다.

2019년부터는 한인회 고문, 한인회 운영위원, 한글학교 교사, 한인회 청년회로 구성된 28기 회장단이 이경윤 회장과 함께 또다시 지역 한인사회 발전을 위해 전열을 가다듬고 있다.

'평화기원의 탑'을 지키는 사나이 이경윤 회장

2010년 5월에 수라바야 시내에 있는 한국공원에 '평화기원의 탑'이 세워졌다. 2,660㎡의 부지에 6m 높이로 세워져 늠름한 위용을 과시하는 이 기념탑은 1940년대 태평양전쟁 당시 인도네시아에 강제 동원된 군인, 군속 노무자, 포로감시원 등 조선인 희생자 2,300여 명의 넋을 달래기 위해 건립되었다.

평화기원의 탑은 국무총리 소속 '대일항쟁기 강제동원 피해조사 및 국외강제동원 희생자 등 지원위원회'가 건립기금을 마련하고 수라바야 당국에서 부지를 기부하면서 세워졌다. 하지만 관리를 소홀히 하는 바람에 훼손이 심해 수라바야 시설공원위생관리국(Dinas Kebersihan dan Pertamanan)과 동부자바한인회에서 두 차례 보수 공사를 진행했지만 비상 조치에 그치고 말았다. 2020년 3월 준공을 목표로 일제강제동원피해자지원재단과 동부자바한인회가 대대적인 공동 보수작업에 나섰으나 준공 90%를 앞두고 코로나19가 발생해 보수 공사에 난항을 겪었다.

이런 일에 앞장섰던 이경윤 한인회장은 '평화기원의 탑을 지키는 사나이'로 불린다. 2014년 12월 한국인 3명이 희생된 인도네시아 에어아시아 8501편 추락 사고 때도 그는 한인 희생자의 사망 진단서를 발급받기 위해 거의 2년 동안 사건 해결에 매달려 수라바야 시장으로부터 '영웅의 날' 표창을 받기도 했다. 이뿐 아니라 수라바야공립대학(UNESA)에서 교육학 석사 학위를 수료 후 무료 언어 학당에서 현지인들에게 9년째 한국어를 가르치고 있다. 코로나19 감염증 사태에는 자비로 구입한 마스크를 수라바야 한인들에게 무료 배포하며 동부 자바 한인사회를 위한 든든한 보호막 역할을 하고 있다.

평화기원의 탑 앞에서 수라바야를 방문한 김창범 한국대사(2018.2~2020.5, 사진 오른쪽)에게 탑에 관해 설명하는 이경윤 회장

한국 대기업 대거 진출로 5,000여 명의 한인이 거주하는 땅그랑 반뜬한인회

반뜬(Banten)주 땅그랑은 서부 자바주에 있다. 이곳은 인도네시아에서 세 번째 큰 도시로 수도 자카르타와도 가깝다. 주도인 세랑시에는 4개의 시와 4개의 군 소재가 있으며 약 1,300만 명이 인구가 거주한다. 이 지역에는 1980년대 노동집약적산업들이 진출하면서 한인들이 모여들기 시작했다. 봉제를 비롯해 기계, 건설, 전자업체 등이 차례로 진출했고 현재 포스코, CJ, 롯데, LG 등 한국을 대표하는 대기업이 대거 진출해 있는 지역이다.

5,000여 명의 한인이 거주하는 이곳에 설립된 한인회는 2020년 창립 11주년을 맞는다. 주로 신발과 봉제 분야에 종사하는 땅그랑 한인들은 다른 지역에 비해 장기 체류자가 월등히 많은 지역이고 심지어 2~3세대까지 뿌리를 내리고 사는 한인들이 적지 않다. 이처럼 자연스럽게 한인이 모이면서 지역 한인회 설립에 대한 논의가 오래전부터 있었고, 2010년 1월에는 한인동포의 일터와 가족을 지켜야 한다는 사명감으로 이세호 초대 회장이 취임했다. 1998년 5월에 일어난 사태를 겪으며 땅그랑 한인들은 결속력이 더욱 단단해졌다.

땅그랑반뜬한인회는 지역주민과의 상생을 중요하게 생각한다. 종교적인 합동 할례 '수낫딴 마살(Sunatan Massal)' 행사로 병원에서 할례 수술을 받기 어려운 저소득층 가정과 다문화가정 남자아이들에게 의료 혜택을 지원하고 있다. 2010년 이세호 초대 회장의 재임 시절에 처음 시행된 합동 할례 행사는 2014년부터 한 해씩 걸러서 시행하고 있다. 더불어 형편이 어려운 현지인을 위한 합동결혼식과 격년제로 무료 의료 서비스도 제공한다.

지역 축제와 장학 사업에 대한 규모도 남다르다. 땅그랑 한인들이 모여 결속을 다지는 '한인의 밤'과 '땅그랑 코리안 페스티벌'에서는 현지인과 한인동포가 3일간 어우러져 축제를 벌이고 매년 5월 가정의 날에는 찌뜨라 라야(Citra Raya) 다문화가정 어린이와 65세 이상의 어르신을 위한 행사와 땅그랑미래장학재단(회장 전덕천)을 중심으로 다문화가정에 장학금과 생필품을 지원하고 있다.

수낫딴 마살 행사

지역 한인업체의 후원금으로 한국기업 현지 직원을 대상으로 매년 회계 교육 세미나를 무료로 진행하며, 2013년에 개원한 '땅그랑한인회문화원'에서는 한인들의 재능 기부로 다양한 언어 강좌와 문화강좌가 열린다. 그리고 비상대책위(위원장 김명화)의 노력으로 '불법체류자 고국 귀환 돕기' 사업을 추진해 2016년부터 2019년까지 총 5명의 불법체류자의 고국 귀환을 도와주었다. 이 밖에도 2018년 순다해협 쓰나미 이재민 돕기 성금을 적십자사에 보냈고, 2020년 자카르타 수재민 돕기를 위한 구호 물품을 땅그랑 시의회에 전달했다.

코로나19 감염자가 급증했던 2020년 3월에는 거주 한인들을 대상으로 마스크 1만여 장을 무료로 배포했다. 그동안 다양하게 펼친 이런 활동과 한인기업, 한인업소를 총망라하여 기록된 『땅그랑반뜬한인회 10년사』가 2019년 12월에 발간되었다.

땅그랑반뜬한인회는 1기 '기반 조성기(회장 이세호, 2010~2012)'를 거쳐 2기 '도약기(회장 하연수, 2013~2018)', 3기 '성장기(회장 오세명, 2016~2018)'까지 탄탄한 조직력을 갖추고 지금은 4기(회장 채만용, 2019~현재)에 들어서면서 '찾아가는 한인회'라는 구호로 한인들의 애로 사항에 능동적으로 대처하고 있다.

산림휴양과 생태관광으로 새롭게 부상하는 롬복한인회

인도네시아 34개 주의 하나인 NTB(Nusa Tenggara Barat)주에 속한 롬복 섬은 산스크리트어(범어(梵語), 인도의 고전어)로 '끝이 없는 길'이라는 뜻을 지녔다. 이를 입증이라도 하듯 제주도의 2.5배나 되는 롬복에는 북쪽의 린자니 화산(Rinjani M.T)과 tvN 〈윤식당〉 촬영지로 알려진 '푸른 산호초의 섬' 길리(Gili Islands), 남쪽과 서쪽 해안에 있는 꾸따 비치(Kuta Beach)와 승기기 비치(Senggigi Beach) 등의 관광지가 자리 잡고 있다. 관광여행업, 건축업, 도소매업과 자유업 등 다양한 업종에 종사하는 롬복 한인들은 비교적 복잡한 도시 생활에 비해 자연 속에서 유유자적한 섬 생활을 하고 있다. 현재 롬복에는 25가구, 40여 명의 한인이 거주한다. 14개 지역 한인회 중 13번째로 결성된 롬복한인회의 역사는 친목 모임이나 대외 행사로 시작되었다.

2013년 3월 28일에 개최된 '한-인도네시아 정상회담'의 후속책으로 산림청과 NTB주의 '한국형 산림휴양 및 생태관광 업무협약'이 체결되었고, 이때 17대 조태영 대사(2014.5~2018.2)는 순회 간담회에서 한인회의 형성을 격려했고 2018년 5월 12일에 박태순 초대 회장이 선출되면서 감사, 총무, 4명의 부회장 겸 이사로 구성된 재인도네시아롬복한인회를 결성하게 된다.

롬복한인회가 결성되고 바로 두 달 뒤인 2018년 7월 28일에 규모 6.4의 강진이 롬복을 강타했고, 한인회가 중심이 되어 발 빠른 대응으로 복구에 나서 한인회의 역할이 빛을 발했다.

먼저, 길리 뜨라왕안 섬(Gili Trawangan Island) 선착장이 붕괴해 고립된 한국인 관광객 60~70명의 무사 귀환을 위한 구조 활동을 벌인 뒤 재산 피해가 크게 발생한 롬복 거주 한인들을 파악했다. 때맞춰 한국대사관과 재인도네시아한인회에서 보낸 구호 성금으로 피해 정도에 맞게 구호금을 배분해 허물어진 가택을 즉시 복구했다. 민관 협력의 빠른 대처로 롬복 거주 한인들의 큰 인명 피해 없이 사태가 일단락되었다.

롬복한인회를 방문한 전 김창범 한국대사

롬복한인회는 아직 한인 수가 적어 친목 위주의 소모임 활동에 가깝지만 한국문화센터와 같은 체계적인 기구가 설치된다면 그 위상이 달라질 것이라는 박태순 초대 회장의 바람대로 끝없이 뻗어 나가는 롬복한인회의 미래는 매우 밝다고 할 수 있다.

한국문화 축제의 열기로 뜨거운 마까사르한인회

인도네시아 동부 지방의 중심지에 자리 잡은 꼬따 마까사르(Kota Makassar)는 인도네시아 남부 술라웨시주의 중심 도시다. 마까사르, 또라자, 부기스, 만다르족 등 한 번쯤 이름을 들어봤을 법한 부족들이 어우러져 살아가는 이 지역에는 50만 명(2018년 기준, 위키백과)의 인구가 모여 사는데, 이 중 한인은 30여 명뿐이다. 2015년 3월 27일에 이재호 회장과 한정곤 총무가 선출되면서 정식으로 출범된 이후, 규모는 작지만 적극적으로 한국문화를 홍보하면서 한류를 전파하는 데 일등공신 역할을 담당한다.

2015년에 UNHAS(Universitas Hasanuddin)와 코이카의 후원으로 처음 개최된 마까사르 한국문화의 날 'K-팝 노래 경연대회'는 매년 뜨겁게 펼쳐진다. 첫해 3,500명이던 관객이 제2회 대회부터 4,500명을 넘어서며 마까사르 지역의 대표적 한류 축제로 자리 잡았다. 재외동포재단과 코이카, 한국문화원의 후원으로 마까사르 한국문화의 날에 열린 2017년 제3회, 2018년 '제4회 'K-팝 커버댄스 경연대회'에는 수많은 사람이 모여들어 성황을 이루었다.

2015년 K-팝 경연대회

마까사르한인회는 이재호 회장이 2018년 11월에 한국으로 귀국한 뒤, 현재 한정곤 총무가 회장 대행으로 한인회를 책임지고 있다. 한 총무는 2018년 9월 28일 인도네시아 중부 술라웨시 팔루 지역에서 규모 7.5의 강진이 발생했을 때, CBS 라디오 〈김현정의 뉴스쇼〉에 현지 상황을 빠르게 전했고, 2019년 1월 23일 인도네시아 술라웨시 섬에 홍수와 산사태가 발생했을 때는 주인도네시아 대한민국대사관과 공조해 신속히 한인들의 피해 상황을 파악하는 등 한인사회를 위해 열심히 일하고 있다.

'사랑과 섬김'이 넘치는 메단한인회

인도네시아 북부 수마트라주 메단 지역의 한인회는 1997년으로 거슬러 올라간다. 광주광역시와 메단시가 자매결연을 맺으면서 메단한인회가 발족되었고, 당시 35명에 불과하던 한인 수는 현재 100여 명으로 늘어났다. 이 중 선교사와 그 가족이 과반수를 차지한다.

2015년 7월에 인도네시아 공군 수송기가 메단의 한인 거주지 인근에 추락해 113명의 탑승자 전원이 사망했을 때, 한국대사관과 메단한인회(회장 홍상철)는 신속히 공조해 한인들의 소재를 파악했다.

같은 해 9월 메단 인근 남서쪽에 있는 시나붕 화산이 분출했을 때에도 메단한인회는 아씨시의 프란치스꼬 전교수녀회(원장 허 크리스티나) 메단 수녀원과 공조해 자카르타 한인성당에서 보내준 물품을 전했고 (주)세림인도네시아(법인장 배재호)에서 제공한 매트리스와 생필품도 적재적소의 이재민들에게 발 빠르게 전하며 재난 극복에 나섰다.

메단한인회는 창립 때부터 지금까지 광주광역시와 상호 유대를 의미 있게 이어가고 있다. 2017년 8월에 광주광역시와 한국청소년인권센터가 청소년 국제교류 활동으로 메단한인회를 방문했을 때, 현지 인도네시아의 문화와 역사 체험을 잘 할 수 있도록 적극적으로 지원했다.

메단한인회는 김광수 초대 회장과 홍상철 총무가 1기 회장단을, 2기에는 김우영 회장과 김석원 총무, 현재 3기에는 홍상철 회장과 손근환 총무가 선출되었다. 이들은

북부 수마트라주 뜨빙띵기 군 망기스 마을에서 한인회의 의료 봉사

'메단 지킴이'로서 역할에 충실하며, 지금도 한인사회의 발전을 위해 전심을 다하고 있다.

'한류문화의 메카' 반둥한인회

인도네시아의 수도 자카르타에서 동쪽으로 약 150km 떨어진 반둥(Bandung)은 평균 해발 700m의 고지대로 비교적 시원하며 온천지대가 발달한 서부 자바의 대표적 휴양도시이자 교육도시, 인도네시아의 대표적인 폴리에스테르(polyester) 섬유도시다.

반둥에서 한인들의 이주 역사가 시작된 것은 1980년대 초 섬유 기술자들이 취업하면서부터다. 아직도 1,400~1,500명이 넘는 반둥 거주 한인의 대부분이 섬유 관련 사업에 종사한다. 기독교인이던 기술자들은 1984년에 예배를 위한 첫 한인 모임을 시작했으며, 1991년 10월 12일에는 반둥한글학교(초대 교장 강갑중)를 설립했다. 이후 반둥에 거주하는 한인들의 숫자가 늘어나면서 한인회의 필요성이 대두되다가 1986년 초대 회장 윤석호를 중심으로 반둥한인회를 정식으로 발족했다.

반둥한인회에서 추진하는 문화 홍보 활동은 '한국을 사랑하는 사람들의 모임(이하 한사모)'과 상당 부분 연계되어 있다. 반둥에는 인도네시아인들이 자발적으로 결성해 현재 회원 수 3,500여 명에 이르는 한사모가 활발히 활동하고 있으며, 인도네시아 한류를 주도하는 도시로 거듭났다. 한사모는 문화 교류를 목적으로 2016년 3월 31일에 안동대와 상호 문화 교류 증진을 위한 협약을 체결했다.

반둥한인회(회장 최이섭)는 2013년 6월에 민병원, 근원의료재단 경산중앙병원(이사장 백승찬)과 보건의료협력 양해 각서(MOU)를 체결해 한국의 병원에서 현지 어린이 구순구개열(언청이) 수술과 안짱다리 교정을 도왔다. 2020년 3월 코로나19 감염이 확산되자 한국의 질병관리본부에 6개 업체가 방호복 220만 장을 납품했는데, 그중 한 업체가 제8대 엄정호 전 반둥한인회장의 회사(PT. ING

International)였다.

반둥한인회가 정성을 들이는 부분은 '반둥한글학교'다. 매주 50여 명의 학생이 모여 한국의 문화와 역사 그리고 한글을 배우며 가족 단위로 학교의 행사를 통한 교류가 수시로 이루어진다. 반둥한인회는 앞으로 한인 2세 정체성 교육과 소외된 한인에 대한 지원에도 더 많은 관심을 가지고 힘을 쏟을 계획이다. 엄정호 회장을 거쳐 현재는 편대영 회장이 이끌고 있다.

인도네시아 최초 · 최대의 한류 커뮤니티

한사모(한국을 사랑하는 모임, Bandung Korea Community)

2006년 9월, 인도네시아 반둥을 중심으로 결성한 현지인 단체인 '한사모' 회원들은 10세부터 45세까지 초 · 중 · 고등학교 학생(Murid SD. SMP. SMU)과 대학생(Mahasiswa), 회사원들으로 구성돼 있다. 400여 명의 회원으로 시작된 모임은 2017년 3,500명을 넘어서며 '인도네시아 최초이자 최대 한류 커뮤니티'로 자리매김했다. 회원들은 매월 두 차례 정도 모여 한국어 공부를 하거나 한국영화, 음악 등을 감상하며 한국문화를 배운다.

회원들은 한인사회의 크고 작은 행사에 버스를 대절하고 나타나는 것으로도 유명하다. 2007년 6월에 개최된 반둥 한국문화 교류 행사 'Bandung Korea Cross Culture'와 2017년 10월 재인도네시아한국문화원 · 반둥한인회와 공동으로 연 'Hallyu! Come on 2017' 행사에도 대거 참여했다. 특히 2016년 자유

한국을 사랑하는 사람들 다 모여! 'Hallyu! Come on 2017'의 열띤 현장

총연맹 인도네시아 지회 주관으로 열린 '3 · 1운동 97주년 기념행사'에서 '독도는 우리 땅'을 부르는 플래시몹(flashmob)은 한국인과 현지인들에게 큰 인상을 남겼다.

신뢰로 똘똘 뭉친 발리한인회

2018년 기준으로 인도네시아를 방문한 한국인 관광객은 연간 35만8,000명이고 이 중 절반이 넘는 20여만 명이 세계적 관광 휴양지인 발리를 찾았다. 항공사들은 늘어나는 발리 여행객들의 수요에 맞추어 자카르타와 발리 노선을 취항했다. 첫 번째 지역 한인회인 동부자바한인회가 설립되고 14년 뒤인 1992년 발리에 두 번째 지역 한인회가 들어선 것은 어쩌면 당연한 흐름이었다. 1990년 50명의 한인을 시작으로, 2020년 현재 600명이 넘는 한인이 발리에 거주한다.

발리한인회는 재인도네시아발리한인회, 발리한국부인회, 발리청년회, 발리한글학교로 나뉘어 활동한다. 찬조금이나 후원금 없이 90%의 한인이 자발적으로 납부한 한인회비로 운영되는 점은 발리한인회의 자랑이다. 그 이면에는 한인사회 구성원들끼리 맺어진 밀접한 신뢰 관계가 바탕이 된다. 발리한인회는 회비를 납부한 회원이 호텔, 레스토랑, 의료기관, 골프장, 면세점을 이용할 때 적게는 5%, 많게는 80%까지 할인해준다. 회원에게 제공하는 이러한 특별한 혜택은 발리한인회에 한인들의 참여도를 더욱 높였다.

발리한인회관 기공식

숙원사업이던 한인회관 건립을 추진한 결과,

2018년 4월 27일에 발리 사누르 지역에서 기공식을 치렀다. 현재 발리한인회관은 발리 한인들과 관광객들을 위한 편의 제공과 정보 교환, 긴급 재난 시 위기관리센터 역할을 한다. 인도네시아의 발리 재난 방재청과 핫라인을 개설해 자연재해 소식을 실시간으로 전달받으며, 한인들의 권익 보호를 위해 발리경찰청, 발리 이민국과 운영되는 핫라인은 통역 서비스까지 제공한다.

2020년 2월 1일 르논 지역에 개교한 발리세움한글학교는 한인 자녀와 다문화가정의 자녀, 외국인 자녀까지 한글학교 등록이 가능하며, 10년 이상 진행한 외국인 대상 한국어 강좌도 발리세움한글학교 건물로 옮겨와 진행하고 있다.

30여 년 동안 발리한인회를 이끈 역대 회장은 1·2대 윤정환(1992~1996)에 이어 3·6·7대 김동수(1996~1998, 2002~2006), 4·12대 안복희(1998~2000, 2014~2016), 5대 이실(2000~2002), 8대 이동우(2006~2008), 9대 강호철(2008~2010), 10대 윤여각(2010~2012), 11대 장병록(2012~2014), 13·14대 윤경희(2016~현재) 순이다.

기업 활동 위해 협심하는 보고르한인회

인도네시아 자바 섬의 서부에 자리한 보고르(Bogor)는 강수량이 많고 기후가 서늘해 일하기 좋은 지역이다. 구눙 살락(Gunung Salak)과 구눙 그데(Gunung Gede), 보고르 식물원, 따만 사파리 동물원, 유황 온천 등으로 인도네시아 거주 한국인들의 관광지로도 유명하다.

보고르한인회는 1997년 3월에 기업 활동에 필요한 정보와 친목을 나누는 소규모 모임으로 시작해 2010년 중반에 정식 지역 한인회로 발족했으며, 매년 현지 보육원과 어려운 현지 단체를 방문해 후원금을 전하며 지역 봉사 활동을 하고 있다.

2010년 이후 보고르 지역에 모여든 봉제와 가방 업종의 한인기업들이 가파른 임금 상승과 세계적인 경기침체로 경영난을 겪으며 분위기가 위축돼 있을 때 보고르한인회는 지역 경제발전과 한인들의 사기진작을 위해 최선의 노력을

보고르 도시 숲에서 식재하는 모습

기울였다.

보고르한인회는 매년 최저임금(Upah Minimum Kota/Kabupaten, UMK) 인상 시 노동부 등 인도네시아의 관련 부처와 회의를 통해 보고르 지역에서 사업하는 한인기업들의 입장 관철을 위해 노력했다. 지난 몇 년간 빠르게 바뀐 세무와 노무 문제에 관한 대응 전략을 수립하기 위해 매년 현지 담당자, 한국인 책임자들과 세무 컨설팅을 연계한 세미나도 주최했다.

현재 내부 사정으로 회장석은 공석이고, 임성필 총무가 대행하고 있으며, 재인도네시아한인회총연합회의 지침에 따라 한인회 제반 사항에 관한 일을 처리하고 있다.

한인기업의 든든한 뒷심이 되어주는 수까부미한인회

2012년 7월 현지 언론 보도에 따르면, 자카르타 인근인 서부 꼬따 수까부미(Kota Sukabumi)에 투자하고 있는 664개 외국기업 중 60~70%가 한국기업이라고 한다. 현재 이곳에 자리 잡은 200여 개의 한국기업은 수까부미 지역 경제를 이끌며 대부분이 섬유와 의류, 가죽산업에 투자하고 있다.

수까부미한인회는 소규모 봉제업이 주를 이루는 한인업체의 사업 환경 개선과 권익을 보호하는 일에 무게중심을 두고 최선을 다한다. 최근 인건비 상승으로 임대료도 내지 못하고 파산하는 한국 업체가 있는지 사전 조사해 지원 방안을 물색하는 것도 한인회의 몫이다.

인도네시아 학생들의 한국문화원 견학

한류 열풍의 영향으로 2019년 9월부터 자카르타의 경찰대학원과 기타 지역 경찰대학교에서 태권도를 이수 과목으로 지정해 공식 강좌를 개설하는 등 태권도가 새롭게 관심을 받자 수까부미한인회는 '인도네시아 태권도 꿈나무들'을 위해 태권도 교육을 결정했다. 이러한 이유로 수까부미한인회 관계자들이 주기적으로 지역 보육원을 방문할 때마다 아이들의 환호가 터진다.

문화와 교육의 도시에서 한글 교육에 모범이 되는 족자한인회

자바 섬 중남부에 자리한 족자카르타특별주(Daerah Istimewah Yogyakarta, 족자)는 세계적 문화유산인 보로부두르(Borobudur) 불교사원과 쁘람바난(Prambanan) 힌두 사원 등 역사와 문화 이외에도 교육의 도시로 유명하다. 행정구역상 중부 자바가 아니라 특별자치구로 분류되어 인도네시아 중앙 정부의 지배를 받지 않고 대통령이 임명한 술탄(Sultan)이 자치권을 부여받아 지배하는 특별지역이다.

족자에 한국인이 정착한 시기는 1980년대 중반이다. 1990년대 초반까지는 소수의 한국인 유학생과 선교사만 족자에 거주하다가, 골프 가죽 장갑 공장이 늘어나면서 1995년 10월 20명의 한인이 모여 족자한인회를 결성했다.

2015년 기준으로 족자에 거주하는 한국인은 150여 명, 한인기업들은 40여 개 업체로 늘었다. 족자의 사업 환경도 녹록지 않다. 도로와 철도, 항구 등의 인프라가 부족하고 최저임금의 급격한 상승과 생산성 저하, 문화적 차이 같은 난제가 존재한다. 족자한인회는 매년 한인 간 친목 · 친선 골프와 문화 행사, 명절 행사, 한식 홍보 행사, 자선바자회 등을 열어 상호 교류에 힘쓰고 있다.

족자에는 취업이나 사업을 위한 이주민 외에도 인도네시아 최초의 고등교육기관인 가자마다대학교(Universitas Gadjah Mada, UGM)가 있어 족자 한인의 상당수가 유학생들이다. 그래서 족자한인회와 UGM의 문화 교류 행사가 자연스레 이루어진다.

2011년에 개원한 '족자한인문화원'은 2014년부터 족자한인회의 산하 단체로 자리 잡으며 한인회의 활동 범위가 넓어져 다양한 문화 강좌를 통해 배우고 실

현지 대학교에서 열린 '한국 음식 알리기' 행사

생활에 필요한 정보를 공유한다. '족자한글학교(교장 김은숙)'는 1999년에 파일럿 프로젝트를 시작했다가 열악한 여건으로 문을 닫았고, 2008년 초 족자 한인교회 산하 한글학교로 새 출발했다. 9대 회장으로 선출된 박병엽 회장의 개인 건물에 한글학교 공간을 마련한 2014년부터는 한글학교가 한인회 소속으로 재편되었다. 이로 인해 40여 명의 족자한글학교 학생들은 한글, 수학, 역사, 예체능 과목까지 배움을 이어가게 되었다. 족자한글학교 학생들이 재외동포 초청 청소년 캠프와 모국에서 치르는 글쓰기 공모전에 참가하면서 두각을 나타낼 수 있는 이유도 족자한인회가 백년지대계를 위해 교육에 투자한 값진 결과다.

1대 방지환(1995~1997)을 시작으로 2대 윤상영(1997~1999), 3대 김동선(1999~2003), 4대 조현보(2004~2013), 5대 박병엽(2014~2018), 6대 배석기(2018~2020) 회장이 역임했다. 2020년에는 7대 유치호 회장이 선출되면서 한인과 한인사회의 위상 제고를 위해 봉사하고 있다.

여성 한인회장의 리더십으로 활기 넘치는 케프리주바탐한인회

1978년 공업단지로 출범한 바탐은 1992년에는 보세 지역으로, 2006년에는 자유무역지대(Free Trade Zone, FTZ)로 전환되었다. 바탐에 정착한 첫 한인은 1987년 케프리주바탐한인회(이하 바탐한인회) 박동희 초대 회장이다. 그리고 1년 뒤 조기술 목사가 바탐 지역의 선교사역을 위해 이곳에 정착했고 1990년부터 대략 15가구의 한인이 모여들었다. 1989년에는 현대건설이 바탐국제공항 공사를 시작하며 40여 명의 한국 근로자와 임직원이 합류하면서 거주민이 두 배 이상 증가했다.

지역경제가 발전하며 한인사회의 규모가 커지자 박동희 초대 회장을 중심으로 2006년 2월에 바탐한인회가 창립되었다. 박 회장은 2010년까지 한인회장직을 연임한 뒤 퇴임하고 2010년 2월 3일에 제2대 오명택 회장이 취임했다. 이후 제3대 공자영(PT. Inko Batam 대표) 회장이 2014년 3월 8일에 바통을 넘겨받았다. 인도네시아 지역 한인회에서 '첫 여성 한인회장'이라는 중책을 맡게 된 공 회장은 취임하고 한 달 뒤인 4월 15일에 공약 중 하나인 바탐한국문화원과 한인회관을 개원했다.

한인회관에서는 선교사들의 재능 기부로 토요한글학교와 한국어 강좌를 열고 인기가 높은 태권도 교실은 점점 규모가 커져 근처 체육관으로 장소를 옮겼다.

매년 열리는 케프리주 태권도대회와 K-팝 대회에는 선수를 포함해 700~1,000명의 관람객이 몰려들 정도로 성황을 이룬다. 가정 형편이 어려운 6명의 태권도 대회 수상자에게는 PT. Inko Batam(회장 공자영)의 '인코장학회'에서 매달 학비를 지원한다. 한국이 좋아 시작한 태권도인데, 대학교를 졸업할 때까지 장학금을 받을 수 있다는 소식에 '태권도 교실'을 찾는 현지인의 수는 점점 늘고 있다.

바탐은 한때 조선산업특구로 한국조선소와 조선 관련 업체들이 다수 상주했지만 현재는 조선업의 침체로 공단 내 남아 있는 5~6개의 한국업체 역시 폐업하거나 타국으로 이전을 꾀하고 있는 형편이다. 경영 전문가로서 역량을 발휘한 공자영 회장은 한인사업가들에게 경영 컨설팅 자문을 제공하며 바탐한인회를 전천후 봉사 단체로 발전시키고 있다. 스스로 자생할 돌파구를 찾아야 한다는 공 회장의 신념대로 바탐한인회는 오늘도 생동감이 넘친다.

바탐한국문화원 한인회관 현판식

한인들의 건강하고 행복한 미래를 만드는 중부자바스마랑한인회

중부자바스마랑한인회(이하 중부자바한인회)는 인도네시아 중부 자바 스마랑 지역에 사는 한인들이 모여 1996년에 설립되었다. 인도네시아인들과도 함께 어울릴 수 있도록 정기적으로 총회를 열고 한국인의 행사인 추석 모임과 문화 행사 프로그램을 운영한다.

스마랑 지역(Kota+Kabupaten)은 약 270만 명 인구의 산업도시로 섬유 봉제, 신발, 가방 등의 노동집약적 산업이 밀집된 곳이다. 거주 한인들 역시 이러한 산업 투자와 연관되어 체류하는 한인들이 대다수다. 따라서 중부자바한인회는 지역 기업인들을 위한 세미나를 개최하고 권익 보호를 위해 지역 정부와 긴밀히 협조한다.

김소웅 초대 회장이 2016년 회장직에 재선임되며 한인회 사무실을 마련해 한인 자녀를 위한 한글학교와 인도네시아인들을 위한 한글교실, 문화 체험을 제공하기 시작했다. 2016년과 2017년에는 인도네시아인 2,500여 명과 함께하는 '스마랑 코리아 페스티벌(Semarang Korea Festival, SKF)'을 개최하며 한류 문화 전파에 힘썼다. 최근 스마랑 지역 한인들의 거주 목적은 기업 투자를 위한 체류가 아닌 정착을 위한 이민의 형태로 성격이 변해가는 추세다.

1996년 8월 김소웅 초대 회장(PT. SCI 대표)을 시작으로 2대 김수길 회장, 3대 우동우 회장, 4대 박철구 회장, 5대 김재훈 회장, 6대 유성천 회장, 7대 김소웅 회장(재임)이 회장직을 역임했다. 현재 2019년 1월 연임에 성공한 8대 유성천 회장(PT. HESED 대표)이 중부자바한인회를 대표하고 있다.

SEMARANGMETRO

SEMARANG

Rambut Padang Pasir Lie Kuang Juara 2 Dunia

중부 자바 지역신문에 대서특필된 스마랑 페스티벌

한편 인도네시아와 자바 문화를 한인사회에 알리려는 목적으로 2017년 9월 살라띠가(Salatiga)시에 개원한 사산자바문화연구원(원장 이태복)은 편모가정과 고아원을 정기적으로 후원하며 지역민의 문화 교육 활동에 앞장서고 있다.

가구 특화 도시에서 열정적으로 움직이는 즈빠라한인회

인도네시아 중부 자바에 위치한 즈빠라(Jepara)는 총인구 130만 명의 가구 특화 도시다. 35년 전 장용덕 사장과 5~6명의 한인이 즈빠라에 첫발을 들인 후 현재 즈빠라의 한인 수는 230여 명에 이른다. 이곳에는 다국적 기업체들도 상당수 상주하고 있으며, 한인들은 대부분 가구제조업에 종사한다. 최근에는 중부화력발전소(Pembangkit Listrik Tenaga Uap, PLTU)와 신발 그리고 봉제 업체들이 합류하며 한인사회의 규모가 커지면서 자연스럽게 2010년 12월에 즈빠라한인회가 설립됐다.

즈빠라 한인들은 분기별 개최하는 한인 골프대회 외에도 구정과 한가위 명절에는 지역의 모든 한인이 모여 공동으로 차례를 지내고 식사를 하는 특별한 시간을 갖는다.

그리고 한인회관을 신축하면서 한인회 업무 외에도 한글학교 교실도 함께 운영한다. 한글학교에서는 30여 명의 다문화가정 2세와 현지인 엄마에게 한글을 가르쳐주고 한국의 문화도 알려준다.

즈빠라한인회 양재형 초대 회장(2011.1.1~2012.12.31)은 한인회칙과 명부를 작성하고 비상망을 구축했으며, 제2대 문창윤 회장(2013.1.1~2014.12.31)은 대사와 영사 방문 접견 외에 즈빠라한글학교 설립(KOIKA 교사 지원)이라는 업적을 남겼다. 제3대 박상규 회장(2015.1.1~2016.12.31)은 후원금을 모금해 한인회관 건립의 초석을 닦았으며, 제4대 문창윤 회장(2017.1.1~2018.12.31)은 재임하는 동안 신축 한인회관 토지를 매입하고 영사 순회 업무를 접견했다.

10년간의 노력 끝에 2019년에 당선된 제5대 김신 회장은 '즈빠라 코리아 페스티벌(Jepara Korea Festival, J.K.F)'을 통해 한국 음식과 문화 알리기 행사를 대규모로 키웠다. 나아가, 한인회에서 가구 공동 마케팅 방안을 함께 모색하며 발 빠르게 움직이고 있다.

즈빠라 K-팝 페스티벌

'기회의 땅'에서 급부상하는 칼리만탄한인회

칼리만탄은 목재, 석탄, 팜, 원유 등의 천연자원이 풍부한 섬으로 코린도, 코데코, 현대, CJ, 대상, LG 등 한국 굴지의 대기업들이 진출해 활발히 사업하고 있는 지역이다. 현재 250여 명의 한인이 거주하고 있다. 2019년 8월에는 칼리만탄 섬으로 인도네시아 수도 이전이 확정되면서 발릭빠빤은 경제적, 사회적 성장 가능성이 무한한 '기회의 땅'으로 떠오르고 있다. 이런 중요한 타이밍과 맞물려 2019년 12월 14일에는 칼리만탄 발릭빠빤시에서 칼리만탄한인회가 설립됐다. 가장 늦게 출범한 14번째 지역 한인회인 칼리만탄한인회는 한인들의 교제와 협력, 보호 외에도 인허가 문제로 어려움을 겪는 한국기업 지원 활동을 중점적으로 펼치며 벌써 정회원이 60여 명을 넘어섰다. 창립 총회에서 초대 회장으로 추대된 정성화 회장은 장기간의 인도네시아 생활 경험과 노하우를 살려 한인들의 든든한 버팀목 역할을 수행하고 있다.

칼리만탄한인회 창립 총회

⑥

아름다운 한인사회를 만든 재인도네시아한국부인회

재인도네시아한국부인회(이하 부인회)는 1973년부터 2015년까지 42년 동안 독립적인 단체로 활동했다. 한국 부인으로서 자부심과 한국 여성으로서 위상을 높이고자 봉사 활동과 문화 활동을 헌신적으로 전개해왔다. 세계적인 경제 불황과 불안 속에서 한인들의 어려움에 동참해 격려하고, 때로는 인도네시아 사회에 대한민국의 위상에 맞는 사랑의 메시지를 긍정적으로 전했다. 부인회의 역사는 한인공동체의 필요와 요구에 발맞추어 그 시기에 맞는 역할에 최선을 다하며 성장 · 발전해왔다.

정부기관 주도의 부인회 활동 시작

1973년 한국대사관이 창립될 당시 한인은 700명 정도였다. 1대 김좌겸 대사(1973~1974)는 해외에서 부인회의 역할과 중요성을 강조했고, 이에 힘입어 1973년 한국부인회가 창립되었다. 그 후 4대 한우석 대사(1981~1984)의 임기 초기인 1981년까지 8년 동안 대사 · 공사부인들이 부인회의 모임을 주도했고 기업에서 파견된 주재원의 부인이 부회장과 총무를 맡았다.

넓은 공간이 관저밖에 없던 시절이라 주로 그곳에서 년, 1~2회의 친목 모임을 가졌다. 특히 4대 한우석 대사 부인 이영자 여사는 관 주도가 아닌 민간 차원에서 부인회를 운영할 때가 되었다며 한인 여성들을 격려하고 문화예술 활동을 장려했다. 1981년 4월 23~24일에는 한국대사관과 부인회에서 후원해 최초의 여류 화가 2인전인 홍미숙과 김공자 회화전 〈Pintings〉가 열렸다.

민간 주도로 운영, 한국 어머니의 사랑을 전하다

인도네시아에 한인기업이 들어오기 시작하던 1980년대에는 한인이 1,000명에 불과했다. 한국물품도 부족해 구하기 힘들었고, 김치도 한국에서 먹던 맛이 아니었다. 이처럼 생소한 환경에서도 부인들은 주부의 마음가짐에 따라 내 가족과 조국의 장래가 밝을 것이라는 희망으로 녹록지 않은 현실을 인내했다.

1대 김정순 회장(1982)은 부인회를 임기 2년의 민간 주도로 이끌었지만, 한인을 위해 봉사하겠다는 꿈을 펼치지도 못한 채 대구 호텔 화재 사고로 돌아가셨다. 1대 회장단의 남은 임기 기간을 이어받은 **2대 송복순 회장**(1983)은 부인회 창립 10주년 기념 전시회와 바자회를 개최하는 등의 열성적 노력으로 한인사회에 부인회는 뿌리내리기 시작했다.

3대 강정자 회장(1984~1985)은 1984년에 한인회관 건립비 500만 루피아를 기증하고 고국에 실명 환자 개안 수술비 600달러를 보내 어려운 이민살이에도 조국의 어려운 형편을 외면하지 않았다.

4대 백방자 회장(1986~1987, **부회장 이명자**)은 고국 심장병 어린이 돕기에 110만 루피아, 고국의 수해의연금으로 500달러, 방글라데시에도 수해의연금을 보내는 등 곳곳에 사랑을 담아 한국 어머니의 손길을 전했다. 1986년 4월에 신축된 한인회 강당에서 열린 〈무궁화〉 전시회를 후원하기도 했다. 그뿐 아니라 1987년 나시오날대학교(Universitas Nasional, UNAS) 한국학센터를 설립할 당시에도 발전기금 1만 달러를 조성해 후일 한국어과 설립(1994)에 도움을 주었다.

왼쪽부터 11대 박은경 회장, 10대 김영자 회장, 정면 2대 송복순 회장, 6·7·8대 한정자 회장(빨간 옷), 오른쪽부터 맨 앞이 12대 정은경 회장, 김재춘 대사 부인, 3대 강정자 회장(송복순 회장의 뿐짝 별장에서)

한인공동체의 삶과 꿈을 나누다

1987~1988년에는 투자 촉진을 위한 인도네시아 정부의 규제 완화로 인해 한국기업이 대거 진출하며 한인 수가 1990년에는 3,000명, 1993년에는 7,572명, 1996년에는 1만7,000명이 넘자 한인사회의 화합을 위해 부인회의 역할이 더욱 커진다.

5대 박은주 회장(1988년, **부회장 이명자**)은 '이리자 고전 한복 의상쇼'를 개최해 수익금 전액인 2,000만 루피아를 반둥 화산 피해 지역에 기부했다. 1988년 11월 노태우 대통령이 인도네시아를 공식 방문했을 때는 한인회 강당(현 한인회 도서관)에서 부인회가 준비한 다과를 나누며 김옥숙 여사와 간담회를 열었다. 김옥숙 여사와 인도네시아 생활에 관한 이야기를 나누며 눈시울을 붉히기도 했다.

6~8대를 역임한 한정자 회장(1989~1994, **부회장 이명숙 · 이명자**)은 뛰어난 리더십으로 6년이나 회장직을 맡아 이끌며 한인회에 부인회 사무실을 따로 마련했으며 JIKS에 설립 기금을 전달하고 수상가옥이 즐비했던 쁠루잇(Pluit)의 현지 보육원을 지원하며 불우이웃돕기를 꾸준히 이어나갔다. 아울러 한인 여성들을 위한 유화, 묵화, 골프반 등을 운영하며 1994년에는 유화반 전시회도 열었다.

부인회에서는 처음으로 '전화번호부'를 발간했으며 2년마다 업데이트해 재발간했다. 끊임없는 노력으로 1992년 5월 정기총회에서 한정자 회장은 외무부

장관상을 받았고, 이명숙 · 이명자 부회장, 이경원 · 한정옥 총무, 조광숙 회계는 대사상을 수상했다. 한국부인회의 위상이 많이 올라갔던 시기였다.

5대에 이어 **9대 회장직을 맡은 박은주 회장**(1995~1996, **부회장 김영자 · 이경원**)은 스포츠를 통해 친선을 다진다는 취지로 1995년 '제1회 부인회 친선 골프대회'를 개최했고, 1996년 10월 30일 '이미자 자선 디너쇼'를 상그릴라 호텔에서 개최했다. 이때 50개의 한국기업과 한인이 한마음이 되어 심장병 어린이 돕기에 나섰다. 특히 한국학교 학생들도 고사리손으로 모은 돼지 저금통을 전달하면서 뜻을 모았다. 이러한 노력으로 박은주 회장은 국민훈장 석류장을 수훈받았다.

가수 이미자 씨와 함께한 인도네시아 심장병 어린이 돕기 자선음악회. 이날 성금으로 심장병 어린이 10명이 새 생명을 얻게 되었다.

외환위기를 딛고 화합을 이끈 재인도네시아한국부인회

부인회는 한국대사관, 한인회 그리고 각 단체와 긴밀하게 협조해 한인사회가 인도네시아에 안착할 수 있도록 뒤에서 물심양면으로 도왔다.

1997년 한국이 외환위기를 겪으며 '고국에 달러 보내기 운동'이 펼쳐졌을 때, 실제 가계를 맡은 부인들이 이에 적극적으로 동참했다.

10대 김영자 회장(1997~1998, **부회장 안숙경 · 윤옥련**)은 JIKS 3교사 건축을 위해 1997년 3월에 증축기금 7,300달러를 후원하고 학비 보조로 계속 동참했으며, 인도네시아 사회복지부를 방문해 2만kg의 구호미를 전달했다. 김영자 회장은 국위를 선양한 공으로 2000년 2월 한국의 외교통상부장관 표창장을 받았다.

11대 박은경 회장(1999~2000, **부회장 임재호 · 김영선**)은 취미반 발표회와 시 감상반 시화전, 유화전, 문탐사진전, 청소년 음악회를 지원해 한인들의 문화예술 활동을 장려했다. 또한 서띠모르난민돕기 물품수집과 보육원(Pantai Asuhan Balita) · 무연고 할머니가 거주하는 시립양로원(Tresna Werdha Bhakti Mulia) · 지적장애인 30

여 명이 사는 시립보육원(Bina Grahita Belaian Kasih Penadungan)을 방문해 아프고 힘든 주변을 둘러보고 챙기는 온정의 손길이 계속되었다.

12대 정은경 회장(2001~2002, **부회장 박성화 · 조명숙**)은 국제 결혼한 가정의 아동이나 사정이 어려워 JIKS에 취학하지 못한 아동에게 한글을 깨우치게 할 목적으로 2001년 5월 11일, 땅그랑에 한국부인회 부설 '밀알학교'를 개교했다.(밀알학교는 2005년에 코윈으로 이양) **13대 이래은 회장**(2003~2004, **부회장 김순희 · 박미례**)은 2003년 5월 8일 어버이날을 맞이해 60세 이상 어르신들을 모시고 '제1회 효도 한마당 잔치'를 열어 한인사회에서 큰 호응을 얻었다. 이 행사는 2010년까지 계속되었다.

'한-인도네시아' 관계 증진을 위한 아름다운 동행

한국이 2002년 월드컵을 성황리에 치르면서 인도네시아 내 한인사회의 위상 또한 높아졌다. 2004년 12월에 발생한 아쩨 쓰나미 때도 한국정부는 아낌없는 지원을 했고 이는 양국 관계를 더욱 굳건히 하는 계기가 되어 두 나라 간에 '전략적 동반자 관계'가 성립되었다.

14~15대 채영애 회장(2005~2008, **부회장 이상미 · 이애순**)은 한국대사관 부인회와 한인기업들과 함께 2007년 수해를 입은 인도네시아 주민들을 위해 '사랑의 모포 모으기 운동'을 펼쳐 한국 YTN 〈글로벌코리안 프로그램〉을 통해 널리 알려졌다. 또한 한인회, 한국대사관 부인회, 무궁화유통과 함께 수해를 입은 북부자카르타 뿔로마스(Pulomas)와 까유 뿌띠(Kayu Putih) 지역을 찾아 150여 개의 쌀부대와 수인성 질병 관련 의약품을 전달했다.

당시 한인사회는 인도네시아에서 '외국인 최대 커뮤니티'였다. 2년마다 발간하던 전화번호부는 2007년 영어판 『It's Korea-1(196쪽)』로 발간되어 한인기업들의 마케팅 전략서로 활용되었다. 또한 해마다 열린 친선 골프 대회 상품을 보면, 당시 한인사회에서 부인회 활동에 대한 호응도를 알 수 있다.

재 인니 한국 부인회
전화번호부
2005-2006
KOREAN WOMEN'S ASSOCIATION IN INDONESIA

2년마다 발간되었던 전화번호부 표지(2005~2006)

16대 홍미숙 회장(2009~2010, **부회장 김순희 · 박순화 · 이금색**)도 2009년 『It's Korea-2(190쪽)』를 발간했다. 1호에서 담아내지 못했던 인도네시아와 한국에서 열린 한국문화축제에 대한 소개도 실었다. 2010년 4월 26일 J.W. 메리어트에서 열린 부인회 정기총회에 425명이 대거 참석했다. 특별히 어버이날 효도 잔치를 겸한 노래 한마당 본선, 꽃꽂이 전시 등 다양한 프로그램으로 진행되었다. 노래 한마당대회 예선에는 노인대학에서도 많이 참여했다. 참가자격이 인도네시아에 거주하는 한국 여성과 한국 남성의 배우자였다. 이처럼 다문화가정도 배려하였다.

더 넓은 세상으로 전진

한국정부가 2012년부터 재외동포에게 참정권을 부여하고, 한류가 인도네시아인들을 사로잡으면서 한인사회는 점차 전문화 · 세분화되며 부인회의 역할도 전환점을 맞이하게 된다.

20명의 자문위원과 함께 81명의 운영위원으로 구성된 **17~18대 부인회의 박미례 회장**(2011~2015, 부회장 박순화 · 이경은 · 정현옥 · 현병선)은 예년처럼 JIKS에 장학금을 전달하고 문화 행사를 지원하는 활동 외에 한인기업체 현장을 찾아 노동자들의 노고를 듣고 연고자 없는 한인 장례식에 근조화환을 전달하는 등 따뜻한 행보를 이어갔다. 한-인도네시아산림센터가 주최한 '100만그루 나무 심기' 행사에 참여하고 2011년 8월에는 다문화 결손가정 돕기 자선 콘서트 '우리가 하나되면'을 개최한 박미례 회장은 찌뜨라 바루 재단(Yayasan Citra Baru)을 후원해 10명 이상의 아동에게 구순구개열을 수술시킨 일을 가장 보람된 일로 꼽는다.

한국 여성의 위상 제고를 위해 힘쓴 한국부인회는 17~18대 회장단의 활약을 끝으로 2016년 한인회의 여성분과로 편입되었다.

⑦

한인의 자긍심, 자카르타한국국제학교

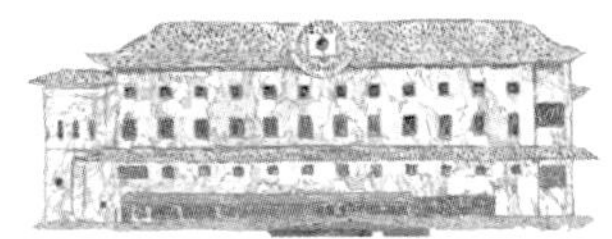

자카르타한국국제학교가 걸어온 길

1973년 9월 한국과 인도네시아가 정식으로 국교를 수립함에 따라, 그간 민간 중심의 교육에서 벗어나 공식 학교의 필요성이 대두되었다. 1975년, 이재설 대사와 거류민회는 자카르타 한국학교의 설립을 추진했다.

1976년 1월 5일, 자카르타 빼좀뽕안(Pejompongan) 지역의 한 가정집(장혜선 씨 댁)에서 최계월, 당시 거류민회 회장을 명예 교장으로 하여 초등학교 과정 1~3학년, 각 1학급씩 3개 학급 총 26명의 학생과 어영숙, 탁인자, 김동주 등 3명을 현지에서 채용하며 정식으로 한국학교를 개교했다.

1977년 3월 15일에는 학교 설립 운영 재단이사회가 발족했고 최계월, 김장열, 고판남, 승주호, 김종의, 염동희, 김용호 등이 초대 재단이사로 이름을 올렸다. 1977년 4월 25일에는 본국 문교부로부터 정식 인가 승인을 받게 된다. 이

한인의 역사와 함께 성장해온 JIKS 전경

때부터 한국에서 교사가 파견되었으며, 교육과정에 따라 학생 지도가 이루어지게 되었다.

당시 학교 재정은 거류민회의 회비와 수업료로 충당했다. 1977년 4월 21일 당시 박정희 대통령이 한국학교를 위해 미화 5만 달러를 출연함에 따라, 그해 6월 16일 학교 건립위원회가 구성되어 현 대사관에 인접한 1,270m²의 부지 매입을 결정하고 모금을 시작했다. 1977년부터 각계각층의 모금 운동으로 지은 대사관 옆 건물에서 1978년부터 교육 활동이 이뤄졌고, 1979년에 한국에서 이재호 교장직무대리를 파견·임명했다. 1980년 2월 2일에는 초등학교 첫 졸업식이 열려 4명의 졸업생을 배출했다.

1980년대 중반에는 한국기업들의 인도네시아 진출이 가속화되어 학생 수가 급격히 증가했다. 이에 따라 1987년 증·개축을 통해 극심한 교실 부족 문제를 다소 완화했지만, 결국 학생 수용 능력 한계에 부딪혀 1990년 3월 2일부터 한인회 강당(2층)을 학교로 편입해 사용했다. 그러나 이 방안도 여의치 않자, 1991년 1월 21일부터는 부득이 신입생들의 입학과 전·입학을 제한하는 '기다림 제도'를 실시하게 되었다.

한편 1989년 5월 28일에는 한국학교육성재단 이사회를 조직해 1990년 2월 2일 승은호 초대 이사장을 선임하면서 자카르타한국국제학교 재단을 설립했다. 1990년 11월 24일 인도네시아의 교육부로부터 '유·초·중등과정'에 대한 국제학교 인가를 받아 11월 24일은 JIKS의 개교기념일이 되었다.

• 한인사회와 한인기업이 힘을 모아 세운 모범적 역사

1986년 9월에는 학교학교의 학생 수가 140명이었으나, 1992년에는 530명을 넘어서며 극도의 포화 상태가 되어 새 학교 건물의 필요성이 더욱 절실해졌다. 300만 달러 모금을 목표로 '학교 건물 신축' 프로젝트가 진행되었다. 그 결과 31개의 대기업, 현지 진출 중소기업과 현지법인, 49개의 단체 그리고 본국

정부의 지원을 받으며 건물을 신축할 수 있었다. 1992년 7월 16일 첫 삽을 뜬 지 8개월 후인 1993년 3월 2일에 현재의 따만미니 인근에 대지 2만1,173㎡, 건평 7,800㎡, 36개 교실, 15개 부속실과 강당, 경비실, 교직원 사택과 넓은 잔디 운동장으로 이루어진 신축 학교 건물이 세워졌다. 그리고 이곳에 당시 지원을 아끼지 않은 코린도 · 선경 · 삼성 · 현대그룹 등 40개 기업과 단체의 명단을 새긴 표지문이 설치되었다. 이처럼 JIKS가 걸어온 이야기는 해외에서도 한인사회와 한국학교, 한인기업이 함께 성장한 모범적 사례로 남았다.

1993년 3월 2일에 현 신축 건물로 이전하면서 한인학교, 한국학교 등으로 불리던 학교 명칭이 자카르타한국국제학교(Jakarta International Korean School, JIKS)로 확립되었다. 그 뒤 1994년 3월 4일에는 대한민국 교육부로부터 중등 과정의 설립 인가를 받아 신입생 78명이 입학하면서 중학교 과정 3개 학급이 신설되었고, 1995년 11월 23일 중등 제2의 학교 건물이 준공된다. 1997년에는 중학교 과정의 첫 졸업생들을 배출했고, 3월 5일에는 신입생 71명이 신설된 고교과정으로 진학했으며, 2000년 1월에는 76명이 고등학교 과정 첫 졸업생이 되었다.

학교는 그사이에도 각종 편의시설과 교실을 충당하기 위해 증축을 거듭했다. 1999년 1월 17일에는 제3의 학교 건물과 강당이, 1999년 10월 5일에는 복지관, 2003년에는 운동장에 우레탄 트랙을 설치, 2004년에는 테니스 코트 셀 공사와 2006년에는 복지관을 4층으로 증축하며 규모를 넓혔다. 2000년대 들어서면서 현지 한인사회가 커지자 그만큼 학생 수도 점점 늘어나 교실 부족 현상이 다시 발생했다. 2001년에는 초 · 중 · 고등학교 학급이 54개로 운영되었으며, 학생은 1,652명에 이르러 가장 많은 학생 수를 기록했다. 특히 초등생만 1,010명에 34학급이나 되면서 JIKS는 전 세계 어느 국제학교보다 큰 규모를 자랑하는 학교로 웅비하는 기틀을 마련했다.

• 재외국민의 교육만을 위해 설립된 최초의 학교

현재 전 세계에서 운영되는 재외한국학교는 34개다. 2020년 개교 44주년을 맞은 JIKS는 동경한국학교를 제외하고는, 오롯이 재외국민들의 교육을 위해 설립된 최초의 학교로 그 의미가 깊다.

2020년 1월 기준 JIKS의 졸업생 현황을 살펴보면 초등학교 졸업 제41회(총 2,672명), 중학교 졸업 제24회(총 2,142명), 고등학교 졸업 제21회(총 2,291명)의 졸업생을 배출했다. 한때는 1,600명의 학생이 함께 공부하며 교육부 인가 재외한국학교 중 학생 수가 가장 많았으나, 한인들의 수가 줄어들면서 학생 수도 점차 줄어들었다. 하지만 재외한국학교 중 가장 큰 규모를 자랑하는 JIKS는 앞서가는 교육 프로그램으로 재외한국학교의 교육을 선도하며 재외국민들의 열정적인 교육열을 충족시키고 있다.

JIKS의 또 다른 자랑은 학교 건물 3개 동에 도서관, 각종 교과 교실, 실내 체육관, 실외 체육시설, 천연 잔디 운동장, 실외 수영장, 다목적 공연장 등을 갖춘 뛰어난 교육 환경이다. 2020년 3월 31일 기준으로 초등학교 12개 학급에는 264명이, 중등학교 6개 학급에는 136명이, 고등학교 11개 학급에는 238명의 학생이 미래를 향한 꿈을 키우고 있다.

• 글로내컬 인재 육성 시스템 구축

최근 5년간 졸업생 정원의 70%가 한국의 수도권 소재 대학에 진학했고 소위 SKY라 부르는 서울대학교 · 연세대학교 · 고려대학교의 경우 중복 합격자를 포함한 5개년 누적 합격자 수가 125명이었다. 의예과에도 7명을 진학시키며 주변의 국제학교나 다른 재외한국학교에 비해 진학률이 높은 '명문고'임을 증명했다. 현재 졸업생들은 다양한 분야에서 전문직으로 활동하거나 외교관 임용시험에 합격해 외교부에서 근무하거나, 미래 한국을 빛낼 젊은 과학자로 선발되어 미국국립보건기구에서 근무하고 있다. 자카르타의 중견 사업가로 또는 한국의 기업에 취직해 다시 인도네시아에 주재원으로 진출하는 등 한국과 인도네시아의 가교 역할을 하며 맹활약 중이다. 하나의 씨앗이 큰 숲을 이루듯이 JIKS 졸업생들이 인도네시아 사회의 울창한 인재 숲을 이루리라 기대한다.

키움증권 인도네시아 지사 신창근 팀장은 JIKS 1회 졸업생으로 초 · 중 · 고등학교 과정을 모두 이곳에서 미쳤다. 신 팀장은 선생님들의 아낌없는 지원과 노력으로 1회 졸업생 76명이 모두 원하는 대학에 진학할 수 있었다며 모교에 대한 애정을 드러냈다.

학교 건물의 확충과 체육 활동 장소 등의 교육시설 구비가 당면 과제였던 2000년대 중반을 지나 교육과정의 질적 변화가 이뤄지기 시작했다.

JIKS는 '2007 개정 교육과정'을 기반으로 외국어 능력을 보완해 국제형 교육과정을 운영했다. 이를 통해 대한민국 국민으로서 정체성과 인도네시아 현지 전문가의 기초 소양 그리고 국제적 감각을 갖춘 다문화 시대의 준비된 글로내컬(Glonacal) 인재를 육성한다.

이를 위해 교육부에서 직접 파견한 교장 선생님, 현지 사정에 밝은 이사진, 높은 경쟁률을 통해 선발된 초빙 교사, 현지의 문화와 정서를 잘 아는 현지 채용 교사를 두었다. 원어민 교사와 함께 한국의 선진화된 교육 시스템으로 안정적인 교육과정 운영과 평가 시스템, 방과 후 학습 프로그램 활동과 자기 주도 학습 등의 교육 프로그램을 실시했다. JIKS는 한국 교육 시스템과의 격차를 줄이고 학생들에게 한국 생활의 적응력을 높이며, 나아가 현지 사회에 준비된 글로벌 인재로서 역량을 강화할 수 있었다.

초창기 자카르타한국국제학교 졸업생 이야기

●초등 과정 1회 졸업생 배형석

한인 2세의 경쟁력은 인도네시아에 대한 경험과 지식

한인학교는 1976년 자카르타 빼좀뽕안 지구에 있는 주택을 빌려 학생 26명과 교사 4명으로 시작했다. 당시 첫 입학생은 11명이었지만 대부분 2~3년 다니다 귀국하고 4명만 졸업했다. 한인학교는 1978년 한국대사관 옆에 새 건물을 지어 이사했고, 이후 학생이 늘자 1993년 따만미니 지역에 새 교사를 지어 이사하고 현재 이름인 자카르타한국국제학교(JIKS)라는 이름을 사용하기 시작했다.

당시에는 사람도, 음식도, 장난감도, 차도 귀했다. 자카르타에 한국인이 많지 않았고 서로 다 아는 사이라 밖에서 한국인을 보면 무조건 인사했다. 인도네시아 아이들은 '쪼리'라고 부르는 발가락을 거는 슬리퍼를 많이 신어서 나도 신고 싶었지만, 부모님은 일본식이라며 못 신게 하셨다. 동네 현지인 아이들과 연날리기를 하며 놀았고, 형들과 심뿌룩인다 집에서 가뜻 수브로또 거리에 있는 극장까지 1시간 이상 걸어가 영화를 보기도 했다.

여기서 자란 사람들은 공동체의식을 느끼는 범위가 한국에서 계속 살았던 사람과는 다르다. 일반적으로 한국인은 가족만이 아니라 학연이나 지연으로 연결된 사람들까지 공동체 범위에 넣지만 나처럼 인도네시아에서 자란 사람들은 가족 정도만 공동체 범위에 둔다. 처음에는 한국인이면 모두 친구나 가족으로 생각했는데, 한국에서 온 사람들이 잠시 머물다 떠나는 경험을 수없이 반복하다 보니 떠나지 않고 계속 함께 할 수 있는 사람이 내 사람이라는 생각을 하게 됐다.

1980년 2월 2일 4인의 JIKS 첫 졸업식. 1회 졸업생 사진 속 꽃을 들고 있는 가운데 남자 어린이가 배형석 씨

한인 2세의 장점은 인도네시아에 대한 지식과 경험이 풍부하다는 점이고, 이를 통해 인도네시아에서 기회를 얻을 수 있다.

엄밀히 말하면, 나는 한인 1.5세대지만 인도네시아에서 자라면서 배우고 경험한 것들이 일하는 데 큰 도움이 된다. 회사 직원들이 성인이 되어서 인도네시아로 온 한국인들에게는 '미스터(Mr.)'라는 호칭을 쓰지만 나에게는 현지인에게 사용하는 '바빡(Bapak, 인도네시아에서 남성을 부르는 존칭)'을 쓴다. 그만큼 이질감을 덜 느껴서라고 생각한다.

나는 미국과 태국에서 직장 생활을 하며 경험을 쌓았고, 자카르타로 돌아와 자원개발사업을 했다. 지금은 한국계 신발 제조업체에서 중역으로 일한다. 내게 인도네시아는 한국보다 더 고향의 정겨움을 느낄 수 있는 곳이고, 경제적으로는 세계 5대 자원 보유국으로서 잠재력이 큰 데다 기회도 더 있을 것으로 판단해 인도네시아로 돌아왔다.

● 초등 과정 3회 졸업생 김육찬

메주학교와 대사관학교 거쳐 자카르타한국국제학교

나는 한국에서 자랐다면 못해봤을 특별한 교육을 인도네시아사에서 받았다. 초기 한인학생들은 전교생이 수십 명에 불과한 초등 과정만 있는 작은 학교에서 우리말로 공부하다가 미국과 영국, 인도 등 다른 나라에서 운영하는 국제학교에서 영어로 중 · 고등학교 과정을 마치고, 다시 한국과 미국, 영국 등에 있는 대학교에 다녔다.

나는 1970년대 말 인도네시아에 와서 한국학교 초등 1학년에 입학했다. 당시 한국학교는 가족의 따뜻함과 정겨움을 나눌 수 있었고, 최고 교육진과 설비를 갖춘 학교에서도 배울 수 없는 특별한 교육을 우리에게 선사했다.

빠좀뽕안 학교는 선생님의 개인 집이기도 해서 교실에 메주가 많이 매달려 있었고, 아이들은 수시로 메주를 먹으며 공부했다. 나는 이 시기를 '메주학교' 또는 '메주 교육시대'라 부른다. 1978년 한국학교가 대사관 옆에 새 교사를 지어서 옮겼다. 어린 내 눈에는 이사한 학교가 새 교실과 넓은 운동장, 웅장한 정문이 있는 제법 모양을 갖춘 학교로 보였고, 이 시기를 '대사관학교'라고 부른다. 지금은 대사관학교 건물이 헐리고 그 자리에 한국대사관 영사동이 들어섰다.

1981년 전두환 대통령 방문 때(사진 맨 오른쪽에 서 있는 사람이 김육찬 씨)

자카르타에서 자란 초등학생에게 한국에서 부임한 교감선생님은 무섭게 느껴졌다. 실제로 아이들을 많이 혼내기도 했는데, 처음 겪는 선생님의 호통에 적응하지 못하고 바지에 오줌을 싸는 아이도 있었다. 대사관학교에는 각 학년에 담임교사와 영어 전담교사가 있었다. 체육교사가 없어 체육 시간은 노는 시간이었다.

당시에는 한국학교에 중등 과정이 없어 초등학교를 졸업하고 여러 나라에서 온 1,000여 명의 학생들이 공부하는 미국계 학교인 자카르타국제학교(JIS)에 입학했다. 가족 외에 10명이 채 안 되는 학생이 전부였던 세상에서 살다가 갑자기 서바이벌 게임장에 들어선 느낌이었다. 이때 겪은 문화적, 사회적 충격은 매우 컸다.

JIS에 입학하면서 시작된 새로운 문화와 환경에 적응하는 훈련은 성인이 되어 다시 인도네시아에 정착할 때까지 계속됐다. JIS를 졸업하고 대학교에 입학하기 위해 한국에 가서 접한 한국문화는 낯설었고 새롭게 적응해야 했다. 다시 인도네시아로 돌아와 대학원에 입학하자 인도네시아어조차 처음부터 다시 배워야 할 만큼 또다시 새로운 환경이 펼쳐졌다. 어릴 때 만난 인도네시아 사람은 운전기사와 가사 도우미가 전부였지만, 성인이 된 후에는 훨씬 많고 다양한 인도네시아 사람을 만났다.

내게 고향이란 '가족이 있는 곳'이다. 가족은 내가 사는 곳을 옮겨도 헤어지지 않고 끝까지 내 곁에 남아 있는 소중한 존재다. 내게 인도네시아와 한국은 현재 삶의 터전일 뿐 언제든 떠날 수 있는 곳이고, 나는 한국인의 피를 받은 한국 사람일 뿐이다. 인도네시아에서 인생의 대부분을 살았지만 인도네시아를 고향이라고 생각해본 적이 없고, 대학 다닐 때 산 한국 역시 고향이라는 개념에 포함된 적이 없다.

인도네시아에서 오래 산 한인들은 어디서든 적응할 수 있는 유연성과 포용력이 있다. 한국에서도 인도네시아에서도 주류사회에 속하지 못하는 섬 같은 존재고, 독립적이고 작은 조직으로 움직인다.

지금 후배들은 나와 매우 다른 환경에서 공부하고 있다. 고국에 있는 학생들과 학업 성적으로 경쟁할 만큼 성장한 후배들이 자랑스럽다. 하지만 인도네시아에 살면서 자연스럽게 얻을 수 있는 다양성에 대한 이해와 국제적 환경에 적응하는 능력은 잃고 있다는 생각이 든다. 우리가 미래에도 생존하려면 끊임없는 변화를 통해 새로운 환경에 적응해야 하고, 나아가 새로운 분야를 개척해야 한다. 인도네시아에서 내게 주어진 특별한 환경은 이런 일에 도전할 수 있는 용기를 준다.

나는 인도네시아에서 대학원을 졸업하고 선친이 운영하던 제조업체의 경영을 돕다가, 지금은 업무용 솔루션업체를 설립해 경영한다.

한인의 역사와 동반 성장한 자카르타한국국제학교

JIKS의 넓은 운동장이나 체육관(강당) 나래홀에서는 한인들의 크고 작은 행사(교회 · 성당 · 동문회 등)가 열린다. 2002년 한일 월드컵 때 학교 강당에서 한인회와 대사관, 학교가 하나 되어 한인들과 단체 응원전을 펼쳤다. 당시 자카르타에 많은 사람이 모일 수 있는 기반 시설이 없어 대부분의 행사는 학교에서 열렸다. 강당은 교민들로 가득 찼고 태극기가 휘날리는 가운데 꽹과리와 장구 소리, 그리고 붉은 악마의 함성으로 귀가 먹먹할 정도였다. 경기 때마다 가슴이 벅차올라 모두 목소리가 쉴 정도로 외치고 또 외쳤다. 인도네시아 사람들은 엄지 척을 해주었고, 한국을 응원했다.

재인도네시아한인회도 2011년까지 광복절 기념행사를 JIKS 교정에서 열었다. 지역사회와 끊임없이 소통하기 위해 국제학교와의 교류를 활발히 하면서 인도네시아고등학교, UI 등과의 자매결연, 스포츠 교류전 등으로 한국을 대표하는 꾸준한 활동을 진행했다. 특히 2011년에 시작된 '코리안데이(JIKS Korean Day)'는 한국문화를 인도네시아와 세계 각국에 알리는 등 문화 전파자 역할을 충실히 해냈다. 이 행사는 2016년부터 '인도네시아 페스티벌(JIKS Indonesia Festival)'과 격년제로 운영하고 있으며, 지역사회에 축제의 장으로 자리 잡았다. 본교에 다니지 못하는 학생들에게는 주말학교, 영재교육 등의 기회를 제공해 인도네시아 거주 한국인 중심 교육기관의 역할을 다하고 있다. 특수학급반을 운영해 소수의 학생을 위해 특수교사 전문가를 초빙하기란 쉽지 않지만, 단 한 명의 학생을 위해서라도 수업이 진행되어야 한다는 교육 방침만 봐도 한인사회를 향한 JIKS의 애정이 여실히 드러난다.

2020년 초 코로나19로 인해 자카르타의 수많은 국제학교가 문을 닫고 형식적인 원격수업으로 웅크리고 있을 때, JIKS는 과감히 교육을 위해 새로운 길을 개척했다. 정보통신 강국 한국에서도 쉽사리 시도하지 못한 원격수업을 실시간 쌍방향으로 진행하면서 정규 교육과정을 완벽하게 구현한 것이다. 각종 학사 일정과 대입 설명회 등을 드라이브스루(drive-through) 방식으로 시행했다. 매주 실시한 학생-학부모 상담 등도 방식만 달리해 모두 시행하고 있으며, 수업 영상을 데이터베이스화해 재수강이 가능하게 하는 등 수업 결손을 최소화했다. 어떠한 문제 상황에서도 잘 대처하는 JIKS의 경쟁력을 보고, 외국 국제학교로 갔던 학생들이 다시 한국학교로 전학하는 현상까지 벌어졌다.

JIKS 학부모들의 활약도 남다르다. 재외한국국제학교 최초로 비영리자원봉사 단체(NPO)인 사단법인 한국시민자원봉사회 산하에 있는 학교봉사단 조직 '학부모사프론봉사단'을 2011년 3월에 창단해 30여 명의 학부모가 주축이 되어 학교와 한인사회 그리고 지역사회에 힘을 보태고 있다 'JIKS 학부모회'도 바자회 수익금 기증과 도서 구매 등 다각도로 학교를 위해 힘쓰고 있다. 학교 역시 현지 초등학교에서 '가족 봉사 캠프'를 열어 현지인 학생들에게 한국어를 가르치고 학생들은 봉사하는 부모의 모습을 보며 자연스럽게 나눔과 배려의 태도를 배운다.

한인사회에서 긍정적 영향력 발휘하는 'JIKS 교사진'

이찬욱(1997~현재) 교사의 기억에 남는 일은 2000년 초(나화정 교장), 소송이 걸린 학교 앞 땅 문제로 현지인들이 조폭을 대동하고 나타났을 때다. 남자 선생님들은 영화의 한 장면처럼 아이들을 위해 인간 바리케이드를 쳤다. 조폭과 밀고 당기는 일이 벌어졌지만 학생들은 안전하게 등교했고, 학교는 정상적으로 수업할 수 있었다고 한다. 이런 교사들이 있다는 건 학교의 큰 자산이 아닐 수 없다.

이 밖에도 한인사회에서 전 · 현직 JIKS 교사들의 재능 기부는 한인과 학생들에게도 본이 되며 한인사회를 더욱 경쟁력 있게 만들고 있다. 고등부 사회과 사공경 교사(1997~2011)는 재임 중 1998년에 JIKS 인도네시아문화반을 만들었고, 1999년부터는 한인을 대상으로 문화탐방반을 운영했다. 2005년과 2006년에는 '자카르타 아리랑', 'Korean Ways'를 개최하기도 했다. 이런 경험을 각종 한인매체에 기고하고 저서로 출간했으며 한인니문화연구원의 모태가 된다.

이익범 국어 교사(1999~2016)는 한인매체에 2018년부터 '몰틀알틀 : 몰라서 틀리고 알고도 틀리는 생활 속 우리말' 칼럼을 현재(145회)까지 매주 게재하고 있으며, 'JIKS의 역사는 한인의 역사'라는 신념으로 'JIKS 역사관' 설립에 뜻을 품고 흩어진 자료를 모으는 열정도 보였다. 국어 교사였던 이상기 시인(1999~2012)은 재임 중 한인매체에 '속담뒤집기' 등을 연재했다.

그 외에 JIKS 교가를 작사한 안영란 교사(1986~2001)는 코윈(Kowin) 지역 담당관으로 밀알학교에 정성을 다했고, 교가를 작곡한 이은애 교사(1993~2002)는 재임 중인 2001년에 음악협회를 창단했다. 지금도 자카르타 웨슬리대학교에서 교회 음악을 가르치고 있다. 영어 교육 향상에 힘쓴 이지영 교사(1995~2007)는 아뜨마자야대학교 영어학 석사 과정을 수석으로 마치고 퇴임 후 JIS 재단 이사로 활동했다.

2016년 5월 중등 교가 작곡가 이은애 교사가 김승익 교장에게 친필 교가 악보를 전달하고 있다.(사진 제공 : 이익범 교사)

『자카르타한국국제학교 30년사』

JIKS는 2006년 발간한 『자카르타한국국제학교 30년사』를 필요로 하는 한인들에게 무료로 발송했고, 졸업생을 포함해 한국에서 요청하는 사람들에게도 수신자 부담으로 30년사를 송부했다. 2026년에는 『자카르타한국국제학교 50년사』를 발간할 예정이다.

노련한 수장, 역대 JIKS 교장선생님과 이사장

JIKS가 한인들의 뜻과 소망대로 끊임없이 성장하고 발전할 수 있었던 원동력에는 학교를 이끌어온 노련한 수장들이 있었기에 가능했다. JIKS의 교조(教鳥)는 구관조로, 구관조의 상징처럼 정직하고 환경 적응력이 뛰어난 학생을 키우는 것이 학교의 소망이다. 그렇기에 JIKS의 교장과 이사단장은 수많은 변곡점의 중심에서 시대가 요구하는 변화와 도전 속에서 중심을 잃지 않고 지금까지 노력해왔다. 그동안 학교를 위해 힘쓴 역대 교장단과 이사장단은 다음과 같다.

초대 이재호(1979.10.2) 교장을 시작으로 2대 류정락(1982.2.25), 3대 이민언(1985.2.10), 4대 임두열(1990.2.10), 5대 오영화(1994.2.10), 6대 성기원(1996.2.1), 7대 나화정(2000.2.10), 8대 김정일(2004.2.10), 9대 전호신(2007.2.10), 10대 선종복(2010.8.10), 11대 김승익(2013.8.1), 12대 백우정(2016.8.21), 13대 김윤기(2019.9.1) 교장이 맡았다. 그리고 재단 이사장은 제1~9대 승은호(1990.2.2~2016.12.31) 이사장에 이어, 제10대부터는 배도운 이사장이 2017년 1월 1일부터 현재까지 재

임 중이다.

김윤기 교장(13대)은 예측할 수 있는 미래는 준비하면 되지만, 예측할 수 없는 미래는 대응해야 한다며 미래 세계에 대비해 학생들이 창조적 역량을 갖추는 데 중점을 두고 학생들이 새로운 도전에 직면했을 때 당당히 새로운 길을 개척해나가는 것, 그것이 JIKS가 지향하는 교육의 미래와 일맥상통한다고 이야기한다.

2026년 개교 50주년을 맞이하는 JIKS의 역사는 앞으로 500년, 5000년까지 계속 이어질 것이다. 이를 증명이라도 하듯 운동장 주변에는 끈기와 연속성을 상징하는 하와이무궁화(히비스커스)가 피고, 야자수는 파초선처럼 넉넉한 잎을 깃발처럼 휘날린다. 자카르타한국국제학교는 오늘보다 내일이 먼저 오고 있었다.

이희호 여사의 방문과 피아노 기증

이희호 여사가 나화정 자카르타한국국제학교 교장을 격려하고 있다.

2000년 11월 김대중 대통령과 이희호 여사는 인도네시아를 국빈 방문했다. 이희호 여사는 28일 자카르타한국국제학교(교장 나화정)를 방문해 학교 현황을 보고받고 초등학교 수업을 관심 있게 지켜본 후 학생들의 손을 일일이 잡아주었다. 이희호 여사는 국제화 시대에 맞춘 수준 높은 교육 환경 조성에 대해 노력을 치하하고 방문 기념으로 PT. Samick Indonesia에서 생산 · 수출하는 삼익 그랜드피아노를 기증했다. 학교의 주요 행사 때 1,400명의 재학생과 120명의 교사진(2000년 현황)은 체육관에 놓인 그랜드피아노의 반주에 맞춰 애국가를 불렀다. 지금은 음악실로 옮겨진 그랜드피아노는 음악 시간마다 JIKS 학생들을 위해 아름다운 선율을 선사한다.

Chapter 6

—

인도네시아 한인들의 생활사와 한국문화

적도의 나라, 인도네시아에 사는 한인들은 매우 다른 계절과 종교 그리고 언어뿐만 아니라 현지에서 일어나는 각종 자연재해와 시위와 폭동, 분리주의 세력 등과 수시로 직면해야 했다.
이런 힘든 이국 생활을 견딜 수 있게 한 힘에는 한인종교 단체들의 역할이 컸다. 세계 최대 이슬람교도 국가이면서 종교의 다양성을 인정하는 인도네시아에서 공동체의 소망을 안고 여타 종교와 공존했다. 종교마다 특색에 맞게 성장 과정을 겪으며 사랑과 평화의 메신저로서 뿌리를 내렸다.
척박한 제3세계인 인도네시아에 온 유학생들은 각자의 분야에서 전문성을 발휘해 한인 및 현지 사회에서 전문가로 활동하고 있다. 아울러 인도네시아에 부는 한국학 열풍은 한류가 뿌리내리는 데 기반이 되었으며, 한국영화와 드라마, K-팝, K-북이 새로운 코드로 자리 잡는 데 도화선 역할을 했다.

Chapter 6

—

1. 인도네시아 한인 생활사
2. 한인에게 영향을 미친 인도네시아 주요 뉴스
3. 세계 최대 이슬람 국가에서 한인들의 종교 생활
4. 적도에서 펼친 한인 유학생들의 꿈과 도전
5. 인도네시아에 뿌리내린 한국학
6. 한국영화와 드라마, K-팝의 인도네시아 진출
7. 한인의 저작 활동과 한국도서의 번역 출판

①

인도네시아 한인 생활사

낯선 적도의 나라에 와서 '오랑 꼬레아가' 되다

1990년대 이전 해외로 나오는 일이 쉽지 않던 시절, 한국인들은 취업이라는 높은 관문을 뚫은 후 까다로운 신원 조회를 거쳐 반공연맹(현 자유총연맹)이 주관하는 소양 교육을 마친 후 여권과 비자를 발급받아야 인도네시아로 출국할 수 있었다. 당시에는 대부분 해외여행 경험이 없는 데다 자카르타까지 직항노선이 없고 홍콩에서 환승하는 노선이라 주로 한국 출장자나 휴가자들이 처음 출국하는 사람들을 안내했다. 그러다 보니 한국 출장이 잦은 사장이나 임원이 신입사원이나 사원 가족을 공항부터 안내해 자카르타에 오는 경우가 많았다.

일단 인도네시아에 오면 2~3년은 귀국하지 못해 고추장, 된장, 고춧가루, 멸치 등을 싸오다 세관에서 걸리기 일쑤였고, 운이 나쁘면 비행하는 동안 짐칸에 실은 고추장 단지가 터지기도 했다. 도착 후에는 마중 나온 회사 직원이 이민국

앞까지 들어와서 짐을 받아주고 이민국과 세관 통과를 도와주었다. 자카르타에 머물면 다행이지만, 지방으로 가려면 일단 회사가 마련한 숙소나 지인의 집에서 자고 다음 날 국내선 비행기를 타고 지방 도시로 이동한 후 그곳에서 자동차나 스피드보트를 타고 근무지까지 갔다. 한국에서 건너온 그들은 적도의 나라에서 '오랑 꼬레아'가 되었다.

한편 인도네시아에서 한국으로 가려면 출국세(fiscal tax)를 내야 했다. 인도네시아 정부는 세수를 늘리고 해외여행을 제한하기 위해 내외국인 모두에게 100달러 수준의 출국세를 징수했다. 출국세는 2010년 12월 31일에 폐지됐다.

인도네시아 한인(오랑 꼬레아, Orang Korea)의 현황

인도네시아 한인은 인도네시아에 사는 한국국적자와 한국국적을 가졌던 사람 모두를 부르는 말로, 현지어로 '오랑 꼬레아(Orang Korea)'라고 부른다. 한국 외교부 재외동포 현황 총계(2018.12. 기준)에 따르면, 인도네시아에 사는 한국인은 1968년 408명을 시작으로 1972년에 약 700명, 1982년에 약 1,500명, 1983년 초에 약 3,000명으로 계속 증가했다. 이어 1993년 7,525명에서 1997년 17,209명(비공식적으로 15,000~22,500명 추산)으로 급증했다. 1997년 아시아 외환위기와 1998년 5월 사태를 거친 후 1999년에 한인 수가 10,078명으로 줄었다가 다시 증가하기 시작해 2001년 18,879명, 2007년 30,700명, 2011년 36,295명, 2013년 40,284명, 2015년 40,741명으로 정점을 찍은 후 2017년 31,071명, 2019년 22,774명으로 감소세를 보였다. 2019년 기준으로 한인 성비는 여성이 39%(8,347명)이고 남성이 61%(14,427명)다. 2020년 코로나19로 해외여행이 감소하고, 경제 성장세도 급락함에 따라 당분간 인도네시아에서 한인 수가 감소할 것으로 전망된다.

국가의 빈자리를 '회사'가 채워주던 시절

한국에서 해외여행이 자유화되기 전인 1970~1980년대 인도네시아에 온 사람들은 주로 공무원, 사업가, 관리직, 기술자, 숙련노동자 등으로 까다로운 신원 조회 과정을 거쳐야 했다. 인도네시아에서 외국인 소수자가 된 그들은 경제 · 사회적으로 동질감을 가지고 서로 얼굴을 다 아는 만큼 서로에게 예의를 갖추었고, 한국을 대표한다는 생각으로 항상 말과 행동을 조심했다.

한국대사관, 정부기관, 대기업 등은 인도네시아에 파견한 직원들에게 현지수당을 지급했고, 한인기업은 한국보다 월등히 높은 임금을 지급했다. 한국기관과 회사는 한국인 직원에게 주택과 자동차를 지원했고 현지에서 구하기 힘든 한국식품과 생필품을 회사 단위로 구입해 지급하기도 했다. 무엇보다 비자를 포함한 현지 관공서 관련 업무를 회사에서 처리해주었다.

1998년 5월 사태 같은 비상사태가 발생할 때도 회사 단위로 대피하는 경우가 많았다. 상황이 이렇다 보니 회사 직원인 가장만이 아니라 부인과 자녀들도 회사에 속한다고 생각할 만큼 회사에 대한 소속감과 충성심이 컸고, 직원들 간 유대도 강했다. 인도네시아 진출 초기 한인들은 한국정부 대신 회사로부터 보호받았다. 이 때문에 인도네시아에 거주하는 한국인의 종교 활동 비율이 다른 나라에 거주하는 한인들보다 낮았다는 의견도 있다. 미국이나 유럽에서 유학이나 이민 등 개인적으로 나간 한국인들이 국가를 대신해 종교 단체에 의지하는 경우가 많았던 점과 비교된다.

1990년대 초까지만 해도 인도네시아에 국제전화를 할 수 있는 개인 전화가 설치된 주택이 드물었고, 자동차 가격도 매우 비쌌다. 국제전화를 하려 해도 전화국에 가거나 국제전화가 가능한 이웃집에 가야 했다. 자동차도 귀해서 주부들은 일주일에 한 번씩 모여 회사가 제공하는 차를 타고 시내로 나가 장을 봤고, 자녀들도 회사에서 제공하는 차량을 이용해 등교했다.

1990년대 노동집약산업 진출과 1997년 아시아 금융위기 등을 거치며 인도네시아에 취업한 한국인의 임금이 실질적으로 하락하고 회사가 제공하던 복지 혜택도 축소됐다. 자동차가 대중화되면서 자가용을 소유하는 사람이 증가했고, 휴대폰과 인터넷 발달로 집 단위가 아니라 개인 전화로 국내외 통신이 가능해짐에 따라 자연스럽게 회사에 대한 의존도가 낮아지고 개인의 자의식도 한층 높아졌다. 지금은 과거와 비교해 회사에 대한 한인의 충성심이나 유대감이 크게 줄었다.

한인의 의식주 변천사

인도네시아에서 열리는 한인행사에 가면 정장이 바틱(batik) 셔츠로 생각될 만큼 많은 한인들이 바틱 셔츠를 입었다. 하지만 2010년대 이전만 해도 한인남성들은 주로 공식적인 자리에서 양복과 넥타이, 업무에는 흰색 드레스 셔츠에 넥타이 차림이었다. 인도네시아 전통 염색법인 바틱이 2009년 유네스코 인류무형문화유산에 등재되고, 인도네시아 정부가 매주 금요일을 '바틱데이'로 정해 바틱 옷 장려 캠페인을 펼치면서 바틱 셔츠를 입는 한인이 늘었다.

한인여성은 광복절 기념식 등 공식 행사에서는 한복을 입었고 결혼식이나 모임 등에서는 투피스나 원피스 정장을 입었다. 집에서는 인도네시아 서민들이 즐겨 입는 면으로 된 바틱 원피스 또는 가벼운 반팔과 반바지 상 · 하의를 입었다. 의류는 초창기부터 2000년대 중반까지 한국에서 사오는 경우가 많았고, 한국에서 가져온 의류를 견본으로 빠사르 마예스틱(Pasar Mayestik) 같은 현지 시장에서 옷감을 구입해 '뚜깡 자힛(Tukang Jahit)'이라 부르는 동네 의상실에서 직접 옷을 맞추었다. 이후 다국적 의류 브랜드들이 인도네시아에 진출하고 인도네시아 패션산업이 발전함에 따라 현지에서 직접 구입하는 경우가 늘었고, 전자상거래를 통해 해외에서 구입하기도 한다.

한인들은 가정이나 회사 단위로 한식을 만들어 먹었다. 1970년대 초 코데코와 코린도 같은 원목회사들은 진출 초기에 남자 직원이 100여 명씩 나오면서 한국인 남성 조리사가 함께 왔다. 1980년대 후반 노동집약산업 분야의 기업들이 대거 진출하면서 앞서 한국인들이 훈련시킨 현지인 조리사를 스카우트해 주방 인력의 인건비 상승 요인이 되기도 했다.

2020년 2월에 열린 한인회 정기이사회. 과거보다 바틱 셔츠를 입은 한인 남성들이 많이 보인다.

초창기 한인들은 고춧가루 · 고추장 · 된장 · 김 · 멸치 등 장기 보관이 가능한 식재료를 개인이나 회사 단위로 한국에서 직접 가져왔고, 고기 · 생선 · 채소 등 신선 식품은 현지에서 구입했다. 이후 한인마트가 생기면서 현지에서 구입하는 품목이 점차 늘었고, 2010년대 중반부터는 현지 마트에서도 라면, 과자, 된장, 고추장 등 한국식품을 판매하고 네이버밴드 같은 온라인 숍에서 다양한 김치와 반찬도 판매하면서 식재료 구매 방법이 다양해졌다.

한인들은 인도네시아에서도 김치, 된장, 고추장 등을 담가 먹었고, 시루떡이나 송편을 만들어 먹었다. 처음에는 현지에서 나는 양배추, 채심, 청경채, 오이 등으로 김치를 담갔고, 한국식 배추를 인도네시아에서 재배해 판매하자 배추김치를 직접 담갔다. 1990년대 초반까지도 오지에서는 배추와 한국 양념 공급이 원활하지 못해서 양배추에 매운맛의 인도네시아 소스인 삼발(sambal)을 비벼 먹기도 했다. 지금은 한인마트에서 한국산 김치를 수입해 판매하고 현지에서 김치를 만들어 판매하는 사람도 여럿 생겼다.

초기 한인들은 한식을 먹으며 자신의 정체성을 느꼈고, 사람들을 만날 때도 항상 한식당에서 만났다. 2000년대 이후 인도네시아 외식산업이 발달하고 패밀리 레스토랑과 프랜차이즈 레스토랑 등 다양한 식당이 생기면서 한식당의 역할이 줄고 있다. 또 외식이 증가하면서 집에서 한식을 만들어 먹는 비율도 줄었다. 2020년 코로나19 팬데믹은 외식산업의 흐름을 한 번 더 바꾸고 있다. 자카르타 등 주요 도시가 준봉쇄 조치인 대규모의 사회적 제약(PSBB)을 시행해 외식이 어려워지자 한식당은 배달 판매로 전환했고, 온라인 숍에서도 식재료 배달 판매에 나섰다.

인도네시아 진출 초기부터 한국인들은 주로 단독주택을 연 단위 월세로 임대해 살았고, 직접 구입하는 사람도 있었다. 인도네시아는 한국과 같은 전세제도가 없어서, 일부 기업은 회사 내에 임직원용 숙소를 짓거나 회사 외부에 구입한 주택을 제공했다. 회사 내 직원 숙소는 메스(mess)라고 부르며, 독신자용과 가족용이 있다. 회사 단지 내 가족 숙소는 10가구 정도 사는 경우가 많았고, 인원이 많을 경우 회사 밖에 주택이나 아파트를 여러 채 구매하거나 임대해 살게 했다.

자카르타에 사는 한인들은 1980년대에는 중부 자카르타 멘뗑 지역에 있는 개인 주택을 임대해 회사 사무실과 사원 주택으로 사용했다. 1980년대 자카르타 남부지역이 개발되면서 한국인들도 거주지를 끄바요란 바루(Kebayoran Baru) 지구로 옮겼다. 1990년대에는 자카르타국제학교(JIS)와 영국국제학교(BIS), 자카르타한국국제학교(JIKS) 등으로 접근이 용이한 뽄독인다 지역으로 이동했다.

1998년 5월 사태 이후 안전이 보장되고 주택 관리가 용이한 아파트로 이사하는 한국인이 늘었다. 1990년대 후반 자카르타에서 아파트 개발 붐이 시작돼 공급 물량이 늘어난 반면, 외환위기로 루피아 가치가 폭락하고 외국인들이 대거 빠져나감에 따라 아파트 임대료가 상대적으로 내린 점도 아파트로 이사한 또 다른 이유다. 지금도 아파트가 드문 지방에서는 단독주택에 거주하는 한인이 많다. 주요 도시에 아파트처럼 경비와 관리가 이루어지는 고급 단독주택 단지는 한국인과 외국인 모두 선호한다.

한인의 교육 변천사

인도네시아 진출 초기부터 지금까지 자녀 교육은 인도네시아 한인의 큰 고민 중 하나다. 초창기 대부분의 한인 자녀들은 자카르타의 경우 미국계 자카르타 국제학교와 인도계 간디학교(GMIS)에 다녔다. JIKS가 개교하자 많은 한국인 학생들이 학교 교과과정을 공부하기 위해 JIKS에 다녔다.

2000년대 초반부터 영어로 진행하는 교과과정의 비중이 높은 준국제학교(National Plus)가 증가하면서 한인 자녀들이 다양한 현지 학교에 다니게 되었다.

한국인 가운데 일부는 인도네시아에 장기적으로 정착하고, 현지 사회로 진출하겠다는 의지를 가지고 자녀를 일부러 현지 학교에 보내기도 한다.

자카르타국제학교(JIS)의 '유엔데이'에 각 나라의 국기를 들고 참여한 학생들

인도네시아에서 성장한 한인 학생들은 대부분 한국에 있는 대학에 진학하고, 10%가량만 미국, 영국, 인도네시아, 싱가포르, 홍콩 등 외국 대학에 진학한다. 과거 한인들은 자녀가 JIS나 BIS를 졸업하고 미국이나 영국으로 유학을 갔다가 그곳에 취업하고 정착해 살기를 바랐다. 지금은 한국경제가 발전하고 한국기업들이 글로벌 기업으로 발돋움함에 따라 한국에서 대학을 졸업해 한국기업에 취업하고 정착하기를 바라는 추세다. 최근 인도네시아가 성장하고 기회가 많다고 생각해 인도네시아 대학에 진학하거나, 1세대가 일군 기업을 이어받아 인도네시아에 정착하기 위해 한국에서 대학을 졸업한 후 인도네시아로 돌아오는 한인 2세들도 부쩍 늘었다.

한인 밀집 지역 중심으로 형성된 한인마트와 한식당

인도네시아에는 미국 로스앤젤레스의 코리아타운 같은 큰 규모의 한인 밀집지역은 없지만, 한인들이 많이 거주하는 지역을 중심으로 한인상권이 형성되어 있다. 대표적 한인상권은 남부 자카르타의 잘란 스나얀(Jalan Senayan) 지구와 위자야(Wijaya) 그랜드 센터 주변 그리고 북부 자카르타 끌라빠 가딩(Kelapa Gading) 지구, 자카르타 위성도시 땅그랑의 루꼬 삐낭시아 가라와치(Ruko Pinangsia Karawaci), 찌까랑 루꼬 유니온(Ruko Union di Lippo Cikarang) 등이다. 반둥, 족자카르타, 메단, 수라바야, 발리 등 지방에는 한인마트와 한식당이 있지만 소수인 데다 시내에 흩어져 있다.

한인상권의 고정 고객은 한인이지만 한류 영향으로 한인상점을 찾는 현지인

자카르타 남부에 위치한 대표 한인마트 뉴서울슈퍼와 K-마트

소비자도 점차 증가하는 추세다.

• 한인의 안식처이자 사랑방, 한인마트

한인마트는 해외에서 한인에게 위안과 안정감을 주는 오아시스 같은 곳이며, 인도네시아인들에게는 한국식품을 구입할 수 있는 곳이다.

인도네시아 최초의 한인마트는 1981년에 설립한 무궁화유통이고 이후 도라지, 한일, 뉴서울 등이 순차적으로 개업했다. 이어 한양(끌라빠 가딩), G-마트(찌부부르), 오렌지마트(찌까랑) 등이 생겼고, 자카르타 다르마왕사 지구에 K-마트가 개업했다. 최근 한인 기업들이 임금이 낮은 중부 자바 지역으로 이전해 지방 거주 한인이 증가함에 따라 족자카르타, 수라바야, 반둥, 스마랑 등 지방에도 한인마트가 생겼다.

요즘과 달리 유통이 발달하지 않아서 물품 공급이 원활하지 않던 시절에는 교회와 성당에서 개최하는 바자회가 한국 물건을 구입할 수 있는 장터 역할을 했다.

한국드라마와 뉴스 등을 녹화한 비디오테이프(VHS)는 1990년대 후반부터 2000년대까지 한인마트의 매출을 좌우하는 품목이어서 대부분의 한인마트에 비디오테이프 대여 코너가 크게 자리 잡고 있었다. 그러나 2010년 한인동포가 케이블TV 방송국 K-TV를 개국해 한국드라마와 뉴스 등을 송출하고 인터넷이 발달하면서 비디오테이프 대여 사업은 역사의 뒤안길로 사라졌다.

이후 인도네시아에서 K-드라마가 인기를 끌면서 한국식품을 찾는 인도네시아인이 늘어났다. 현지인에게 인기 있는 품목은 삼양의 불닭볶음면과 떡볶이다. 불닭볶음면은 인도네시아 유학생과 유튜버들이 소개하면서 현지인 사이에 인기가 높아졌다가 꺾이는 추세다. 현지인들이 떡볶이를 먹으면서 한인마트마다 가래떡 판매가 증가했다.

한편 인도네시아 정부가 수입식품인증(ML)과 국가표준인증(SNI)을 의무화하고 할랄(Halal) 인증까지 도입하기로 하는 등 수입식품에 대한 규제를 강화하면서 한인마트들이 어려움을 겪고 있지만, 한인마트 운영자들은 한인들이 먼 타지에서 고향의 맛을 느낄 수 있도록 계속 노력하겠다고 밝혔다.

• 한국의 정과 문화를 느끼는 공간, 한식당

1971년 최초의 한식당 코리아하우스를 시작으로 인도네시아 한식당은 50년간 한인들이 모여 밥을 먹고 사람을 만나고 정보를 나누고 비즈니스를 하는 장소다. 지금은 인도네시아인들도 즐겨 찾는 맛집이자 한국문화를 체험하는 공간이 됐다. 한식당은 국민의 85% 이상이 이슬람 신자로 술 판매와 음주를 규제하는 인도네시아에서 술을 마실 수 있는 공간이기도 하다.

재인도네시아외식업협의회는 인도네시아 전체 한식당은 300여 개, 그중 자카르타와 수도권에 120여 개가 있는 것으로 추산했다. 과거에는 주로 한인이 한식당을 소유하고 운영했지만, 지금은 인도네시아인이 소유하거나 운영하는 한식당도 적지 않다.

자카르타에 한식당이 생기던 초기에는 코리아하우스, 서울하우스, 신라, 코리아가든, 코리아타워, 한국관, 한양가든, 이스타나 코리아 등 주로 한국의 지명을 차용해 한국음식점이라는 것을 강조했다. 2010년대 무렵부터는 고주몽, 청해수산, 가효, 본가, 청담, 강남, 삼원가든 등 한국의 유명 음식점이나 드라마 제목 등을 활용하기도 하고, 순두부와 김밥 같은 음식 이름으로 상호를 쓰기도 한다.

초기 한식당들은 식당 수나 고객이 많지 않았으며, 모든 연령대가 먹어야 했으므로 고기구이, 탕과 찌개, 생선회, 짜장면, 돈가스 등 다양한 메뉴를 제공했다. 손님이 원하는 음식이 있다면 주방에 있는 재료를 활용해 만들어주기도 했다. 2010년 무렵에 한식당도 각자의 콘셉트를 도입해 소고기구이 전문점 본가(Bornga), 한국식 횟집인 청해수산과 김삿갓, 전통적 형태의 한식당 청담과 삼원가든, 선술집 분위기의 마포갈매기(Magal), 짜장면과 짬뽕을 파는 한국식 중국

집 면의 전설과 가야성, 분식을 판매하는 무궁화와 K-마트 내 음식 코너, 가격을 낮추고 음식을 현지화한 패스트푸드형 한식당 오쭈(Ojju)와 무지개(Mujigae), 한국식 닭튀김과 맥주를 판매하는 88키친 등 특색을 갖게 됐다.

그렇다면 이렇듯 다양한 형태의 한식당에서 제공하는 한식은 어떤 모습일까? '한식'의 정의를 고민해야 할 만큼 다양하다. 한국산 재료로 한국인 조리사가 만든 한국 고유의 맛에 가까운 음식, 현지 재료로 현지인 조리사가 만든 인도네시아풍 한국음식 그리고 한국조리법과 양념을 이용한 한국풍 인도네시아 음식 등 맛의 폭이 다양하다.

열악한 의료 환경으로 불안한 한인들

1년 내내 덥고 습한 인도네시아에서는 에어컨을 켜고 생활하기 때문에 비염이나 냉방병이 생기고, 약간 과로하면 티푸스와 말라리아에 걸리고, 우기에 모기가 많다 싶으면 뎅기열에 걸리기 쉽다. 모두 면역이 생기지 않는 병인 만큼 과로 등 몸 상태가 좋지 않으면 재발한다.

물갈이할 때 생기는 설사와 이질 등도 쉽게 걸리는 풍토병 중 하나다. 모기는 뎅기열과 말라리아를 전파하기도 하지만 모기 물린 부위에 피부 알레르기가 일어나는 사람들도 종종 있다. 톰캣(tomcat) 벌레에 물리면 화상을 입은 것처럼 심한 통증과 함께 빨갛게 부풀어 오르고 흉터가 남는다.

자녀 출산, 산업재해, 교통사고 등 수술을 필요로 하는 경우 위험도와 의료비용이 모두 높은 편에 속해 한국에 가서 치료하는 경우가 많았다. 이곳에서 자연분만으로 자녀를 출산하는 산모들은 친절한 의료진과 특실을 입원실로 써도 크게 부담되지 않는 점을 장점으로 꼽았다. 한국인들이 출산을 많이 하는 산부인과는 자카르타 분다병원과 뽄독인다병원이다. 초창기에는 한국대사관에 한국에서 파견된 의사와 간호사가 근무한 적도 있지만, 대부분의 한인들은 증세가 가벼우면 지역 보건소나 클리닉(개인병원)을 이용했다. 큰 병이 났을 땐 자카르타에 있는 종합병원인 빼르따미나병원과 MMC병원에서 치료받거나 한국에 귀국해 치료를 받았다.

1998년 말부터 한국인 의사가 자카르타와 수도권 도시에 개원하기 시작해 언어 문제와 진료 체계가 달라 생기는 불편함이 많이 해소됐다. 인도네시아에 진출한 시기를 기준으로 보면 내과와 가정의학과로 서울메디칼 · 한국병원 · 뉴월드메디칼 · 아름다운병원 · 조은병원 · 365(24시간 클리닉) 등이 있고, 한의원으로는 길명근한의원 · 김승호한방병원 · 솔한의원 · 관준한의원 · 신농씨한방병원 · 향림당한의원 · 살구숲한의원 등이 있다. 치과로는 한국치과 · 아리랑치과 · 뉴페이스치과 등이, 피부과로는 마타하리클리닉 · 엠클리닉 등이 있으며, 정형외과로 우리들병원협력재활센터가 있다.

2000년대부터 인도네시아 대기업들이 병원사업에 진출하면서 최신시설을 갖춘 대형 종합병원인 실로암병원과 Eka병원 등이 개원해 치료할 수 있는 범위가 넓어졌다. 코로나19 팬데믹이 시작된 이래 한인회와 한국대사관은 자카르타 코리아센터에 인접한 종합병원 메디스트라와 한인병원들과 협력 체계를 구축했고, 현지 병원들은 온라인 원격진료 시스템을 도입했다.

인도네시아는 한국과 달리 의료보험이 없어 거의 모든 비용을 개인이 부담해야 하고, 일부 기업과 기관만 의료비를 보조하거나 사보험을 이용한다. 최근에 근로자건강보험을 국민건강보험으로 확대하려는 작업이 시작됐지만 아직은 시작 단계라 이용 절차가 복잡하고 적용되는 의료기관도 한정적이다. 인도네시아에 거주하는 한인들은 한국국적을 유지하고 한국에 세금과 의료보험료를 납부하는 사람들이 대부분이라 건강검진, 치과 치료, 중증 질환을 귀국해 치료하는 사람들이 많다. 인도네시아에 은퇴 비자로 거주하려는 한인들은 비싸고 원활하지 못한 의료 서비스를 대표적 걸림돌로 꼽는다.

한인들이 겪는 문화 장벽, 가사도우미와 운전기사

인도네시아에 거주하는 한인들은 현지인 가사도우미, 베이비시터와 운전기사를 잘 만나는 것이 삶의 질을 높이는 중요한 요인이라고 말한다. 무덥고 습한 날씨와 열악한 교통 인프라 그리고 상대적으로 저렴한 인건비로 인해 많은 가정에서 가사도우미와 운전기사를 고용한다. 아이가 있으면 베이비시터를, 그리고 정원이 넓은 주택에 살 경우에는 정원관리인을 고용한다. 그래서인지 인도네시아 한인가정 중에는 자녀를 3명 이상 두는 비율이 한국보다 높고, 인도네시아로 이주해 아이를 더 낳는 경우도 종종 있다.

남자 혼자 인도네시아에 체류할 때도 가사도우미 덕분에 깨끗한 방과 깔끔한 복장을 유지할 수 있고, 집에서 적절한 수준의 식사도 해결할 수 있다. 가사도우미와 베이비시터를 고용함으로써 시간과 감정의 여유가 생겨 취미활동과 사회활동을 더 많이 할 수 있다.

모든 것이 그렇듯 가사노동과 자동차 운전을 대신해줄 현지인을 고용하는 일에는 양면성이 있다. 1997년 아시아 경제위기 이후에는 한인가정에서 일하는 운전기사가 자동차를 훔쳐가거나 가사도우미가 외부인과 공모해 현금과 귀중품, 골프채 같은 돈이 되는 물건을 훔쳐가는 생계형 범죄가 심심치 않게 발생했다. 문화와 풍습 차이로 인한 범죄도 있다. 한인가정에서 가사도우미가 기도를 하는데 한인주부가 빨리 나와 일하라고 했고, 이런 일이 반복되자 분노한 가사도우미가 한인주부를 흉기로 위협했다는 사건은 수십 년간 회자되고 있다.

인도네시아에서는 한국인 2명만 모이면 남녀 가리지 않고 가사도우미와 운전기사를 화제로 삼는다. 오프라인뿐 아니라 한인 웹사이트, 단체 카톡방, 네이버밴드 등 온라인에서도 현지인 고용 문제를 언급하는 게시물이 끊임없이 올라온다. 최근에는 아파트로 이사해 주거 공간이 좁아져 입주 가사도우미 대신 파출부를 쓰는 추세고, 고카(Gocar)와 그랩카(Grabcar) 같은 온라인 차량 호출 서비스를 사용하면서 운전기사도 고용하지 않는 경우가 늘었다.

한인이 겪는 문화 장벽 중 하나는 팁(수고비)에 대한 고민이다. 운전기사, 식당과 미용실 종업원, 호텔 도어맨뿐 아니라 화장실 안에서 대기하고 있는 청소부, 골프장 캐디, 택시기사, 아파트 수리공까지 서비스를 받는 모든 사람에게 얼마의 팁을 줄 것인지 고민한다. 하지만 최근 디지털 결제 방식이 확산하면서 팁 문화도 점차 사라지고 있다.

다변화하는 한인공동체

한인이 인도네시아에 본격적으로 진출한 지 50년이 넘었다. 한 세대를 25년으로 보면 초창기 진출자들은 이미 할아버지가 되었고, 아들이 일하고, 손자가 자라며 3대가 이어지고 있다. 서로를 알고 사회 · 경제적 배경에 큰 차이가 없이 오손도손 지내던 좋은 시절은 지났다. 1990년대와 2000년대 후반 한인 수가 급증하며 한국대사관과 한인회가 이를 따라잡지 못해 시행착오를 겪기도 했지만 이제는 안정을 찾은 모습이다.

인도네시아에서 한인 여성은 한국인이라는 정체성을 만들고 지키는 역할을 톡톡히 해왔다. 1960년대 학교와 한국식품점 같은 기초 생활 인프라조차 없는 상황에서 현지 시장에서 한식을 만들었고, 자녀에게 직접 우리말을 가르쳤으며, 자카르타에 한국학교가 세워지면서 학교 운영의 한 축을 담당하기도 했다. 종교 단체나 문화 단체 회원이 되어 많은 봉사 활동을 펼치며 종교 단체와 문화 단체의 토대를 닦았다. 외국에 살면서 한국인의 정체성을 고민하며 배운 다도, 한국무용, 그림, 서예 등 예술 활동을 통해 인도네시아인들에게 한국문화를 소개하는 역할도 했다. 현재는 다양한 형태로 한인기업과 현지기업에 취업하거나 사업에 도전하는 여성들이 늘어나는 추세다.

일과 회사만 있는 인도네시아 생활에 대해, 2000년대 이전에 온 사람들은 "외롭고 힘들었지만, 돈 벌러 왔으니까 그냥 참았다"라고 답했지만, 요즘 청년들은 지방에 가서 근무하라고 하면 수개월씩 공장과 숙소만 오가는 생활을 견디기 힘들어한다. 빛의 속도로 발전하는 세상에 혼자만 뒤처지는 것 같다며 불안해한다.

인도네시아 한인공동체에도 고령 인구가 늘고 있다. 한국인은 주로 사업가와 취업자 그리고 동반 가족으로 인도네시아에 와서 대부분 퇴사하거나 경제활동이 끝나면 귀국했다. 그러나 수십 년이 지나는 동안 일부는 정착해 할아버지부터 손자까지 3대가 살고 있거나 다른 한편에서는 한국에서 부모님을 모셔와 가사도우미와 간병인을 고용해 노후를 돌보는 경우도 있다. 하지만 인도네시아는 외국인이 안전하게 생활하려면 한국보다 생활비가 많이 들고, 국적이 없으면 인도네시아 정부의 복지 혜택을 못 받는다. 경제활동이 끝나서 일정한 수입이 없는 경우 인도네시아에 장기 체류하기도 어렵다.

한인공동체 차원에서 노인을 챙기려는 노력도 하고 있다. 땅그랑한인회는 매년 어버이날이면 고령자들을 초대해 경로잔치를 연다. 코로나19 사태 초기 마스크를 무료로 배부할 때도 노인과 어린이가 있는 가정에 우선 배정했다. 무연고 한인이 사망할 경우 한인회와 종교 단체가 장례식 등을 담당한다. 재난 · 재해가 발생하면 동포한인구조단이 활동하지만, 고령자를 위한 근본적 대책은 될 수 없다.

한국 · 인도네시아 다문화가정도 점점 증가하는 추세다. 미혼으로 유학을 오거나 취업해서 현지인 배우자를 만나는 사람도 있고, 이런저런 사정으로 한국의 배우자와 이혼한 후 현지인과 재혼하는 사람들도 있다. 인도네시아에서 자라는 2세나 3세는 현지인 배우자를 만날 가능성이 높다.

'인도네시아에서 현지인과 조화롭게 사는 일', '현지 주류사회 진출', '노인 문제', '빈곤층 문제' 등에 대한 한인공동체의 진지한 논의와 대책 마련이 필요한 시점에 와 있다.

'미스떠르 꼬레아(Mr. Korea)'라 불린 젊은 한인들

●1980년대 중반 원목 회사와 노동집약산업에서 일했던 한인청년들 이야기

당시 한국 직원들이 회식하는 모습

1980년대 중반에 취업해 인도네시아에 온 한인청년들은 일하는 분야는 달랐지만 비슷한 시대 경험을 했다. 당시 인도네시아와 인도를 구별하지 못하던 때라 인도네시아에 취업해 간다고 하면 가족과 친구들조차 어느 나라를 간다는 것인지 정확히 모를 정도였다. 출국하기 전에는 외교부가 의무적으로 요구하는 소양 교육을 받았고 북한에 납치당하지 않도록 주의하라는 것과 소매치기 예방을 위해 지갑을 바지 앞주머니에 넣으라는 안내를 받았다.

'미스떠르 꼬레아'라 불린 한인청년들은 최전방의 업무 현장에서 흉기로 위협을 당하며 수많은 대민 · 대관 업무를 처리하고 노사협상을 이끌어냈다. 그들은 인도네시아에서 힘든 일도 많았지만 직장 생활을 시작했고, 신혼 생활을 했으며, 아이들을 키우는 등 청년기를 충실하게 채웠다.

낯선 언어와 불안한 시국을 경험하다

김정훈(가명) 씨는 한국계 원목 회사에 취업해 1985년부터 2017년까지 근무했다. 그는 인도네시아 북서단 수마트라 섬에서 시작해 자카르타 본사를 거쳐 인도네시아 최동단 파푸아에서 근무를 마쳤다.

그가 인도네시아에 처음 왔을 때만 해도 상급 직원들이 신입사원이나 사원 가족들을 김포공항에서 인솔해 국제선을 탔다. 도착한 날 저녁에는 모든 직원이 함께 저녁을 먹으며 입국과 입사를 축하해주었다. 당시 자카르타 사무실에는 사장부터 갓 입사한 신입사원까지 20여 명이 함께 일하며 가족 같은 분위기였다. 신입사원이 와도, 외부 손님이 와도, 지역 근무자가 출장을 와도 모든 직원이 회식했고 한식당에서 한국인을 만나면 아는 사람이든 모르는 사람이든 반갑게 인사를 나눴다.

낯선 언어는 그가 현장에서 맞닥뜨린 첫 번째 장벽이었다. 처음에 관공서나 은행에 가려면 전날 현지 직원과 늦게까지 인도네시아어로 할 말을 준비했다. 다음 날 관공서에 가서 대화를 나눌 때는 그들의 언어를 알아들을 수 없어 써달라고 한 뒤 사무실로 돌아와 현지 직원과 해석해서 처리했다.

한국인이지만 일할 때는 인도네시아 정세의 영향을 많이 받았다. 1998년 수하르토 대통령이 실각하고 문민정부가 들어서면서 인도네시아가 큰 변화를 겪던 시기에 그는 파푸아 지역에서 근무했다. 행정 경험이 없는 지역 유지들이 직접 선거로 지방자치단체장이 되면서 지방행정이 정체돼 업무가 더 힘들어졌고, 파푸아를 인도네시아에서 독립시키겠다는 분리주의자들이 활동하면서 치안마저 불안해 한동안 밤에 외출하지 못했다.

풍토병과 흉기의 위협 그리고 과격한 노사분규와 맞서다

이재호 씨는 1989년 한국계 신발 회사에 취업해 자카르타 서부에 위치한 위성도시 땅그랑에서 근무했고, 지금은 중부 자바주 스마랑에서 관리자로 일한다.

그는 인도네시아의 첫인상으로 거리 풍경을 꼽았다. 당시 수디르만 거리는 차량이 적고 단정하게 줄지어 늘어선 가로수가 아름다워 휴일이면 산책을 하며 여유를 만끽했다. 하지만 일터는 고된 데다 긴장의 연속이었다. 근무하는 동안 일과 사람에 치여 종종 티푸스(열병)를 앓았다. 낮에 해고한 직원이 한밤중에 흉기를 들고 숙소로 찾아와 위협해서 침대 밑으로 몸을 숨긴 적도 있었다. 노사분규가 일어났을 때는 흥분한 현지 직원들 틈에 끼여 진정시키거나 협상을 한 적도 많았다. 그때의 후유증으로 지금도 사람이 많은 곳에 가거나 큰 소리로 말하는 무리를 보면 가슴이 뛰고 공포감이 든다.

열대우림에서 터를 닦은 한국인

한국의 가장들은 가족을 지키기 위해 인도네시아로 왔다. 그들은 밀림에서 가족들 생활비, 자녀 학비, 부모님 병원비, 부부의 노후자금 등을 벌기 위해 구슬땀을 흘렸다. 그러다 1~2년에 한 번 한국으로 휴가를 가면 급속도로 변한 한국의 모습에 어리둥절해했다. 더욱이 오랜만에 집에 가면 가족들이 처음에는 반가워하다가 며칠 지나면 낯설고 부담스러워하는 것 같아 마음이 편하지 않았다.

코린도 아시끼 합판사업본부 직원들(1997.12)

열대우림에서 충실히 산 시간이 쌓여 가족이 살아갈 기반이 됐고, 인도네시아 한인사회의 기초가 됐으며, 대한민국 경제성장의 견인력이 됐다. 그중 일부는 은퇴했거나 몸이 아파서 귀국했고, 남은 사람들도 이제 그들이 가진 기술과 지식이 유효하지 않은 데다 몸도 따라주지 않는다며 인도네시아를 떠날 준비를 하고 있다.

코데코 반자르마신 사업부 사람들

1970년대. 목재 회사 코데코의 반자르마신 사업부 사람들은 하늘과 비, 나무만 있는 열대우림이 일터였다. 그들은 서울에서 국제선 항공기를 타고 홍콩을 거쳐 자카르타에 도착한 뒤 국내선 항공기를 갈아타고 칼리만탄 남부 지방도시 반자르마신으로 가서 다시 자동차와 스피드보트를 타고 캠프로 갔다.

산속에서는 근무일이 월화수목금금금이고, 휴무일은 비 오는 날이다. 특히 우기에는 비 오는 날이 많아 날씨가 맑으면 설날과 크리스마스에도 일하는 경우가 많았다. 늘 숲속과 비포장도로를 다니다 보니 옷도 신발도 흙투성이가 되기 일쑤였고, 빗물을 모아 사용하거나 강물을 퍼서 빨래를 하다 보니 말끔하게 차려입기란 애초에 불가능했다.

산속에서는 비디오테이프에 녹화해 온 한국드라마와 뉴스를 저녁마다 봐서 대사를 외울 정도고, 한 달에 한두 번 몰아서 오는 신문은 다음 신문이 올 때까지 기사를 읽고 또 읽었다.

많은 직원들이 가족과 떨어져서 가족을 그리워하며 살았다. 가족과 함께 캠프에 살던 직원들도 무더운 오지에서 외로움과 열악한 시설, 부족한 생필품과 씨름하며 생활하는 아이들과 부인에게 미안한 마음을 숨기지 못했다. 그들이 한국에 있는 가족에게 국제전화를 하려면 차나 스피드보트로 서너 시간을 나가서 시내 전화국이나 출장소로 가야 했고, 국제전화비도 비싸서 가족들 목소리만 듣고 끊어야 했다.

코린도 파푸아 아시끼 사업부 사람들

1990년대. 목재 회사 코린도의 파푸아 아시끼 사업부 사람들은 서울에서 국제선 항공기를 7시간 타고 자카르타에 도착해 다시 국내선 항공기를 8시간 타고 머라우께로 갔다. 다시 차를 타고 거대한 원시림 사이에 난 비포장도로를 달리며 300개가 넘는 나무다리를 건너고, 개미가 진흙으로 쌓은 2~3m 높이의 개미집이 널린 초원을 지나며 멧돼지와 캥거루, 사슴 같은 산짐승과 눈이 마주치기도 했다. 비행기가 연착하고 비가 와서 도로가 끊기거나 자동차가 고장 나면 자카르타에서 부임지까지 가는 데 닷새가 걸리기도 했다.

한국음식은 말할 것도 없고 신선한 채소와 고기를 구하기가 쉽지 않아 멧돼지, 타조, 사슴 고기도 먹었다. 보신용이 아니라 살기 위해 먹었다. 옷은 매년 회사에서 주는 작업복 2~3벌이면 충분했다. 1997년 사상 최악의 가뭄과 산불이 인도네시아 전역에서 발생했다. 아시끼 사업부에도 뿌옇고 메케한 연기가 수개월째 계속됐고, 직원들은 산불이 회사까지 번질 경우를 대비해 탈출 방법을 논의했다.

2020년. 그가 파푸아에서 일하는 동안 아이들은 청년이 됐다. 부모님이 돌아가시고 가족끼리 재산 분쟁을 겪었으며, 월급 모은 돈을 잘못 투자해 손해도 봤다. 그럼에도 다시 한국에서 가족과 함께 살며, 디지털 사회에서 생활하는 법을 새로 배우고 있다. 옛 동료들과 만나 이야기를 나누다 보면 힘들었던 그 시절이 그립기만 하다.

②

한인에게 영향을 미친 인도네시아 주요 뉴스

인도네시아에 사는 한인들은 현지에서 일어나는 시위와 폭동, 테러, 자연재해, 분리주의세력의 위협 등 수시로 위험한 상황에 직면한다. 한인들은 이런 위기를 겪으며 한인사회의 구조와 생활방식이 바뀌기도 한다. 위기를 통해 한인들 서로가, 그리고 한인과 인도네시아인 서로가 도움을 주고받는 존재임을 확인하는 계기가 된다. 한인들은 자연재해가 발생하면 피해를 본 한인과 인도네시아인 모두에게 구호품과 구호금을 전달하고 구호 활동을 펼친다. 한국정부와 단체, 기업의 구호 활동이 도움이 필요한 곳에 도달하게 하는 매개 역할도 한다. 위기를 당하면 일시적이나마 절대 결핍과 무력함을 느끼는데, 이때 한인들이 펼치는 적절한 긴급 구호는 상황이 악화되지 않도록 관리하는 한편 피해자들을 위로하는 역할을 한다.

1998년 5월 사태

'5월 사태'는 1998년 5월에 있었던 민주화 시위와 폭동 그리고 정권 교체로 이어진 일련의 사건으로 인도네시아 정치·경제·사회 전반에 큰 변화를 가져왔다.

1998년 5월 12일(화) 자카르타 뜨리삭띠대학교 민주화 시위에서 대학생 6명이 군의 총격에 숨지면서 반정부 시위가 유혈 폭동으로 번졌다. 5월 13일(수)부터 이틀간 통제 불능의 폭동으로 288명이 숨졌고, 곳곳의 쇼핑센터와 시장이 파괴됐다. 대학생들은 국회의사당을 점거한 채 수하르토의 퇴진을 외쳤고, 노동자들이 합세하고 군과 정치권 인사들도 지지 성명을 잇따라 발표했다. 결국 5월 21일(목) 수하르토 대통령이 사임을 발표함으로써 사태가 마무리됐다.

1998년 5월 13일. 당시 시위 대학생들의 집회가 열린 아뜨마자야대학교 인근 사무실에서 근무한 한인들은 오후에 '와' 하는 함성과 함께 자카르타 곳곳에서 방화와 약탈이 일어났다고 회고했다.

1998년 5월에 일어난 폭동(사진 제공 : 헨디 조하리 기자, 히스토리카 인도네시아 회원)

JIKS는 폭동 소식에 학생들을 조기 귀가시켰다. 땅그랑 지역에 살던 학생들은 자카르타 국회의사당 앞 도로가 폭도들에게 점거당해 통과할 수 없게 되자 귀가하지 못하고 교무실과 교내 파견 교사용 숙소에 나누어 자고 다음 날 새벽에 귀가했다. 교직원 6명은 밤새 순찰을 돌면서 학생과 학교를 지켰다.

현대건설이 지어 한국인 사이에 현대아파트라 불린 아마르따뿌라아파트에 거주하던 한인 300여 명(75가구)은 폭도의 공격에 대비해 자경단을 구성, 직접 경비를 서기도 했다. 그뿐 아니라 한인들은 지역이나 기업 단위로 인근 군부대에 비용을 지불하고 무장병력과 탱크를 지원받아 배치했다.

수하르토의 장기 집권에 따른 폐해로 경제가 어려워지고 환율과 물가가 급등하자 민심이 흉흉해졌다. 소수자인 중국인에 대한 반감이 고조되었고, 중국인과 외모가 비슷한 한국인들도 위협을 느꼈다. 밤거리에는 떼강도가 출몰했고, 한인 중에도 강도와 도난을 당하는 집이 많았다. 많은 한식당과 한인업소들은 임시로 문을 닫았고, 부유한 중국계 인도네시아인들은 폭동이 일어나기 전부터 홍콩과 싱가포르로 대피했다.

사태가 점점 악화되자 한국인들은 필수 인원만 남긴 채 철수하기 시작했다. 한국계 대기업 코데코 직원 가족들은 자카르타 시내 프레지던트 호텔 주차장에 모여 버스를 타고 공항으로 이동했다. 우리나라뿐 아니라 대부분의 국가에서 특별기를 보낸 상태라 항공기 이착륙과 출국 수속에 병목현상이 나타났고, 탈출하려는 외국인과 인도네시아인들이 몰리면서 공항은 아수라장이 되었다. 공항에서 제대로 먹지도 못하고 하염없이 기다리다 하룻밤을 보내고 비행기를 탔다는 한인들도 여럿이었다.

한국정부는 한국대사관과 교민들의 요청에 따라 대한항공 항공기 9편을 증편해 5월 16일부터 20일까지 5일 동안 4,800명을 귀국시켰다. 한국대사관은 공항이민국에 영사를 파견해 출국 소속을 지원했고, 여권이 없는 한인들에게는 여행자증명서를 발급하는 등 출국을 도왔다. 대한항공은 불과 3, 4일 사이에 특별기 8대를 배정하고 영공을 통과하는 국가에 비행 허가를 신청했으며, 항공기마다 정비사와 승무원을 2배수로 차출하고 기내식을 준비해 한인들의 귀국을 도왔다.

한국대사관은 5월 16일과 18일에 각각 대사 주재로 비상대책 회의를 열고, 동포안내문을 20회 이상 발송했으며, 한인들이 귀국 필요 자금을 인출할 수 있도록 현지의 외환 · 상업은행 지점 등 한국계 은행에 대해 영업을 재개하도록 요청했다. 동포안내문에 대사관 직원들의 자택 전화번호까지 공개해 비상시에 연락할 수 있도록 했다.

5월 사태 때 한인들이 어려움을 겪은 것에 대해, 당시 한인회와 한국대사관 실무자들은 갑작스럽게 상황이 악화됐고 적절한 소통 수단도 부족해서 혼란이 가중되었다고 설명했다. 대한항공 관계자도 한꺼번에 그렇게 많은 승객을 처리해본 적이 없어 수속과 서비스에 혼란이 있었다고 말했다.

한인들이 겪은 인도네시아 테러

인도네시아를 32년간 철권통치했던 수하르토 정권이 1998년 붕괴된 이후 인도네시아가 민주화되는 과정에서 테러 세력이 확대됐다. 이슬람 국가 건설을 꿈꾸는 알카에다 연계 테러 조직 제마 이슬라미야(JI)는 2002년과 2005년에 발리 폭탄 테러를 일으켰다. 이들은 주로 서양인들이 모이는 시설이나 서방국가의 상징적 시설물을 목표로 테러를 자행했다. 또 다른 알카에다 연계 테러 조직 '자마 안샤룻 다울라(JAD)'는 2016년 자카르타 도심 총기 · 폭탄 테러를 시작으로 수년간 전국 각지에서 테러를 벌여왔다. 그들은 이슬람 국가 건설을 주장하며 현행 민주주의 체제를 부정하고, 테러 목표를 진보 성향의 이슬람 인사 등 내국인으로 바꿨다. 이후 교회와 성당 등 기독교를 상대로 한 자살 폭탄 테러를 일으켰다.

자카르타에서 일어난 폭탄 테러 중 한국인이 직접 피해를 입은 사건은 2000년 8월 1일에 발생한 주인도네시아 필리핀대사관저 폭탄 테러 사건이다. 당시 현장에서 300m가량 떨어진 한국계 기업의 사원용 주택도 유리창이 깨지고 문틀이 뒤틀리는 피해를 입었다. 필리핀대사관저 폭탄 테러로 2명이 사망하고 21명이 부상했다.

2000년 9월 13일에는 자카르타증권거래소 지하주차장에서 폭발 테러가 발생해 10명이 사망하고 15명이 부상을 당했다. 대부분 운전기사와 경비원 등 인도네시아인이었다. 증권거래소 건물에 입주한 한국계 대기업에서 근무하던 한국인들은 건물이 붕 떴다가 내려앉는 느낌이었다고 폭탄 테러 당시를 묘사했다.

2016년 1월 14일에는 자카르타 사리나(Sarina) 백화점 인근 지역에서 테러가 발생해 경찰관 3명을 포함해 최소 6명이 숨졌으며 수십 명의 부상자가 발생했다. 일부 학교는 테러 소식에 학생들을 일찍 귀가시키면서 비상연락망을 통해 학부모가 직접 학생을 데려가게 했다.

파푸아 코린도 임직원 인질사건

2001년 1월 16일 인도네시아 최동단에 있는 파푸아 지역에서 반군 게릴라가 코린도그룹 파푸아 사업장 원목사업부 한국인 직원과 현지인 직원들을 납치하고 20억 달러(원화 2조 원 상당)의 몸값과 인도네시아로부터 파푸아의 독립을 요구했다. 이 사건은 한국과 인도네시아 언론에 보도되면서 양국 사회를 떠들썩하게 만들었다.

현장소장인 권오덕 차장이 이날 벌목 작업을 마치고 회사 숙소로 돌아가던 중 코린도가 건설한 임도(林道) 59km 지점에서 현지인 직원 12명과 함께 납치됐다. 납치범은 평소 코린도 직원들과 잘 알고 지내던 파푸아(이리안자야) 반군 자유파푸아운동(OPM)의 윌리암 온데 지역사령관이었다. 이헌 사업본부장은 사건 당일 이종명 차장, 현지인 직원 1명과 함께 피랍 현장에 갔으나 온데와 접촉하지 못했다. 이헌 본부장은 이튿날 아침 지역 군부대에 군사작전을 하지 말아달라고 신신당부한 뒤 59km 떨어진 게릴라 초소를 방문해 그들의 만행을 따지다 자신도 인질로 잡혔다.

온데는 압두라만 와힛 인도네시아 대통령과 면담을 약속하고 반군들의 신변이 보장되면 인질들을 풀어주겠다고 제의했다. 그들은 인도네시아 정부 당국자로부터 대통령 면담 일정과 신변 보장을 약속받고 나서야 인질을 풀어주었다. 이헌 본부장과 현지인 12명은 10여일 만에, 나머지 2명의 한국인과 1명의 현지인 인질들은 22일 만에 석방됨으로써 인질극은 막을 내렸다.

납치됐던 코린도 임직원들은 반군들이 평소 안면이 있던 점과 자신들을 함부로 대하지 않고 신변을 위협하지 않아 석방될 것으로 확신했다고 말했다. 현지 경험이 풍부하고 반군에 대해 잘 알고 있던 점도 도움이 됐다. 그럼에도 그들은 불편한 잠자리와 부족한 음식 그리고 산속에서 모기에 시달렸고, 총으로 무장

인도네시아의 치안이 불안해지면서 차단기가 건물, 호텔, 쇼핑몰 등 출입구마다 설치되어 있다.

하고 외부에서 얻은 정보에 민감하게 반응하는 반군들을 보며 죽음에 대한 공포를 느끼면서도 끊임없이 대화를 시도하며 납치범을 안심시키고 설득했다.

파푸아 원주민은 피부색이 검은 멜라네시아 인종이며, 250여 개 부족의 언어와 문화가 다르고, 수렵과 채집에 의존하며 원시농경 생활을 한다. 코린도 사업장 인근에 사는 파푸아 원주민들은 종종 수십억 달러를 요구하며 협박을 하다가 현금 200만 루피아(약 20만 원)와 쌀, 담배 몇 보루를 챙겨주면 돌아갈 정도로 숫자 개념이 없고, 외지인과 평소에 잘 지내다가도 갑자기 태도를 바꾼다.

코린도 임직원들은 이때의 경험을 바탕으로 첫째도 대화, 둘째도 대화, 셋째도 대화라는 '코린도 파푸아 사업 전략'을 세웠다. 납치됐던 코린도 임직원들이 무사히 돌아오는 데는 머라우께 군수와 지역군사령관, 경찰서장, 코린도 협상단 등과 함께 평소에 대민 · 대관 업무와 인사 · 노무관리 등 대소사를 처리하는 총무부서 직원들의 역할이 컸다.

찌아찌아족, 한글을 부족어 표기문자로 채택

인도네시아 동남 술라웨시주 부톤 섬 소수민족 찌아찌아족이 한글을 부족어 표기문자로 채택한 지 10년이 넘었다. 찌아찌아족은 한글 수출 1호 사례로 꼽힌다.

찌아찌아족이 주류를 이루는 바우바우시(市)는 지난 2009년 훈민정음학회의 건의를 받아들여 찌아찌아어를 한글로 표기하는 방안을 채택하고 현지인들에게 한글로 찌아찌아어를 표기하는 교육을 실시했다. 한글을 읽고 쓸 줄 아는 사람들이 늘면서 일상에서 한글 사용이 늘어나는 추세고, 동시에 한국어를 배우는 사람도 생겼다. 찌아찌아족이 사는 바우바우시의 시장이나 버스 정류장 등에는 한글 표지판과 간판이 늘었고, 마을에는 한국거리가 조성됐으며, 최근에는 한복 대여점까지 생겼다.

찌아찌아 현지 한글교사 양성 교육 수료생들과 정덕영 교사(앞줄 오른쪽에서 네 번째)

1만7,000여 개의 섬으로 이뤄진 인도네시아는 본래 사용 언어가 700개에 이르지만, 로마자로 표기하는 인도네시아어를 공용어로 지정한 뒤 소수민족 언어가 급감하는 상황이다. 부톤 섬 인구 50만 명 중 7만 명을 차지하는 찌아찌아족도 고유어는 있지만 표기문자가 없어 고유어를 잃을 처지였다. 인도네시아는 공식적으로 '하나의 언어(satu bahasa)' 정책을 시행하지만 소수민족의 언어와 문화를 보존하기 위한 노력도 병행하고 있으며, 한글 표기문자 허용은 이런 노력의 일환이다.

지난 10년간 한글 교재로 찌아찌아어를 가르치는 학교는 찌아찌아족이 모여 사는 끄자마딴 솔라윌리오(Kecamatan Sorawolio) 마을의 까르야바루초등학교를 시작으로 지금은 4개로 늘었고, 초등학생 1,000여 명이 찌아찌아어를 한글로 표기할 수 있게 됐다. 찌아찌아족 학생들은 찌아찌아어만 한글 교재로 배우고 나머지 교과목은 인도네시아어로 배운다.

한글 도입 첫해에는 교재 집필에 참여한 현지인 아비딘 씨가 학생들을 가르쳤고, 이듬해인 2010년부터 정덕영 선생이 유일한 한국인 한글 교사로 10년째 현장을 지키고 있다. 정 선생은 재정과 행정적인 문제로 철수와 복귀를 반복하다 2014년 지인을 주축으로 후원 단체인 '한국찌아찌아문화교류협회'를 설립해 한글과 한국어 나눔을 이어오고 있다.

정 선생은 한글, 한국어 교육과 더불어 현지인 교사를 양성하고 구전설화를 수집해 채록하는 활동도 하고 있다. 2020년 초부터 코로나19가 인도네시아에도 크게 확산돼 전국에 휴교령이 발효됨에 따라 부톤 섬에서도 찌아찌아어 한글 수업과 한국어 수업에 온라인을 도입하고 대면 교육을 병행하고 있다.

10년 전 정 선생에게 한국어를 배운 학생들은 이제 한국어와 한글 교육의 든든한 울타리가 됐다. 공무원이 된 제자는 이민국 등 관공서 업무를 원활하게 진행하게 해주고, 한국어와 한글 교사가 된 제자는 동료 교사로서 교육과 연구 업무를 돕는다.

2020년 초 재인도네시아한인상공회의소(코참) 소속 기업인들이 정 선생과 교사진에게 노트북 3대와 찌아찌아어 한글 교재 230권 제작비를 지원했다. 2009년 코데코 바뚜리찐 사업부에 근무하다가 양칠성을 발견해 한국 국적과 이름을 찾아준 공로로 대통령상까지 수상한 권태하 작가가 2009년 8월 부톤 섬을 방문해 한글 도입 실태를 살피고 한국인의 관심과 지원을 호소하기 위해 현장 취재 기사를 《한인뉴스》를 포함해 한국의 여러 매체에 기고했다. 2010년 2월에는 대중가수 장윤정 씨가 자카르타에서 한인과 바우바우 시장 등 찌아찌아족 관계자들을 초청해 '한글사랑 인도네시아 콘서트'를 열고 장학금을 기부했다.

2018 자카르타-팔렘방 아시안게임

2018년 8월 5일 미처 동이 트지 않은 깜깜한 일요일 새벽, 자카르타 중심부에있는 수디르만 거리가 들썩이기 시작했다. 떠오르는 해와 함께 파란색 한반도가 그려진 흰 티셔츠를 입은 한국인과 인도네시아인들이 '아시안게임 성공과 남북 단일팀 출전 축하 평화퍼레이드'를 펼친 것이다. 아시안게임이 공식 개막하기 앞서 대회 분위기를 고조시키기 위한 행사로, 한인회가 북한 측에도 초청장을 보냈지만 아쉽게도 북한 측은 참석하지 않았다.

자카르타-팔렘방 아시안게임은 8월 18일부터 9월 2일까지 자카르타, 보고르, 팔렘방 등에 산재한 경기장에서 열렸고, 10월 6일부터 13일까지는 같은 경기장에서 '2018 장애인 아시안게임'이 열렸다. 특히 장애인 아시안게임에서는 인도네시아 교민이자 당시 재인도네시아한인회 수석부회장이던 전민식 인도네시아 파워텍 회장이 한국선수단 단장을 맡아 더욱 의미가 컸다.

한인회와 한국대사관은 민관합동위원회(공동위원장 : 김창범 대사, 양영연 회장)를 꾸리고 약 30억 루피아의 후원금을 모아 남한선수단과 남북 단일팀을 지원했다. 한인회를 중심으로 한인단체와 한인기업 그리고 한인들은 한국선수들이 물갈이를 해 배앓이를 할까 봐 또는 입맛이 안 맞아서 제대로 먹지 못할까 봐 경기에 지장이 없는 선에서 정성을 담아 한식을 먹을 수 있게 챙겼다. 신발공장을 운영하는 태광실업은 한국 사이클 대표팀에 경기 기간 내내 맛있는 한식을 제공했고, 이에 보답하듯 선수들은 좋은 성적을 거뒀다.

2018 자카르타-팔렘방 아시안게임 남자 축구 결승전인 한국과 일본의 경기에서 한국이 승리하자 환호하고 있는 한인응원단

재인도네시아한인회는 한반도기와 부채 등 응원 도구를 미리 준비해 경기장을 방문한 한인과 인도네시아인들에게 나눠주고 함께 응원했다. 우리 선수들이 출전하는 모든 경기장에서 '코리아'라고 쓴 붉은 티셔츠나 파란색 한반도가 그려진 흰색 티셔츠를 입고 꽹과리와 북 장단에 맞춰 목이 터져라 응원하는 한인들을 볼 수 있었다. 한국 여자 배구의 간판 김연경 선수는 8월 19일 자카르타 불룽안 실내체육관에서 치른 예선경기에서 인도를 세트 스코어 3 대 0으로 이긴 뒤 홈 코트인지 자카르타인지 모를 정도로 많은 분이 응원해주셔서 힘이 났다고 고마움을 표했다.

자카르타-팔렘방 아시안게임은 주최 측의 운영 미숙으로 경기장 입장권을 구하기 쉽지 않았고, 자카르타와 위성도시에 있는 경기장은 교통 정체로, 팔렘방은 비행기를 타야 하는 등 경기장을 오가는 일이 물리적으로 어려웠다. 하지만 한인들은 주요 경기장에서 우리 선수들과 단일팀을 열심히 응원해 힘을 북돋아주었다.

일부 종목이지만 단일팀을 꾸려 출전한 남과 북 선수들은 호흡을 맞춰 경기에 임했고, 응원석에서도 남과 북 구분 없이 응원했다. 한인들은 자카르타에 거주하는 북한동포와 공동응원단을 꾸리고 2018년 8월 15일부터 여자 농구 단일팀이 토너먼트 방식으로 8경기를 치르는 동안 열띤 응원을 펼쳤다. 한인단체인 '민주평통'과 '416자카르타촛불행동'은 꽃다발과 현수막을 들고 공항에 나가서 북한선수들을 맞이했고, 농구 마지막 경기였던 중국과 결승전을 치를 때는 남한 측 응원단이 입장권을 구하지 못해 발을 동동거리자 북한대사관이 입장을 도와주었다. 대회 기간에 함께 응원했던 남북한동포들은 여자 농구 단일팀의 결승전이 끝나고 헤어질 때 서로를 안아주고 통일이 되면 다시 만나자며 이별을 아쉬워했다. 남북공동응원단은 자카르타에서 짧은 순간이나마 강렬하고 짜릿한 한민족의 통일을 경험했다. 자카르타는 남한과 북한대사관이 공존하고 양측 주민이 쇼핑몰이나 슈퍼마켓에서 자연스럽게 만날 수도 있어 한국과는 달리 경계가 없는 공간이다.

남북정상회담을 성사시키지 못했지만, 8월 19일 붕카르노 주 경기장에서 열린 개막식에 이낙연 총리와 리룡남 북한 내각부총리가 나란히 앉아 전 세계의 시선을 사로잡았다. 인도네시아는 전통적으로 다자외교와 외교중재자 역할을 통해 중국, 미국, 일본 등 강대국을 견제하고 싶어 한다. 조코 위도도 대통령은 아시안게임 개회식 직전 이낙연 총리와 리룡남 북한 내각부총리와 삼자 환담을 하는 등 아시안게임 개회식과 폐회식에 참석하는 국내외 귀빈들 사이에서 이루어지는 다자외교에 적극적으로 나섰다.

2018년 제18회 자카르타-팔렘방 아시안게임은 준비부터 폐회까지 남북정상회담 추진, 남북 단일팀 경기와 공동응원, 영국 프리미어리그에서 활동하는 손흥민 선수 출전과 병역 면제 혜택 여부, K-팝 그룹 슈퍼주니어와 아이콘의 공연 등이 이슈로 떠오르며 흥행 키워드를 '코리아'라 부를 정도로 한국의 참여가 두드러졌다. 인도네시아 한인들은 한국선수단 지원과 경기 응원, 부대행사에 적극 참여함으로써 한국인으로서 자긍심과 정체성을 확인했다. 또 아시안게임 성공과 인도네시아가 외교 중재자로서 자리매김하는 데 일조함으로써 주재국인 인도네시아의 일원으로 소속감을 더했다.

자연재해 위험에 노출된 한인

인도네시아는 열대성 기후로 폭우가 많이 내리고 태평양 '불의 고리'에 위치해 지각 활동이 활발해 홍수, 산불, 연무, 지진, 화산 폭발 등 자연재해가 빈번하고, 한인들도 이런 위험에서 자유롭지 못하다.

• 홍수와 산사태

일반적으로 인도네시아의 우기는 10월부터 이듬해 3월까지이며, 특히 1월과 2월에 강우량이 절정을 이루고 큰 홍수가 발생한다. 폭우가 내리면 저지대는 침수와 지반침하로, 산 주변은 산사태로 도로가 끊겨 물품을 수송하는 데 차질이 생기고 물가가 상승한다. 자카르타는 해수면보다 낮은 해발고도, 강 상류의 삼림 훼손, 하천 쓰레기, 강기슭의 불법 건축물 등이 홍수의 원인이다.

2002년 1월 27일. 하늘에서는 계속 비가 내리고 땅에선 누런 황톳물이 빠르게 차올랐다. 자카르타 서부지역을 관통하는 깔리 쁘상그라한이 범람하면서 밤 9시쯤 고속도로 일부 구간이 잠겼고, 주변의 주택가도 모두 잠겼다. 잠긴 구간에 차량 통행이 불가능해지자 고속도로가 순식간에 주차장이 됐다. 자카르타에서 땅그랑 방면으로 귀가하던 사람들은 도로에서 밤을 지새고 다음 날 아침 귀가할 수 있었다. 서부 자카르타 끄분저룩의 웨슬링끄도아아파트는 발전기가 있던 지하실이 침수돼 복구하는 데 일주일 이상 걸렸다. 이 아파트에 살던 한인들은 엘리베이터가 작동하지 않고 수도와 전기도 끊긴 상태로 여러 날을 견뎌야 했다. 2002년 1월 27일 자카르타 대홍수로 40여 명이 사망하고 40만 명의 이재민이 발생했다. 한인회는 구호 성금을 모아 피해를 입은 개인이나 기업을 후원했다. 끌라빠 가딩 지역에서는 한인 봉제 공장이 홍수로 피해를 입자 교회 신도들과 이웃들이 침수된 옷을 나누어서 세탁해주기도 했다.

2007년 1월 홍수 때는 빤따이 인다 까뿍(Pantai Indah Kapuk) 둑이 무너져서 공항 가는 고속도로가 침수돼 항공편이 취소되거나 연기됐고, 비행기를 놓친 사람도 많았다. 당시 수실로 밤방 유도요노 대통령은 홍수 피해를 수습하느라 예정된 스위스 다보스 세계경제포럼(WEF)에 불참했다.

2013년 1월 17일 자카르타 서부 홍수 조절 운하 둑이 붕괴돼 중부 자카르타 상업 지역이 30cm가량 침수되어 홍수 피해는 더욱 커졌다. 이날 오후 대통령궁이 50cm가량 침수됐고, 고급 주택이 밀집한 멘뗑 지구의 주택과 도로도 최고 150cm가량 침수되어 한국대사관 직원들이 퇴근하는 데 어려움을 겪었다. 당시 대사관은 건물 신축 공사로 수디르만 거리에 있는 'The Plaza' 빌딩에 임시로 입주해 있었다. 끌라빠 가딩에 출장을 온 한인사업가는 묵고 있던 호텔 주변이 침수되자 동네 청년들이 큰 트럭을 가지고 와서 차가 다니는 도로까지 데려다주겠다며 100달러를 요구해 흥정 끝에 10만 루피아를 주고 타고 나왔다고 말했다.

• 연무와 산불

건기에는 강우량이 줄면서 가뭄, 산불과 연무가 발생한다. 원시림이나 이탄 지대에 산불이 나서 연기가 주변 지역에 가득 차 활동에 영향을 미치는 상태가 연무다. 원목 회사나 석탄 회사 등 산속에 근무하는 한인들은 산불과 연무를 경험하지만, 자카르타나 수도권 지역에 사는 한인들은 주변에 대규모 원시림이 거의 없고 칼리만탄이나 파푸아도 멀어서 산불과 연무를 거의 경험하지 못한다. 오히려 수마트라 지역에서 발생한 연무가 이웃 싱가포르와 말레이시아로 번져 외교 마찰을 빚었다. 2019년 12월 11일 발표한 세계은행의 보고서에 따르면, 2019년에만 인도네시아에서 발생한 산불로 최소 52억 달러 상당의 경제적 손실이 났다고 추산했다. 이어 세계은행은 "인도네시아에서 대형 산불이 1997년 이후 매년 발생하는 고질적인 문제가 됐다"고 지적했다.

산불과 연무가 심했던 시기는 1997년 건기였다. 예를 들면, 파푸아 삼림에 개발한 코린도 아시끼 본부에 근무하는 한국인 50여 명과 현지인 2,000여명은 뿌연 하늘, 메케한 탄내, 답답한 목, 후텁지근한 열감 등으로 수개월간 힘들어했고, 산불이 회사 근처로 번지는지 계속 살피면서 최악의 경우 탈출 방법을 논의하기도 했다. 연무가 더 심했던 수마트라와 칼리만탄 지역은 기침과 호흡곤

란으로 병원 진료를 받는 사람도 많았다.

• 지진과 쓰나미

지진은 인도네시아에 사는 한인이라면 한 번 이상 겪어봤을 정도로 자주 발생하는 자연재해로 약간 어지러운 정도의 경미한 지진부터 건물이 무너질 정도의 강진까지 다양하다. 바다에서 발생한 강진은 거대한 쓰나미를 일으켜 육지에 큰 피해를 준다.

세계적으로 각인된 대표적 지진은 2004년 12월 26일 인도네시아 수마트라섬 북부 아쩨주의 반다아쩨 앞바다 해저에서 발생한 초대형 강진이다. 규모 9.1의 해저 지진에 이어 발생한 쓰나미는 7시간 넘게 인도양을 가로질러 동아프리카 일부까지 피해를 입히는 바람에 인도네시아인 17만 명을 포함해 총 23만 명이 사망했다. 당시에는 한국정부와 비정부단체(NGO)들이 조기에 발 빠르게 인도적 지원을 펼쳤고, 한국해군 보급선이 현장에 필요한 중장비를 한국에서 피해 지역까지 직접 실어 날랐다. 한국정부는 코이카를 통해 피해 지역에 병원과 학교를 지어주고, 쓰나미 예방을 위한 조기 경보 장비 설치와 맹그로브 숲 조성 등 복구와 예방 활동을 지원했다.

자카르타에 거주하는 한인들은 2000년 3월, 6월, 7월, 10월 그리고 2002년 1월에 잇따라 발생한 지진을 기억한다. 고층 아파트 벽에 금이 가고 텔레비전이 흔들렸으며, 서 있는데 몸이 옆으로 기우는 느낌이었다. 남부 자카르타 낀따마니아파트에 살던 한인여성은 거실에 앉아 있는데 갑자기 어지러워서 순간 빈혈인가 생각했고, 그의 남편은 커피잔을 들고 있다가 커피를 흘려 수전증이 생긴 줄 알았다며, 나중에야 지진인 것을 알고 오히려 안도했다.

2009년 9월 말 서부 수마트라주 빠당 지역에 지진이 발생하자, 대한민국 119 소방대 긴급구호팀이 구호 활동을 펼쳤다. 연합뉴스, KBS와 MBC 등 한국언론사 특파원은 직접 빠당으로 가서 현장 취재를 했고, 한국인 선교사와 구호팀도 구호 활동을 펼쳤다. 그들은 빠당 도심에 폭삭 주저앉은 건물과 시체가 썩는 불쾌한 냄새, 끊이지 않는 사이렌 소리 그리고 여진에 대한 공포 등이 가득했다고 전했다.

2018년 8월 5일 휴양지인 롬복 섬에 규모 6.9의 강진이 발생하고 여진이 이어지면서 430명 넘는 사람이 숨졌고, 수천 채의 주택이 무너져 약 35만 명의 이재민이 발생했다. 롬복은 휴양지여서 한국에서 휴가를 온 관광객이 많았다. 현지 한인들도 지진으로 집이 파손되는 등 재산 피해를 입었고, 관광업에 종사하던 한인들은 도로, 호텔, 식당 등 관광 인프라 파손으로 인해 생업에 타격을 입었다.

2018년 9월 28일에는 술라웨시 섬 팔루에서 일어난 지진으로 6m에 달하는 쓰나미가 도시를 덮쳐 4,300여 명이 숨졌다. 이어 2018년 12월 22일에는 화산 경사면 붕괴로 높이 5m의 쓰나미가 자바 섬 반뜬과 수마트라 섬 람뿡 해안을 덮쳐 400여 명이 숨졌다. 팔루에서 일어난 지진 때도 한국정부, 한인회, 한국기업들은 인도네시아 정부와 적십자에 구호금을 기부하고 피해 지역에 직접 구호 인력을 파견해 피해자 지원과 복구 활동을 도왔다.

• 화산

인도네시아는 '불의 고리'로 부르는 환태평양 조산대에 위치해 활화산이 120여 개에 이른다. 2017년 11월, 발리 아궁화산이 뿜어낸 화산재로 항공편이 마비되면서 여러 국가에서 온 여행객 10만 명 이상이 발리에 발이 묶였다. 한국외교부와 대사관은 대한항공과 아시아나항공 특별기를 투입해 당시 발리에 있던 한국인 1,000여 명을 무사히 귀국시켰다. 발리한인회와 수라바야한인회 그리고 영사 협력원들은 여행객들이 발리에서 수라바야와 자카르타로 안전하게 대피하고 귀국할 수 있도록 도왔다.

수마트라 섬에 있는 시나붕 화산도 대표적 활화산으로 2010년부터 화산 활동을 다시 시작해 2013년과 2015년에 대규모 분출이 있었고, 지금도 간헐적으로 뜨거운 재와 연기, 돌멩이 등을 내뿜는다. 주민들은 화산이 분출하면 대피소로 향하고 잠잠해지면 분화구 인근 마을로 돌아가 다시 농사를 짓는 등 불안정한 생활을 계속하고 있다.

한인들은 자연재해가 발생하면 피해를 본 한인과 인도네시아인 모두에게 구호품과 구호금을 전달하고 구호 활동을 펼친다. 이에 더해 한국정부와 단체, 기업의 구호 활동이 도움의 손길이 필요한 곳에 닿을 수 있도록 매개 역할을 하기도 한다. 위기를 당하면 일시적이나마 절대 결핍과 무력함을 느끼는데, 이때 상황이 악화되지 않게 관리하고 피해자들을 위로하는 한인들의 구호 활동은 큰 도움이 된다.

인도네시아 기상기후지질청(BMKG)이 2019년 12월에 발표한 자료에 따르면, 2008~2018년 한 해 평균 5,000~6,000건의 지진이 발생했다. 연간 발생하는 지진 횟수는 2013년 4,234건에서 점차 늘어나 2017년에는 6,929건, 2018년에는 1만1,920건으로 전년 대비 거의 배 가까이 급증했다. 2019년에도 하루 평균 32건꼴로 1만1,680건의 지진이 발생했다.

전염병과 풍토병

인도네시아는 덥고 습한 날씨와 열악한 위생시설로 인해 풍토병과 전염병에 걸릴 위험이 높다. 우기에는 홍수로 인해 설사와 피부 발진, 기침과 피로감 등을 호소하는 사람들이 많다. 깨끗하지 않은 물이 원인인 수인성전염병인 장티푸스, 콜레라, 렙토스피라증, A형간염 등도 1년 내내 사람을 위협한다. 뎅기열과 말라리아는 모기를 매개로 한 바이러스성 열병으로 주로 우기에 발생한다.

21세기 들어 여러 가지 전염병이 세상을 위협했고, 사스부터 신종플루, 조류인플루엔자, 메르스까지 해외에서 번진 전염병이 인도네시아에 유입됐지만 큰 영향을 미치지는 않았다. 2004년 조류독감이 유행할 때는 일부 항공사가 기내식을 닭고기에서 생선으로 바꾸었고, 인도네시아에서 새우 수요가 증가했다는 기사가 현지 언론에 실릴 정도였다.

코로나19는 2020년 초에 시작돼 10개월간 인도네시아 전역으로 들불처럼 확산되며 검역 강화, 이동 제한, 비대면 활동 증가, 디지털화 가속 등 정치 · 사회 · 경제 모든 면에서 큰 변화를 야기하고 있다. 2020년 3월 2일 인도네시아에서 첫 코로나19 확진자가 나오고 이후 급속도로 확산되자 인도네시아 정부는 4월부터 6월까지 주요 주, 시 군 지역에 준봉쇄 조치인 대규모 사회적 제약(PSBB)을 실시했다. 연초 중국에서 시작된 코로나19가 해외로 확산된다는 소식이 들리자 인도네시아는 외국인의 무비자 입국과 경유를 금지했고, 입국 시 코로나19 유전자증폭검사(PCR) 음성 확인서를 의무적으로 제출하게 하는 등 방역을 강화했다. 코로나19 확산 초기에 마스크와 소독용 알코올의 일시적 품귀 현상이 일어났지만 5월부터 공급이 원활해졌고, 과거와 달리 유통이 발달해 식품과 휴지, 세제 같은 생필품 공급도 안정적인 편이었다.

한인회는 코로나19 사태가 시작된 후 시중에서 구하기 힘들어진 마스크를 구입해 한인과 지방한인회에 무료로 배포하고, 대사관과 협력해 한인을 위한 코로나19 진단 키트를 확보해 한인 협력 병원에서 검사와 치료를 할 수 있게 했다. 한국대사관은 인도네시아에서 첫 확진자가 나오기 전인 2020년 1월 23일 '신종 코로나바이러스 주의보'를 발표하고, 이후 수시로 코로나19 감염자 현황, 한국과 인도네시아 출입국 절차, 항공편 현황, 인도네시아에서 코로나19 진단 방법, 한인 협력 병원 등을 안내했다. 한국정부는 2005년 11월 인도네시아 정부에 조류독감 진단 키트를 제공했고, 2020년에는 정부와 기업이 각각 코로나19 진단 키트와 방호복 세트를 기증했다.

재외선거와 재외국민의 참정권

재외선거에 참여하는 한인들은 투표를 할 수 있다는 것 자체에 기뻐하며, 해외에 거주하지만 한국이 잘되기를 바라는 마음을 담아 성심껏 투표한다.

재외선거는 2012년 4월 제19대 국회의원선거에서 처음 실시됐고, 이후 2012년 12월 제18대 대통령 선거, 2016년 4월 제20대 국회의원 선거, 2017년 제19대 대통령 선거, 2020년 4월 제21대 국회의원 선거까지 이어졌다.

2020년 4월 자카르타에서 실시한 제21대 국회의원 선거(이하 총선) 인도네시아 재외선거는 역대 총선 재외선거 가운데 가장 높은 52.7%의 투표율을 기록했다. 코로나19 사태로 인도네시아 당국이 이동을 제한해 자카르타 수도권을 제외하면 투표소에 가는 것조차 쉽지 않았고, 투표 기간도 6일에서 3일로 단축해 물리적으로 투표하기 어려운 상황에서 나온 결과다. 한인들은 발열 체크를 두 차례나 한 후 투표장에 입장해 서로 적정 간격을 유지하며 신분 확인과 투표 용지 교부, 기표 등의 순서로 투표를 했다.

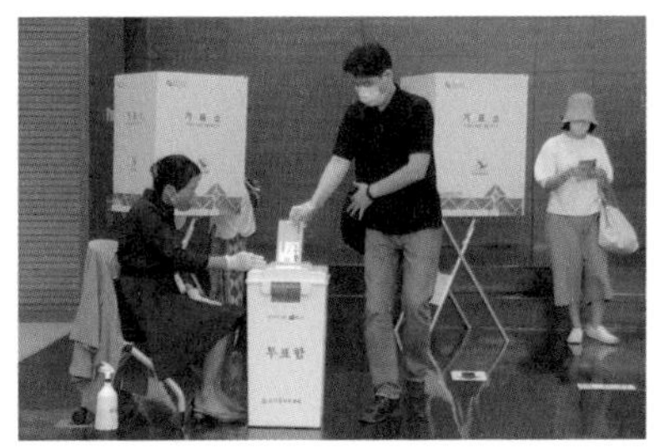

인도네시아 교민이 주인도네시아 대한민국대사관에 마련된 재외투표소에서 투표하고 있다.(사진 제공 : 데일리인도네시아)

인도네시아 재외선거인 수는 2016년 4,497명에서 2020년 3,348명으로 줄었지만, 실제 투표자는 2016년 1,487명에서 2020년 1,767명으로 늘었고, 재외선거인 수 대비 투표율은 2016년 33.0%에서 2020년 52.7%로 상승했다.

인도네시아를 포함해 재외선거는 낮은 투표율 등 여러 가지 문제가 산재해 있다. 가장 큰 문제는 투표소가 멀다는 점이다. 인도네시아는 1만7,000개 섬이 동서로 흩어져 있어 3개의 시간대가 존재한다. 하지만 투표소는 자카르타의 주인도네시아 대한민국대사관 한 곳에 불과하다. 제20대 대선 때는 파푸아에 사는 교민이 자카르타 투표소까지 비행기를 세 번 갈아타고 24시간이나 걸려 투표를 하기도 했다. 총선의 경우 후보에 대한 정보 부족이 문제점으로 언급된다. 선거가 본국보다 2주일가량 앞서 실시되기에 온라인 유세를 제대로 볼 수 없어 후보가 어떤 사람인지도 모르는 채 투표를 해야 한다. 이에 인도네시아 한인들은 우편투표와 전자투표를 허용하고, 정당과 후보에 대한 정보를 제공해줄 것을 지속적으로 요구했지만 21대 총선까지도 수용되지 않았다.

세계적으로 사람들의 이동이 증가하고 교통과 통신이 발달하면서 재외국민 수가 크게 늘고, 국민으로서 의무를 이행하고 권리 보장을 요구하는 재외국민들이 증가했다. 하지만 대한민국 국민으로서 외국에 장기 체류하거나 영주권을 취득한 재외국민은 상대적으로 국내보다 국방과 납세의무가 덜하고 참정권을 덜 보장받으며 의무교육은 전혀 보장받지 못한다. 과거에는 먼 거리와 적은 인원으로 인해 재외국민의 이런 상황을 당연하게 여겼지만, 해외에 거주하는 한국인이 늘고 본국과 교류가 많아짐에 따라 참정권과 교육받을 권리를 보장하라는 요구가 커지고 있다. 참정권이 중요한 이유는 우리 삶을 규정하는 정치적 결정 과정에 개입할 수 있기 때문이다.

그렇다면 재외국민이 참정권을 통해 실현하려는 권리는 무엇일까? 가장 중요한 것은 교육받을 권리다. 대체로 아시아권은 교육 인프라가 한국보다 열악한 만큼 재외국민들은 한국국제학교 설립과 이미 설립된 학교에 대한 지원을 본국에 요구한다. 정규 과정의 한국학교가 있는 자카르타 한인들은 한국학교에 진학하는 자녀에 대해 국가가 학비를 지원해줄 것을 요구한다. 하지만 한국정부는 예산과 다른 지역과의 형평성 등을 들어 지원이 어렵다는 입장이고, 본국의 여론은 재외국민들이 납세와 병역의무를 다하지 않으므로 참정권과 교육받을 권리가 없다고 주장한다.

인도네시아를 포함한 아시아권 한인들은 대한민국 국적을 유지하고 한국에 재산을 보유하며 세금을 내고 자녀들이 병역의무를 이행하는 비율이 높다. 또 체류국에서 경제 · 외교를 통해 본국에서 할 수 없는 중요한 역할을 한다. 교통과 통신의 발달로 과거보다 국경의 문턱이 낮아지고 영토 밖에 사는 사람이 크게 늘었다. 국토 안에 사는 사람과 구별될 수밖에 없는, 재외국민의 의미와 역할 그리고 권리와 의무에 대해 좀 더 진지한 논의가 필요한 시점이다.

③

세계 최대 이슬람 국가에서 한인들의 종교 생활

초창기에는 대사관이나 회사만큼 종교 단체 역시 한인사회에 큰 영향을 끼쳤다. 당시에는 제대로 된 종교시설이 없어서 신자들의 자택이나 현지인들의 종교시설 한 모퉁이에 삼삼오오 모여 각각 미사, 예배, 법회를 치렀다. 그러다 한인 수가 늘어나고 한인사회가 안정되면서 종교 단체마다 다양한 시설을 마련할 수 있었고, 이제는 누구나 원하는 지역에서 자유롭게 종교 생활을 할 수 있는 환경이 갖추어졌다. 힘든 이국 생활을 견딜 수 있게 하는 포용의 공간으로서 한인 종교 단체들은 큰 역할을 해왔다. 세계 최대 이슬람 국가이면서도 종교의 다양성을 인정해주는 인도네시아에서 4대 종교(천주교, 기독교, 불교, 이슬람교)를 중심으로 인도네시아 한인 종교 단체들 성립 과정과 특색을 들여다보자.

신의 은총, 자카르타 성 요셉 성당, 천주교

자카르타 성 요셉 성당 전경. 동남아시아에서 가장 규모가 큰 성전을 일구어냈다.

1970년대 말에 시작한 '한인 가톨릭 모임'은 겸허한 기다림 끝에 오늘날 '자카르타 성 요셉 성당'의 모태가 되었다. 한인 가톨릭 공동체는 최근 활발해진 한-인도네시아 간 교류만큼 그 저변이 확대되고 있다. 1995년 본당 설립 당시 신도가 140가구였으나 2006년 454가구, 2013년 말 731가구 그리고 2019년에는 533가구가 되면서 9구역으로 늘었다. 가톨릭 공동체는 외형의 확장에 따라 지역사회의 취약계층에 대한 봉사 활동과 기부 행사 등을 통해 기여 활동을 한층 늘려가고 있다. 본당 인근 지역의 현지 학생을 위한 장학사업과 고아원, 유치원 그리고 빈민구제사업에 주력하는 인도네시아 수녀원에 대한 지속적인 지원 등을 통해 이슬람 공동체와 함께 긍정적 에너지를 전하고, 필리핀과 한국 내 봉사 단체도 후원하고 있다. 수라바야 공소는 2010년 이후 '수라바야 한인성당'으로 분리되어 서울교구청에서 관리하지만 자카르타 본당에서 도움을 주고 있으며, 수라바야 본당의 신부가 발리 공소까지 사목하고 있다. 하느님의 사랑을 실천하면서 다양성을 존중하는 인도네시아에서 여타 종교와 상생해온 가톨릭 공동체의 40년이 넘는 역사(본당 창립 25주년)와 열망을 재발견해본다.

• 초기 공동체(1970~1994)의 씨를 뿌리다

1970년대 몇몇 교우들에 의해 태동한 모임은 1980년대 들어서면서 한인 가톨릭 공동체로 활성화되어 1980년 첫 성탄 행사를 성 마리아 성당(Gereja Santa Perawan Maria Ratu)에서 치렀다. 첫 소공동체는 배상경, 여한종, 김우재, 김영만, 이진호가 중심이 되었으며, 낯선 이국땅에서 하느님께로 향하는 이들의 뜨거운 마음은 지금까지도 성 요셉 성당의 버팀목이 되고 있다.

초기 공동 모임은 주로 인도네시아의 현지 성당에서 가졌다. 이 중 한인들이 산타성당이라 부르는 성 마리아 성당에서는 외국인 담당 네덜란드 판더 더 스휠런(Vand de Shullen) 신부가 한국어 발음으로 집전해주었다. 장윤원 선생의 차남 장순일이 공동 설립한 아뜨마자야가톨릭대학교 외국인 연합미사 성당(Greja St. Jones), 성 카니시우스 성당(Gereja Santo Petrus Kanisius), 성 카를로스 성당(Gereja Santo Carolus)의 미사에 참여했다. 성 이냐시오(Saint Ignatius) 성당은 성 요셉 성당이 건립되기 전까지 한인 디아스포라의 가톨릭 신앙 생활의 중심지였다. 교인들은 '말랑 성당'이라 불렀는데, '잘란 말랑(JL. Malang)' 근처에 자리했기 때문이다.

초기 가톨릭 공동체 신자들에게 주일날은 미사도 드리고 보고 싶은 이들도 만나는 날이었다. 외국인 신부, 어린이 공동체 모임 사람들과 함께 성탄 행사를 치르기도 했다. 부활 전야 미사나 성탄 이브 미사는 인도네시아 교우들이 미사를 드리고 나서야 밤늦게 한인들이 미사를 드릴 수 있었다.

1984년 12월 8일, 이경재 알렉산더 신부가 한인신부로는 처음으로 자카르타에 와서 성 카니시우스 성당에서 미사를 집전했고, 이듬해부터는 매년 방문했다. 이 신부는 교우들의 신앙심이 깊은 것을 보고 1990년 2월 부산 성 베네딕토 소속의 수녀 두 분이 파견되도록 힘썼다. 이 시기부터 성당은 불우이웃돕기, 나자로 마을 기부, 특히 성당 건립을 위한 목적으로 바자회를 개최했다.

2001년 2월 18일, 성전 축성식. 인도네시아 율리우스 추기경, 부산교구 정명조 아우구스티노 주교가 공동 집전했다.

성 카니시우스 성당에서 첫 공동체 소식지 『야훼이레』가 1992년 3월부터 연 4회 발행되었으며, 1995년에는 『쉐마(들어라)』로 개칭되어 월보로 발행했다. 한편 지금의 주보명은 『성 요셉 성당』이다.

수녀원과 성모유치원 개원

1991년 3월 6일 이경재 신부가 제1회 성모 유치원 입학식에서 축사를 하고 있다.

1991년에는 모든 교우의 바람대로 'JL. Prapanca Raya3 No.33'에 수녀원과 성모유치원을 개원했다. 이후 본당이 건립되기 전까지 'JL. Gandaria'를 거쳐 'JL. Barito'로 이전한다. 성모유치원 추진위원장인 김우재의 주도로 9개월(1990.02~1990.10) 동안 모금한 성금으로 유치원을 개원했다. 유치원 개원은 이경재 신부, 조옥진 신부, 초창기 수녀 두 분, 부산 성 베네딕토 수녀원장 이해인 수녀 등이 최선을 다해 준비했으며, 수녀님들은 아뜨마자야대학교의 도움으로 학생비자를 받아서 시작했다. 성모유치원의 첫 입학식에는 원생 30명이 넘었으며, 졸업생은 19~20명 내외였다.

• 하나 되게 하소서(1995~1999)

자카르타 가톨릭 한인 공동체는 오랫동안 신부의 파견과 본당 설정을 고대해왔다. 마침내 1995년 3월 13일 부산교구에서 **초대 김옥수 도미니꼬 신부**가 파견되었고, 그해 3월 19일 '자카르타 성 요셉' 본당이 설정되었다. 경축미사가 봉헌되었고, 이날을 '본당의 날'로 정했다. **2대 김성규 안드레아 신부**(1996.3~2000.2)는 다양한 행사를 열어 지역사회의 이웃들에게 화합을 위한 노력과 사랑을 기울였으며, 이를 통해 지역사회에 점차 뿌리내리기 시작했다.

1996년 11월에는 반둥 공소 모임에서 100회 모임 기념으로 본당을 방문해 어려운 여건에서도 공소 모임 활성화에 애쓰는 교우들을 독려했다. 1997년 2월에는 제1차 자카르타 'ME(부부일치 운동, Marriage Encounter)'가 열렸고 평신도협의회에서는 한국국제학교 증축을 위해 기부금을 모으는 활동을 펼쳤다. 1998년 5월 사태를 계기로 이슬람 국가인 인도네시아에서 한인의 자체 성전을 갖고자 하는 열망이 점차 커졌다.

• 내 아버지 집에서(2000~2006)

제3대 차성현 암브로시오 신부(2000.2~2002.9)가 이끈 시기에는 신자들이 모두 성전 건립에 작은 힘이 되고자 자발적으로 바자회를 열고 수익금을 기부했다. 드디어 2000년 6월에 자카르타 남부 빠사르 밍구(Pasar Minggu) 지역 'JL. Marga Satwa Raya 1A, Jati Padang'에 교회와 사제관, 유치원으로 이루어진 새로운 성전 건립이 시작되었다. 2000년 12월에는 새 성전 건립 성서 필사 봉헌이 있었다. 2001년 2월 18일에는 인도네시아 율리우스 추기경과 부산교구 정명조 주교의 집전으로 성전 축성 미사가 열렸다. 2001년 6월에는 새 성전에서 어린이들의 첫 영성체 행사가 있었으며, 다양한 사목 활동이 본당에서 이루어져 신심이 돈독해지는 계기가 되었다. 교우들은 자연스럽게 주님 안에서 재능 기부를 통한 사회화를 실천할 수 있었다.

제4대 김정렬 모세 신부(2002.9~2006.9)의 시기에는 점차 신도 수가 늘어나면서 2004년 자카르타 주변 땅그랑, 찌까랑, 반둥 지역은 물론 수라바야에 공소가 확장되었다. 자카르타 이외의 한인 가톨릭 공동체를 위한 다양한 사목 활동이 전개되기 시작했으며, 청년 신도들을 위해 시대에 맞게 본당 홈페이지도 개설되었다.

2005년 3월 13일 본당 설립 10주년 기념행사로 성모상 제막식이 있었다. 화강암 성모상은 유명한 조각가 최레자나 수녀의 작품으로 부산에서 자카르타로 직접 가져왔다. 제막식은 부산교구 정명조 아우구스티노 주교가 진행했으며, 제막식 거행까지의 모든 여정은 자카르타 한인 가톨릭 공동체의 염원이자 믿음의 결정체였다. 이로써 외적인 성당의 면모와 내적인 기틀을 갖추

성모상 제막식

게 되었으며, 성당 건립 10주년 기념 화보 『은총의 10년(1995~2005)』도 발간했다. 2006년 1월에는 보좌 신부 이재현 루도비꼬 신부가 부임했다.

• 캄보자꽃 향기 가득한 성당으로 거듭나며(2007~현재)

제5대 최승일 스테파노 신부(2006.9~2010.9)와 **제6대 이강수 미카엘 신부**(2010.9~2014.9)의 부임 기간에는 교우들 간 다양한 교류에 중점을 둔 사목 활동이 활발하게 진행되었다. 최 신부님은 레지오(기도 공동체 모임)를 만들고, 공소를 만드는 데 힘썼다. 이 신부님은 지역의 가정 형편이 어려운 학생과 보육원을 집중적으로 후원했고, 성당 주차장 시설을 넓히거나 보수공사를 추진하는 등 생활 종교를 실천했다.

제7대 김인환 율리아노 신부(2014.9~2018.9) 때는 성직자의 법적 지위 향상을 위해 20여 년간 숙제로 남아 있던 사제 비자 문제를 해결했으며, 본당에 전례용으로 파이프오르간을 설치하고 성가대 반주자에게 일일이 파이프오르간 다루는 방법을 가르쳤다. 2017년 9월 20일에는 끌라빠 가딩에 건립한 성 김대건 안드레아(Santo Andreas Kim Tae Gon) 성당의 축성식이 있었다. 축성식 전인 8월 9일에는 염수정 추기경과 김인환 신부가 이곳을 방문해 강복을 주었다. 외국 교회가, 더구나 인도네시아 가톨릭교회가 한국성인을 주보성인으로 지정한 것은 처음이라 그 의미가 더욱 깊다. 이를 통해 서울대교구와 인도네시아 교회가 김대건 신부의 이름으로 신앙 안에서 한가족으로 이어졌다.

성 김대건 안드레아 성당 축성식. 한국성인의 이름을 딴 최초의 외국 성당이다.

2018년 9월에 부임한 **제8대 최정훈 스테파노 신부**는 지난 15년간 노후화된 성전, 유치원, 성모동산과 찌까랑 공소까지 개보수 공사를 완료하면서 한인 가톨릭 공동체가 새로운 전기를 맞이하여 캄보자꽃의 여러 의미처럼 긍정적 에너지를 전하고 있다. 최정훈 신부는 교우들에게 동남아시아에 있는 한인성당 중 가장 큰 규모를 자랑하는 자카르타 성 요셉 성당은 신앙도 가장 모범이 되어야 한다며, 모두 주님의 영원한 역사 속 한 페이지를 살고 있다는 것을 잊지 말고, 본당의 수호성인 요셉의 뜻처럼 '하느님을 돕는 사람'이 되자고 당부했다.

한인성당이 사랑으로 결속되어 성장하기까지 평신도협의회 회장의 희생 또한 컸다. 평신도협의회 회장은 1대 김우재 회장을 시작으로 2대 배상경, 3대 이진호, 4대 김상태, 5대 김두영, 6대 김성주, 7대 진영산, 8대 이상일, 9대 김우진, 10대 양영연, 11대 배도운 회장이다.

한인사회의 가장 큰 신앙 공동체, 개신교

인도네시아 한인사회의 개신교회 역사는 1972년 서만수 목사가 자카르타 한인연합교회를 설립하면서 시작되었다고 해도 과언이 아니다. 21세기 들어서도 교회는 꾸준히 늘었고, 한인사회의 가장 큰 종교 공동체로서 신앙 활동을 넘어 선교, 의료 봉사, 교육, 구호 활동 등을 통해 현지에 깊숙이 뿌리내리고 있다. 그뿐 아니라 본국 교회로부터의 파송된 선교사들이 자카르타를 비롯해 다양한 종족이 사는 오지 각처에서 활동하고 있다. 하지만 비자와 교회 건물, 활동에 대한 공식 허가 등 아직도 해결해야 할 숙제가 많다. 여기서는 개신교회가 한인들의 정착을 돕는 것 외에 현지에서 선교, 구제, 교육, 의료 등 다양한 선교 활동과 한인교회 설립 등 자카르타를 중심으로 소개한다.

• 자카르타한인연합교회

제55회 예수교장로회 합동총회에서 인도네시아 파송이 결정된 서만수 목사가 자카르타에 도착한 것이 1971년 12월 31일이다. 술라웨시 또라자 지역에서 선교에 전념하던 그는 자카르타 한인 크리스천의 영적 갈급함을 알고 1972년 6월 22일 기독교육과 사회사업을 위한 재단법인을 설립해 이를 토대로 1972년 7월 2일 인도네시아 첫 한인교회 '자카르타한인연합교회'(이하 연합교회)를

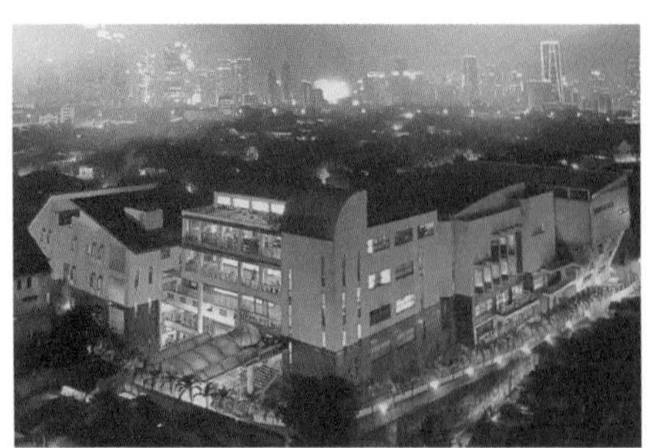

현재 자카르타 남쪽 위자야에 있는 자카르타한인연합교회 전경

세웠다.

첫 예배를 드린 임마누엘교회 예배당(Gereja Immanuel, JL. Merdeka Timur No. 10, Jakarta Pusat)은 네덜란드 왕 빌리암 1세가 세운 돔 형태의 건축물로 연합교회가 위자야 성전에 입주한 후에도 2010년까지 이곳에서 3부 예배를 드렸다. 특별 집회, 수요 성경 공부, 어린이성경학교, 유치원, 친교 등 활동은 서부 자카르타 끄망기산(Kemaggisan) 소재 '선교관(교육관)'에서 이루어졌는데, 이 선교관은 현재 스틴신학교(Sekolah Tinggi Teologi Immanuel Nusantara Jakarta · STTIN, 1991년 8월 28 일 개교) 기숙사로 쓰고 있다. 교회가 부흥하면서 끄망기산 선교관이 협소해지자 'JL. Radio Dalam II/6'에 있는 개인 주택을 교육관으로 임대해 유치원, 유 · 초등부, 중 · 고등부 및 신앙 훈련장으로 사용했다.

이후에도 교회가 더욱 부흥하면서 장소가 협소해지자 위자야 거리의 건물을 매입 후 성전으로 개조해 1993년 10월 10일에 입당 예배를 드렸다. 2002년 1월 재건축을 시작해 2003년 1월 5일 현재의 건물을 준공했다.

38년간 시무한 서만수 초대 담임 목사는 현지인들을 위한 의료 지원과 지역사회 어린이 장학금 지원 등 현지인 구제에 앞장섰고, 인도네시아 전역에 384개의 개척 교회를 세웠다. 2009년 9월 16일에 지병을 앓던 서만수 목사가 소천한 후 2대 김학진 목사, 현재 3대 김교성 목사가 담임목사로 사역하고 있다.

인도네시아 선교의 초석을 다진 서만수 · 정소라 선교사 부부

1939년 평양에서 태어난 서만수 목사는 6 · 25전쟁 중 월남했다. 그는 총신대학교 신학과 1회 졸업생으로, 인도네시아 선교사로 파송된 후 술라웨시 또라자 마마사(Sulawesi Toraja Mamasa)에서 말과 당나귀를 타고 밀림과 골짜기 마을을 순회하며 선교사역을 시작했다. 1972년 한인연합교회를 설립한 후에도 3,000개 지교회 설립을 목표로 선교사업을 계속해 1974년 첫 지교회를 세웠고, 평생 384개의 현지 교회를 개척했다.

개척교회에 파송할 사역자 양성과 교육을 위해 그는 말루쿠(몰루카) 소재 인도네시아기독대학교(Indonesian Christian University of Molucas, UKIM, 1985.09.23. 개교)와 훗날 연합교회와 함께 오지 교회 개척에 중추적 역할을 하는 STTIN신학교를 설립해 운영에 참여했다. 2018년에 개교한 자카르타국제대학교(Jakarta International University, JIU) 역시 필생의 목표 중 하나였다.

1975년 4월 1일 1학년 9명, 2학년 7명 어린이들을 대상으로 교회에서 처음으로 초등학교 정규 과정 교육을 시작해 이후 대사관 내에 개교한 한국학교에 학생들을 인계했으니 오늘날 JIKS도 서만수 목사와 한인연합교회의 품에서 태동했다 할 것이다.

인도네시아에서만 40년간 이슬람권 선교의 초석을 다진 서만수 · 정소라 부부

서 목사는 1977년 대통령 표창, 1990년 제1회 한국기독교 선교대상을 받았고 『남방에 심는 노래(기독신보출판사, 1994)』, 시집 『둥개야!(섬김과 나눔, 1995)』, 『남방에 피는 꽃(기독신문사, 2002)』 등의 저서를 남겼다. 2009년 8월 25일 총회세계선교회에서는 서만수 목사의 사역 40주년을 기념해 원로 선교사로 추대했고 당시 거동할 수 없던 그를 대신해 배우자인 정소라 선교사가 추대패를 대신 받았다.

선교 생활 40년 동안 초심을 잃지 않았던 서 목

사는 2009년 9월 16일 향년 70세에 자카르타에서 하나님의 부르심을 받아 자카르타국제대학교 바로 옆 따만 끄낭안 레스타리(Taman Kenagan Lestari) 공원묘지에 묻혔다. 정소라 선교사도 2016년 4월 22일 남편의 뒤를 따랐다. 서 목사 부부는 슬하에 자녀가 없었다. 2010년 9월 27일 그의 소천 1주년을 기념해 한인연합교회에 개관한 '서만수 목사 기념관'은 2018년 자카르타국제대학교가 완공되면서 그곳으로 이전했다. "나는 목회자이기보다 선교사"라며 처음과 끝이 한결 같던 서만수 목사의 일생은 인도네시아 한인사회와 한국 기독교 사회에 큰 울림을 남겼다.

한국인 크리스천이 만든 새로운 역사, 자카르타국제대학교

자카르타 근교의 델타마스에 위치한 자카르타국제대학교

자카르타국제대학교는 현지 기독 인재 양성을 위한 종합대학 설립을 꿈꾸던 서만수 선교사와 자카르타한인연합교회가 2008년 대학 설립을 추진할 '두란노 인도네시아교육재단'을 세우고 서부 자바 찌까랑 델타마스 지역에 대지 5ha를 구매해 초석을 닦았다. 서만수 목사 소천 이후 몽골에서 대학 설립 경험이 있는 이용규 박사를 2012년에 대학설립위원장으로 위촉했고, 2018년 마침내 당국으로부터 대학 설립 인가를 받아 4년제 일반 대학으로 출범했다.

• 주요 한인교회의 개척사와 선교 활동

두 번째 현지 한인교회인 수라바야한인교회는 1982년 3월 27일에 세웠다. 말랑에서 선교사역을 하던 대한예수교장로회(통합) 한숭인 선교사가 그해 12월 담임목사로 부임했다. 한 목사가 1988년 자카르타로 떠난 후 여러 목회자들을 거쳐 현재는 2014년에 8대 담임목사로 청빙된 김상현 목사가 시무 중이다. 수라바야한인교회는 오순절운동교회 교단 30개 교회를 지원하고, 샤론유치원(1997년 설립)과 루마 꼬레아 보육원(Rumah Korea, 2012년 설립)을 직접 운영한다. 그 후 1994년 새 성전이 완공되어 그해 5월 8일 헌당 예배를 드렸다. 이 과정에서 이전 교회에 잔류한 이들이 영의양식교회로 독립했다.

현지 빈민 자녀들을 위한 한국교회 내 유치원(사진 제공 : 주님의교회 밀알유치원)

선교교회는 수라바야에서 온 한숭인 목사가 1988년 10월 2일 92명의 교우와 함께 서부개혁교단(GPIB) 산하 에파타교회에서 창립 예배를 드렸다. 선교교회는 2002년 '열린교회'로 이름을 바꾸고 이후 부흥을 거듭해 2016년 1월에 열린비전센터 헌당 예배를 드렸다. 한인 2세 교육을 위한 하나유치원을 1988년 11월에 설립하고 발달장애인을 위한 특수학교(와스쿨)도 2006년에 열었다. 이 외에도 다양한 선교 · 교육 · 구제사업을 하고 있다. 초대 한숭인(1988~1999), 2대 이융희(2000), 3대 이동시(2000~2003) 목사 이후 현재 4대 김용구(2003~) 목사가 시무 중이다.

한편 선교교회에서 갈라져 나온 '영의양식교회'는 1997년 1월 1일 '주님의교회'로 개명했고 김완일 목사가 1996년 8월 1일에 부임해 지금까지 시무하고 있다. 2002년 10월 13일 뜨븟 성전 입당 감사 예배를 드렸고, 당시 이전 교회에 잔류한 사람들이 다시 위자야 거리에 '위자야한인교회'를 세워 독립했다. 주님의교회는 1996년 한인자녀들을 위한 '사랑유치원'을 세웠고 현지 빈민 자녀들을 위한 '밀알(Biji Gandum)유치원' 세 곳과 현지 지교회인 밀알교회 세 곳을 세웠다.

한편 1999년 9월 12일 연합교회 출신 일곱 가정이 인도네시아 선교의 비전을 품고 인도네시아인들과 함께 세운 '예수구주교회'는 현재 참빛교회의 전신이다. 초기 5년 동안 여러 목회자들을 거친 후 2004년 9월부터 박윤길 목사가 담임목사로 시무하고 있다. 참빛교회는 현지 GMII 교단을 도와 2010년 10월에 신학교 졸업생들을 대상으로 한 느헤미야 목회훈련원(PPN)을 설립해 2020년 5월까지 총 118명의 목회자를 배출했다. 수라바야 한인교회 김상현 담임목사가 초대 원장이었고, 현재 강재춘 선교사가 2대 원장으로 섬기고 있다.

반둥에서는 1984년에 반둥 섬유단지 한인기술자들이 모여 예배를 드리다가 1988년 6월에 '반둥 한인교회'를 세웠고, 2004년 '반둥 반석교회'로 개명했다. 초창기 한정국 선교사와 김희명 초대 담임목사 이후 여러 목회자들이 교회를 섬겼고, 2004년에 새로 부임한 박성규 목사가 현재까지 시무하며 신학교와 보육원들을 후원하고 있다. 특히 반둥 '임락(Imlac) 언어학교'에서 언어 교육을 받는 선교사들이 많아 선교사들의 문화 적응, 초기 정착과 재충전 등을 돕고 있다.

2002년 1월에 한인사업가 중심의 소수 가정이 모여 '순다족 선교'의 비전을 품고 첫 예배를 드린 반둥 아름다운교회에는 그해 7월 부임한 박성훈 목사가 시무하고 있다. PT. ing의 후원으로 무료 직업훈련원을 운영하며 2014년 2월 이후 제35회 차 수료생들을 배출했다.

1991년 12월 15일에 세운 자카르타중앙교회는 자카르타의 세 번째 한인교회다. 교회 설립에 관여한 어성호 선교사가 다시 현지인 선교사역으로 돌아가고 조시철 목사가 1993년 5월부터 2014년까지 담임목사로 시무했다. 현재 중앙교회가 위치한 블록엠 빠사라야백화점 뒤편 에파타 교회는 오래전 선교교회가 창립 예배를 드린 자리다. 조시철 목사 사임 후 어성호 선교사가 다시 3대 담임으로 청빙되었다. 장기간 현지 교회당을 함께 사용하면서 에파타교회의 화교계 신자들과 함께 '감리교사업가교우회'가 조직되어 있다. 1993년 한인연합교회, 선교교회, 중앙교회가 함께 드린 부활절 예배는 자카르타 소재 한인교회 간 첫 연합 행사였다.

자카르타중앙교회로부터 독립한 늘푸른교회는 1999년 9월 26일 브라위자야 거리의 가정집을 임차해 창립 예배를 드렸다. 김선진 초대 담임목사 이후 김신섭 목사가 부임했고, 2004년 6월 안따사리 거리에 현재 성전을 건축했다.

'2003년 제3회 〈내 맘에 한 노래 있어〉 성가 발표회 모금액으로 현지 어린이 구개구순열(언청이) 수술을 돕기 시작해 지금까지 100명 넘는 어린이들이 혜택을 입었다. 1년에 2회 남부 수마트라 람뿡과 잠비에서 단기 의료 선교 활동도 하고 있다.

한국교회 성도들은 정기적으로 인도네시아 지방이나 오지로 선교를 떠나 인도네시아 사람들을 섬기고 있다.(사진 제공 : 늘푸른교회)

자카르타소망교회는 1994년 12월 4일 끄바요란 라마((Kebayoran Lama)의 HKBP 예배당에서 창립 예배를 드렸다. 초대 강원준 목사, 2대 심형권 목사 이후 2011년 12월에 김종성 목사가 부임해 담임목사로 시무 중이며 2018년 5월 6일 새 성전을 건축해 입당 예배를 드렸다. 2003년엔 현지 교회인 '하나님희망교회'를 설립해 다양한 선교 활동을 펼치고 있다.

선교교회에서 독립한 일부 교인들이 시간이 꽤 지난 후 한마음교회를 세우고 장영수 목사를 담임으로 청빙해 2003년 1월 21일 창립 예배를 드렸다. 한마음교회가 운영했던 노인대학은 소교민 노인층 대상의 유일한 프로그램이었으나 동포사회 노인 인구 감소로 2006년 이후 중단되었다. 2010년 1월 3일 현재의 다르마왕사 스퀘어(Darmawangsa Square)로 예배 처소를 이전했다. 초대 장영수 목사(2002.10~2015.12) 이후 현재 고형돈 담임목사가 섬기고 있다.

침례교단 박병삼 목사가 1999년에 예사랑교회를 개척했으나 최근 교회를 닫고 버카시 찌비뚱 지역에 '소망의집' 보육원을 세워 현지 아동들을 돌보고 있다.

2003년 8월 24일에 설립한 자카르타꿈이있는교회는 초대 장재혁 목사 후임으로 2013년 1월 부임한 신정일 목사가 시무하고 있다. 2010년 3월부터 자카르타 극동방송을 운영하며 한마음교회, 주님의교회와 함께 크리스천 청소년들이 주체가 된 지유교회(담임목사 이용정)를 지원하고 있다.

북부 자카르타의 끌라빠 가딩에서는 자카르타 동부교회가 1992년 12월 디아몬 슈퍼마켓 신우회 예배실에서 합신 총회선교부 소속 이윤복 선교사와 성도 20명이 모여 창립 예배를 드렸다. 이후 최원금 선교사, 박형택 목사를 거치며 기반을 닦고 최진기 목사가 2001년 8월에 부임해 장기간 섬겼다. 2019년 3월 김정우 목사가 후임으로 청빙되었다.

믿음교회는 신원에벤에셀 까라왕 공장 구내 예배당에서 예배를 드린 신길에벤에셀교회를 전신으로 한다. 이후 1996년 7월 7일 자카르타 맘빵(Mampang)에서 믿음교회 창립 예배를 드렸고, 2000년 끌라빠 가딩으로 장소를 옮겼다. 초창기 교회를 섬기던 백광현 선교사가 귀국한 후 1989년부터 현지 선교에 투신해 살라띠가 신학교(STTN)를 설립한 이재정 선교사가 2대 담임목사로 청빙되었다. 교회는 한인 영세기업과 불법체류자 한국 송환 지원, 무연고 한인사망자 장례식 주관 등 소외된 한인들을 섬겨왔다. 2020년 초엔 조광용 목사가 후임으로 부임했다.

사랑의교회는 최원금 목사가 2001년 7월 8일 쯤빠까 마스(Cempaka Mas)아파트에서 창립했고, 최 목사가 2007년 9월 14일 '밥퍼 선교사역'을 위해 사임하자 그해 10월 이명호 목사가 2대 담임으로 부임했다.

• 기타 지역의 교회

발리 한인교회는 1991년 1월 가정 예배로 태동해 그해 12월 가건물을 완공해 입당식을 가졌고, 2002년 1월에는 예배당을 건축했다. 2000년 2월 설립한 발리 한국학교(이사장 윤경희)에는 2003년 10월 노무현 대통령 영부인 권양숙 여사가, 2011년 11월에는 이명박 대통령 영부인 김윤옥 여사가 방문했고 현재 재외동포재단의 정식 후원을 받고 있다. 초대 임병진 목사를 시작으로 2대 전복만, 3대 오상윤, 4대 김희명, 5대 김영길, 6대 정문교, 현재 7대 유호종 목사(2019.6 부임)가 섬기고 있다.

메단한인교회는 1996년 10월 2일에 첫 예배를 드렸다. 초대 김영주, 2대 윤용락, 3대 김대영 목사가 역임했고 2004년 5월부터 4대 조원동 목사가 현재까지 시무하고 있다. 가족 공동체 '그룹홈'의 고아와 빈민가정의 자녀, 뿔리타 까시(Pulita Kasih), 아누그라 엘림(Anugera Ellim) 보육원을 돕고 있다.

김재봉 목사가 섬기는 땅그랑교민교회는 1998년 10월 19일에 창립해 땅그랑 지역 한인들을 섬기고 있으며, 부설 기관으로 꿈나무학교를 운영하고 있다.

살라띠가새생명교회는 본국 천지아산제자교회가 살라띠가시 정부로부터 관련 허가를 받아 2013년 11월 11일에 헌당 예배를 드렸다. 하호성 선교사가 섬기고 있다.

찔레곤 늘푸른교회는 1997년 5월 25일 첫 예배를 드렸고, 초대 황종윤 목사 후임으로 2대 장경호 목사가 2019년 5월에 담임목사로 부임했다. 현재 여러 선교사들과 밥퍼 사역, 현지 보육원 등을 지원하고 있다.

개신교 주요 단체의 활동사

1997년에 발족한 **한국목회자협의회**(이하 한목협)는 목회자들 간 교류, 친교, 공동 협의를 위한 모임으로 선교사들은 포함하지 않는다. 2020년 한목협 회장은 '꿈이있는교회' 신정일 목사가 맡고 있다. 한목협은 현지 한국교회 대부분을 포괄한다.

한편 **한인선교사협의회**(이하 한선협)는 인도네시아 전역 13개 지역 조직에 소속된 한인 선교사들을 유기적으로 연결하는 네트워크다. 인도네시아에 한국인 선교사가 들어오기 시작한 것은 1970년대 초부터이며, 박창환 · 현수삼 선교사 부부가 1971년 9월 30일에, 서만수 · 정소라 선교사 부부가 1971년 12월 30일에, 김윤석 · 이재회 선교사 부부가 1972년에, 서정운 · 김경숙 선교사 부부가 1973년에 인도네시아 땅을 밟았다.

매년 한인교회가 함께하는 부활절연합예배 후 찍은 기념사진(사진 제공 : 한국목회자협의회)

한인 선교사들은 1980년대에 정착 과정을 거치며 선교의 터를 다졌고, 1990년대 양적 폭발을 거쳐 2000년대엔 선교지가 분화되며 현지인 지도자들을 양성하고 주도권을 이양하는 추세를

CBMC 인도네시아 주관으로 매년 한인 잔치마당으로 열리는 '한인교회 친선탁구대회'(사진 제공 : 전영돈)

보였다. 2010년 이후로는 특수 분야에서 플랫폼을 제공함으로써 인도네시아 교회의 역량 강화와 외연 확장을 돕고 있다. 초대 회장인 서만수 선교사의 주도로 1987년에 설립된 한선협은 현재 33대 송병의(대행 김용광) 선교사가 수고하고 있다. 한선협은 2021년에 인도네시아 선교 50주년을 맞는다.

한국기독실업인회(이하 CBMC) 인도네시아연합회는 땅그랑 지회, 자카르타 지회, 끌라빠 가딩 지회, 보고르 지회, Y세대 지회, 찔레곤 지회, 찌까랑 지회로 구분되며 2020년 발리 지회도 설립된다. 각종 세미나, 운동 대회를 통해 기독 실업인들의 친목을 도모한다. 1대 김준명 회장, 2대 이수일 회장, 3대 김석진 회장이 이끌었고, 이종성 대표가 2020년 CMBC 인도네시아 연합회장을 맡고 있다.

한인 대상 복음 방송인 **자카르타극동방송**은 라디오 공중파를 임대해 2007년 3월 5일부터 하루 한 시간씩 한국어 복음 방송 '해피자카르타'를 방송했다. 현재는 유튜브 방송으로 전환했고 청소년오케스트라, 합창단 등을 운영하며 매년 수차례 음악회를 여는 문화사역을 하고 있다. 꿈이있는교회 신정일 목사와 박정열 선교사가 각각 대표와 총괄을 맡아 운영한다.

CGNTV는 2005년 설립한 글로벌 방송으로 **인도네시아 CGNTV**는 한국과 인도네시아 사이 문화적 가교가 될 목적으로 2014년 설립했다. 현재 MNC Vision의 LIFE 채널에서 매일 세 시간씩 인도네시아어로 번역된 콘텐츠가 방영되며 파푸아의 로컬 방송 JayaTV에서도 매일 CGNTV 프로그램이 전파를 탄다. 소셜 미디어도 CGNTV의 활동 영역이다. 인도네시아 CGNTV는 드림온 콘서트, 워십&미디어 콘퍼런스 같은 콘서트, 세미나 행사도 조직하고 '미디어 아카데미'를 정기 개최해 연출 · 촬영 · 편집 기술을 인도네시아인에게 가르치고 있다.

적도에 꽃피운 부처님의 가르침, 한인불교

인도네시아 불교와 한인의 관계는 당나라 승려 의정이 쓴 『대당서역구법고승전』에서 7세기 중엽 수마트라 바루스(Barus) 지역에서 질병으로 사망한 신라 승려 2명의 행적이 나오는 데서 출발한다. 『왕오천축국전』을 남긴 신라의 혜초(704~787) 스님은 723년 열아홉 살 때 광저우에서 출발해 뱃길로 인도네시아 자바 섬 또는 수마트라 섬을 거쳐 인도로 구법 기행을 감행했다.

인도네시아의 한인불교는 어려운 상황에서도 불법과 수행을 유지하며 부처님의 가르침을 실천하고 있다. 특히 한인불교는 종교적 의미와 더불어 한민족의 정체성을 심어주는 집합 공간으로서도 의미가 있다.

해인사 인도네시아는 한국불교의 대표적 종단인 대한불교 조계종 산하 불교단체다. 이곳은 인도네시아에 진출한 한국인 불자들이 단합해 조직력을 강화하고 불교적 견문과 소양을 연마하는 '생활불교'를 실천하기 위해 설립되었다.

1991년에는 석용산 스님 주관으로 현정규 외 다수의 신도와 협의해 가정 법회를 시작하며 해인사 인도네시아의 기틀을 갖추게 된다. 3년 뒤 원명 스님이 사찰의 주지(住持)가 되어 '해인사포교원'으로 개명했고 2007년 4월에는 인도네시아 종교국(KUA)에 '해인사 인도네시아'라는 사명(寺名)으로 정식 불교 사찰로 등록되었다. 그로부터 4년 뒤, 해인사포교원은 숙원이던 절터를 루꼬 파트마와띠(Ruko Fatmawati)에 구매해 야야산 해인사 인도네시아(Yayasan Haeinsa Indonesia)로 정식 등기한 뒤 신도들과 함께 현판식을 거행했다. 2012년 7월에는 탱화(후불탱화, 신중 탱화) 점안식을 봉행하고 완전한 법당으로서 모습을 갖추었다.

해인사 인도네시아 현판식

현재 150가구, 250여 명의 신도가 등록되어 있고, 남성 신도는 '해사모', 여성 신도는 '연사모', 젊은 신도는 '청사모'를 중심으로 활동하며 친목을 다지고 있다.

기원정사 성찬 스님이 한인들에게 보로부두르 사원에 대해 강의하고 있다.(사진 제공 : 한인니문화연구원)

야야산 해인사 인도네시아는 부처님의 가르침인 자비를 실천하기 위해 현지 양로원과 취약계층을 방문해 봉사 활동을 펼치고 있으며, 종교를 초월해 나환자촌 봉사 단체 '헤븐스'를 매달 지원하고 있다. 한국국제학교와 불우이웃에게 장학금을 전달하는 등 '수행과 보시'를 실천하는 부처님의 정법도량이다.

기원정사는 불기 2540년인 1996년 4월 초파일을 기해 관세음보살님 봉안식과 함께 대한불교 조계종 능인선원 산하 자카르타 능인선원(JL. Pengumben Joglo Raya)으로 개원한다. 이후 2003년에는 능인정사(JL. Rajasa)로 개명한 후 2017년에는 현 위치(JL. Cipaku 2 No.7)로 이전하면서 대한불교 조계종 기원정사로 거듭났다. 현재 30여 세대의 신도가 있다. 기원정사는 모든 법회와 의식을 우리말로 봉행하고 부처님의 가르침에 따라 몸과 마음에서 생성하고 소멸하는 현상을 있는 그대로 알아차리는 위빠사나(Vipassana), 무상(無常) · 고(苦) · 무아(無我)라고 하는 세 가지 법의 특성을 의미하는 '위(Vi)'와 알아차림이라는 '빠사나(Passana)'가 합쳐진 말을 실천 · 수행한다. 미얀마에서 위빠사나 수행에 매진한 성찬 스님(性讚, Sopakā)을 2002년부터 지도 법사로 모시고 경전 강독과 수행을 지도받고 있다. 인도네시아 기원정사는 초기 불교의 핵심 사찰 중 하나인 사위성 기원정사처럼 부처님의 바른 법이 아름답게 피어나 널리, 오랫동안 전해지길 바라는 간절한 마음에 지은 사명(寺名)이다.

송광사 포교원은 2005년 10월 해인사 포교원에서 독립했으며, 2006년 5월 원장 스님의 집전으로 부처님 오신 날 법회를 봉행했다. 같은 해 6월에는 견진 스님을, 9월에는 지도 스님을 초청해 법회를 치렀으며 이듬해 현 송광사 포교원의 지도법사인 자림 스님의 집전으로 부처님 오신 날 법회를 진행했다. 2009년 3월에는 송광사 분원 고려정사로 개명하고, 2017년 땅그랑 빈따로(Bintaro)로 이전했다. 2019년 3월에는 송광사 포교원으로 개명하며 안정된 체제를 갖추었다. 현재까지 자림 스님은 14년 동안 부처님 오신 날 행사와 백중(우란분절) 법회를 집전하고 모든 것이 '연기의 법칙'이며 '인연'이라는 십이연기법 등 불교 교리와 수행법을 교육하고 있다. 신도는 약 180명으로 스님 부재 시에는 신도회 자체 규약에 의거해 운영되며, 24시간 개방을 원칙으로 한다.

송광사 포교원 내부 모습

해인사 수라바야 포교원은 불기 2552년(2008년) 1월에 해인사 인도네시아 말사로 개원했다. 2007년, '해인사 인도네시아' 신도회 회장 이영일 거사의 주선으로 임택선 불자(당시 수라바야 한인회장)가 수라바야 한인 불자들을 규합했다. 해인사 인도네시아 주지 스님으로 상주하던 비구니 일선 스님을 모시고 가정 법회를 개최하다 거사들 간 마음을 모아 법당을 임대해 개원했다. 2007년 12월 7일에는 불상을 모셔 봉불점안식을 거행했고, 2018년 5월에는 한차찬 불자가 꿈속에서 만난 부처님을 인연으로 불사를 일으켜 독립 사찰을 건립했다. 현재 한국에서 모셔온 혜언 스님이 상주하고 있으며, 불법의 대의를 익히고 닦는 수행으로 포교도량으로 자리 잡아가고 있다.

한인사찰은 매주 1회, 매월 초하루와 관음재일과 지장재일, 불교 5대 명절(백중 법회 포함) 법회를 열고 있다.

한국과 인도네시아의 '간극'을 메우는 한인사회 이슬람교

한인 이슬람교도로서 인도네시아에 첫발을 내디딘 사람은 '장근원과 제대식'이다. 두 사람은 인도네시아로 오기 전 한국 최초의 이슬람 사원 소재 한국이슬람중앙회 소속 이슬람학생회 간부였고, 이를 계기로 박정희 정부 당시 외무부 문화 교류과의 선발을 거쳐 인도네시아 정부 초청 국비 유학생 신분으로 1978년 4월 23일 자카르타에 들어왔다. 두 사람은 국립이슬람대학교에서 학사와 석사 학위를 취득했다.

1980년대 초 이슬람에 입교한 길호철 씨는 한국이슬람중앙회의 승인을 받아 '인도네시아 지회장'으로 위촉되어 인도네시아에서 한인 이슬람 활동을 시작했다. 그는 1984년 경기도 광주에 위치한 이슬람 성원에서 이슬람에 입교한 한국 학생들을 아담 말릭 전 인도네시아 부통령 등의 현지 인맥을 통해 인도네시아 종교부에 추천하고 유학을 주선해 실질적으로 한인 이슬람 2세대를 육성했다. 이 밖에도 여성 이슬람 입교자 중에는 주한 인도네시아 대사관 직원인 아미르 빠따스(Amir Patas) 장군과 결혼한 이부 샤리파리(Ibu Syarifari, 한국명 이민전)가 있다.

본격적으로 이슬람 2세대를 이룬 유학생은 대부분 경기도 광주 이슬람성원을 통해 입교했다. 1980년대 중반부터는 인도네시아로 입국해 전국 각지로 흩어져 공부했다. 자카르타에서는 안선근 외 7명, 반둥 지역 4명, 스마랑과 족자 지역에 각각 2명씩 자리를 잡았다. 이들은 인도네시아 종교부와 이슬람 단체 무함마디야 의장 무함마드 루꾸만 하룬 씨의 초청을 받아 아시샤이파(Asy Syifa), 다룬나자(Darunnajah) 등 쁘산뜨렌(Pesantren) 이슬람 기숙학교나 각 지역의 국립 이슬람대학교 등에 흩어져 수학했다. 당시 경기도 광주이슬람성원 입교 출신은 지금도 '광주 모임'이란 이름으로 친목을 이어가고 있다.

이 중 현재 국립이슬람대학교(UIN) 안선근 교수는 한인사회와 현지 사회의 접점을 넓혀 종교 · 학문 · 정치 분야에서 특이점을 넘었다. 한편 1980년대에 상당수의 학생들은 한인기업에 취업했고, 이후 기독교로 개종한 이도 적지 않다.

한인 100년사 기획 탐방 시 한인 무슬림의 발자취를 찾아서(동남아시아 최대 규모의 이슬람 사원인 이스띠끄랄 사원)

밀레니엄 시대에 들어선 이후 한인과 현지인들의 국제결혼이 늘어나면서 배우자의 종교가 같아야 한다는 인도네시아 종교부 규정 때문에 형식적으로 이슬람에 입교한 한인도 있지만, 진심으로 이슬람의 가르침을 따르는 이들도 있었다. 독실한 무슬림 이강현 한인상공회의소 수석부회장(현대자동차 현지공장 부사장)은 이미 오래전부터 한인사회에서 차세대 리더로서 입지를 굳혔고, 현재 30대인 한인 무슬림 막내들도 현지 사회에서유력한 위치에 있다.

세계 최대 이슬람 국가인 인도네시아는 무슬림 인구가 전체의 86%를 차지한다. 이슬람교를 통해 현지 사회와 넓은 접촉면을 구축할 수 있다는 측면에서 무슬림 한인들은 한국-인도네시아 양국 관계에 앞으로 더 큰 역할을 하게 될 것이다. 하지만 현지 한인사회에서 200명 정도로 추산되는 소수의 무슬림 한인들은 다른 종교에 비해 숫자가 너무 적어 대체로 현지 이슬람 사회에 편입되고 있다.

④

적도에서 펼친 한인 유학생들의 꿈과 도전

초창기 한인 유학생들은 대부분 아무런 연고도 없이 낯선 땅에 온 만큼 넘어야 할 산이 많았다. 1970년대는 문교부를 통해, 그것도 군필자만 유학이 가능한 시기였다. 더구나 인도네시아는 문교부 허가 대상 국가가 아니었다.

1980년대 이후 세계화 · 개방화 추세로 자비 유학에 대한 수요가 급증하자 한국정부는 유학에 대한 문호를 개방했으나 제3세계인 인도네시아로 유학을 오는 사람들은 드물었다. 이처럼 아무도 가지 않는 길을 가고자 했던 한인 유학생들의 꿈과 도전정신을 통해 학문으로 한국과 인도네시아를 잇는 징검다리가 되고자 했던 그들의 사명과 자부심을 들여다본다.

1970년대 젊은 그들

1970년대 중반까지 한국정부는 재정 부족으로 국비 유학생 정책은 전혀 없었고, 자비로 유학을 해도 학위 과정을 이수하는 것은 힘든 일이었다. 한국정부는 1970년대 말 국비 유학생 제도를 마련하고 해외 유학에 관한 규정을 제정했다.

당시 인도네시아는 네덜란드 교육제도를 시행하고 있었다. 이것은 DRS 과정(대학 3년, 대학원 2년)으로 논문 심사를 통과하면 남학생은 독또란두스(Drs.), 여학생은 독또란다(Dra.) 학위를 받았다.

• 아무도 가지 않은 길을 가고 싶었다

1970년대 초반은 학문을 목적으로 인도네시아에 들어온 사람을 유학생이라 규정짓고, 한인들이 기억하는 두 사람만 소개한다. 성인용(60학번) 씨는 고려대학교 정치외교학과 대학원을 졸업한 뒤 본교 아시아문제연구소 연구원으로 선발되어 인도네시아국립대학교(Universitas Indonesia, UI)에서 어학연수(Kursus Bahasa Indonesia untuk Orang Asing) 과정을 수료한다. 그의 유창한 인도네시아어 실력은 아직도 많은 사람에게 회자되곤 한다. 그는 1971년 인도네시아동화(코린도 전신)에 스카우트되었으며 2002년 인도네시아를 떠날 때까지 코린도 사장, 한국학교 재단 부이사장, 한인회 부회장을 역임했다.

한국외국어대학교 교수가 된 정영림(64학번, 한국외대)은 UI에서 2년간 수학한 뒤 한국으로 돌아가 다양한 번역 작품 활동을 했다.

• 인도네시아 국비 첫 한국유학생, 1978년 이슬람대학교에 입학하다

연세대학교 식품공학과 3학년 장근원과 한국외국어대학교 아랍어과 2학년에 재학 중이던 제대식은 용산구 한남동 소재 한국이슬람중앙회 서울중앙 성원 한국이슬람학생회에서 활동하던 1977년에 한국과 인도네시아의 우호 증진을 위한 국비 장학생 프로그램(DRS 과정)을 통해 한국 최초의 인도네시아 국비 유학생으로 외무부를 통해 선발되었다.

1978년 자이니 다흘란 총장 가족과 함께(총장 자녀는 3남 1녀로 왼쪽의 총장 딸인 오파 에밀리아는 당시 중2로 후일 장근원 회장의 부인이 된다. 총장 부부, 최초의 유학생 장근원 · 제대식, 총장의 3남)

1978년 4월 23일, 두 청년은 김포공항을 출발해 홍콩을 거쳐 자카르타 할림(Halim) 공항에 도착했다. 다음 날 북한대사관으로 잘못 찾아가 곤혹을 치르기도 했으나, 한국대사관을 찾은 두 청년에게 여한종 영사는 이슬람대학교 첫 유학생이라는 상징적 의미를 잊지 말라며 격려해주었다. 두 청년은 인도네시아 정부에서 지정한 족자카르타 '국립 수난 깔리자가 이슬람대학교(Sunan Kalijaga Institut Agama Islam Negeri, IAIN)'에 기차를 타고 갔다. 자이니 다흘란(Zaini Dahlan) 대학 총장은 8월이면 대학 기숙사를 나와야 하는 한인 유학생들의 어려움을 알고 공관 차고를 개조해 지낼 것을 제안했다.

무료 숙식에 부담을 느낀 장근원은 총장 자녀들의 과외 선생을 자처했고, 훗날 자신이 가르친 총장의 딸과 결혼한다. 의대를 졸업한 장근원의 부인은 현재 가자마다대학교(Universitas Gadjah Mada, UGM) 의과대학 학장이자 장근원이 운영하는 병원의 병원장이다.

어학 과정을 마치고 1979년 3월 본과에 입학한 장근원은 비교종교학을 전공했으며, 제대식은 이슬람 역사 문화를 전공했다. 6년간 동고동락했던 두 사람은 학사와 석사 학위를 받은 후 1984년 10월에 각자의 길을 찾아 떠났다. 장근원은 족자에 남았고, 제대식은 자카르타로 향하는 열차에 몸을 실었다.

장근원은 박사 학위 과정에서 일본인 교수의 논문을 반박한 석사논문이 문제가 되어 중도에 포기해야 했다. 새롭게 도전한 그는 사각형 연료(성형 숯)를 디자인해 제조 기계 특허를 출원, 수하르토 대통령으로부터 지시받은 서민용 열탄 제조 프로젝트를 진행했지만, 아쉽게도 1998년 대통령의 하야로 도중 하차한다. 이후 하멩꾸부워노(Hamengkubuwono) 10대 왕이 설립한 센터에서 기술 개발에 동참했고, 족자 발전을 위한 기구도 설립했다.

금융위기 때는 족자의 250명 학생에게 장학금을 전달해 배움의 길을 도왔다.

그는 족자에 정착한 뒤 사회사업을 하겠다는 열망으로 한인 최초로 종합병원 해피랜드(Happy Land Medical Center)를 설립했다.

장근원 씨(가운데)의 석사 이수 졸업 사진

제대식은 1986년 9월 자카르타 교육사범대학교(현 자카르타국립대학교, UNJ) 대학원 인도네시아 언어 교육학과에서 다시 공부했다. 마침내 1996년 3월에 한인 최초로 인도네시아 박사 학위를 취득했다. 제대식은 1987년부터 5년여 동안 교민회에서 총무간사와 한인학교 업무를 지원하면서 학교 관계자들에게 인도네시아 언어와 지역 사정(문화)에 대해 강의했고, 나시오날대학교(Universitas Nasional, UNAS)에 한국학 연구소가 설립되면서 한국어를 강의했다. 1992년 부산성심외국어전문대학교(현 영산대학교)에 신설된 말레이-인도네시아어과 교수로 대학 강단에 서면서 16년간의 인도네시아 유학 생활을 청산하고 귀국길에 올랐다.

1980년대, 2세대 이슬람 · 비이슬람 유학생의 공존 시대

1980년대만 해도 인도네시아 대학에서는 한국의 학사 과정을 인정하지 않았고, 학제 시스템이나 유학에 대한 정보도 거의 없었다. 언어 장벽과 문화 적응 등에 어려움이 많은 데다 각종 아르바이트나 통 · 번역 등을 병행하면서 힘들게 학업을 이어갔다. 인도네시아 문교부는 1980년대 중반부터 미국 대학 교육제를 따라 S1(학사 4년), S2(석사 2년), S3(박사 3년) 제도를 도입했다.

한인 유학생 초기 진출은 '이슬람대학교에서 공부하는 유학생'과 '일반 유학생'으로 분리된다. 장근원과 제대식 이후, 1984~1987년 한국이슬람중앙회 경기도 광주이슬람성원 이맘(이슬람 종교지도자)을 통해 유학을 온 2기 국비 유학생은 18명이었다. 그들은 자카르타, 족자, 반둥, 말랑의 국립이슬람대학교에서 공부했다.

한국외국어대학교 졸업생인 임영호(현 사이버한국외국어대학교 교수), 김장겸(현 한국외국어대학교 교수)을 비롯해 UI, UGM과 아뜨마자야대학교(Universitas Atma Jaya, UAJ) 등에서 공부하는 소수의 일반 유학생도 있었다.

1986년경에는 자카르타를 중심으로 20여 명의 '한국인 유학생 모임'이 처음 결성되었다. 초대 회장은 1983년에 UI에 입학한 임영호가 맡았다. 2대 조현조 회장, 3대 안선근 회장으로 이어지면서 인도네시아 한인회와 대사관의 지원을 받아 응집력 있는 모임으로 발전시켰다. 또한 유학생회 회칙을 수립하고 회보를 발간하면서 인도네시아 대학교의 교육과정, 인도네시아 생활에 대한 정보도 공유했다. 당시 유학생들은 한인회 행사를 지원하거나 기업의 인도네시아어 교육, 통역 등으로 봉사 활동을 이어갔다. 인도네시아에서 지금도 활동 중인 1980년대 유학생의 대표적 인물은 박영수 K-TV 대표, 안선근 UIN 교수, 방치영 회계사, 강재영 변호사, 박진려 하나어학원 원장 등이 있다. 이들은 모두 한인사회에서 현지 전문가이자 멘토로 각종 자문과 컨설팅, 한국인의 현지화에 앞장서고 있다.

그중 안선근 교수는 UIN 이슬람 사회문화학 박사 학위를 받고 현재 UIN과 UIA 이슬람 문화학과 교수로 재직 중이다. 한국인으로는 유일하게 골까르당(Partai Golkar)에 입당해 전 국회의장 아데 까마루딘(Ade Kamarudin)의 특별보좌관을 역임했고, 현재까지 인도네시아 국회보좌관 11분과위원회 소속으로 많은 한국기업과 관련 단체에서 컨설팅과 자문 역할을 하며 양국 간 소통에 기여하고 있다.

방치영 씨는 1985년 인도네시아로 유학한 뒤, LG전자 인도네시아법인 주재원을 거쳐 현재 세계 4대 회계법인 중 하나인 'Indonesia Deloitte'에서 코리아 데스크를 맡고 있다. 그는 한국외대에서 아프리카어를 전공하던 중, 당시 인도네시아가 성장 잠재력이 있다는 판단에 전공을 바꿔 유학을 결심했다. 그 후 UI 법학과, 빤짜실라대학교 회계학과, UIN 법학과를 연이어 졸업했고, UGM대학원 경영학과와 UI의 회계사 과정(PPAK)을 마쳤다. 현재 그는 '인도네시아 공인회계사(ID CPA)' 자격증을 취득해 세계적으로 명성 높은 회계법인에서 일하고 있다.

1990~2010, 한국기업 진출과 유학생 출신의 활약

1990년대 들어서면서 한인사회는 큰 변화의 물결이 일기 시작했다. 한국의 노동집약산업인 신발 · 봉제업이 진출하면서 재학 중에 한인기업에 스카우트 제의를 받는 유학생이 많아졌다. 이때부터 한인학생이 조금씩 늘어났지만, 90년대 초까지만 해도 UAJ의 한인 유학생은 15명 정도, UI는 2~3명 정도가 재학했다. 참고로 1993년 한인 수는 1,572명에 불과했다. 이소왕 씨는 1989년에 개인 자격으로 한국대사관에 학업 계획서를 제출하고 영사의 추천을 받아 UI 어학연수과정에 들어갔다. 이후 1994년에는 UNAS 경영학과를 졸업하고 한국기업의 시장조사를 대행해주는 사업을 하다가 42세에 인도네시아기독교대학교(Universitas Kristen Indonesia, UKI) 법대에 들어갔다. 그리고 변호사, 변리사에 이어 조세변호사 자격을 취득(2018)했다.

1980~1990년대 함께 공부했던 유학생들은 '만남'이라는 모임을 만들어 자신들의 좌충우돌 유학기와 자카르타에 관한 안내를 담은 공저 『자카르타 뒤집어보기(1997)』를 발간하기도 했다.

2000년에는 JIKS 1회 졸업생 중에서도 단 한 명만 인도네시아 대학교에 진학했다. 2000년 초반에 땅그랑 소재 쁠리따하랍빤대학교(Universitas Pelita Harapan, UPH)에는 10명 남짓, UNAS에는 5명 정도의 한인학생들이 있었다. UI의 경우에는 2008년에 5명, 2009년에 5명, 2010년에 3명 정도의 한인들이 공부했다. 그리고 이 밖에도 EUU, UNTAR, UNJ, BINUS 등에 소수의 유학생이 있었다. 그때는 인터넷 인프라

오랜 세월 동고동락해온 '만남' 회원들. 오른쪽 끝이 안선근(1984년), 왼쪽 앞이 이소왕(1989년) 변호사다.(입국 연도)

도 열악하고 휴대폰 보급률이 낮아 유학생들의 교류는 활발하지 않았지만, 소규모 모임인 만큼 유대감은 끈끈한 편이었다. 2009년에 들어서면서 비자 기준으로 인도네시아 전체 한인유학생은 156명이었고, 그중 자카르타에 126명, 그 외 지역 30명(UPH 14명)으로 점차 수가 늘어났다.

2010년 이후부터 체계적인 유학생 활동

한인학생회는 2010년대부터 체계적인 모습을 갖추었다. 2012년에는 UI와 UPH에 한인학생회(UIKA, KUSA)를 만들어 MT, 체육대회 등으로 활발한 교류를 이어갔다. 외국 학생으로서 불이익을 당하는 일이 없도록 조직화된 활동을 하며 인도네시아 사회에 한국문화를 알리는 다양한 홍보 영상을 만들어 한국의 이미지를 높이려는 노력을 하고 있다.

2019년 기준으로 인도네시아 전체 한인유학생은 617명이다. 지역별로는 자카르타 218명, 그 외 자바 지역 363명, 수마트라 · 칼리만탄 8명, 술라웨시 · 발리 · 파푸아 · 기타 28명이다. 한인 수는 2015년에 비해 반으로 줄어들었지만, 오히려 유학생 수(비자 기준)는 427명에서 617명으로 늘어났다. 이는 한인 자녀들의 현지 대학 진학률이 높아지고, 한국에서 인도네시아로 유학을 오는 경우가 늘고 있기 때문이다.

저렴한 학비와 생활비는 인도네시아 유학의 매력이지만, 아직 유학생들을 위한 현지 시스템이 부족하고 학교의 엄격한 관료 체계 그리고 인도네시아 대학교가 아직 국제사회에서 좋은 평가를 받기까지는 시간이 필요하다는 점도 인지할 필요가 있다. 하지만 유학생들은 탁월한 인도네시아어 실력과 문화 적응력 그리고 인적 네트워크를 활용해 현지 취업에 성공하는 사례가 많다. 한인기업들도 유학생들을 적극적으로 수용해 기업과 현지를 연결하는 고급 인력으로 활용하는 경우가 점차 늘고 있다.

한인 자녀들의 인도네시아 현지 대학 진학

현지 대학에 처음 진학한 자녀는 최초의 한인 장윤원 선생의 3녀 '장평화'다. 그녀는 1960년대 인도네시아국립대학교 영문과에 다닌 최초의 UI 한인 학생이다. 1988년대 UAJ에 입학한 윤여란은 현재 JIKS 교사로 재직 중이며, 김민수 변호사는 인도네시아 전문가로 일하고 싶은 꿈을 이루기 위해 고등학교 때부터 진학준비를 해 1990년대 UI에서 사회학 학사(1993~1997)와 법학 학사(1999~2004) 학위를 받았다. 2000년 JIKS 1회 졸업생 중 유일하게 뜨리삭띠(Trisakti)대학교에 진학한 서은혜와 2014년 UI에 입학해 5대(2015~2016) 한인 회장을 지낸 한상인도 있다. 향후 한국정부의 새로운 경제 정책이 동남아시장을 주목하면서 이러한 사례가 더욱 늘어날 전망이다.

⑤

인도네시아에 뿌리내린 한국학

인도네시아에 부는 한국어 열풍과 한국학 발전의 뿌리를 찾아서

1980년대부터 주인도네시아 대한민국대사관은 한국학을 보급하기 위해 노력하기 시작했다. 1991년에 코이카(한국국제협력단, KOICA)와 한국국제교류재단(KF)이 설립되어 한국학 기반을 다지게 되었고, 한국교육진흥원과 한국학술진흥재단도 여기에 힘을 보탰다.

더욱이 1990년대에 두 나라의 협력이 강화되면서 1995년부터 한국대사관과 인도네시아 교육부가 협조해 인도네시아 고등학생과 대학생 300만 명을 대상으로 '한국 관련 수필대회'를 개최, 한국문화와 한국어에 대한 관심을 높였다. 매해 시상식 때마다 역대 대사가 참석해 수상자를 격려하고 한국에 방문단을 보내는 등 정성과 관심을 쏟던 시기였다.

1997년부터는 코린도그룹을 위시해 (주)매직컴(용마일렉트로닉스, 마용도 회장)

등 많은 기업과 대학이 한국학 발전에 관심을 두고 후원하기 시작했다. 특히 한국외국어대학교는 1967년에 처음으로 UGM 교수를 초빙했고, 1970년대 말부터 일부 한국외대 학생들이 UI와 UGM을 방문하거나 유학했다. 1990년대 말부터 소수 인도네시아 학생들이 한국을 방문했고 한국정부의 프로그램으로 학생 단기 초청, 학위 과정 초청, 석 · 박사 과정이 시작되었다. 2002년 월드컵 이후 한류가 시작되면서 본격적으로 한국어 열풍이 불기 시작했다. 그 열기에 부응해 2002년부터 2006년까지 현지 라디오 방송 〈알라위야(Alawiyah)〉에 '한국어와 한국문화 바로 알리기' 프로그램을 유학생 출신인 안선근 박사가 진행했고, 1972년 6월 2일 KBS 국제방송에서 인도네시아어 단파 방송을 개시해 현재까지 진행하고 있다. 2003년에는 KBS 국제방송 팀장 김영수가 추진해 삼성전자(지사장 이강현)의 지원을 받아 인도네시아 국영 라디오(RRI)에 한국어 방송을 개설했다.

이처럼 한국의 위상이 높아지고 한류 열풍이 불기 시작하면서 한국대사관은 2011년 7월 자카르타에 한국문화원을 개원한 뒤 세종학당을 세워 한국어 보급에 힘썼다. 같은 해 한국관광공사도 진출하면서 K-팝 등 한류 열풍이 확산, 한국어 보급에 박차를 가하게 된다.

인도네시아 명문 대학교 중심 한국학의 발전

• 아세안 국가 최초의 '한국학연구소' 설립한 UNAS

1987년 UNAS 총장 수딴 딱디르 알리샤바나 박사(Prof. Dr. Mr. Sutan Takdir Alisjahbana)와 한국대사관의 여한종 당시 참사관이 주도적 역할을 하여 아세안 국가 중 최초로 '한국학연구소(한국학센터, Center for Korean Studies)'를 세웠다. 일반인과 대학생을 대상으로 한국어 강좌를 개설했으며 여한종 영사, 제대식 유학생, 미원 주재원인 신성철(한국외대 64학번)과 김종권(한국외대 65학번) 씨가 강의를 했다. 참고로, 여한종 공사(한국외대 64학번)는 UNAS 독또란두스(학사, 석사) 학

UGM에서 한국학을 이끌고 있는 핵심 멤버인 (오른쪽부터) 양승윤 교수, 한국어과 수라이(Suray) 교수, 뜨리 마스또요(Tri Mastoyo) 학과장, 인도네시아국제한국학회장 UGM 묵따사르 삼수딘(Mukhtasar Syamsuddin) 교수(사진 제공 : 수라이 교수)

위를 받았다. 그는 27년간(1971~1998) 최장기 외교관으로 봉직했으며 1998년 파푸아뉴기니 대사로 봉직하기 위해 인도네시아를 떠났다. 재인도네시아한국부인회에서 UNAS '한국학연구소' 설립 당시 발전기금(장학기금) 1만 달러를 조성해 1994년 한국어과 설립에도 많은 도움을 주었다. 한국학술진흥재단에서 파견한 박진려 교수(UNAS 재임, 1993~2004)는 1994년 9월에 최초의 한국어과 3년제 Diploma(D3) 과정의 비공인 한국어과를 설립했고, 코이카의 한국어 교사 지원에 힘입어 공개 강좌와 한국어과를 동시에 운영해 '한국 관련 수필 대회'에서 최종 심사를 맡기도 했다. 한국어과는 2005년 5월에 교육부 공식 인가를 취득하면서 2017년부터 4년제 한국어과가 설립되었다.

• 인도네시아국제한국학회 설립과 '한국관'이 있는 UGM

한국어과 설립에 정성을 쏟아부은 민형기 대사(1995.2~1999.4)는 재임 중 족자카르타의 UGM을 방문해 수깐또 렉소하디프로조(Dr. Sukanto Reksohadiprodjo) 총장과 '한국학연구소(한국학센터)' 설립에 관해 논의했다. UGM은 1995년 한국어를 선택 과목으로 개설하고 1996년에는 한국정부의 지원으로 '한국학연구소'를 설립했다. 2000년 7월 7일에는 홍정표 대사도 함께 참석해 코이카 교육 기자재 기증식이 개최되었다. 2003년에는 3년제 Diploma(D3) 과정인 첫 한국어과를 공식 개설했으며, 2007년에 4년제 학위 과정(S1)의 한국어과를 개설했다. 2008년에는 인도네시아국제한국학회(INAKOS)를 설립하고 연 2회 학술대회를 개최하고 있다. 한국어 강좌를 개설한 이듬해에는 여러 단과대학에서 1,000명이 넘는 학생들이 몰려 개강 직전에 급히 강좌 수와 수강 인원을 조정하는 해프닝이 벌어지기도 했다. 코린도그룹은 UGM에 장학금을 지원했고, 코이카에서는 1996년부터 한국어 강사를 파견했으며, 인도네시아 생활가전제품 선도기업 (주)매직컴은 2003년에 3층 건물의 '한국관(Gedung Korea)'을 세웠다.

UGM은 양승윤 교수가 특히 공을 많이 들인 학교로, 양 교수는 한국관 건설 기간 내내 학교를 지켰다.

• 인도네시아 최초의 한국학과(한국어 · 문화학과) 4년제 학위 과정, 인도네시아국립대학교

주인도네시아 역대 한국대사들은 수도 자카르타에 자리한 UI가 인도네시아에서 가장 큰 국립대학이라는 상징적 의미 때문에 이 대학의 한국어과 개설을 열망했다.

UI는 앞서 1986년에 인도네시아 최초로 한국어를 선택 과목으로 개설했으며, 2002년에는 (주)매직컴이 사회과학대학(FISIP)과 문과대학(FIB) 사이에 '한국공원(TaKor, Taman Korea)'을 만들어 공을 들였다. 마침내 모두의 바람대로 2006년 8월에 인도네시아 최초로 한국학과(한국어 문화학과)를 4년제 학위 과정으로 인문대학에 개설했다. 2010년 8월에는 제1회 졸업생을 배출했다. 2006년에는 한국국제교류재단과 코이카에서 한국어 강사 2명을 파견했으며, 2009년부터 코이카가 강사 3명을 지원하고 있다.

UI도 UGM처럼 '한국어 강좌'에 많은 인도네시아 수강생들이 몰려들었고, 한국학과가 설립된 이듬해 두 번째 신입생을 뽑는 과정에서 놀라운 일이 벌어졌다. UI에 지원한 1,048명의 입학 예정자들이 제1지망으로 한국학과를 지원한 것이다. 하지만 아직 학과 정비가 미비한 한국학과에서는 이들 중 28명만 선발했으며, 당연히 최고 수준의 커트라인을 기록했다.

• 최초의 '한국어교육학과' 설립한 인도네시아교육대학교와 신영덕 교수

2015년 반둥에 있는 인도네시아교육대학교(UPI)에 한국어교육학과가 설립되었다. 이로써 'UNAS, UI, UGM, UPI' 등 인도네시아 주요 4개 대학교에 정규 한국학과 혹은 한국어과가 자리 잡게 되었다. UPI에 한국어교육학과가 설립되자 조태영 대사는 학교를 방문해 한국어 교사 양성이 시급한 과제라고 말하고, 학생들을 직접 만나 한-인도네시아 관계에 대한 특강을 펼쳤다.

신영덕 한국학 교수의 『Pengantar Sejarah Korea(한국사개론)』와 『Pengantar Kesusastraan Korea(한국문학개론)』의 출판기념회(UPI 어문학부 강당에서)

신영덕 한국학 교수는 UI와 UPI를 중심으로 한국어와 한국학 교육 관련 보급에 힘써왔다. 신영덕 교수는 UPI의 한국어교육학과 설립을 위해 노력했으며, 2015년 8월에 정식으로 인가되자 지금까지 UPI에서 활동하고 있다.

신 교수는 인도네시아에서 한국어와 한국학을 가르치는 교수를 중심으로 2015년 8월에 '인도네시아한국학교육학회'를 결성하고 세미나를 개최해 교수 간 정보 교환과 친목을 도모했다. 2017년 3월에는 인도네시아의 한국어 교수, 교사, 학원 강사 등을 중심으로 '인도네시아 한국어교육자협회'를 결성해 인도네시아에서의 한국어 교육 발전을 위해 노력하고 있다. 신 교수는 14명이 공저로 『인도네시아 사람들 이야기(글누림, 2015)』와 인도네시아어로 된 교재를 펴냈다.

그 외 한국어교육

반둥에 있는 인도네시아컴퓨터공과대학교(UNIKOM)을 시작으로 스마랑의 디뽀네고로대학교(UNDIP), 마까사르의 하사누딘대학교(UNHAS), 반자르마신의 람붕 망꾸랏대학교(UNLAM), 족자의 인도네시아이슬람대학교(UII, 가장 오래된 사립대학) 등의 대학교는 2005년과 2007년 사이에 한국학센터가 세워지거나 한국어 정규 강좌가 개설되어 큰 호응을 얻고 있다. 그뿐 아니라 2005년에는 최초로 국립 제27고등학교(중부 자카르타 소재)에서 제2외국어의 선택 과목으로 한국어를 개설했다. 이렇게 '한국어 열풍'은 인도네시아 전역으로 확대되는 추세다.

사설 어학원에서도 한국어 강좌가 개설되고 있는데 2005년에는 족자에서 6개의 사설 학원이 개설됐고, 2006년에는 하나어학원(원장 박진려)이 개원하면서 현재까지 운영하고 있다.

인도네시아 '한국학의 대부' 양승윤 교수의 외길 인생 40년

인도네시아 학생들에게 강의하고 있는 양 교수 (사진 제공 : 연합뉴스)

인도네시아에서 한국학 발전의 중심에는 '한국학의 대부'라 부르는 양승윤 교수(한국외대 명예교수)의 노력이 뒷받침됐다. 양 교수는 1984년 1월에 처음으로 족자카르타에 있는 자매결연 대학 'UGM'과 'UI'에서 한-인도네시아 관계, 남북문제, 한반도의 국제관계 등에 관해 강연했다. 그 밖에 UPI, UMY(Universitas Muhammadiyah Yogyakarta)에서도 정규 강의를 했고, 한국학을 알릴 수 있는 곳이면 어디든 마다하지 않고 달려갔다.

1990년부터 1998년까지 9년 동안 국정홍보처(현 문체부)가 지원한 아세안 순회세미나(ASEAN Circuit Seminar)를 주관하며 대인도네시아와의 국가 관계 증진에 특별히 공들였다. 또한 인도네시아의 대학마다 한국학 교재가 없는 현실을 안타깝게 생각해 인도네시아어판 강의용 교재와 교양서를 연달아 발간했다. 그동안 교재만 해도 UI 출판부와 UGM 출판부에서 총 10권을 출간했다. 한국에서는 전공 서적 외에도 『작은 며느리의 나라(도서출판 삼우반, 2012)』, 『많이 알려지지 않은 인도네시아 이야기들(한국외대 출판부, 2018)』, 번역서 물타뚤리의 『막스 하벨라르(도서출판 시와 진실(공역), 2019)』 등 일반 교양서도 여러 권 출간했다.

양 교수는 한국과 한국학에 관심 있는 '예비 교수'를 발굴해 그들에게 한국 유학의 기회를 만들어주었다. 현재는 UGM에만 16명의 한국학 박사가 있다. 그중 인도네시아 차세대를 이끌어갈 신진 교수이자 철학대학 학장직을 연임한 묵따사르 삼수딘 교수(Prof. Dr. Mukhtasar Syamsuddin)는 2005년에 한국외대에서 퇴계사상 연구로 박사 학위를 받았다. 양 교수는 한국외대 말레이 · 인도네시아어과를 졸업하고 동대학원에서 석사 과정을 밟은 뒤 1992년에는 경남대에서 인도네시아 이슬람 연구로, 2002년에는 UGM에서 한-인도네시아 관계에 관한 연구로 두 번째 정치학 박사 학위를 받았다.

인도네시아국제한국학회

인도네시아 사정과 정서에 맞는 한국학을 스스로 발전시켜야 한다는 뜻에서 양승윤 교수가 2009년 5월 7일에 인도네시아국제한국학회(International Association of Korean Studies in Indonesia, INAKOS)를 창설했다. 초대 회장으로는 목따르 교수(Prof. Dr. Mochtar Mas'oed)가 추대되었다.

2020년 12년을 맞은 학회는 한국에서 석 · 박사 학위를 따거나 장 · 단기 유학한 사람 등 총 250명의 정회원으로 구성되어 인도네시아에 한국학을 알리는 주역으로 자리매김하고 있다. 그동안 인도네시아 교수진과 석사급 학생들이 『한국학총서(Buku Pengantar Korea)』와 한국학자들과 한국에서 학위를 받은 교수들이 함께 인도네시아어, 영어, 한국어 등 3개 국어로 집필한 『국제한국학 저널』을 발간했다.

한국어 교육과 한국문화 보급하는 '세종학당'

한국어를 배우고자 하는 외국인을 대상으로 한국어와 한국문화를 알리는 세종학당은 2019년 기준 전 세계 60개국에 180개가 있다. 이 중 베트남 호찌민, 미국 LA, 인도네시아 자카르타 3곳에 거점 학당이 있다. '인도네시아 거점 세종학당'은 센트럴 파크 APL 건물에 2016년 11월 개소해 2017년부터 본격적으로 운영을 시작했다. 한국문화원 한국어 과정을 담당한 당종례 학당장이 맡고 있다.

인도네시아에는 5개의 세종학당이 있는데 2011년 5월 남부 자카르타 소재 주인도네시아한국문화원을 시작으로 2015년 6월 수라바야 소재 페트라크리스찬대학, 2017년 7월 남부 자카르타 UNAS, 2019년 8월 반둥에 있는 UNIKOM과 족자카르타 소재 UGM 등이다.

한국문화원 세종학당에서는 2020년 기준 재단 파견 교원 1명을 포함한 한국인 강사 16명이 초급 1~4단계부터 중급 5~8단계까지 총 8단계로 나누어 450여 명의 학생을 가르치고 있다. 2020년 상반기에는 8단계까지 모두 마친 최초의 수료생 13명을 배출했다.

⑥

한국영화와 드라마, K-팝의 인도네시아 진출

CJ의 인도네시아 영화산업 진출

일제강점기 허영 감독의 시대로부터 수십 년을 뛰어넘어 한국영화산업이 다시 인도네시아에 상륙한 것은 2000년대 들어서다.

인도네시아의 영화 시장은 시네플렉스 21(Cineplex 21)이 20년 가까이 독점하다가 블리츠메가플렉스(Blitzmegaplex)의 시장 진입으로 독점 구조가 깨지면서 재편성되었다. CJ CGV는 2013년 블리츠메가플렉스를 위탁 경영하면서 인도네시아의 상영관 사업 전면에 나섰다.

CJ CGV는 2015년 8월에 'CGV Blitz'로 개명했고, 2017년 1월 1일에 'CGV Cinemas'로 다시 상호를 변경했다. 2020년 3월 초 전국 69개 상영관에서 401개의 스크린 규모를 자랑하며, 상영관 기준 13.3% 점유율로 업계 2위의 위상을 지키고 있다. 2019년에는 자체 관객 수 2,000만 명을 넘겼다.

• **한국영화 수입 배급**

한국영화는 대부분 CJ를 통해 매월 1~2편씩 수입되었다. 블리츠메가플렉스는 개관 초기부터 〈괴물〉, 〈무영검〉, 〈중천〉 등 한국영화를 상영했고, 이후 〈베를린〉, 〈국제시장〉, 〈마스터〉 등의 흥행 영화를 개봉했으며, 2019년에는 〈기생충〉을 비롯해 22편을 수입, 개봉했다.

매년 9~11월에는 '한-인도네시아 영화 페스티벌(Korea Indonesia Film Festival, KIFF)'이 열린다. 이 행사는 2009년부터 시작해 자카르타를 비롯해 BSD와 까라왕, 반둥, 수라바야, 족자 등 지방 주요 도시 상영관에서 인도네시아 관객을 만났다. 인도네시아의 문제작들도 현지 한인사회에 소개하고 있다.

2016년 한-인도네시아 영화 페스티벌(KIFF) 포스터

그간 한국 1,000만 관객 영화들도 인도네시아에서는 별다른 성적을 내지 못했다. 〈설국열차〉는 8만 3,000 명, 〈군함도〉는 20만 명, 〈부산행〉은 약 30만 명 등으로 선전했고 2019년 칸 국제영화제 황금종려상을 수상한 〈기생충〉은 총 53만3,157명의 관객 수를 기록했다. 이는 한국영화로는 당분간 깨지지 않을 현지 최고 기록이 될 것이다.

• **영화 제작 투자 및 합작, 배급**

2020년 상반기까지 인도네시아의 영화 제작과 배급에 관여하고 투자한 한국기업은 주로 'CJ 엔터테인먼트'다. 첫 합작 영화는 2015년 〈내 마음의 복제(A Copy of My Mind)〉라는 작품으로 2014년 제19회 부산국제영화제 아시아 프로젝트마켓(APM)에서 'CJ 엔터테인먼트 어워드'를 수상했다. 이를 계기로 CJ의 투자를 이끌고 조코 안와르 감독을 한국에 처음 소개하게 되었다. CJ의 제작 지원과 해외 마케팅의 참여로 영화 완성도가 높아지면서 2015년 9월에는 제72회 베니스 국제영화제 '오리존티 경쟁 부문(Orizzonti Competition)'에 초청되었고, 2015년 11월에 열린 '인도네시아 영화제(FFI)'에서 3개 부문을 수상했다.

2017년 6월 25일에 개봉한 〈Sweet 20(스타비전 플러스 제작)〉은 〈수상한 그녀

(2014년, 예인플러스, 황동혁 감독)〉의 리메이크 작품으로 로컬 영화 흥행 11위에 올랐다. 호러 영화 〈사탄의 숭배자(Pengabdi Setan)〉는 2017년 로컬 영화 흥행 1위를 차지했다. 이 작품은 라삐필름과의 합작품으로 조코 안와르 감독이 메가폰을 잡고 CJ ENM이 200억 루피아(약 16억 원)를 투자해 약 8배의 수익을 올린 흥행 작품이다. 이 영화는 2017년 인도네시아 영화제 7개 부문 수상 등 여러 국내 시상식을 휩쓸었다.

로컬영화 흥행 1위를 차지한 호러영화 〈사탄의 숭배자(Pengabdi Setan)〉

이 외에도 CJ가 공동 제작한 영화로 〈힛앤런(Hit & Run, 2019)〉, 〈베바스(Bebas, 2019)〉 등이 있다.

CJ 엔터테인먼트 외에도 소나무 시네하우스가 쇼박스와 합작해 2018년 1월 11일 현지 개봉한 〈발리의 영원한 휴일(Forever Holidays in Bali)〉, 같은 해 4월 11일 개봉한 믹스 엔터테인먼트(Mixx Entertainment, 임종길 대표)의 〈여고괴담〉 리메이크작 〈수니(Sunyi)〉 등이 있다.

인도네시아 영화 시장에서 2~3위를 달리는 CGV는 1위 사업자인 Cinema XXI와 영화 상영관 · 유통 부분에서 배타적 관계로 Cinema XXI 상영관에서 CGV의 수입 영화를 상영할 수 없는 시스템이다. 이에 CGV는 시네폴리스(Cinepolis), 플릭스(Flix) 상영관 체인, 2018년 말 인도네시아 영화 시장에 처음으로 진입한 롯데시네마 등과 협조를 도모하고 있다.

TV에서 스트리밍 서비스로 갈아타는 한국드라마

인도네시아에서 본격적으로 한국드라마 열풍을 일으킨 작품은 〈대장금〉이다. 〈대장금〉은 인도네시아에서 2005년에 처음으로 TV 전파를 탔고, 이후에도 전편이 여러 차례 재방송되며 큰 인기를 누렸다. 이후 〈커피프린스 1호점(2007)〉, 〈꽃보다 남자(2009)〉 등이 사랑받았다. 한동안 인도와 남미 드라마 열풍에 주춤하던 시기도 있었지만, 곧 〈태양의 후예(2016)〉와 〈도깨비(2016)〉로 한국드라마의 인기는 절정에 이른다.

지금도 많은 한국드라마가 현지 TV를 통해 방영되고 있다. 2005년부터 인도시아르(Indosiar)에서 방영한 작품은 〈쾌걸 춘향〉, 〈풀하우스〉를 비롯해 〈선덕여왕〉, 〈시크릿가든〉, 〈별에서 온 그대〉, 〈가을동화〉, 〈동이〉, 〈제빵왕 김탁구〉 등이 있다. 최근 트랜스(Trans) TV에서 〈진심이 닿다(2019)〉와 〈부부의 세계(2020)〉를 방영했다.

최근에는 TV에서 케이블TV나 OTT-VOD 스트리밍 서비스로 옮겨가고 있다. TV는 자체 검열로 삭제된 장면이 많아 감상을 방해하고, 인도네시아어 더빙이 원작의 감정을 잘 살리지 못하기 때문이다. 〈슬기로운 의사생활〉, 〈이태원 클라쓰〉, 〈스카이 캐슬〉, 〈시그널〉, 〈응답하라〉 시리즈 등이 이런 경로로 현지에 소개되었고, 넷플릭스 오리지널 〈킹덤〉도 넷플릭스를 통해 인도네시아 팬들을 만났다.

인도네시아 청년들에게 사랑받는 K-팝

인도네시아인의 K-팝 사랑은 2002년에 시작된 한국드라마 열풍과 함께 시작되었다. 드라마 주제가의 오리지널 사운드트랙이 현지에서 인기를 얻으면서 K-팝 전반에 대한 관심이 커졌다. 그에 따라 세련된 보이밴드와 걸그룹이 주목받기 시작했으며, 동방신기와 슈퍼주니어도 꾸준히 인기를 얻고 있다. 2019년 이후에는 방탄소년단, 블랙핑크가 인도네시아에서 K-팝 대표 그룹으로 부상했다.

2018년 10월 16일 꼬타 카사블랑카에서 열린 K-콘서트 엑스포(사진 제공 : 콘텐츠진흥원 인도네시아 비즈니스 센터)

콘텐츠진흥원 인도네시아 비즈니스센터의

자료에 따르면, 2016~2017년 10건 안팎이던 K-팝 그룹의 방문 공연은 2018년 17건으로 증가한 뒤 2019년에는 40건에 육박했다. 콘서트 티켓 가격은 최고 390만 루피아에 달했다. 2020년에도 9월까지 20건 이상의 방문 콘서트 일정이 잡혀 있었으나, 코로나19로 2월 중순 이후 콘서트 대부분이 연기되었다.

한편 인도네시아 아이튠즈(iTunes) 음원 차트에서도 K-팝이 적잖은 비중을 차지하고 있다. 2020년 4월 기준 상위 200위 음원 중 29곡이 K-팝이고, 이 중 대부분이 한국드라마의 오리지널 사운드트랙이다.

⑦ 한인의 저작 활동과 한국도서의 번역 출판

인도네시아와 관련된 문학은 음악 교과서에 실린 '벙아완 솔로(Bengawan Solo)'의 노래와 1948년에 발표한 박인환의 시 「인도네시아 인민에게 주는 시」가 있다. 문학을 포함한 도서는 한-인도네시아 두 나라를 더 깊게 이해할 수 있는 매개체로 최근 인도네시아에서 한류 열풍과 한국학의 발전으로 K-북이 새로운 코드로 자리 잡아가고 있다. 인도네시아 대형 서점에서 한국 도서를 어렵지 않게 만날 수 있으며, 한국문학과 콘텐츠에 대한 마니아층이 점차 형성되고 있다.

시대별 동향에 따른 한인들의 출판 활동

• 1980~1990년대, 인도네시아 관련 도서가 희귀하던 시절

1980~1990년대까지만 해도 인도네시아 관련 서적이 드물었다. 한국대사

관에서 근무했던 여한종영사(당시 참사관)가 발간한 『기초 인도네시아 교본(1980년대)』과 『관광과 자원의 나라 인도네시아(부록 : 현지 투자 진출에 관한 안내, 명지출판사, 1990)』는 외교관이 쓴 첫 인도네시아에 관한 책으로 한인들이 정착하는 데 큰 도움이 되었다. 서세호 국방무관도 인도네시아의 군과 정치의 관계를 탐색한 『미래의 대국, 인도네시아(서문당, 1997)』를 출간했고, 이 시기에 한국 서점가에서는 밀림 개척사로 유명한 최계월 회장과 관련한 책이 4권이나 발행됐다.

월화차의 김명지 선생은 《시대문학》 신인상으로 등단해 시집 『꿈의 높이에 키 세우고(혜화당, 1991)』, 『찻물, 그 젖은 마음(마을, 2002)』을, 1991년에 《문예사조》로 등단한 박정자 시인도 한인들의 창작 활동에 힘쓰며 『그는 물가에 있다(시와산문사, 2008)』 등 총 6권의 시집을 출간했다.

초창기 한인들에게 지식과 정보를 제공했던 현지 전문가 안선근 교수는 총 12권의 저서를 출간했다. 대표작으로 『21세기 경제대국 요지경 인도네시아(명지출판사, 1994)』, 『풍자적 문화에세이(명지출판사. 1994)』, 『Islam Damai Di Negeri Asia Timur Jauh(먼 동아시아 이슬람 사람들)』 등이 있다.

여한종 씨의 『관광과 자원의 나라 인도네시아』와 안선근 박사의 대표작 『Islam Damai Di Negeri Asia Timur Jauh』

인도네시아에 관한 최초의 대중 도서

현재까지 알려진 한국에서 출판한 가장 오래된 인도네시아 도서는 작가 목타르 루비스의 소설 『자카르타의 황혼(번역 오정환, 신진문화사, 1963)』으로, 1976년 현암사에서 정영림 씨가 번역해 재출간했다. 인도네시아에서 한국에 관한 최초의 책 역시 목타르 루비스의 『한국에서의 기록(Tjatatan Korea, 1951)』으로 목타르 루비스는 한국과 인연이 깊은 작가임이 분명하다. 이 책은 2017년 전태현 씨가 번역해 『인도네시아인의 눈에 비친 6 · 25전쟁(어문학사)』이란 제목으로 발간됐다.

『자카르타의 황혼(출처 : 블로그명 no compulsive talker)』과 『영웅묘지의 꼬마루딘』의 표지

인도네시아의 독립 영웅 양칠성에 관해 쓴 『영웅묘지의 꼬마루딘(이영호 저, 홍석찬 그림, 서강출판사, 1989)』은 《소년》이라는 잡지에 2년 동안 연재하던 글을 모아 출간했는데, 1980년대 중반 인도네시아 자바 땅을 직접 밟고 쓴 책이라 더욱 가치 있다.

• 2000~2010년대, 인도네시아를 더 깊이 이해하게 해주는 도서

2000년대 들어서면서 인도네시아의 다양한 모습을 연구하고 재해석한 도서들이 출간됐다. 특히 시인들의 활동은 한인사회에 창작 활동의 불을 지폈다. 1998년 《창조문학》에서 신인상을 받은 이상기 시인은 『그리운 말들이 길을 메운 채(가람출판사, 2000)』, 《한인뉴스》에 연재한 속담 풍자 에세이 『거꾸로 매달린 원숭이의 세상 훔쳐보기 1, 2권(가람출판사 · 행림출판사, 2000)』로 첫 한인 출판기념회를 열었다. 『그리움은 벗을 수 없는 옷이다(행림출판사, 2000)』, 『복수, 링컨처럼 해라(굿북, 2007)』도 출간했다.

황대일 기자의 『특파원의 눈에 비친 인도네시아 만년설(2003)』은 연합뉴스에 보도된 기사와 기록을 토대로 엮었으며 한인니문화연구원의 사공경 원장은 1998년~1999년, 2005년부터 《한인뉴스》에 연재한 칼럼을 엮어 『자카르타 박물관 노트(2005)』와 『서부 자바의 오래된 정원(2008)』을 출간해 인도네시아의 전통과 문화를 알리고 문화의 다양성과 소중함을 일깨워주었다.

서예가 손인식 선생은 총 9권의 저서를 출간했는데 『아름다운 한국인(한 타이즈, 2006)』, 『인재 손인식의 지금 여기(도서출판 서예문인화, 2007)』, 『경영이 예술이다(자카르타 경제신문, 2019)』 등이 대표작이다.

신춘문예 출신인 최준 시인은 2007년 한국문화예술위원회의 창작지원금을 수혜해 인도네시아에서의 삶을 녹여낸 『뿔라부안 라뚜 해안의 고양이(문학의전당, 2009)』를 펴냈다.

이 밖에도 외교관들이 경험을 살려 다양한 저서를 출간했는데, 한국대사관 경찰영사로 사건 사고를 접한 이야기를 엮은 『자카르타 박순경에서 대한민국 경찰청장까지(박화진, 2008)』와 『별난 외교관의 여행법(박용민, 바람구두 여행문고, 2009)』이 있다.

• 2010~2020년 현재까지 전문 작가와 출판인들의 창작 활동

2010년대 전문 작가들과 출판인들의 활동은 더욱 활발해졌다. 전임 공보관이 풀어낸 김상술의 『아빠 까바르 인도네시아(그린누리, 2010)』와 윤문한의 『인도네시아 들여다보기(21세기북스, 2010)』를 시작으로 《한인뉴스》 논설위원을 지낸 김문환 선생은 2004년부터 '오! 인도네시아'와 '한인사회의 뿌리를 찾아서'를 연재한 것을 엮어 『적도에 뿌리내린 한국인의 혼(자카르타 경제신문, 2013)』을 펴냈다. 김은숙 작가는 인도네시아에서 겪은 문화적 충격과 생활을 그려낸 『여왕(도서출판 좋은땅, 2012)』과 『사랑은 이혼이다(도서출판 좋은땅, 2014년)』를 출간했다. KBS, MBC 등 각종 방송 프로그램의 인도네시아 현지 코디네이터로 활동한 김성월 작가는 『그러니까 인도네시아지!(이담북스, 2012)』, 『인도네시아 그 섬에서 멈추다(이담북스, 2014)』를 출간했다.

자카르타한국국제학교 고등학교 재학 시절 시집을 출간한 윤소정은 졸업 후 계간지 《문학시대》를 통해 등단해 『빠른 풍경 지우기(마을, 2013)』 외 2014년에 시집을 출간했다.

한국문인협회 회장인 서미숙 작가도 20여 년간 적도에서의 삶을 담은 수필집 『적도에서의 산책(도서출판 허브월드, 2013)』 외 1권과 시집 『적도의 노래(천년의 시작, 2018)』를 펴냈다. 김주명 시인은 『인도네시아(책나무, 2015)』라는 시집을 출간했고 살라띠가(Salatiga)에서 자바인의 서정을 노래하는 이태복 시인도 『민들레 적도(북랜드, 2016)』, 『자바의 꿈(시산맥사, 2019)』을 출간해 고향에 대한 그리움 끝에서 바라본 '자바 풍경'을 노래했다.

『한국인이 꼭 알아야 할 인도네시아(순정아이북스, 2017)』는 대기업 법인장 출신 노경래 작가의 책으로 한국 서점가 '인도네시아 관련 분야'에서 '장기간 베스트셀러'에 올랐고, 한국문화원 세종학당 한국어 강사 출신 최은화 씨는 UI 에르니(Erni C.Westi) 교수(감수)와 함께 『쏙쏙 생활 인도네시아어(순정아이북스, 2017)』를 출간해 화제를 모았다.

배동선 작가는 『수카르노와 인도네시아 현대사(아모르문디, 2018)』를 통해서 인도네시아 현대정치사를 알렸다. 그리고 칠순에 등단한 김준규 시인은 시집 『보딩패스(북랜드, 2018)』를 출간했다.

손은희 작가는 『진정한 라이벌은 어제의 나야(CLC, 2020)』 외에도 2001년 · 2012년에 신앙 서적을 출간했다. 하연수 작가도 『그 벽에서 멈추다(에세이문예사, 2020)』를 펴냈다.

한국과 인도네시아 여성 작가들의 합작 시집 『라라종그랑(역락출판사 오후시선, 2020)』은 여성 시인 5명(채인숙, 김길녀, 넨뎀 릴리스 아, 라트나 로시만, 카테리나 아마드)과 한인 사진작가(조현영), 번역가(노정주)가 한국어와 인도네시아어로 출간한 시집이다. 두 나라의 문학계에서 처음으로 현역 시인들이 합동 시집을 내면서 실질적 교류의 물꼬를 텄다는 평가를 받았다.

한인들의 문학상 수상 내역

1998년 이혜경 작가의 소설 『그 집 앞』이 처음으로 '제31회 한국일보 문학상'을 수상했다. 2003년 이종관(당시 JIKS 고2) 씨는 「저녁강」으로 '대산 청소년 문학상' 동상과 '중앙일보 시조 백일장' 장원에 이어 「장보고」로 제4회 '해양수산문예공모전'에서 중앙시조 백일장 장원을 휩쓸어 화제를 모았다.

2010년에 김주명 시인은 「환승입니다」로 '평사리문학대상'을 받았다. 채인숙 시인은 2016년 《실천문학사》가 주관한 '오장환신인문학상'에서 시 「1945, 그리운 바타비아」로 당선되었고, 한국디카시연구소 해외기획위원으로서 새로운 시의 세계를 여는 데 힘썼다.

이영미 작가는 2019년 환경부 산하 국립생태원이 주관한 제4회 '생태동화전'에서 대상을, 서울시 동화콘텐츠문화원이 주관한 '아동권리 창작동화'에서 동상을 수상했다. 재외동포재단과 KBS사회교육방송이 주최한 2004 재외동포 체험 수기에는 청소년부의 김종인 「나는 인도네시아를 사랑합니다」와 노승은 「나의 10년 지기, 인도네시아」가 수상했다. 참고로, 역대 '재외동포문학상' 수상자는 다음과 같다.

수	회차	부문	상명	작가명	수상작
1	4회(2002)	청소년 글짓기	대상	박선목	국제학교의 태극기
2	7회(2005)	수필	우수상	이상기	그때는 내게도 아버지가 있었다
3	15회(2013)	시	가작	최장오	밤을 줍는 아이
4	15회(2013)	청소년 (초등)	우수상	김태림	동물 사랑
5	16회(2014)	시	우수상	최장오	칼리만탄 고무나무 숲
6	17회(2015)	시	우수상	김현숙	엄마의 뜰

7	18회(2016)	시	가작	김성월	서로 다른 표정
8	18회(2016)	단편소설	대상	배동선	지독한 인간
9	18회(2016)	수필	우수상	이동균	깜보자꽃 인생
10	18회(2016)	시	우수상	노은주	생명의 신비
11	18회(2016)	청소년(초등)	장려상	배은준	바틱의 비밀
12	19회(2017)	시	가작	이태복	고백
13	19회(2017)	청소년(중 · 고등)	최우수상	강동헌	작은 천사들의 미소
14	20회(2018)	시	대상	문인기	유적에 핀 꽃
15	20회(2018)	청소년(초등)	우수상	김재이	다국적 삼총사의 인도네시아의 성장기
16	21회(2019)	시	가작	이은주	아버지와 가자미식해
17	22회(2020)	시	우수상	서미숙	깜보자꽃

한류 열풍으로 출간된 한국의 대표 번역 도서

인도네시아 최초로 한국 단편소설집 『만남』이 1996년 『Pertemuan』로 뿌스따까 자야(Pustaka Jaya) 출판사에서 출간되었다. 서울대학교 출판부와 하와이대학교 한국학센터가 공동 출간한 『전후 한국단편소설(김정음 엮음, 1983, 영문판)』 중 14편을 선정해 빠꾸안대학교(Universitas Pakuan, UNPAK) 뜨구(Tegu) 교수와 국립인도네시아대학교의 마만(Maman) 교수가 번역, 출간했다.

인도네시아에서 출간된 한국 최초의 단편소설집 『Pertemuan(만남)』

예림당의 'why?' 시리즈는 엘렉스 메디아 꼼뿌띤도(PT Elex Media Komputindo)에서 출간해 스테디셀러로 자리 잡았다. 그 밖에도 권비영 작가의 화제작 『덕혜옹주』가 한국 역사소설로는 처음으로 『Princess Deokhye(번역 렌찌딥띠아, 2012)』로 븐땅 뿌스따까(Bentang Pustaka)에서 출간되었고, 윤동주의 『Langit, Angin, Bintang, dan Puisi(하늘과 바람과 별과 시, 번역 신영덕, 넨덴 릴리스 아, 2018)』도 출간되어 주목받았다.

최준 시인의 최초로 인도네시아 정서를 담은 『뻘라부안 라뚜 해안의 고양이(문학의 전당, 2009)』는 번역 시집 『Orang Suci, Pohon Kelapa(야자수 성자, 2020)』로 그라메디아 출판사에서 출간했다. 이 시집의 번역은 김영수 시인과 인도네시아 시인 넨덴 릴리스 아(Nenden Lilis A.)가 공동으로 작업했다. 기타 번역해 출간된 대표작은 다음과 같다.

- 이호 『나는 아스팔트 깔린 길은 가지 않는다』, 『Saya melangkah di Jalan Berlumpur(2008)』, 입누 와휴디 & 킴벌리(Ibnu Wahyudi & Kimberly)

- 신경숙 『엄마를 부탁해』, 『Please Look After Mom(Ibu Tercinta) (번역 Tanti Lesmana, 2011)』, 그라메디아 뿌스따까 우따마(Gramedia Pustaka Utama)

- 김우중 『세상은 넓고 할 일은 많다』, 『Setiap Jalan Bertaburan Emas』, 그라메디아(Gramedia)

- 문정희 『물을 만드는 여자』, 『Perempuan yang Membuat Air(2014)』, 끄뿌스따까안 뽀뿔레르 그라메디아(Kepustakaan Populer Gramedia)

- 이용규 『내려놓음』, 『Berserah, Surrender(필명 : On You Yi, 2015)』, 베뻬까 구눙 물리아(BPK Gunung Mulia)

- 조남주 『82년생 김지영』, 『Kim Ji-young Lahir Tahun, 1982(2016)』, 그라메디아 뿌스따까 우따마(Gramedia Pustaka Utama)

- 『Setan Urban』 『Setan Urban』 (그림 이태수, 글 배동선, 번역 자스민 이리사벨(Jasmine Irishabel), 햐찐따 루이사 뜨레스나키(Hyacinta Louisa Tresnaki, 2020), 그라메디아(Gramedia)

한국에 번역된 대표적인 인도네시아 도서

인도네시아가 낳은 세계적 대문호이자 여러 차례 노벨 문학상 후보에 오른 프라무디아 아난타 투르(Pramoedya Ananta Toer(1925~2006)의 대표작 중 하나인 『조국이여 조국이여(원제 Keluarga Gerilya, 번역 정영림, 지학사, 1986)』도 출간되었다. 이후에도 『밍케 1 · 2(번역 정성호, 오늘, 1997)』와 『Perawan Remaja dalam Cengkraman Militer(군부 압제 아래의 처녀들)』가 『인도네시아 위안부 이야기(번역 김영수, 동쪽나라, 2019)』로 번역, 출간되었다.

한국 기독교 서적 분야 스테디셀러로 자리 잡은 『급하고 강한 바람처럼(원제 The gentle breeze of Jesus, 1 · 2, 멜 태리(Mel Tari) · 노나 태리(Nona Tari, 번역 정운교, 임마누엘, 1986)』도 있다. 인도네시아의 여성 작가로는 저널리스트인 율리아 수리야쿠수마(Julia Suryakusuma)의 『Julia's Jihad』가 『나의 이슬람(번역 구정은, 아시아네트워크, 2009)』으로 출간되었다.

2012년 동남아시아 작가상(Sea Write Award)과 인도네시아 최고의 작품상을 받은 오까 루스미니의 소설 『발리의 춤(원제 Tarian Bumi, 번역 이연, b, 2016,)』과 최근 주목받고 있는 소설가 에카 쿠르니아완의 『아름다운 그것은 상처(원제 Cantik Itu Luka, 번역 박소현, 오월의봄, 2017)』가 한국에서도 출간되었다.

그 밖에도 1860년 네덜란드에서 출간된 인도네시아의 식민지 사정을 폭로한 소설로 식민지 정책 개선에 영향을 미친 고발 문학 『막스 하벨라르(물타뚤리, 번역 양승윤 · 배동선, 시와 진실, 2019)』는 문화관광부가 선정한 우수 도서에 뽑혔다. 입체적인 인도네시아의 문학을 만날 수 있는 클라라 응 작가의 『달과 빨간 저고리를 입은 마술사(번역 이미애 · 공경희, 마음이음, 2019)』도 눈여겨볼 만하다.

그동안 인도네시아에서 번역, 출간된 한국도서는 한류 열풍과 함께 한국의 역사와 문화에 대한 관심을 높이는 촉매제 역할을 했지만, 인도네시아 번역과 콘텐츠의 한계점을 드러냈다. 국내에서 인도네시아 작가들의 작품은 제3세계 문학으로 접하기 쉽지 않았고 동양 · 동남아시아 관련 서적에 포함해 소개하는 경우가 대부분이었다. 향후 출판 교류의 활성화를 위해 인도네시아 전문 번역가 양성이 절실하다.

두 나라 출판의 오작교 '인도네시아국제도서전'

정부 차원의 지원과 인도네시아국제도서전은 한국과 인도네시아 출판 시장이 성장하는 데 큰 역할을 했다. 한국문화원은 그동안 '2014 · 2015 · 2016 · 2017 인도네시아 국제도서전(IIBF)'에 참가했고, 그중에서도 한인포스트와 함께 '2014 인도네시아 국제도서전'과 '2015 인도네시아 국제도서전'을 적극적으로 준비했다. 이를 통해 한국과 인도네시아의 출판계가 적극적으로 교류하게 되었다.

2014년 『20세기 한국문학 시리즈(Seri Sastra Korea Abad ke-20)』 총 4권과 『한국-인도네시아 옛이야기(Cerita Kuno Indonesia Korea)』를 한국문화원, UI 출판부, 한국번역원이 공동으로 한국어판과 인도네시아어판으로 출간했다. 광복 70주년을 기념해 한국이 주빈국으로 초청된 2015년에는 한국출판인회 회장과 한국의 대표 출판사 발행인들이 직접 인도네시아를 방문해 의미를 더했다. 인도네시아에서는 한국출판인회 회원사로는 최초로 인도네시아에 진출한 순정아이북스와 예스24가 참가했다.

한국이 주빈국으로 참가한 2015 인도네시아 국제도서전 포스터(사진 제공 : 한인포스트)

* 여기서는 인도네시아 거주 한인 중심의 저작 활동과 도서 중심으로 기술했으며, 본문에 소개한 도서는 가급적 중복해 소개하지 않았음을 밝힌다. 양국의 출판 번역서는 일부만을, 인도네시아 관련 기관과 단체 · 협회의 도서는 지면상 언급하지 않았다.

Chapter 7

—

한인의 문화예술 활동과 단체별 역사

'이코노믹 파워'를 바탕으로 하는 인도네시아 한인사회의 발전에는 산업 마케팅의 기반이 되는 문화와 예술 같은 '소프트 파워'의 뒷받침이 있었다. 문화예술의 '혼'을 심는 '재인도네시아한인문화예술총연합회'와 '한인니문화연구원'은 한인들의 문화적 에너지를 결집하는 중심체 역할을 담당하며, 한인들은 타국 생활에서 오는 향수와 소통의 부재를 문화예술 활동으로 승화시켰다.

한인 100년의 역사를 살펴보면, 본국에서 파견된 정부 기관도 있지만 대부분의 단체는 민간에서 자발적으로 생겨나 그들만의 작지만 탄탄한 역사를 써 내려왔다. 지금도 건재한 단체부터 안타깝게 역사의 뒤안길로 사라진 단체에 대해 조명하려 한다.

Chapter 7

—

1. 한인사회의 소프트 파워, 문화예술 단체
2. 정부기관, 지방자치단체, 공기업
3. 본국 기반 세계조직 인도네시아 지회
4. 교육기관과 한인 언론 매체
5. 대한체육회와 종목별 협회
6. 우정과 문화를 나누는 한인 참여 국제 단체
7. 임의 단체와 봉사 단체 외

①

한인사회의 소프트 파워, 문화예술 단체

재인도네시아 한인문화예술총연합회

• 한인문화예술총연합회가 창립되기 전, 최초의 문화예술인의 활동

초창기 한인문화예술인의 활동은 한인문화예술총연합회(문예총)를 설립하는 데 토대가 되었다.

Dua wanita pelukis Korea Ny. Kong Ja Kim Yoon dan Ny. Mi Sook Hong Cho memamerkan lukisan cat minyaknya di Mawar Room, Hilton Executive Club, Jakarta tgl 25 April 1981. Ny. Kong Ja Kim Yoon lulusan seni rupa universitas Hong Ik Korea memamerkan 18 lukisan. Ny. Mi Sook Hong Cho lulusan seni rupa universitas Seoul Korea memamerkan 20 lukisan.

KARTINI — 171

《까르띠니》 잡지에 실린 홍미숙 · 김공자 2인 회화전 〈Pintings〉 관련 기사

최초의 한인 여성 화가 **홍미숙** 씨의 주도로 1981년 4월 힐튼 호텔에서 열린 홍미숙 · 김공자 2인의 회화전 〈Pintings〉는 인도네시아 한인사회에서 열린 최초의 전시회다. 홍미숙 화가는 이 전시회에 참석한 미국인 여류화가에 의해 발탁되어 1981년 9월 미국 대사관저에서 다국적 중견 작가 9명이 다양한 화풍을 선보인 〈그룹 슴빌란(Group Sembilan=9)〉 전시회에 작품을 출품한다. 그룹이 해체된 2001년까지 유일한 한국인으로 20년간 활동하며, 인도네시아의

제3회 '전통문화의 밤'에서 인사말을 하는 김명지 선생

여러 동우회 모임에 초청되는 이력을 남겼다. 1986년에는 홍미숙 화가의 주도로 한국 여성 화가 5인의 〈무궁화전〉이 신축한 한인회 강당에서 열렸다. 이러한 활동은 한인미술협회 창립(2000년)의 발판이 되었다. 홍미숙 화가는 한인미술협회 2대 회장으로 활동했으며, 16대 한국부인회 회장도 역임했다.

두 번째는 **월화차회**와 **지란당 김명지** 선생이다. 김명지 선생은 '한국의 전통차(다도) 문화'를 사랑하는 이들의 모임인 월화차회(月華茶會)를 1993년에 창립해 자카르타에서 한국 전통문화 행사를 주도하며 현지 사회에 한국을 널리 알렸다. 1997 · 2004 · 2006년 대사 표창장을, 2012 · 2015년에는 부산차인연합회에서 공로상을 받았다.

세 번째는 신춘문예(1995년 《중앙일보》) 출신 **최준 시인**의 활약이다. 최준 시인은 이듬해 사공경, 이상기 시인과 함께 김명지 선생의 한국문인협회(문협) 창립을 도왔다. 그해 11월 최준 시인이 주도한 문협의 첫 번째 공식 행사 '한국 청소년 백일장'에는 436명의 초 · 중 · 고등학생이 참가할 정도로 관심이 높았고, 67명의 입상자를 시상했다.

네 번째는 살롱 문화의 중심지였던 한인 최초의 갤러리 **아트 하우스**(Art House)와 **박홍식 화백**의 활동이다. 1996년에 설립한 뽄독 인다(Pondok Indah)에 위치한 아트 하우스는 화가 찰리 고(Charly Ko, 고광철)의 사저를 아트 컬렉션 쇼룸 겸 갤러리로 개방해 각종 전시회를 열었다. 2000년까지 자카르타 한인미술계 사람들의 사랑방 역할을 하며 실질적인 한인미술협회 탄생의 요람이 되었다. 창작 그룹 'Warna', 후원 그룹 '동그라미' 등 각종 미술인과 동호인 단체들이 아트 하우스를 중심으로 활동했으며 〈찰리와 친구들(2000.5.3)〉, 〈박홍식 화백 개인전(2000.4.7~4.14)〉 등 많은 전시회가 이곳에서 열렸다.

제1회 한국 청소년 백일장(2001)에서 수상자와 시상자, 심사위원

최초의 한인 개인전을 연 박홍식 화백은 구상화와 추상회화를 주로 그리는 한국미술협회 서양화 분과 소속 화가로 1997년 7월에 아트 하우스의 초

청으로 자카르타에서 개인전을 열었다. 자카르타에 머무는 2010년까지 총 8회의 개인전을 치렀으며, 찰리 고 등 한인사회 미술인들과 '한인미술협회'를 결성했다. 그의 작품은 한국국립현대미술관, 주인도네시아 대한민국대사관, 자카르타한국국제학교, 코린도그룹 등 600여 곳에 소장되어 있다.

2000년 5월 19일 마하깜 호텔에서 열린 한인미술협회 창립전

다섯 번째는 최초의 한인 사진전을 연 **김세영 작가**다. 코데코(한국남방개발주식회사) 출신인 김 작가는 칼리만탄과 이리안자야, 캐나다 등을 배경으로 신비한 자연과 웅장한 경관을 담아 사람과 자연의 조화를 작품에 담았다. 1998년 6월 한가람갤러리에서 제1회 〈김세영 사진전〉을, 제2회는 2000년 10월 무역센터 로비에서 한인인사와 남부 칼리만탄주 전임 주지사, 무하마드 사이드 (H. Mochammad Said)와 산림부장관 무슬림인 나수띠온(H. Muslimin Nasution)과 캐나다 대사 켄 손케스트(Ken Sonquest) 등이 참석한 가운데 100여 점을 선보였다. 이어 자카르타한국국제학교(JIKS)와 구 대사관저에서 사진전을 열었으며, 판매 수익금은 한국인 수녀들이 설립한 메단 프란치스꼬 전교수녀원에 기부했다.

마지막 주인공은 서예가 인재 **손인식 선생**이다. 대한민국 미술대전 특선(1987), 대한민국 서예대전 · 동아 예술제 특선(1989), 중국 · 일본 · 독일 등 해외 초대전과 국제 교류전 등 50여 회의 전시를 치른 손인식 선생은 2000년 10월 야야산 미란띠 아비딘(Yayasan Miranti Abidin) 초청(기획 최준)으로 자카르타 물리아 호텔에서 한인 최초로 서예전을 개최했고, 이를 계기로 자카르타로 이주했다. 2005년에는 서예협회 '자필묵연'을 결성해 서예가 유튜브 크리에이터로도 활동 중이다.

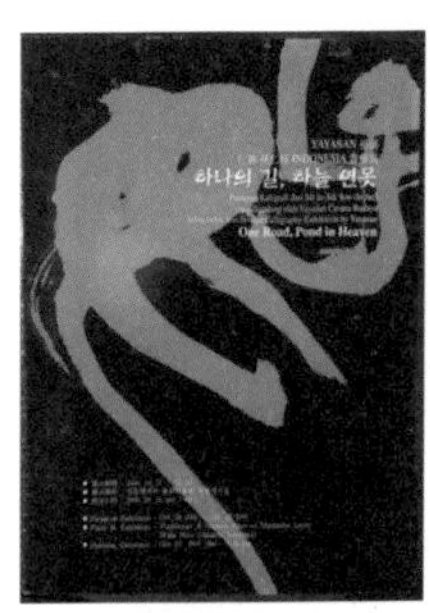

최초의 서예전 〈하나의 길, 하늘 연못〉 포스터

- **재인도네시아한인문화예술총연합회의 창립**

2008년 2월 26일, 20여 명의 문화예술 단체와 체육 단체(한인야구협회, 태권도)

'재인도네시아한인예술인총연합회' 발족

관계자들이 문화예술과 체육의 활성화, 한인 사회의 단합과 한민족 정체성을 고취한다는 취지로 스나얀에 있는 한식당에 모여 재인도네시아한인예술인총연합회(한인예총) 출범식을 치렀다. 신상석 초대 회장, 강희중 · 손인식 부회장, 정선 사무국장이 임원으로 선출되면서 체계적인 조직을 갖추고 구체적인 사업 계획에 들어갔다.

인도네시아 한인들의 뛰어난 문화적 역량은 그간 각종 문화예술과 체육 행사에서 잘 드러났으나, 산발적으로 행하던 행사를 체계적으로 진행해 대외적 이미지 제고가 필요한 시점이었다. 창립하자마자 신상석 초대 회장과 강희중 부회장이 코리아센터 한인문화회관 1층에 한인예총 사무실(현 한바패 · 월화차회 연습실)을 개설했다.

한인예총은 2010년에 '재인도네시아한인문화예술총연합회(문예총)'로 개명하며 체육 단체와 분리되었다. 현재 문예총은 17개의 소속 단체에 270여 명의 회원이 활동하고 있다.

• 한인사회의 대표 문화 축제인 '한인문예총 종합예술제'

2011년에 처음 열린 '한인문예총 종합예술제'는 2016년부터 해마다 개최하고 있다. 2014년부터 2017년까지 '명사 초청 사업' 진행을 위해 한국문화원과 MOU를 맺고 단체별 명사를 초청해 다채로운 공연과 전시회를 열어 한국인이라는 자긍심을 심어준 것은 물론 한국문화를 홍보하는 상호 교류의 장이 더욱 풍성해졌다. 종합예술제는 1회 〈교민 여러분, 요즘 무슨 재미로 사시나요?(2011.11.27)〉, 2회 〈한인 1세대가 남기는 메시지(2014.10.11~12)〉, 3회 〈응답하라 2016 한인문화활동(2016.5.21~25)〉, 4회 〈인도네시아에 한국을 심다(2017.5.9~14)〉, 5회 〈융합, 소통 그리고 교류(2018.10.8~14)〉, 6회 〈예술의 꽃을 피우다(2019.10.19~25)〉라는 주제로 열렸다.

2011년 제1회와 한인문예총 종합예술제 포스터

특히 4대 김문환 회장이 기획해 12개 단체가 참여한 '2회 종합예술제'는 다가올 한인이주 100년(양국 수교 50주년, 2023), 한인기업사 50년(2018)을 맞이한다는 뜻에서 기획했으며, 세대교체를 맞은 한인사회가 올바른 방향으로 나아가기를 바라는 마음에 한인 1세대 기업과 기업가들의 후원이 이어져 더욱 의미가 깊다.

2019년 6회 종합예술제 중 플래시몹 '나는 대한민국이다.'

1대 신상석 회장을 시작으로 2대 손인식, 3대 한상재, 4대 김문환, 5대 강희중, 6대 사공경, 7대 박형동 회장이 한인사회 문화 리더 역할을 훌륭히 소화해 냈으며, 현재는 8대 채영애 회장이 이끌고 있다.

• 문예총 단체별 활동 : 문화로 융합, 소통 그리고 교류하다

인도네시아에 거주하는 3~6학년 초등학생으로 구성된 **자카르타 한인 어린이합창단**은 한인 단체 중에서 가장 사랑받고 있다. 초대 지휘자 김영희를 주축으로 2005년에 창단했으며 현재 지휘자 안영수, 반주자 조진영, 담당자 황보라 씨가 32명의 어린이합창단을 이끈다. 2010년 경기도 안산시의 '국경없는 마을'에서 주최한 인도네시아 근로자를 위한 위문공연과 SBS 프로그램 〈스타킹〉에 출연했으며, 2011년에는 문체부와 해외문화홍보원, 국가브랜드위원회에서 주최한 한-인도네시아 수교 38주년 기념행사, 포스코(POSCO)가 주최한 인도네시아 일관제철소 착공 공사 축하공연을 성황리에 마쳤다. 2013년에는 한-인도네시아 수교 40주년 축하 공연, 2013년 · 2017년에는 박근혜 · 문재인 대통령 국빈 방문 행사, 2018년 자카르타-팔렘방 아시안게임과 코리아 페스티벌, 2019년에는 3 · 1운동 100주년 기념식과 현지 방송국 R-TV의 생방송에 출연했다. 그 외에도 양국의 문화 교류 행사 섭외 1순위로 꼽힌다.

사랑과 평화를 상징하는 자카르타 한인 어린이합창단 (2018년 5회 문예총 종합예술제에서)

월화차회의 제7회 한국 전통문화의 밤

김명지 선생이 1993년 10월에 창립한 한인사회 최초의 한인문화예술 단체인 **월화차회**는 1기 5명의 연수반 수료를 시작으로 2015년 44기까지 251명의 졸업생을 배출했다. 현재는 이춘순 회장과 조교 · 총무 김인순, 회계 이선주, 서기 김신영 12명의 회원이 매년 정기적으로 신년 차회, 화전 만들기, 칠석 차회, 낙엽 차회 등을 갖는다. 12회까지 이어진 정기 발표회 '한국전통문화의 밤' 행사에서는 한인과 현지인 그리고 외국인들과 함께하며 내방차법, 기로 차회, 사물 장단과 전통춤을 선보이고, 시 낭송을 접목해 역동적 행사로 만들었다. 또한 한국문화 교육기관의 역할을 담당했으며, 1997년에 열린 'JIS UN Day' 기념행사에서 소고무 공연을 선보였다. JIS와 JIKS에서는 방과 후 수업으로 다도와 예절교육을 진행했다.

2000년에 창단한 **한인미술협회**(미협)는 마하깜 호텔에서 창립전을 열며 자카르타 한인사회에서 최초로 결성된 '전문 예술 그룹'의 탄생을 알렸다. 17명이 한국관에서 창립 총회를 열고 한인미술협회 정관을 채택하면서 박홍식 화백을 초대 회장으로 선출했다. 이어서 2대 홍미숙, 3대 이은수, 4대 인치혁, 5대 이은수, 6대 이수진, 현재 7대 신돈철 회장과 22명의 회원이 활동하고 있다.

미협은 매년 1회의 정기전과 다양한 주제의 그룹전, 개인전을 치르며 자카르타 예술대학교(Institut Kesenian Jakarta, IKJ)와 거리 벽화(주최 재인도네시아한인회)를 작업하거나 족자예술대학교와 협업하며 공동 전시와 국제 어린이 사생대회, 현지 작가와의 교류, 미술 워크숍을 진행한다.

족자 ISI대학교 교수들과 한인미술협회와 콜라보 특별기획전 전시 중 ISI대학교 학생들과 가진 워크숍 행사(2018)

2001년 음악 전공자들이 모여 창단한 **자카르타 한인음악협회**(음협)는 이은애 초대 회장을 시작으로 2대 김순재, 3대 이일하,

4대 채영애 회장이 선출되었다. 현재 20여 명의 회원이 월 1회 정기 모임을 가지며 2년마다 정기 연주회와 청소년 음악회, 초청 공연, 찾아가는 콘서트 등을 통해 관객을 만난다.

2019년 자카르타 한인음악협회 정기연주회

특히 2003년 2월 자카르타에 있는 200년 전통의 공연장인 '그둥 끄스니안(Kesenian)'에서 열린 제3회 정기 연주회에 현지인 신학 대학생들의 합창회도 함께 열렸다. 같은 해 5월에 '청소년 초청 연주회'를 갖는 등 한인들의 음악 교육과 양국의 음악 교류에 앞장서고 있다.

2001년 1월에 김명지 시인이 초대 회장으로 추대되면서 창단한 **한국문인협회**(문협)는 한국 청소년 백일장을 개최하며 본격적인 활동을 시작했다. 협회 활성화를 위해 사공경 시인은 2006년 '테마가 있는 작은 시 낭송회'와 시화전을 3회 개최했으며 2010년 2대 한상재 회장이 조직을 재결성했다. 3대 사공경, 4대 서미숙 회장으로 계보가 이어지며, 현재 22명의 회원이 창작 활동에 매진하고 있다. 특히 2012년부터 회원들이 개인 저서를 잇따라 출간하고 있으며, 2013년 6월 한국문인협회 인도네시아 지부로 인준을 받았다. 2014년 최준 시인을 초청해 자카르타, 수라바야, UI에서 열린 문학 강좌를 시작으로 도종환 시인(2015), 정호승 시인과 문정희 시인(2016)을 초청해 문학 강연을 가졌다. 2019년에 초청한 공광규 시인은 문학 강연과 UI에서 번역 시집 『햇살의 말씀(Pesan Sang Mentari, 번역 : 하찐따 루이사)』 북 콘서트를 열었다. 서미숙 회장은 2017년 제정된 '적도문학상' 시상식에 한국문협 이사장 문효치 시인을 초대했으며, 문인을 배출하는 데도 힘쓰고 있다. 2013년 11월에 《문학과 사람》으로 시작한 동인지는 2019년 《인도네시아 문학》으로 개명해 6권까지 간행되었다.

한국문인협회 동인지 창간호

서예협회는 2005년 인재 손인식 서예가의 제자들이 모여 '자카르타 필묵 인연'이란 의미의 동인회를 결성하고, 2011년 12월 사단법인 한국서예협회 인도네시아 지회의 설립 인준을 받았다.

2019년 제3회 적도문학상 시상식

1대 임재호, 2대 강희중, 3대 제경종, 4대 양승식, 5대 송판원, 현재 6대 김영주 회장으로 이어졌고, 30여 명의 회원들과 습자를 하며 해마다 정월 대보름날 행사와 현지 학생 장학금 전달식 등 자선행사도 펼치고 있다.

2005년 12월에 창립전인 제1회 〈자필묵연전〉을 시작으로 2011년 자카르타 한국문화원 개관 기념전 〈한국의 정신, 문인화〉, 2012년 〈서예, 한중일 교류전〉이 열렸다. 그 밖에도 2015년 서울 인사동, 2019년 부산시청 전시장에서 제15회 정기전(인도네시아 13회, 한국 2회)을 개최했다. 정기전을 열 때마다 '도록'도 발간했으며, 특히'귀국전'을 통해 인도네시아 한인사회의 단면을 문화적으로 보여주었다. 회원들은 2006년부터 '대한민국 서예대전'과 '서울 서예대전' 공모전에 작품을 출품, 총 17여 회에 걸쳐 입상하며 서울 서예대전 초대 작가 10인과 대한민국 서예대전 초대 작가 3인이 탄생했다.

2008년 5월, 전통 풍물놀이에 관심 있는 64명이 만든 **한바패**는 한양의 '한'과 자카르타의 옛 이름인 바타비아의 '바', 무리를 뜻하는 우리말 '패'를 합성한 전통 풍물놀이패다. 초대 회장 장방식에 이어 2대 박형동 회장이 인도네시아 전통 악기 '가믈란'과 협연하는 등 양국의 문화 교류에 힘쓰고 있다. 2018년 아시안게임 때는 한바패를 중심으로 한인이 하나 되어 대한민국 선수단을 응원하는 진풍경을 연출했으며, 인도네시아 정부나 한국대사관, 한인회 주관의 아시아-아프리카 카니발(반둥), 자카르타 기념일, 아세안 50주년 퍼레이드, 삼일절, 8 · 15광복절 등에도 빠지지 않고 초대받는다. 인도네시아 여러 지역(남부 술라웨시주 토라자, 북부 말루쿠주 뜰룩 지롤로(Teluk Jilolo),

2012년 자카르타에서 열린 〈자필묵연전〉

동부 칼리만탄주 브라우(Berau) 스마랑, 즈빠라, 찌르본, 띠둥 섬(뻴라우스리부 등)에도 초대받아 풍물을 통해 한국문화를 알렸다.

문예총 종합예술제에서 한바패 공연

한국국악사랑은 2012년 9월에 창단한 단체로 장방식 단장의 가족이 풍물과 사물놀이, 판굿, 기악, 민요, 무용 등으로 국악을 알리며, '2014년 한국-인도네시아 문화의 달 페스티벌' 행사에서도 한바패, 어린이합창단과 함께 공연을 펼쳤다. 한국국립남도국악원의 초청으로 정기 연수를 받으며 기량을 닦아 2019년 12월에 열린 191회 반뜬주 창립일 기념행사에서 위너상을 수상했다.

2003년 고관복 지도 선생을 중심으로 7명이 창단한 **자카르타 색소폰동호회**는 1대 배종문, 2대 위진복, 3대 강희중 회장에 이어 4대 박의태 회장이 역임 중이며, 2020년 창립 17주년을 맞이했다. 현재 18명의 회원들은 2009년부터 매년 송년 음악회를 개최하며, 특히 2016년부터 2018년까지 매달 한국인이 많이 거주하는 끄망 빌리지몰 야외 무대에서 한인과 현지인이 어우러져 공연을 펼쳤다. 자선바자회와 불우이웃돕기 연주도 펼쳐 현지 고아원을 도왔다.

루시 플라워(현 한인꽃꽂이회)는 2004년 한국꽃예술작가협회 인도네시아 지부로 출범하면서 한인성당에서 창립 기념 전시회를 열었다. 2000년 최정순 사범의 꽃꽂이 수업을 시작으로 싱가포르 전시회를 거쳐 본격적인 활동을 시작했다. 회원들 대부분이 주부로, 꽃을 통한 예술 활동과 봉사 활동을 펼치고 직업으로 연결될 수 있도록 수업한다. 해마다 종합 예술제를 빛내는 꽃 전시회도 여는데, 2019년 10회를 맞이했다. 최정순 초대 회장에 이어 2019년에는 김수남 회장이 수장을 맡으며 '한인꽃꽂이회'로 개명했다.

2011년에 '노래를 사랑하는 아버지들의 소모임'에서 출발한 **자카르타 아버지 앙상블**은 2012년 6월 '제2회 성악 발표회'에서 안영수 씨의 지휘로 첫 무대를 선보인 이후 단원이 늘며 단체가 활성화되었다. 2019년 5회 정기 공연을 열었으며 각종 한-인도네시아 문화 행사에서 무대를 빛냈다. 단장 김종규, 총무 박준희, 지휘자 안영수, 반주자 최유림을 비롯해 13명의 회원이 뿜어내는 유쾌한 에너지가 한인사회에 큰 활력을 불어넣는다.

2015년 4월에 창단한 **아르떼(Arte, 예술) 여성합창단**은 음악을 사랑하는 여성 단원으로 구성되었다. 채영애 단장과 28명의 단원은 정기 연주회와 작은 음악회, 순회 연주나 각 단체 행사에 찬조 출연하며, 자아를 실현하는 아름다운 예술 단체로 활동 중이다. 〈Fun Act Mural 2015〉 축하 공연과 2016년부터 여러 번 출연한 기독교 방송(CGNTV) 드림콘서트, '문재인 대통령 교민 환영 만찬 축하 공연'(2017), 재인도네시아한인회 송년의 밤(2018), 삼일절 기념행사(2019) 등에서 공연하며 폭넓은 활동을 이어간다.

2008년에 창단한 **자카르타 극동방송합창단**은 현재 활동하고 있는 합창단 중 역사가 가장 깊은 단체다. 2016년 문예총에 가입했으며, 단장 윤창식, 총무 박정욱, 지휘 신정일, 부지휘 김동식, 반주 구희정 외 24명의 회원이 활동한다. 2008년 12월 창립 콘서트 성탄 연주회 'White Concert'를 시작으로 매년 정기 연주회와 자카르타 한인연합합창제 'The Choir'에 참여한다. 참고로, 2010년 창단된 최초의 한인 청소년 오케스트라 '극동방송 청소년 오케스트라'는 청소년 문화 단체의 모태가 되었으며, 자선공연을 통해 NGO 단체들을 한인사회에 소개한다.

재인니 자카르타 한인오케스트라는 첼리스트 허민경과 바이올리니스트 허진경 자매를 중심으로 2014년 5월에 창단한 생활 예술 연주 단체다. 그해 창단을 기념해 남녀노소, 66명의 전공자와 비전공자가 '제1회 미니 클라스 콘서트'를 함께 개최했으며, 2016년 문예총에 가입한 이후 활발한 활동을 펼치고 있다. 2015년부터 시작한 '찾아가는 음악회'를 통해 병원, 고아원, 한센인 마을 등 사회의 구석진 곳에 온정을 나누고 있다. 일본 '냐만' 프로젝트 초청 음악회, 기독교 방송(CGNTV) 드림콘서트, 웨슬리 신학대학 초청, 코리안 페스티벌 한복 패션쇼 등에서도 연주를 선보였다.

자카르타 한인무용단은 2017년 정방울 단장을 주축으로 창단했으며, 현재 9

명의 무용 전공자가 '한국인의 얼'을 전하고 있다. 같은 해 5월 4회 문예총 종합예술제에 초청받아 '아리랑'으로 첫 인사를 올렸으며, 2018년 문예총에 가입했다. 재인도네시아한인회와 국제부인회, 한국관광공사, 한국문화원 등이 주최하는 국제행사에 빠지지 않고 초대받으며 인기를 누리고 있다. 2019년에는 까라왕시에서 주최한 'Goyang Karawang', 수마트라 부낏띵기시 235주년 기념 초청 공연에 한국 대표로 참석했으며, '솔로 세계 아트 페스티벌'에선 기획자로 활약했다. 한국문화원에서 현지인들에게 주 2회 한국무용을 가르친다.

한지공예는 2016년과 2017년 문예총 종합예술제에 초대되어 전시한 것을 계기로 2018년 문예총에 정식 가입했다. 김경애 회장과 국미옥 총무를 포함한 16명의 회원은 타지에서 한지의 우수성과 한국의 전통문화를 알리는 작품을 여러 행사에서 선보인다. 공예 재료를 한국에서 공수해야 하는 어려움이 있지만, 한국 전통의 멋이 담긴 작품을 선보이기 위해 노력하고 있다.

자카르타 사진동호회는 2019년 문예총에 가입하면서 공식 출범했다. 2008년에 만든 헤리티지 포토 그룹이 모태이며, 한동안 활동이 뜸하다 2017년 9월에 재개했다. 현재 최종윤 회장과 이수진 부회장 외에 10명의 회원이 활동하는데, 매월 1회 정기 출사를 진행한다.

2016년에 열린 제3회 '종합예술제'에서 조태영 대사는 "인도네시아 한인사회는 문화와 예술을 사랑하는 단체의 활동이 많아 다른 나라의 한인사회보다 더 역동성이 느껴진다"라고 말해 한인 문화예술인들의 존재감을 각인시켰다. 이는 선대가 이루어놓은 터전을 바탕으로 한인문화예술이 꽃피며 민간 문화외교의 한 축을 담당한다는 뜻으로 해석된다. 실제로 인도네시아 한인문화예술인들의 활동은 해외 한인사회 문화 교류의 모범 사례로 평가받고 있다.

한국과 인도네시아가 서로 만나 다양한 화음을 내면서 하나가 되려는 노력은 인도네시아의 국가 철학인 '빤짜실라(Pancasila)-다양성 속의 통일'과도 일맥상통한다.

특별한 민간교류 – 문화예술

민간인이 주도한 남북 문화 교류 〈북녘 미술 이야기〉

2002년 9월 자카르타 끄망 갈레리 678(Kemang Galeri 678) 갤러리에서 처음으로 북한 미술품 '보석화(천연 돌가루 그림), 수예자수화, 동양화, 유화' 등 120점을 전시해 눈길을 끌었다. 금강산, 칠보산, 동해, 산과 들이 담긴 작품에서 고국의 그리움을 느낄 수 있었으며, 북녘의 생생한 모습을 만나는 좋은 기회였다. 전시장에는 한인과 인도네시아 현지인, 외국인들이 방문해 대성황을 이루었는데, 특히 일본 교민회에서도 많은 관심을 가졌다.

〈북녘 미술 이야기〉 전시회 포스터

이 전시를 기획하고 주최한 '송재선 인도네시아 수석협회장'은 북한 정부로부터 공식 초청을 받아 2002년 2월 20일 평양에 도착한 후 북한 수석협회와 북한에서 인민 화가나 공훈 화가들의 작품을 전시한 만수대 창작사를 방문했다. 이후에도 북한을 세 차례 공식 방문하면서 북한 미술품을 수집해 전시하게 되었다. 송 회장은 전시회를 마치고 인도네시아 수석인 25명을 인솔해 평양을 방문, 전시회 판매금 중 5,000달러를 평양 시내 보육원에 전달했다. 〈북녘 미술 이야기〉는 남북 문화 교류가 민간인에 의해 주도되었다는 데 큰 의의가 있다.

정종여 화가의 작품 '새'

전시 그림 중 안타까운 사연이 전해지는 동양화(조선화) '새'도 있다. 1914년 경남 거창에서 태어난 정종여 화가는 6 · 25전쟁 중 납북당한다. '새'는 끝내 전향서를 거부한 화가가 고문 후유증으로 1984년 12월에 작고하면서 남긴 유작이다. 죽어서 새가 되어 고향으로 날아가고 싶은 마음을 표현했다고 한다.

유도요노 대통령도 감동한 '파이디온 달란트 기술학교'의 30년

2006년에 열린 '대통령궁 초청 전시회'에서는 한국인 교사가 지도한 농아 장애인 제자들의 컴퓨터그래픽 실황, 유화, 섬유 예술 작품이 소개되었다. 이를 감상하던 수실로 밤방 유도요노 대통령과 영부인 그리고 각료와 내빈들은 "땡큐 코리아! 뜨리마까시(terimacash, 감사합니다)"를 연발하며 감사를 표했다. 한 국가의 대통령이 이방인 이교도에게 감사의 말을 전하는 데에는 미술을 전공한 석진용 · 김금사 선교사 부부의 헌신이 있었다.

선교사 부부가 운영하는 '파이디온 달란트 기술학교'는 불우청소년과 농아 장애인들이 꿈을 찾아 성장하도록 자립시켜 인도네시아 사회(복지)부에서 기술학교 프로그램을 인정받아 모범 기술학교로 지정되었다. 2005년에 열린 '장애인의 날' 행사에서도 '한-인도네시아 친선 작품 전시회'를 소개하기 위해 《TVRI》, 《RCTI》, 《연합뉴스》 등 여러 언론 매체가 몰려와 취재 열기가 뜨거웠다. 이를 계기로 석 선교사는 인도네시아 국적을 취득했다.

나폴레옹 장군을 가장 좋아하는 유도요노 대통령에게 해당 작품을 기증한 석진용 · 김금사 선교사 부부

몽환적이고 장엄한 서사시, 앙드레 김 자선 패션쇼

2000년 전에는 인도네시아에서 열리는 큰 규모의 한국문화 행사(패션쇼)가 귀하던 시절이었다. 그런데 1999년 3월 12~13일, 인도네시아 최대 민영방송 RCTI 초청으로 물리아(Mulia) 스나얀 자카르타 호텔에서 '앙드레 김 자선 패션쇼'가 열리면서 이목을 집중시켰다(후원 : 민영방송 JAKPROM, (주)스타네시아(대표 정동진), 한국 대한항공). 톱 탤런트 김희선, 김석훈 등의 한국 모델과 현지 모델 27명이 〈세계의 축제〉, 〈동양의 신화〉 등 5개의 주제로 꿈의 무대를 펼쳤다. 이 행사의 대표적 작품은 뱃노래에 맞춰 7겹의 망토를 한 겹씩 벗는 이브닝드레스였는데, 갈색 망토를 열자 금색으로 그린 이슬람 사원이 보였고 관람석에서 박수가 터져 나왔다. 더욱이 가루다 문장, 힌두 조각상, 사원 등의 페인팅은 환상적 조명, 매혹적 백 음악과 어우러져 동양의 신화가 전설의 로맨스로 재탄생하는 순간

패션쇼의 정수를 보여준 세계적인 디자이너 앙드레 김 패션쇼 포스터

이었다. 세계적 디자이너 앙드레 김 패션쇼는 이틀간 1,500명 이상이 관람했으며, 도우미로 많은 JIKS 학생과 학부모가 자원하면서 더욱 풍성한 축제가 되었다.

한류가 시작되기 전 열린 '한-인도네시아 친선 미술전'

한인 신발 제조업체인 '뻬떼 쁘라따마 아바디 인두스트리(PT. Pratama Abadi Industri)'는 1999년 인도네시아 진출 10주년을 기념하면서 〈한국-인도네시아 친선 미술전〉을 파크 플라자 호텔에서 열었다. 이 전시회는 국내에서조차 기업의 사회적 역할과 문화 활동이 드물던 시절 고국의 화가들을 초대해 문화 교류를 시도했다는 데 큰 의미가 있다. 그뿐 아니라 한인들의 문화적 욕구 충족은 물론 인도네시아에 한국문화를 알리는 데에도 큰 역할을 했다. 이 행사에는 부산-경남 가야 미술 동인회를 비롯한 15인의 작품이 전시되었다. 당시 개막식에는 홍정표 대사 내외를 비롯해 많은 귀빈이 참석해 자리를 빛냈다.

화현 갤러리의 아름다운 나눔 전시회

2010년에 오픈한 '화현 갤러리(Bekasi 소재)'는 강희중 대표가 개인적으로 수집한 1만여 점의 한-인도네시아 골동품, 수석, 분재 등이 다양하게 전시되어 있다. 화현 갤러리는 자카르타의 여러 단체와 함께 〈아름다운 나눔〉 전시회를 주최해 2010년에는 족자 화산 피해, 2012년에는 한국학교 후원, 2016년에는 루마인다 유치원과 한인회 불우이웃돕기 성금을 후원했다.

큐레이터이자 교육자인 '전정옥'의 인도네시아 미술 교류에 대한 뜨거운 열정

자카르타에 기반을 둔 큐레이터 전정옥 씨는 한인사회보다 인도네시아 미술계에서 더 유명한 작가다. 2011년 인도네시아로 온 후 인도네시아 지역 작가들을 국내외에 소개하는 데 주력했고, 현재 아르코랩스(Arcolabs)의 디렉터이자 자카르타시립대학교 미술 학도들에게 강의하고 있다. 2013년부터 2017년까지는 한국문화원이 주최한 〈한-인도네시아 미디어 설치미술전〉을, 2014년과 2015년에는 주아세안대한민국대표부가 주최한 〈한-아세안 현대미술전〉을 기획했다. 최근에는 인도네시아 교육문화부와 함께 '미디어 아트 주간(Pekan Seni Media)'을 동부 칼리만탄주 사마린다(Samarinda)에서 진행했다.

뉴미디어 아트 전문가로서 대안 미술 교육 프로그램을 자체적으로 개발하며 각종 국제 학술 세미나에서 기조연설을 하는 등 인도네시아 미술계의 숨은 보석으로 인정받고 있다. 2020년 7월부터 9월까지 코로나19 상황에서도 찌르본에서 '메이드 인 찌르본' 프로젝트를 주관했는데, 미술 · 과학 · 자연까지 융합한 주제로 '예술 릴레이 실험'을 진행했다. 이는 한국문화예술교육진흥원이 주최한 ODA(공적 원조) 문화 콘텐츠 사업이다.

런던 슬레이드 예술학교 수석 졸업, 미술계의 신진 신하늘 화가

자카르타에서 초 · 중 · 고등학교 시절을 보낸 미술계의 신진, 신하늘 작가는 런던 슬레이드 예술학교를 수석으로 졸업하고 왕립예술대학원에서 석사 과정을 마쳤다. 2014년 자카르타로 돌아와 인도네시아에서 작가로 활동 중이다. 2014년에 첫 개인전을 가진 후 런던, 서울, 자카르타를 오가며 세 차례의 개인전과 다수의 단체전에 참여했다. 'Ciputra Artpreneur Theatre, Bazaar Art(2016)'와 'Art Jakarta(2019)'에 참가했고 인도네시아 국제 아트 페어를 준비하고 있다.

한-인도네시아 문화의 허브센터, 한인니문화연구원

'한인니문화연구원(연구원)'은 사공경 원장의 주도로 1999년 재인도네시아한국부인회의 문화탐방반에서 시작한 비영리단체다. 인도네시아 문화와 교류하면서 다름의 가치를 깨닫고, 한국 고유의 정체성과 전통문화에 대한 자각을 모색했다.

한인사회의 문화적 갈증을 해소하기 위해 2001년 '한인회문화연구회'로 거듭났으며, 점차 활동 범위를 넓혀 2011년 사단법인 '한인니문화연구원'(이사장 김상태 · 송재선)으로 개원, 2014년부터 한인회 산하 '한인니문화연구원'으로 거듭났다. 최근 한국정부의 신남방정책에 발맞추어 현지에서 육성된 문화단체와 전문가의 역할이 더욱 중요해짐에 따라 연구원은 '인도네시아 문화의 허브센터' 역할을 충실히 해내고 있다. 현재까지 사공경 원장을 주축으로 신유희, 채인숙, 정윤희, 조은숙, 최미리 부원장으로 이어지고 있다. 그 외 팀 리더 10명과 함께 객원 연구원(서울대 사회과학연구원 소속) 3명과 특임연구원 10여 명이 일하고 있다.

제1회 인터넷문학상에서 인사말을 하는 한인사회문화계 리더 사공경 원장. 인도네시아 현지 문화와 역사가 있는 곳엔 언제나 그녀가 있었다. 20년 이상 문화연구원을 이끌며 인도네시아 '민간 문화 외교관' 역할을 해왔다.

• 한인니문화연구원의 주요 활동사

한인들 사이에 한인니문화연구원 하면 가장 먼저 떠오르는 활동은 첫 번째로 '문화탐방'을 꼽는다. 인도네시아 문화의 보편성과 특수성을 배우기 위해 곳곳을 누비며 전통 그리고 현재를 체험한다. 1999년 4월부터 시작된 '문화탐방'은 현재까지 335회를 기록하며 연구원의 장수 프로그램으로 자리 잡았다. 2019년 9월부터는 '인도네시아 한인사 100년의 발자취를 더듬다'라는 기획 탐방을 시작해, 고려독립청년당 독립투쟁 현장과 암바라와 위안소를 탐방(334회)하며 의미를 더했다. 문화탐방을 통해 쌓인 노력의 결실로 2001년과 2002년에는 〈인니 풍물 사진전〉을, 2004년에는 〈100회 문화탐방 기념〉 사진전을 3회에 걸쳐 개최했다.

1999년 루아르 바땅 수상가옥 마을 탐방

두 번째 활동은 현재까지 68회 진행한 '열린강좌'와 '자카르타 역사 연구팀'이다. 각계 전문가를 초빙해 진행하는 열린강좌는 2010년부터 인도네시아의 역사와 문화, 유적에 대해 깊이 있는 연구와 이론을 공유하는 자리로 진행되었다. 수많은 지성인과 전문가 인사들이 연구원을 다녀갔고, 한인들과 소통했다. 대표적 강좌는 성찬 스님의 '보로부두르', 가종수 교수팀의 '숨바 섬의 지석묘를 통해 본 고인돌', 양승윤 교수의 '수카르노와 수하르토', 김문환 선생님의 '인도네시아, 굴곡의 현대사', 안선근 교수, 서울대연구원 이지혁·엄은희 박사의 강의 등이 있다.

2020년 2월에는 '자카르타 역사 연구팀'을 결성해 자카르타 옛 도심을 탐방, 역사적 사건과 문화에 관해 연구하고 한인 언론사에 칼럼을 연재하고 있다.

세 번째는 '인도네시아 이야기, 인터넷 문학상 공모전'과 '번역집'을 통한 문화 교류다. 2010년에 시작한 문학상 공모전은 2019년 10회를 맞았다. 시상식과 축하 공연은 인도네시아 전통공연과 한국공연이 어우러져 인도네시아인은 물론 외국인들도 참여하는 국제행사로 발전하고 있다. 그리고 2017년부터 함께 한 인도네시아 대학생 한글에세이대회(기획 : 국제한국학회(INACOS), 한국학과연합회(APSKI), 후원 : 한국대사관, 삼성전자, 연구원), '나의 한국 이야기' 수상자 초청도 4회에 이르렀다.

출판권 약정 체결로 출판에도 협력해 시집(야자수 성자), 문학서(막스하벨라르, 인도네시아 위안부 이야기), 만화, 소설 등 여러 도서의 번역과 출판 기념회를 협력·주관했다.

국제행사로 자리매김한 인터넷 문학상 시상식(9회)

• 문화 소통의 통로가 되다

2012년 9월에는 예술 공연 〈누산따라에서 한반도까지〉를 개최했으며, EBS 세계 문화유산 다큐멘터리 〈앙끌룽, 사만가요〉 현장 진행을 담당했다. 2015년에는 K-TV에서 〈구루 사공, 소통의 길을 가다〉라는 제목으로 다큐멘터리를 제작했다. 더불어 한국 초등학생과 인도네시아학생(오바마 스쿨 5 · 6학년 100명)들의 펜팔을 주선하며 〈아세안은 내 친구〉 프로그램도 진행했으며, 한국문화원, 한국학교 행사에도 협력했다. 또한 서울예술대학교, 서울대학교신흥지역연구단, 인한친선협회 등 10개 이상의 한국 · 인도네시아 기관과 MOU를 체결해 소통의 기반을 닦고 있다.

• 한국과 인도네시아의 문화 교류

연구원은 2016년부터 바틱 전시회도 다양한 형태로 개최했다. 〈바틱, 느린 영혼의 여행〉이라는 주제의 전시회를 6회(한국 4회, 자카르타 2회)에 걸쳐 열었으며, 사공경 원장은 한국과 인도네시아의 대학에서 세미나 형식의 바틱 강의를 20회 이상 했다. 대표적 전시회는 한세 기업 초청전 〈바틱, 인도네시아의 여행〉(서울 인사동, 2016.6), 〈빛과 바틱의 만남〉(서울예술대, 2016.7), 부산아세안문화원 전시(2019.5.) 등이다. 2018년에는 한국 퀼트 페스티벌(2018.11), 이정효 작가의 복주머니와 오방색을 인도네시아의 바틱 · 와양의 협업 전시(한국문화원 초청, 2018.10), 소망 담은 민화(2018.10) 등의 전시회를 주관 · 기획 · 후원했으며, 인도네시아 융합형 아티스트 하리 다르소노(Harry Darsono)의 한국 초청 강연도 5회 기획 · 주관했다.

한세 초청 전시 〈바틱, 인도네시아의 영혼(2016)〉

한국문화원과 함께 서울예술대학교 장애인올림픽 축하 공연(2018.10), '3 · 1운동 및 대한민국 임시정부수립 100주년 기념 세미나'(2019.3)를, 재인도네시아한인회, 히스토리카 인도네시아, UI와 함께 '인도네시아 독립 영웅 양칠성 세미나'(2019.8)도 개최했다.

②

정부기관, 지방자치단체, 공기업

신한류 확산의 중심 '재인도네시아한국문화원'

2009년에 '한-아세안 정상회의'와 '아세안+3 정상회의'를 통해 한-아세안 관계가 전략적 동반자 관계로 격상됨에 따라 한국문화의 현지 전파와 확산, 양국 간 문화와 인적 교류를 통한 우호 협력과 상호 이해 증진을 위해 재인도네시아 한국문화원이 2011년 7월 18일, 자카르타 중심에 있는 이쿼티 타워(Equity Tower) 17층에 문을 열었다.

한국문화원은 전시, 공연을 위한 다목적 홀과 도서관, 멀티미디어 룸, 강의실 등의 시설을 갖추고 공공외교사업을 목적으로 외교부, 해외문화홍보원 등 다수 기관과 협력해 'K-팝 페스티벌'과 글로벌 한류 퀴즈 프로그램 '퀴즈온 코리아'의 인도네시아 예선을 개최하고 다양한 한국문화예술 초청 공연을 주최하고 있다.

2019년 뜨꼬낭자와 출범식과 행사 포스터

2019년에는 대사관과 함께 인도네시아 지방과 교류 · 협력을 강화하기 위해 푸드트럭을 타고 찌레본, 브레베스, 솔로, 수라바야까지 동서로 1,000km에 달하는 5개의 지방 도시를 방문했다.

'한국 친구, 자바에 오다!'라는 뜻의 이 한류 종합 로드쇼 '뜨꼬낭 자와(Teman Korea(Teko) Nang Jawa!)'를 기획 · 진행해 그해 외교부 평가에서 최우수 공공외교사업에 선정되었다.

이 밖에도 한국문화의 대중화를 위해 한국콘텐츠 경연대회 '별별스타', 한류문화 체험과 학습을 겸하는 '문화가 있는 날', 아직 한류가 낯선 지방을 직접 방문하는 '찾아가는 한국문화원', 한국영화를 상영하는 '영화가 있는 날', '한국어 말하기 대회' 등 한국문화홍보사업도 진행하고 있다. 한국문화예술단 초청 공연, 각종 K-팝 행사와 한식 행사, 국악, 태권도 등 한국문화를 소개하고 체험하는 문화 강좌와 발표회도 함께 열고 있다.

한국문화원 개원과 함께 자격증을 갖춘 교사들을 기용해 운영한 한국어 교육과정은 2016년부터 '세종학당' 시스템에 편입되었고, 연간 800명 전후의 수강생들을 가르치고 있다. 초대 김현기 원장, 2대 김석기(2013.2.21.~2017.2), 3대 천영평(2017.4.5~2020.4) 원장에 이어 4대 김용운 원장이 2020년 4월 5일 부임했다.

한국국제협력단, 코이카

외교부 산하 정부 출연기관인 코이카(한국국제협력단, KOICA)는 국가 간 우호협력 관계와 상호 교류 증진, 경제 · 사회 발전 지원을 목적으로 현지 무상원조사업을 진행한다. 1992년 9월 1일, 첫 번째 코이카 해외사무소가 인도네시아 자카르타에 설치되었다.

코이카는 1991년부터 2019년까지 총 224억 달러 규모의 '국별 협력 프로젝트 사업' 66건(현재 14건 진행 중), 파견국의 빈곤 감소와 지속적으로 발전할 수 있도록 지원하는 'WFKWFK(월드프렌즈코리아) 해외 봉사단 파견사업'(총 4,290명), 개도국의 성장 개발에 필요한 기술 습득과 역량 개발을 지원하는 '연수사업(CIAT)'(총 3,731명), 민관 협력사업, 국제기구 협력사업, 인도적 지원사업 등 다양한 방식으로 무상원조사업을 진행해왔다.

인도네시아에서 펼친 '연수사업'으로는 인도네시아 대통령 기록물 관리, 국세 행정, 행정인력 관리, 환경 감사, 개발정책 기획, 사회보장 체계, 내각정책 리더십, 찌따룸강 홍수 예 · 경보 등 역량 강화를 위한 사업을 진행하고 있다. 정부, 기업, 시민사회, 대학 등 여러 주체들의 전문성을 연계한 다양한 '민관협력사업'도 병행하고 있다.

'국제기구협력사업'으로는 UNESCO(유네스코) 인도네시아, 나미비아 사이언스 파크, 비즈니스 인큐베이터 구축 지원사업 등이 진행되고 있다. 코이카는 이러한 사업 진행을 위해 인도네시아 정부 각 부처, 봉사단 파견 기관(지방정부, 대학, 고등학교 등)과 긴밀한 파트너십을 맺고 있다.

인도네시아는 공적개발원조(Official Development Assistance, ODA) 중점 협력국이자 신남방정책협력 대상국으로 우리 정부가 2019년 '한-아세안 정상회의'에서 2022년까지 아세안 무상원조를 2배 증액하기로 약속한 바에 따라, 대인도네시아 ODA 규모는 지속적으로 확대될 전망이다.

코이카는 초대 이경구(1992.9) 소장을 시작으로 2대 이형덕(1994.8), 3대 배용파(1995.5), 4대 조한덕(1995.11), 5대 이형덕(1996.9), 6대 신동필(1997.3), 7대 이수광(1998.9), 8대 이해균(2000.8), 9대 김인(2002.8), 10대 한충식(2004.8), 11대 이종선(2007.3), 12대 최성호(2010.3), 13대 김병관(2013.2), 14대 오기윤(2016.8) 소장이 역임했고, 현재 15대 정회진 소장이 2018년 8월 2일 부임해 근무 중이다.

신남방정책의 핵심 동력, 코트라

• **코트라 자카르타 무역관**

대한무역투자진흥공사(코트라)는 수출 진흥 전담 기관이다. '코트라 자카르타 무역관'은 인도네시아와 외교 관계 수립 전인 1964년 11월 1일에 개설한 인도네시아 최초의 대한민국 공공기관으로 시장 조사, 시장 개척, 전시 홍보 등을 주 업무로 하고 있다. 현재는 주인도네시아 대한민국대사관 부속기관으로 편제되어 한국투자기업지원센터 K-Move센터, IP-Desk(해외지식재산센터), FTA 활용지원센터, 한국-인도네시아 비즈니스협력센터를 운영하고 있다.

코트라 자카르타 무역관은 대한민국의 경제 발전 상황과 궤를 같이해 활동하고 있다. 1960~1970년에는 본격적인 수출 드라이브 정책에 발맞춰 수출시장 개척에 나섰고, 1980년대에는 한층 높아진 수출 경쟁력에 힘입어 1981년 6월 '제14회 자카르타 국제박람회'에 참가했다. 1982~1983년에는 자카르타에 공작기계 상설 전시장을 설치해 운영했다. 1980년대 말 이후에는 플랜트 분야로도 사업을 다각화해 '자카르타 국제 플랜트 심포지엄'을 개최했으며, 1990년대에는 일반 특혜관세제도(GPS) 자문관 파견, 연수생 초청 등 인도네시아와 본격적인 인적 교류를 시작했다.

2000년대 들어서면서 한국기업들의 해외 진출이 늘어남에 따라 싱가포르, 아세안 등과의 FTA 체결 등에 발맞춰 FTA 활용지원 설명회, '한-인도네시아 CSR 포럼(2013)', ODA 협력사업, 한류를 한국상품에 연계한 '자카르타 한국 상품전(2013)', 인프라 시장 진출을 위한 '한-인도네시아 기술 로드쇼(2015)'등을 추진했다. 2015년에는 다원화된 기업 지원과 정책 수요를 뒷받침하기 위해 한국투자기업지원센터, IP-Desk(해외지식재산센터), K-Move센터(해외취업지원)와 2016년에는 FTA 활용지원센터를 설치했다.

한편 2017년 11월 문재인 대통령 국빈 방문 때에는 '2017 한-인도네시아 비즈니스 파트너십'을 개최해 양국 간 협력 관계를 더욱 공고히 했다. 특히 최근 수년간 인도네시아 e-커머스 플랫폼 한국소비재 입점 지원사업, 한국보건복지부와 주인도네시아 대한민국대사관 협업사업인 '한-인도네시아 메디컬 & 헬스케어 로드쇼'를 매년 개최한다. 2020년 2월에는 한국정부의 신남방정책에 따라 무역관 내 '한-인도네시아 비즈니스협력센터'가 설치되었다.

여러 현지 기관과 한-인도네시아 상생협력 포럼, 수출 상담회, 세미나, 바이어 방한 유치, 인프라 프로젝트 등의 협력사업을 추진하며 한국기업의 애로 사항 해소에도 힘쓰고 있다. 아울러 한국기업들이 인도네시아 지방 협동조합을 지원하는 일촌일품(OVOP), 한국과 인도네시아 청년들의 취업과 창업 지원을 위한 채용 박람회와 취업 창업 스쿨, 차세대 무역 스쿨 등도 개최한다. '인도네시아 진출 한국기업 투자 환경 개선 보고서', '한인기업 디렉토리', '한인기업 진출 50년 사례집' 등 유용한 자료를 발간했다. 한국기업을 대상으로 법률 상담 서비스 제공과 팀코리아 사업으로 진행된 '자카르타 한류 박람회', '자카르타 국제 프리미엄 소비 대전' 등을 통해 대한민국의 위상을 제고하는 데도 노력을 기울이고 있다.

초대 신상철(1964.8~1967.2), 2대 윤대균(1967.3~1971.2), 3대 강중경(1971.3~1974.3), 4대 김인준(1974.4~1976.5), 5대 김영보(1976.6~1980.3), 6대 김정수(1980.4~1983.5), 7대 정해수(1983.6~1986.9), 8대 김승태(1986.10~1990.3), 9대 박용국(1990.4~1993.3), 10대 이강웅(1993.4~1996.3), 11대 박석현(1996.4~1998.12), 12대 송동규(1999.1~2000.9), 13대 김수익(2000.10~2002.6), 14대 이채경(2002.6~2004.1), 15대 민경선(2004.2~2007.1), 16대 김병권(2007.2~2010.1), 17대 김재한(2010.2~2013.1), 18대 송유황(2013.2~2016.1), 19대 김병삼(2016.2~2019.7) 관장이 역임했으며, 현재 20대 이종윤(2019.8~) 관장이 근무하고 있다. 코트라 자카르타 무역관은 무역 증진에 기여한 공로로 1980년 국무총리 표창을 수상했다.

• 코트라 수라바야 무역관

2012년 10월 15일에 정식 개관한 '코트라 수라바야 무역관'은 인도네시아에서 두 번째, 전 세계에서 115번째 코트라 해외 무역관으로 수라바야에 소재한 유일한 한국공공기관이기도 하다. 초대 김군기(2012.10.15~2014.7), 2대 손병철(2014.8~2017.7) 관장이 역임했으며, 현재 3대 김현아(2017.8~) 관장이 근무하고 있다.

초기에는 현지 지방정부를 비롯한 주요 기관과의 네트워크 형성과 사업 기반 확보에 역량을 집중했다. 2014 서울국제식품산업대전에 동부 자바 식품업체들로 구성된 인도네시아관(주정부관)을 유치해 동부 자바 페어(Jatim Fair), 수라바야 그레이트 엑스포(Surabaya Great Expo) 등 지방정부 주관 행사에 부스를 만들어 참여했다. 수라바야 시 정부 산하 어학당(Rumah Bahasa)이 2014년 한국어 수업을 개설할 당시에는 강사를 파견하거나, 지방정부 공무원과 상공회의소 회원사를 대상으로 리더십 코칭 프로그램을 운영했다.

2017년 11월 문재인 대통령 인도네시아 순방 당시 체결한 '한-인도네시아 조선산업 협력 기반 구축 3자 MOU'는 인도네시아조선협회(IPERINDO), 한국조선기자재공업 협동조합(KOMEA) 등 양국 업종 유관단체와 코트라의 협력 관계를 공고히 하는 계기가 되었고, 2018 인도네시아 조선해양 · 방산 기자재 수출 컨소시엄 사업, 2019 한-인도네시아 해양 파트너링 데이(Maritime Partnering Day), 2019 한-아세안 해양 주간(Maritime Week) 등 여러 대외 협력사업을 추진하는 동력이 되었다.

1994년 수라바야시가 부산광역시와, 1996년에는 동부 자바주가 경남과 각각 자매결연을 맺은 이래 수라바야 무역관은 해당 지자체 파견 무역사절단을 정기적으로 수용했고, 부산광역시와 인도네시아조선협회, 동부 자바 지회와의 MOU(2017), 부산경제진흥원과 인도네시아 최대 국영 해군조선소인 PT. Pal Indonesia(Persero)와의 MOU(2019) 체결을 지원했다. 2019년 제주도에서 열린 '제주도 · 발리주 자매결연 30주년 기념 세미나'에 '발리주 사절단'을 이끌고 참가하기도 했다.

'문화산업의 첨병' 코카 인도네시아 비즈니스센터

중국, 일본에 편중되어 있던 한류 콘텐츠 수출이 점차 동남아시아로 확대되면서 인도네시아는 새로운 한류 수출지로 급부상했다. 이에 따라 2016년 10월 코카(한국콘텐츠진흥원, KOCCA) 인도네시아 비즈니스센터(대표 사무소)가 설립되어 인도네시아 'K-콘텐츠 엑스포'를 겸한 개소식을 치렀다. 현재 2016년 9월에 부임한 김남걸 초대 센터장이 근무 중이다. '코카 인도네시아 비즈니스센터'는 한류 콘텐츠가 제조업, 관광, 식품 등 한류 연관 산업의 동반 진출을 견인하는 신한류 전략을 기반으로 한국콘텐츠의 해외 진출 촉진을 위한 동남아시아 전략 거점을 구축하려는 목표를 이뤄가고 있다.

그 첫 단계로 2016년 5월 한국 문화체육관광부가 인도네시아 대통령 직속 관광창조경제위원회(BEKRAF)와 관련 MOU를 체결했다. 코카는 한국 콘텐츠 기업의 비즈니스 지원에 초점을 맞추고 있다.

인도네시아 'K-콘텐츠 엑스포'는 B2B 수출 상담회, 콘텐츠, 관광, 식품, 소비재, K-팝 콘서트 등을 결합한 B2C 종합 한류 박람회로 자리매김하고 있다. 현지 네트워크를 통해 매년 1,000건 이상의 비즈니스를 매칭시키며 한국 콘텐츠의 인도네시아 수출을 지원(2019년 46건 계약 성사)했다. 코카는 2018년부터는 인도네시아 K-스타트업 멘토링 프로그램을 진행했다. 2018년에는 '자카르타-팔렘방 아시안게임'과 연계해 K-콘텐츠 홍보 행사를 주관했다. 뿐만 아니라 KBS 뮤직뱅크 같은 대형 K-팝 콘서트 유치, 한국 방송 콘텐츠의 현지 방영 주선, 한국 콘텐츠 인도네시아 진출 성공 사례 발굴 등 왕성한 활동을 하고 있다.

2018년에 열린 K-콘텐츠 엑스포

인도네시아 진출을 위한 교두보, 한국무역협회 자카르타지부

한국무역협회 자카르타지부는 인도네시아가 거대 시장으로 성장함에 따라 해외 마케팅 여력이 부족한 중소기업과 제조기업들을 지원하기 위해 2015년 6월에 설립되었다. 자카르타 중심부에 있는 이쿼티 타워 40층 사무실에 둥지를 튼 자카르타 지부는 지부장을 포함해 총 6명의 직원이 상주하고 있다.

현재 인도네시아 상공회의소를 비롯해 산업부, 무역부, 중소기업부 등과 네트워크를 구축해 민간 통상 협력을 강화하고, 시장조사와 연구를 통해 축적한 현지 정보를 한국기업에 제공한다. 수출입 상담회, 인도네시아 주요 바이어 방한 초청, e-커머스 한국상품 판촉, 투자 진출 지원 세미나, 시장 정보 보고서, 품목별 조사보고서, 기업 애로 사항에 대한 대정부 건의 등 다양한 서비스를 제공한다. 특히 업체의 특성과 마케팅 채널을 고려한 맞춤형 바이어 매칭 서비스를 통해 성과를 높이고 있다. 아울러 인도네시아 진출을 희망하는 중소기업에 최적화된 마케팅 플랫폼 '자카르타 프리미엄 소재전'을 매년 개최하고 있다. 300개 한국기업이 320개의 부스를 열어 인도네시아 시장 진출을 위한 교두보를 마련하기도 했다. 초대 남경완(2015.6~2015.12) 지부장, 2대 권도경(2016.1~2018.12) 지부장이 역임했고, 현재 3대 김영준(2019.1~) 지부장이 이끌고 있다.

'자카르타 프리미엄 소재전' 오프닝

한-인도네시아 산업기술협력사무소

'한-인도네시아 기술협력센터(KITC)'는 한국산업부가 한-인도네시아 간 기술 교류 증진과 협력 확대 및 산업 기술 분야의 구체적 협력을 추진하기 위해 산하기관인 한국생산기술연구원을 통해 2006년 1월 19일 인도네시아산업부

(MOI)와 MOU를 체결해 설립되었다.

초창기에 현지 기술 인력 교육에 집중해 필요 우선순위가 높은 주조 · 금형 · 사출 분야 기술 교육을 중점적으로 실시했고, 최근까지 인도네시아국립대학교(UI), 반둥공과대학교(ITB) 등에 관련된 장비와 소프트웨어를 무상으로 제공하고 있다. 2019년부터는 ITB에 정밀가공센터를 구축하는 ODA(공적개발원조) 사업을 진행해 향후 이곳에 한국장비를 사용한 금속 소재 정밀가공 기술을 지원할 계획이다.

현지 한국기업이 당면한 기술적 애로 사항을 해소하기 위해 단 · 중장기로 전문가를 초빙하여 기술을 지원하고 2019년부터는 재인도네시아한인봉제협의회와 공동 세미나를 추진하고 있으며, 매년 진행하는 주조 · 금형 · 사출 분야의 교육을 2020년부터 밀링 등 정밀 가공 분야로 확대하고 있다.

인도네시아 대학, 현지 연구 기관과의 산업 기술 공동 연구도 중점 사업으로 추진하고 있는데, 이에 발맞추어 인도네시아산업부 국장급 공무원이 파견 나와 있어 현지 당국과의 긴밀한 협조가 가능하다. 조코 위도도 정부가 제조 4.0을 국가 기본 방향으로 삼고 한국과 기술협력을 강화해 그 역할이 확대일로에 있다. 초대 김평순, 2대 정규채, 3대 김용관, 4대 김정열, 5대 조병휘 소장이 역임했고, 6대 배건열 소장이 2020년 1월 자카르타에 부임해 근무하고 있다.

'재인도네시아중소기업협의회'를 만든 중소벤처기업진흥공단 코리아데스크

중소벤처기업진흥공단은 한국기업의 인도네시아 진출 활성화를 위해 2007년 8월 본국 중소벤처기업진흥공단과 인도네시아 투자조정청(BKPM) 간 체결한 업무 협약을 토대로 2008년 2월 투자조정청(BKPM) 내에 설치되었다.

2009년에는 현지 한인기업을 지원하기 위해 '인니비즈클럽'을 결성, 현지화 지원 세미나, CEO 교육, 현지인 중간관리자 한국 파견 연수 등을 매년 개최했다. 그 결과 2020년에는 80여 개 회사가 참여한 '재인도네시아중소기업협의회'로 발전시켰다. 2018년부터 관광창조경제위원회(BEKRAF)와 공동으로 '글로벌 스타트업 프로그램'을 운영하며 한국 스타트업의 인도네시아 진출을 촉진하고, 양국 스타트업 기업 간 교류 활성화를 지원한다. 2017년부터는 현지 중소기업부(KEMENKOP)와의 협업으로 인도네시아커피협동조합을 한국에 초청해 커피와 관련한 한국기업과의 비즈니스 협력 기회를 제공하고 있다. 초대 박길원(2008~2011), 2대 이완희(2001~2014), 3대 황종원(2014~2017), 4대 김재혁(2017~2020) 소장이 역임했고, 2020년 1월 5대 장기준 소장이 부임했다.

'K-푸드 벨트' 짜는 aT 한국농수산식품유통공사 자카르타 지사

한국농수산식품유통공사는 농림축산식품부 산하 정부투자기관으로 수출진흥사업 부문에서 해외시장 개척과 수출 확대를 목표로 16개국에 해외 지사가 설치되어 있다. 자카르타 지사는 1995년에 설치된 싱가포르 지사가 2013년에 성장 잠재력이 큰 인도네시아로 이전한 것이다.

자카르타 지사는 아세안의 중심인 인도네시아에서 한국농식품의 수출 확대를 위한 공적 마케팅 지원을 목적으로 할랄 정책과 제도 조사, 한국수출업체 할랄 인증비용 지원, 한국기업의 현지화 지원사업을 돕기 위해 'K-푸드 페어'와 박람회 참가 등 다양한 활동을 펼치고 있다. 그 결과 2018년에 처음으로 한국농식품의 대인도네시아 수출이 2억 달러를 달성하는 성과를 얻었다. 매년 K-푸드 페어 행사를 통해 한국식품수입상연합회, 외식업협회 등을 지원하며 긴밀히 협조하고 있다. 초대 이성복(2013.2~2016.1), 2대 남택홍(2016.2~2019.2)이 역임했고, 이성복(2019.2~2022.2) 지사장이 3대 지사장으로 다시 부임했다.

'무슬림 프렌들리 전략' 펼치는 '한국관광공사 자카르타 지사'

한국관광공사(KTO)는 국가관광진흥을 통한 경제 발전과 국민 복지 증진에 기여하기 위해 설립된 공기업이다. KTO 자카르타 지사는 현지 홍보와 한국 관광객 유치를 위해 2011년 6월 23일에 개설되어 인도네시아와 동티모르를 관할 지역으로 한다. 이슬람 신자 관광객을 한국에 유치하기 위한 다양한 '무슬림 프렌들리 전략'을 펼쳐왔다.

방한 상품 판촉전, 무슬림 프렌들리 코리아 페스티벌, 인센티브 관광 & 의료 관광 로드쇼, 현지 관광 박람회 등의 노력을 펼친 결과, 인도네시아 기업 MCI 그룹(인도네시아 화장품, 금융그룹)의 포상 관광 4,500명을 유치하는 등 인도네시아인 관광객 숫자를 매년 10% 이상 성장시켰다. 이 밖에도 2019년 9월에는 KTO 인스타그램 계정이 팔로어 수 13만 명을 달성하며, 글로벌 브랜드에만 붙는 인스타그램 블루배지를 수여받았다. 12월에는 인도네시아 여행 대상(IndonesiaTravel&Tourism Awards, ITTA)에서 'Most Creative Advertising of NTO'상을 받았다. 초대 권종술 지사장(2011~2014), 2대 오현재(2014~2017) 지사장이 역임했고, 현재 김종훈 3대 지사장이 맡고 있다.

경남 자카르타 사무소는 지역기업 지원, 현지 자매결연과 지속적인 교류 등의 목적으로 경남 출신 한인사회 인사들의 사무소 개설 요구로 2012년 5월 21일에 설치되었다.

인도네시아 방산전시회, 자카르타 기계산업전, 시알 인터푸드(Sial Interfood 전시회, 식품 전시회), 코리아 트래블 페어(Korea Travel Fair) 등 시즌별로 다수의 전시회와 투어 행사를 열고 있다. 한국 중견 조선소의 기술력과 PT. Pal과 같은 인도네시아 대표 조선소들의 노동력을 합작, 연계하는 조선산업의 국제 레노베이션도 함께 추진한다. 역대 사무소장으로는 초대 김준간(2012~2013), 2대 정연보(2014~2016), 3대 이동훈 (2017~2019) 소장이며 4대 유승희 소장은 2020년 초에 부임했다.

대구-경북 자카르타 사무소는 2015년 8월에 경상북도 산하기관인 (주)경북통상의 자카르타사무소 형태로 설치되었다. 지역기업의 현지 투자 진출과 수출시장 개척 지원, 자매도시 족자카르타주 우호 협력 지역인 서부 자바주와의 교류 활동을 지원하고 있다. 2019년에는 10회에 걸쳐 수출 상담회와 전시회에 참가한 지역 중소기업들을 지원하고, 시의적절한 투자 정보 전달과 바이어 발굴을 도왔다.

2005년에는 족자카르타와 자매결연을 맺었으며, 2018년에는 서부 자바주와 상호 우호 교류 협정을 맺어 양 지역의 도(주)지사가 수차례 왕래했다. 그동안 구축한 네트워크로 2019년 6월 경북 안동 지역에서 인도네시아 방영용 RCTI TV 드라마 로케 촬영을 진행했다. 청소년 민간 교류, 대구가톨릭대-반둥 위디야타마(Widyatama)대학교 간 교류 등 성과를 내기도 했다. 초대 소장 권기일(2015.8~2018.7) 사무관을 시작으로, 2대 소장 최순규 사무관이 2018년 8월에 부임했다. 2019년 6월부터는 대구광역시에서도 박성호 소장을 파견해 함께 운영하고 있다.

끝으로 **그린비즈니스센터**(GBC)는 대한민국 중소벤처기업부와 인도네시아 공공조합중소기업부(KUKM)가 관련 업무 협약을 체결하고 2011년 7월에 설립되었다. 양국 기관으로부터 권한을 위임받은 ASEIC(아셈 중소기업 친환경혁신센터)이 관리 운영하고 이종순 센터장이 맡고 있다. 주 업무는 인도네시아 진출을 희망하는 중소기업에 사무실 공간 제공, 전문 컨설팅 지원, 정기적인 법률 및 세무 세미나 개최 등이며, 이를 위해 인도네시아 정부와 긴밀한 협력 네트워크를 구축하고 있다. 2016년부터 매년 '한-인도네시아 중소기업 포럼'을 개최하고 정부기관, 단체, 협회 등과 공동으로 기술 매칭과 상담회, 바이어 매칭 상담회 등의 행사를 진행하고 있다.

세계 산림협력의 모범, 한-인도네시아산림센터

1960년대 우리나라의 목재 자급률은 일제 수탈과 한국전쟁, 남벌 등으로 대부분이 민둥산으로 열악한 상태였다. 1973년 한-인도네시아 수교 이후 산림자원 확보를 위한 정부 차원의 협력이 시작되어 1979년에 제1차 한-인도네시아임업협력위원회가 개최되었다. 그리고 1987년 임업협정을 체결하며 인도네시아 진출 업체 지원과 투자 협력이 본격화되었다. 이후 양국의 산림 분야의 협력을 강화하기 위해 한국의 산림청과 인도네시아 환경산림부의 합의 아래 자카르타에 위치한 인도네시아 환경산림부 청사인 망갈라 와나박티(Manggala Wanabakti) 내에 '한-인도네시아산림센터(Korea–Indonesia Forest Center)'를 2011년 7월 21일에 설립했다.

인도네시아는 세계 3위의 열대림 보유국이지만 빠른 속도로 숲이 파괴되고 있어 보호 · 관리가 시급하다. 황폐해진 전 국토를 불과 반세기 만에 성공적으로 녹화한 우리의 산림 기술을 인도네시아 천혜의 자연 조건에 효과적으로 결합하는 산림사업을 시행하는 곳이 '한-인도네시아산림센터'다.

코이카의 사업 사후관리, 영림공사와 센툴생태관광모델숲 조성(2013)과 공동 운영, 롬복 뚜낙 산림휴양 · 생태관광센터를 조성(2018)해 운영과 지원, 잠비주 이탄지 복원과 보전 사업을 추진 중이며, 산림바이오매스 조림과 바이오에너지 산업 등에 투자한 한국기업도 지원하고 있다. 2015년부터 발간한 인도네시아 《임업동향지》는 7호에 이른다. 산림센터는 현재 우리나라의 해외산림자원 확보와 인도네시아의 산림 분야 역량 강화에 힘쓰고 있으며, 이성길 산림센터장과 이영주 실장이 이끌어가고 있다.

한국의 생태교육 모델을 공유하기 위해 2013년에 조성된 보고르 '센툴생태교육모델숲'은 한-인도네시아 산림협력의 대표적 성공 사례로 꼽힌다. 입구에 새로 설치된 다리는 한국의 전통 문살 문양과 인도네시아 전통양식에 사용되는 이죽(Ijuk) 지붕 양식을 혼합해 튼튼하게 재건축되었다(2019.6).

③

본국 기반 세계조직 인도네시아 지회

민주평화통일자문회의(민주평통)는 1988년 2월 25일 평화통일정책자문회의를 개편해 발족했다. 처음에 인도네시아는 아시아-태평양 지역회의 '서남아협의회'에 속해 있었다.

초창기 위원들은 승은호, 송창근, 조규철, 신기엽 등으로 3~7명에 불과해 협의회장을 배출하지 못하다 2007~2009년 김광현 회장이 13기 협의회장을 맡으며 관련 공로로 이명박 대통령으로부터 공로장을 받았다.

2008년 이후에는 '동남아남부협의회'로 소속이 바뀌었고, 인도네시아가 줄곧 협의회장을 배출하며 주도적 역할을 담당하고 있다. 협의회장을 역임한 한인사회 인사들은 14~15기 김광현(2009~2011, 2011~2013), 16기 박동회(2013~2015), 17기 전민식(2015~2017), 18~19기 송광종(2017~2019, 2019~2021) 회장 등이다. 2020년 19기 '동남아남부협의회' 90명 위원 중 인도네시아 측 위원들은 44명에 달한다.

한편 2013년에는 당초 일본, 북미주에만 두던 부의장직이 5개 지역으로 확대되면서 승은호 코린도 회장이 아세안 지역 첫 부의장직(2013~2015)을 맡은 후 송창근 한인상공회의소장을 거쳐(2015~2017) 호주 협의회장 출신 이숙진 부의장(2017~2019, 2019~2021)이 임기를 연임하고 있다.

한국자유총연맹 인도네시아 지부(자총 인니지부)는 2009년 8월 5일에 설립되었다. 자총 인니지부는 3 · 1절과 6 · 25전쟁 같은 주요 국가기념일 행사에 한국인 학생들을 대상으로 인도네시아 말하기 대회를, 인도네시아 대학생 대상으로 한국어 말하기와 K-팝 대회를 매년 개최하고 있다.

자총 인니지부는 초대 박동희(2009.9~2013.9), 2대 현상범(2013.9.9~2016.9.22), 3대 배연자(2016.9.22.~2020.3.5) 회장이 역임했고, 2020년 3월 5일부터 전민식 4대 회장이 이끌고 있다. 한편 2020년 3월 기준 인도네시아 지부는 자카르타 외에 족자(1대 조현보 2014~2018, 2대 추실건 2018~), 수라바야(정곤영 2013~), 스마랑(정진주 2019~) 등 3개 지회를 보유하고 있다.

코윈(세계 한민족 여성네트워크, KOWIN)은 여성가족부 산하조직으로 국제화 시대에 걸맞은 한인 여성의 국제적 지위 향상 그리고 국가 발전을 위한 인적 자원개발을 위해 2001년에 설립되었고 '코윈 인도네시아 지부'는 2003년 개설되었다. 초대 이래은 회장이 한인회 부인회장으로 있을 당시 코윈 활동이 시작되면서, 부인회가 운영하던 비인가 주말 한글학교인 '밀알학교'가 자연스럽게 코윈 사업에 편입되었다.

이 밖에도 리더십 캠프, 한인회사 근무 여성 중간관리자 캠프, 해비타트(Habitat)와 빈곤층 주택건축지원 협업 등의 활동을 정기적으로 하고 있다. 2019년에는 현지 국제부인회(WIC)와 제휴해 한국 전통문화를 소개하는 '코리아 컬처럴 모닝(Korean Cultural Morning)' 문화 공연을 주관했다.

2020년 현재 코윈 인도네시아 지부는 70여 명의 회원이 활동하고 지부 책임자(회장)인 '지역담당관'이 이끌고 있다. 초대~2기 이래은(2003~2007), 3기 안영란(2007~2009), 4기 배정옥(2009~2011), 5기 이순재(2011~2013), 6~7기 박현순(2013~2017) 회장이 역임했고, 이희경(2017~2021) 회장이 8~9기를 연임하고 있다.

④

교육기관과 한인 언론 매체

인도네시아 특색에 맞는 다양한 교육기관

코윈 재인도네시아한글학교(전 밀알학교)는 2006년 땅그랑, 찌까랑, 자카르타에서 차례로 문을 열고, 2015년 '코윈 재인도네시아한글학교'로 명칭을 바꾸었다. 2020년 기준 총 23개의 학급이 있으며, 230여 명의 학생을 23명의 교사가 가르치고 있다. 운영비 일부는 재외동포재단으로부터 지원받으며, 수업 재료비는 학생 개인이 부담한다. 교사 역량 강화 프로그램은 코윈 기금으로 충당한다. 연 2학기로 학기당 15주로 구성되며, 초등학생들을 대상으로 국정교과서 기반의 한글 교육(읽기 · 쓰기), 사회통합 교육(문화 · 역사 등)을 2교시로 운영한다. 2018, 2019학년도에는 총 20명의 졸업생을 배출했다.

가나안 누산따라 신학교(Sekolah Tinggi Teologi Kanaan Nusantara, 장영민 운영 이사장)는 1994년 12월 4일 양춘석, 박정렬 선교사가 설립해 목회자 후보생을 배출하고 있다. 이 학교는 '작은 인도네시아'다. 수마트라, 칼리만탄, 술라웨시, 파푸아, 자바섬에서 온 학생들이 비슷한 비율로 학교를 채우고 있다. 양국 간 교류가 교육계와 종교계에서 이어져 학생들이 양국의 다리 역할을 하는 사람으로 성장하고 있다. 학교가 위치한 웅아란은 공업 지역으로 많은 한인 사업자들이 공장을 운영하는 곳이라 교육시설의 확충이 더 필요한 상황이다.

2020년 3월 삼익기술학교 15기 입학식

초창기에는 성경신학교로 시작해 1년 과정으로 2000~2003년까지 총 4회에 걸쳐 83명의 학생을 교육했고, 2002년에는 종교성 산하 5년제 정규 신학교로 정식 인가를 받았다. 그러고 나서 2012년에는 4년제로 바뀌었으며, 2014년에 문교부 소속 신학교로 등록되었다. 현재 신학과와 기독교 교육학과에 신학생 120여 명 전원이 기숙사 생활을 하고 있고, 그동안 350명이 넘는 졸업생을 배출했다. 앞으로 5년 이내에 석 · 박사 학위 과정을 개설하고, 10년 이내에 기독종합대학으로 발돋움할 계획이다.

인도네시아 저소득층 가정 청소년들에게 자립기술을 제공하는 **삼익 인도네시아 기술학교**(Yayasan Sekolah Samick Indonesia, **삼익기술학교**)는 (주)삼익악기 인근 찔릉시 지역에 코이카 민간협력사업으로 시작해 2011년 인도네시아 법무부로부터 재단법인 설립을 인가받고 2월에 정식으로 개교했다. 2020년 2월에는 14기 37명의 졸업생 전원이 취업에 성공했고, 14기까지 총 777명의 누적 졸업생을 배출했다. 학교는 피아노 조율반, 기타목공예반, 제과제빵반, 봉제반 등의 4개 반에 무상 직업훈련을 제공하고 수료 후 취업을 돕고 있다. 2011년에는 한국대사관이 주최한 CSR 공모전에서 최우수상에 선정된 바 있으며, 한국 NGO 코피온(COPION)이 기술 교육 프로그램에 참여하고 있다.

GYBM(Global Young Business Manager) **인도네시아**는 대우세계경영연구회가 우수한 한국 인력의 해외 진출 기회 확대와 해외 한국기업들의 구인난 해소에 기여할 목적으로 2009년에 설립했다. 베트남, 미얀마, 인도네시아, 태국 등 동남

인도네시아에서 발행되는 대표 신문과 온라인 매체

아시아 4개국 과정을 운영하며, 인도네시아 과정은 2015년에 시작해 2020년 5기 과정이 진행 중이다.

1, 2기는 반둥공과대학교(ITB)에서, 3기 이후로는 반둥 인도네시아교육대학교(UPI)와의 업무 협약에 의거해 진행하고 있다. 연수생 전원에게 무상으로 6개월간 현지 생활 적응 합숙 훈련도 포함되어 있다. 인도네시아는 매년 30명 한도의 인원이 선발되어 2019년 말까지 130명의 수료생을 배출했고, 그중 70% 이상이 인도네시아 전역 한국기업에 취업해 근무하고 있다.

땅그랑 꿈나무학교는 땅그랑 지역의 교민교회 부설 꿈나무유치원으로 2000년 3월에 문을 열었다. 한인들과 다문화가정 한인 2세에게 한국어와 한국문화 교육을 목적으로 이수일 장로 가정이 주축이 되어 모델하우스에서 개원했다.

꿈나무유치원은 인도네시아-한국 민족횃불교육재단(Yayasan Pendidikan Pelita Bangsa INKO) 소속으로 정식 학교 인가도 취득했고, 이후 2002년에는 꿈나무 현지 유치원, 2005년 초등학교, 2011년 중학교, 2015년에는 고등학교 과정이 만들어졌다. 꿈나무학교는 현재 총 298명의 학생이 공부하고 있고, 한국인 교사 4명을 포함해 41명이 근무하며 정규 인도네시아 학교로 성장했다. 현재 학교 용지는 2014년 젠한국(회장 김성수)에서 1,912m^2의 4층 건물 교실 24개를 헌납했으며, 땅그랑교민교회의 후원으로 세워졌다. 현재 김대일 재단이사장, 한국유치원 주언자 원감, 현지 유치원 김정순 원감, 중 · 고등학교 성인국 교감이 근무하고 있다.

다른 **한인유치원**은 대부분 성당이나 교회 부속 시설로 **성모유치원**(천주교 성 요셉 성당 부설), **사랑유치원**(주님의교회), **꿈나무유치원**(땅그랑교민교회), **하나유치원**(열린교회) 등이 있다. 그리고 자카르타연합교회에서도 한때 아기학교를 운영했다.

한인 언론 매체 창간과 변화

• 한인사회 대표 뉴스 매체

첫 번째 **《한인포스트》**는 1998년 말레이시아에서 창간되어 이후 태국판, 싱가포르판을 발간한 한나프레스의 인도네시아 지부를 모체로 한다. '한나프레스 인도네시아판'은 2005년 10월 처음 발간되었고 정선 인도네시아 지부장이 운영했다. 2005년 10월에 정선 대표는 동포사회 주간 한인신문사인 '한인포스트(PT. Hannah Press Indonesia)'를 설립해 신문 발행을 하면서 한국 콘텐츠 홍보 대행, 저작권사업, 한국 인도네시아 뉴스 대행사업, 한국 일간신문 등 간행물 배급사업까지 시행하고 있다.

2020년 현재 종합지 형태로 매주 4,000부의 종이 신문을 발행하며 유 · 무상으로 배포하고 있다. 홈페이지와 밴드를 통해 실시간으로 뉴스를 업데이트하며, 2020년 4월 기준으로 한인포스트 밴드 가입자가 1만 명을 넘었다. 2007년부터 YTN에 인도네시아 한인사회 뉴스를 제공하며 현지 20여 개의 언론사에 한국 뉴스물을 제공한다. 2018년에는 한국 일간지 및 간행물 보급을 사업 분야에 추가했다. 한인기업과 독지가들의 후원을 받아 경제적으로 어렵고 소외된 한인동포들에게 생필품을 제공하는 '사랑의전화' 사업도 하고 있다.

《데일리인도네시아》 신성철 대표와 조연숙 편집장이 인도네시아 관련 뉴스와 현지 거주 한인사회 소식을 전하는 한국어 신문 매체다. 1999년 인도네시아 전문 뉴스레터 《스피드뉴스》로 창간했다가 2009년 《데일리인도네시아》로 이름을 바꾸었다.

매주 발행하는 유료 뉴스레터 외에도 수시로 업데이트하는 웹사이트와 페이스북 페이지 및 밴드를 운영해 본국 매체에도 인도네시아 뉴스를 제공한다. 실시간 업데이트하는 웹사이트의 누적 기사들은 기업과 대학에서 참고 자료로 활용하고 있다.

2007~2011년, 2014~2015년 동안 연합뉴스 자카르타 통신원으로도 활동한 신성철 대표는 인도네시아와 관련한 지식 체계화와 뉴스의 질적 향상을 위

해 각계 한인 전문가들이 참여하는 토론 모임 '인도네시아포럼(자카르타)'과 '아세안포럼(서울)'을 각각 2017년과 2018년에 조직해 운영하고 있다. 《데일리인도네시아》는 세계한인언론인협회 회원사다.

자카르타 경제신문은 2012년 1월에 설립된 PT. Inko Sinar Media(발행인 김희년)가 경제, 산업 분야를 중심으로 인도네시아 전반의 정치, 사회, 생활 뉴스를 정확하고 신속하게 전달할 목적으로 2012년 5월 14일에 《자카르타 경제일보》 창간호를 발행했고, 이후 자보데따벡(Jabodetabek), 반둥, 스마랑, 수라바야, 발리 지역의 유료 구독자와 한인회사무국에 배포했다. 2014년에는 '주간 자카르타 경제신문(Jakarta BIZ Weekly)'으로 전환하여 총 28면의 종이 신문을 매주 월요일에 3,000부씩 발행했으며 인도네시아 경제, 정치, 사회뉴스는 물론 동포사회 동정, 아세안 소식, 한인 커뮤니티 전문가 칼럼, 문화 정보 등을 포괄했다. 종이 신문 외에도 온라인 신문, 실시간 업데이트하는 《자카르타 경제일보》 밴드 빠기(Pagi), 인도네시아어 강좌 밴드 '생생인니어'를 운영하고 있다. 《자카르타 경제일보》는 2020년 4월부터 종이 신문 발간을 중단하고 본격적인 온라인 신문으로 전환했다.

• 한인 정보지와 기타 간행물

인터넷과 소셜 미디어 시대에 발맞춰 끊임없이 변화하거나 굳건한 뚝심을 갖춘 한인신문과 교민 정보지들이 20년 넘게 살아남았지만, 시대에 떠밀려 폐간한 간행물도 적지 않다. 2020년 현재까지 격주 발행하는 교민 정보지는 1995년에 설립된 《교민세계(PT. Jaya Kreatif Solution, 대표 김정윤)》와 《여명》 두 가지다. 1990년대에 창간한 두 정보지는 전적으로 광고 수입에 의존하는 오프라인 무가지(無價紙)로 험난한 인터넷 5G 시대를 돌파하고 있다.

한편 오랜 시간 한인사회와 함께했던 《벼룩시장(대표 김재민)》, 《한울(대표 구자성)》 등의 정보지들, 《일요신문(대표 구자성)》, 《한타임즈(대표 김육목)》, 《자카르타 투데이(대표 김정규)》 등의 종이 신문들은 폐간을 면치 못했다. 1998년 5월 15일에 창간호를 낸 무가 주간지 《벼룩시장》은 수년간 대표적 한인사회 정보지로 자리매김했다. 2000년대 들어 무가 정보지 시장 경쟁이 과열됨에 따라 월 3회 발행하는 순간지로 바뀌었다. 그러다 2005년 1월 1일에 PT. Alimindo에 발행권을 양도하고 오래지 않아 한인사회에서 조용히 사라졌다.

교민 정보지 《한울》도 1998년 창간되었다가 인터넷과 이동통신이 발달하면서 세월에 떠밀려 2015년에 종간했다. 하지만 발행인 구자성 대표가 2002년 창간한 《일요신문》은 성공적이었다. 당시 인도네시아에서 접할 수 있는 한국신문은 CV. Bintang Jaya(대표 조용준)가 수입해 한국보다 1~2일 늦게 도착하는 본국 종이 신문이 전부였다. 그러나 구자성 대표는 코린도 아스펙스(Aspex)에서 신문 용지를 공급받고 현지 유력 신문사 윤전기를 장기 계약해 2002년 11월 인도네시아에서 동시 발간하며 일대 센세이션을 일으켰다. 교민들이 손꼽아 기다리는 열독률 높은 매체였으나 발행인의 개인 사정으로 2017년 봄에 종간했다.

2013년부터 발간된 무료 월간지 《프로젝트 키위(발행인 박윤정)》는 한-인도네시아 양방향 문화 소개 월간지로 드라마&영화 촬영지, 음식 문화, K-팝 등의 한국정보를 인도네시아어로, 여행지와 레스토랑 등의 인도네시아 정보를 한국어로 소개했지만 2015년 종간했다. 가장 오랜 역사를 자랑하며 안정적으로 발행되는 매체는 한인회가 매월 발간하는 월간 《한인뉴스》다.

• K-TV와 한인 영상물 송출업체

유일한 한인사회 케이블 TV였던 K-TV(대표 박영수)의 정식 회사명은 PT. Benua Asia Vision으로 1997년에 창립되었다. 초창기에는 한국의 SBS, MBC 드라마와 예능 프로그램 비디오카세트를 매일 항공편으로 받아 방영하다가, 이후 체제가 정비되고 방송 품질이 좋아지면서 자체 프로그램을 제작하기 시작했다.

대표작에는 김문환 향토 작가가 정리한 「한인사회의 뿌리를 찾아서」에서 영감을 얻어 2010년 문우석 PD와 채인숙 작가가 참여해 제작한 4부작 다큐멘터리 「오랑 꼬레아의 아리랑」이 있다. 이 작품은 2010년 11월 KBS 서울프라이즈에서 최우수상을 받았다. 이 외에도 KBS 서울프라이즈에서 2012년 「황금을 캐는 집사들」로 우수상을, 2013년 「한류 인 인도네시아」로 장려상을 받았다. 자체 제작한 또 다른 프로그램은 「한상재와 함께하는 주간 인니뉴스」, 「이화수와 함께하는 주간 경제동향」, 「박예지와 함께하는 주간 한인뉴스」 등이 있다.

K-TV는 한국의 MBC와 SBS로부터 프로그램을 구매해 방송 송출하는 시스템을 줄곧 유지했다. 한국 TV 프로그램을 실시간으로 시청할 수 있는 OTT-VOD 서비스와 영상 스트리밍 불법 사이트들이 등장했고, MBC와 SBS 글로벌 사업본부로부터 전 세계 교민 방송 프로그램 공급을 일시적으로 중단한다는 통지를 받고 결국 2019년 12월 31일 방송을 중단했다.

OKTN(Overseas Korean TV Network)은 2000년대 초반 케이블 TV 채널에서 즐겨 시청하던 KBS World의 현지 광고 수주 대행 파트너로서, 2007년 9월 코린도그룹 자회사 형태로 설립되었다. OKTN은 텔콤 채널과의 송출 계약 만료로 2016년 7월 31일 서비스를 중단했다.

• 인도웹과 한인 정보 사이트 그리고 소셜 미디어

대표적인 인도네시아 거주 한인 전문 사이트 **인도웹**(www.indoweb.org)은 2006년 7월에 출범하면서 첫 게시글을 업로드했다. 네이버밴드 등 소셜 미디어 서비스가 막 등장하던 시절에도 지금보다 훨씬 많은 트래픽을 기록했고, 2020년 1월 기준으로 4만6,000여 명의 회원을 보유하며 하루 4,000여 회 접속이 이루어지고 있다. 이처럼 인도웹은 여전히 한인들과 한국 네티즌들이 인도네시아 정보를 얻기 위해 가장 많이 검색하는 한인 정보 사이트다.

인도웹 외에도 인도네시아 세상, 인도네시아 사랑, 인도네시아어 교실, 뇨냐꼬레아처럼 인터넷 카페 형태로 존재하는 정보 사이트들에서 요긴한 정보를 얻을 수 있다.

한편 소셜 미디어에 힘입어 개인 미디어 시대가 열리면서 2013년부터 한인사회에도 하나둘 유튜버들이 등장했다. 장한솔(Korea Reomit), 하리지선(Hari Jisun), 한유라(Han Yoo Ra), 이정훈(Lee Jeong Hoon), 황우중(Ujung Oppa) 등 신세대들이 인도네시아인 대상 유튜버로 높은 조회 수를 올리며 이름을 알렸다.

⑤

대한체육회와 종목별 협회

한인사회가 하나 되는 구심점, 대한체육회

2010년 11월 20일 설립해 2011년 4월 28일 제14차 대한체육회 이사회 의결로 일본, 미국, 독일, 캐나다 등 총 17개국과 함께 정식 설립 승인을 받은 재인도네시아대한체육회(체육회)는 2011년 6월 24일 자카르타 리츠 칼튼 호텔에서 성대한 창립식을 진행했다. 그해 8월 4일 사무실 현판식을 치른 체육회는 동포사회의 스포츠 동호인들과 단체를 규합해 2011년 9월 고양에서 열린 제92회부터 매년 전국체전에 선수단을 보내고 있다.

초대 회장 양영연(2011.4~2015.12), 2대 최병우(2015.12~2018.1), 3대 강희중(2018.1~2019.12) 회장에 이어 현재 이종현 4대 회장(2019.12~)이 단체를 이끌고 있다.

체육회 소속 종목별 협회들은 2014년 3월 28일 출범한 대한검도협회(회장 강

제100회 서울 전국체육대회 개막식(2019.10.4) 재인니선수단

희중), 2011년 8월 창단한 대한골프협회(회장 한현봉), 2014년 9월 1일 설립된 대한볼링협회(회장 안연진), 2012년 이후 전국체전에 매년 참석하는 대한스쿼시협회(회장 한미혜), 2012년 대한체육회 인준을 받은 국제용무도협회(회장 송용식), 2011년 6월 발족한 대한축구협회(회장 전용무), 대한탁구협회(회장 곽봉규), 2014년 3월 31일 창립한 대한태권도협회(회장 방진학), 자카르타 아라테 테니스클럽, 짜까랑 인코테니스 클럽, 땅거랑 아마라따뿌라 테니스클럽 등 3개 클럽을 포함해 2015년에 발족한 대한테니스협회(회장 김재윤), 2007년 11월 창단해 코리아나, 무한도전 2.0, 스나이퍼스, 레드치어스 등 4개 팀 100여 명의 회원이 참여하고 있는 대한야구협회(회장 이창균), 대한배드민턴협회 등이 있다.

이 중 검도, 골프, 스쿼시, 축구, 탁구, 테니스, 태권도, 용무도 등 8개 분과는 2016년 5월 3일 대사관 옆 문화회관 2층에서 현판식을 치렀다.

체육회 창립 이전에는 대부분 동호회 형태로 존재하던 테니스, 야구 동호회처럼 유서 깊은 단체들은 전국체전 선발전 외에도 원래 하던 리그와 대회를 진행하고 있다. 테니스협회는 매년 인도네시아테니스협회장배, 아라테오픈, 인코오픈 등 자체 대회를 개최해 중국 및 동남아시아 국가 한인들도 참가하고 야구 동호회는 일요일 오후 4~8시 주 · 야간 두 경기를 갖는다.

한편 용무도는 유도, 태권도, 합기도 등 여러 무술의 장점을 모은 현대무술로 인도네시아 경호실, 특전사에 보급되어 있고 2020년 인도네시아 파푸아 전국체전에 정식 종목으로 채택되었다.

재인도네시아대한체육회 전국체전 참가 실적

참가 연도	회	개최지	선수단장	참가 인원	성적	순위
2011	92	경기 고양	김우재	선수 임원 71명	은3	7/18
2012	93	대구	박동희	선수 51, 임원 49	금1 은5 동9	6/18
2013	94	인천	김주철	선수 임원 104명	은4 동8	6/18
2014	95	제주	이종후	선수 57, 임원 63	은5 동7	5/18
2015	96	강원	고영철	선수 57, 임원 53	금4 은3 동9	3/18
2016	97	충남 아산	이종현	선수 52, 임원 61	은4 동 6	11/18
2017	98	충북 충주	박재한	선수 52, 임원 59	금5 은3 동7	3/18
2018	99	전북 익산	이강현	선수 · 임원 113명	금2 은3 동5	6/17
2019	100	서울	김태화	선수 · 임원 136명	금5 은5 동5	4/18

인도네시아 스포츠 분야에서 활약한 한국인 선수와 대표 감독

2011년에는 인도네시아의 인기 높은 프로 축구에서 적잖은 한국 선수들이 필드를 종횡무진 누비고 다녔다. 나병율, 김종경, 김상덕, 권준, 한상민, 안효연, 염동진, 김강현, 김용희, 임준식, 유재훈, 신현준, 최동수, 유현구, 박철형, 박찬영, 김용한 선수들이다. 여러 스포츠 종목에서 활약하는 한국인 감독들도 있었는데, 그중 가장 유명한 사람은 2019년 12월 '23세 이하 인도네시아 축구 국가 대표팀' 감독으로 부임한 신태용 감독이다.

오랜 기간 인도네시아 농구 대표팀을 이끌어 온 김동원 감독

이보다 앞서 가장 오랫동안 인도네시아 팀을 이끈 사람은 김동원 감독이다. 김 감독은 2017년 동남아시안게임(Sea Game)과 2018년 아시

안게임에서 인도네시아 여자 농구 국가 대표 감독을 맡았다. 그가 처음 인도네시아에 온 것은 1987년의 일이다. 1977년까지 연세대학교에서 선수 생활을 했던 김 감독은 조선체육회 출신 이성구 체육부장의 권유로 1986년까지 연세대학교에서 지도자로 생활했다. 그러다 1987년 인도네시아농구협회의 초청으로 자카르타에 온 김 감독은 현지 실업팀 아사바(Asaba)를 맡아 2년 연속 우승으로 이끌었다. 1989년 귀국한 김 감독은 성균관대학교, 신용보증기금을 이끌었지만, 1990년에 다시 인도네시아 실업팀의 러브콜을 받아 가족과 함께 입국해 본격적인 인도네시아 생활을 시작했다. 인도네시아 남녀 국가 대표팀 감독을 맡기 시작한 것은 2000년부터다. 1948년생으로 이제 고희를 넘긴 그는 지금도 인도네시아 대표팀 기술 고문을 맡아 코트에 머물고 있다.

김동원 감독, 신태용 감독 외에도 태권도의 신승종 감독, 유도의 이용일 감독 등이 현지 국가 대표 감독을 맡고 있으며 복싱, 레슬링 종목에서도 한국인 감독들이 역임한 바 있다.

⑥

우정과 문화를 나누는 한인 참여 국제 단체

인도네시아 헤리티지 소사이어티 코리아 섹션(**코리아 섹션**)은 1970년에 창립한 비영리단체로 현지 거주 내 · 외국인 회원들이 함께 국립박물관을 지원하고, 인도네시아 역사와 문화에 대한 보다 폭넓은 지식을 공유하는 단체다. 17명으로 시작했지만 현재 한국인들을 포함해 700여 명의 회원을 보유하고 있다. 박물관 해설, 관련 문서 번역, 도서관 운영, 분기별 뉴스레터 발행, 강연회, 문화탐방, 스터디그룹 활동 등 다양한 자체 프로그램을 운영한다.

코리아 섹션은 국립박물관 영어 해설사들이 나눠준 영문 자료를 함께 번역하던 한국인 회원 20여 명이 2004년부터 활동을 시작했다. 그러다 2006년 영어 유물 해설사 교육을 먼저 수료한 이수진 회장을 중심으로 본격적인 활동을 하고 있다.

설립 이후 2019년까지 국립박물관을 소개하는 한국어 유물 해설사 150여 명을 배출했고, 기관이나 기업의 요청이 있을 경우 스페셜 투어를 조직해 진행하기도 한다. 2007년에는 국립박물관의 『Museum Guide Book』 영문본을 한국어로 번역해 소책자를 발간했고, 자카르타한국국제학교(JIKS) 학생을 대상으로 하는 문화 교육 프로그램에도 오랫동안 참여했다. 이 외에도 2012년 9월부터 2020년 3월까지 43회의 문화 탐방과 40회 이상의 문화 강좌를 진행했다. 역대 회장으로 1대 이수진(2007~2008), 2대 이종숙 · 이수진(2008~2010), 3대 안연숙 · 이청민(2010.5~2011.5), 4대 이미경 · 이수진(2011.5~2012.5), 5대 유남실 · 이수진(2012.5~2013.5), 6대 김주현 · 이수진(2013.5~2014.12), 7대 이수진(2015~2016), 8대 김혜정 · 김상태(2017~2018) 등이 역임했고, 현재 9대 김상태(2018.9~) 회장이 이끌고 있다.

1950년 3월 11일 우정과 문화를 나누고자 각국 여성들이 자카르타에 모여 결성한 **자카르타국제부인회**(Women's International Club Jakarta, WIC)는 처음 10명이던 회원 수가 현재 400명 규모로 커지며 활발한 활동을 펼치고 있다. 인도네시아 영부인과 부통령 부인을 비롯한 사회지도층이 후원하고 대사관들이 명예회원으로 참여해 각국 여성들의 문화 교류와 이해 함양, 교육과 사회 개선 지원 등 공익 활동과 봉사를 하는 국제 자선단체다. 매년 11월경 자카르타 컨벤션센터에서 대규모 자선 바자회를 연다. 한국대사관을 포함한 각국 대사관, 일반 기업 등이 개별 부스로 참가하며, 각국의 전통문화 공연도 무대에 오른다.

이 단체에서 운영위원회 임원을 역임한 한국인은 이순재 전 코윈 회장(2008~2010 EC 부회장, 2006~2008 Circle Activities 파트장 역임), 장혜경(2018~2020, Ways & Means 부문 부팀장, 2016~2018 제1사무국장 역임), 강혜경(2018~2020 Social Welfare 부문 부팀장, 2014~2016 회계) 등이 있다.

⑦ 임의 단체와 봉사 단체 외

새로운 변화와 기류를 전하는 임의 단체

인우회(印友會)는 '인도네시아에서 만난 한인의 우정 모임'이란 의미로, 2007년 6월부터 준비 모임을 가진 후 2007년 12월 28일 7명의 회원이 모여 창립 총회를 열고 이종윤 회장을 추대했다. 이종윤 회장은 2014년까지 8년간 회장직을 수행했고, 이후 신동수 2대 회장이 바통을 이어받았다.

2008년 3월에 열린 월례회에서 한국문화 · 한국어 전파사업 중심의 봉사 단체로 활동하기로 결의하고 장학사업, 빈민구제, 재난구호 등에 힘써왔다. 특히 2008년부터 현지 보육원 지원, 땅그랑 소재 상업고등학교 한국어교육비 지원, 나시오날대학교(UNAS) 한국어학과 진학생 장학금 지원사업을 꾸준히 하고 있다. 2017년 4월 25일에는 그동안 지원해온 땅그랑 소재 실업고등학교 'SMK Negeri 1'이 한국어를 제2외국어로 채택함에 따라 그해 7월에 학교와 향후 5년

'416 자카르타 촛불행동' 창립 출범식(2017.11.11)에서 회원들과 인도네시아 연대 활동가들

간 교재, 교사 등의 지속적 지원을 골자로 하는 양해각서를 체결했다. 대사관에서도 연간 500권 정도의 교재를 지원하면서 현재 전교생 1,512명이 주간 2시간 정도 한국어 교육을 받고 있다.

416 자카르타 촛불행동(촛불행동)은 초유의 '최순실 국정농단 사태'로 박근혜 정권 퇴진을 요구하는 인파가 매주 토요일 서울 광화문광장을 뒤덮던 2016년 11월 7일 자카르타에서 자발적으로 결성된 최초의 진보적 시민 단체다. 촛불 단체를 통해 '박근혜 정권 퇴진을 위한 자카르타 시국선언'에 약 300명이 서명하고 70여 명이 집회에 참석했다. 이는 비교적 보수적인 한인동포 사회에서 개인들이 모여 조직적인 진보 활동을 펼친 첫 번째 케이스로 의미가 크다. 촛불행동은 2017년 1월 25일 모임에서 명칭을 '416 자카르타 촛불행동'으로 개칭하고 공식 창립 출범식은 활동을 시작한 지 1년 후인 2017년 11월 11일에 치렀다. 2018년 1월 8일에는 재외동포 단체로 정식 등록을 마쳤다.

촛불행동은 박근혜 정권이 탄핵된 후에도 세월호 참사 진상규명과 책임자 처벌, 5·18민주화운동 기념, 재외국민선거 참관 등으로 활동 반경을 넓혔고 '세월호 엄마 초청 간담회'와 국회의원 간담회(안민석, 이인영)도 주최했다. 그러나 현지 인권 단체와 긴밀히 연대하던 촛불행동에 대한 일부 동포사회의 시선이 호의적이지만은 않았다. 2017년 12월 세월호 참사 희생자 가족 초청 간담회가 명백히 현지 이민법을 어긴 정치적 집회라면서, 당국에 고발하겠다며 촛불행동 간사를 겁박하는 사건도 벌어졌다. 촛불행동 측이 해당 개인과 매체에 공식 항의하면서 원만히 마무리되었지만, 오랫동안 앙금이 남은 사건이었다.

2018년 자카르타-팔렘방 아시안게임 당시에는 자카르타 평화 서포터스를 조직해 남북한팀 모두를 응원했고, 자연스럽게 북한 측 응원단과 합동 응원을 하게 되면서 국내외 언론에도 소개되었다. 아시안게임 이후 안광일 북한대사의 정식 초청을 받아 2018년 9월 4일에 공동대표들이 북한대사관을 공식 방문하기도 했다.

운영위원회(2016.11~2017.11)가 모임을 이끌다가 이후 공동대표를 선출한 촛불행동은 초대 박준영 · 이주영 · 오선희(2017.11~2018.10), 2대 이주영 · 한승도 · 홍윤경(2018.11~2019.10) 등이 공동대표를 역임했고, 현재 3대 이주영 · 홍윤경(2019.11~2020.10) 공동대표가 이끌고 있다.

인문창작클럽은 인도네시아어로 '발자취, 발자국'의 의미를 지닌 '인작(Injak)'으로 흔히 줄여 부르며, 창립 회원 15명이 2017년 1월부터 활동을 시작했다. 현재 작가와 문인들을 비롯해 다양한 분야의 전문가로 구성된 회원들이 매월 정례 모임에서 인문학과 사회적 관심 분야에 대해 발표하고 의견을 교환한다. 회원들은 《데일리인도네시아》와 《자카르타 경제일보》에 매주 칼럼을 기고하고 연 1회 웹진 형태로 동인지를 발행한다. 동인지는 2017년 「읽고 나누고 쓰다」, 2018년 「우리가 꽃이었구나」, 2019년 「나는 나의 페이지다」라는 제목으로 출간되었다. 박정자 시인(2017)이 초대 회장을 맡았고, 2대 회장은 이강현 한인상공회의소 수석부회장(2018~2020)이 맡았다.

빈민층이 많은 인도네시아에 큰 힘 보태는 '한인 봉사 단체들'

헤븐스멤버는 2005년에 땅그랑 아마르타뿌라아파트에 살던 박한미 주부가 처음에는 도로변 빈민들에게 튀긴 닭을 나누어주다가 오래 먹을 수 있는 쌀을 구해주려고 시작된 구제 활동 단체다. 이정민, 하연경, 전지영, 주민경 등의 이웃 주부들이 함께 참여했다. 이후 이들 전업주부들이 땅그랑 한센인 거주지인 시따날라 마을 89가구에 매주 5kg의 쌀을 지원하고 있다. 매월 2톤 전후, 연간 20톤이 넘는 쌀을 사서 한 마을을 돕는 것이다.

루마 인다 유치원(Rumah Indah)은 19세 때부터 빈첸시오 봉사단에서 사회복지 활동을 해온 김영휘 원장이 2014년 8월에 개원했다. 김 원장은 자카르타 남부 뻔독짜베 지역에서 쓰레기를 주워 생계를 유지하는 빈곤층 주민 자녀들의 꿈과 미래를 위해 문을 열었다. 한국인 교사 5명과 인도네시아인 교사 3명이 50여 명의 원생을 무상 교육하고 있다. 김영휘 원장은 2016년 한인회가 제정한 '올해 자랑스러운 한인상'의 첫 수상자가 되었다.

사랑의전화는 경제적으로 어려운 한인가정을 보듬고 도와주는 한인포스트의 부속 활동이다. 2009년 1월은 전 세계적 금융위기로 인도네시아 한인기업들의 부도와 파산, 야반도주가 줄을 잇던 시절이었다. 당시 한인언론사 한인포스트 정선 대표는 '굶어 죽은 한인들'이 있다는 소식을 듣고는 '배고픈 사람에게 밥을 보내드린다'는 내용의 광고를 냈다. 이에 한인사회의 부끄러운 치부를 드러낸다는 항의도 있었지만, '불우한인돕기'에 여러 기업이 동참하면서 사랑의전화 운동본부가 시작되었다.

인도네시아에서 안정적인 생활을 하는 한인동포 95%가 그렇지 못한 5%의 불우한 한인들을 돕자는 '9505 캠페인'이 기본 취지다. 현재 미원, 롯데마트, 우리은행, 무궁화유통, 우리컨설팅, 신동수 인우회 회장 등 한인기업과 개인 독지가들의 후원으로 생활보호대상자 한인과 다문화가정 등 80여 가정, 300여 명에게 매월 정기적으로 생필품, 학자금, 생활비를 11년째 지원하고 있다. 그간 도움을 받은 이웃은 1,500여 명에 이르며, 한때 수혜자였다가 자립에 성공해 후원자가 된 케이스도 적지 않다.

메단 아씨시의 프란치스꼬 전교 수녀원은 2004년 아씨시의 프란치스꼬 전교 수녀회 소속 한국인 수녀 2명이 수마트라 메단(Medan)에서 공동체를 이루었다. 2020년에는 한국 관구 소속 수녀 3명(허 크리스티나 원장, 김바울라, 최요안나), 인도네시아인 수녀 21명, 예비 수녀 15명이 수녀원에서 생활하고 있으며, 메단과 자카르타 위성도시인 찌까랑, 북부 칼리만탄주 누누깐(Nunukan) 섬, 이렇게 세 곳에 수녀원 공동체가 있다.

한국인 수녀들은 인도네시아 현지인 수녀들을 교육해 지역 빈민 아동을 위한 공부방, 유치원, 탁아방을 함께 운영하고 있다. 저소득층 자립 지원, 학비 지원, 무료 의료 봉사 등을 펼치면서 빈민 교육과 구제에도 힘쓰고 있다.

자카르타 밥퍼해피센터는 2007년 10월 1일에 최원금 선교사가 부인 이현주

선교사와 함께 자카르타에 설립한 기아대책 소속 단체다. 교회, 직장, 한인회 산하 단체, 개인 등 자원봉사자들의 도움을 받아 매주 700명 분씩 3회에 걸쳐 총 2,100명 분의 음식을 준비해 자카르타의 극빈민촌 6곳에 식사를 제공하고 있다. 6개의 무상 교육 빈민학교도 운영하며 254명의 학생에게 필요한 용품을 지원하고, 초등학교 졸업생들을 대상으로 46가정에 2개월마다 장학금을 지급한다. 2008년 빠당 지역 지진, 2010년 중부 자바주 머라삐 화산폭발 등 자연재해 긴급 구호 활동도 함께 하고 있다. 최원금 선교사는 2018년 대한민국 정부포상으로 국무총리 표창을 수상했다.

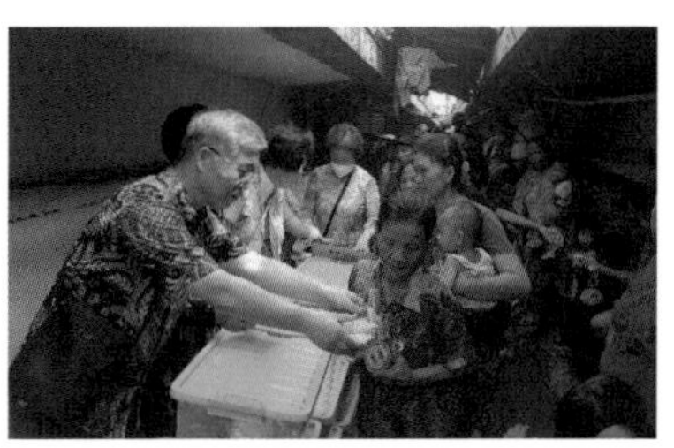

인도네시아는 한 끼 식사를 걱정하는 극빈층이 아직도 많아서 '빈민촌 밥퍼사역'이 활발하다.

그 외 한인사회의 동문회와 향우회

그 밖에도 특정 지역이나 산업, 출신 지역, 직장 등에 기반한 골프 모임, 등산, 여행, 음주, 독서, 봉사 등 취미나 취향을 나누는 소규모 친목 단체가 꽤 많다. 그중 꽤 괄목할 만한 숫자를 보이는 것은 동창회와 향우회인데 연락처가 일반에 공개된 고등학교 · 대학교 동문회는 100개가 훌쩍 넘고, 쟁쟁한 향우회와 군 출신별 모임도 활발하다.

- **중 · 고등학교 동문회 :** 강경상고, 경기고, 경남공고, 경남중고, 경동고, 경복고, 경북고, 경성고, 경신고, 경주중고, 구미전자공고, 계성고, 광주고, 광주사레시오중고, 광주서중일고, 광주금호고, 광주진흥고, 관성중고, 대구고, 대구대륜고, 대구상고, 대구영남고, 대광중고, 대원외고, 대전고, 덕수고, 동대문상고, 동래고, 동성고, 동아고, 동인고, 마상고, 목포중고, 배재학당, 배정고, 보성고, 보성교우회, 부산기고, 부산동고, 부산상고, 부산

중앙고, 부산고, 부산외고, 서울고, 서울대신고, 선린상고, 성남고, 성동고, 성원고, 수원유신고, 순천중고, 숭문고, 신일고, 심인고, 안양공고, 양정고, 여수고, 영남고, 영등포고, 오산고, 용산고, 유한공고, 인천중/제물포고, 전주고, 정성항공고, 중동고, 중앙고, 진주대아고, 청주고, 충남고, 한성고, 혜광고, 휘문고

- **대학교 동문회 :** 강원대, 건국대, 경기대, 경북대, 경희대, 계명대, 고려대, 동국대, 동아대, 목포해양대, 부경대, 부산대, 부산외대, 서강대, 서울대, 성균관대, 숙명여대, 숭실대, 아주대, 연세대, 영남대, 울산대, 이화여대, 인하대, 전남대, 전북대, 중앙대, 충남대, 충북대, 한국외대, 한국해양대, 한양대

- **향우회 :** 강원향우회, 남도사랑, 자카르타 인천인 모임, 전북향우회, 창녕향우회, 경남향우회, 경북향우회

- **군 출신별 모임 :** 공군장교단, ROTC, 육군학사장교, 육군3사관학교, 해병전우회

한인사회에서 '인도네시아어과' 출신의 눈부신 활약상

인도네시아 진출 초창기에는 언어 면에서는 말레이-인도네시아어과가, 업무 면에서는 임학과 출신이 대세를 이루었고, 한인사회에 기여한 바도 크다.

1954년에 설립한 한국외국어대학교가 말레이-인도네시아어과(이하 마인어과)를 개설한 것은 10년 후인 1964년의 일이다. 1973년 인도네시아와 대사관계 수교를 전후해 한국외국어대학교 출신들이 속속 인도네시아에 입국했다. 초창기에 배편으로 입국한 이들도 있고, 또 다른 상당수가 지금은 일반 도로가 된 끄마요란 비행장에 착륙해 들어왔다.

앞장에도 등장하는 많은 한국외국어대학교 동문 중 인도네시아 공관장 또는 인근 국가 공관장을 지낸 이들로는 처음 코데코 직원으로 입국한 여한종(마인어 64학번)이 있다. 지역 전문가 외교관으로 특채되어 1998년 5월 3일~2002년 3월 2일 기간 파푸아뉴기니 대사로 근무했다. 한국대사관 13대 윤해중 대사(정치외교학 64학번), 아세안대표부 2대 서정인 대사(독일어 80학번), 3대 김영채 대사(영어 84학번)도 한국외대 출신이다.

1982년에 개교한 부산외국어대학교 인도네시아과 출신은 대부분 1980년대 후반부터 입국하기 시작해 손용(83학번) 전 CJ 인도네시아 대표(현재 고문), 홍종서(84학번) 한인상공회의소 사무총장, 조은숙(83학번) 한국문화원한국어교원, 박진려(84학번) 하나어학원장, 정제의(98학번) 재인도네시아한인청년회 회장 등을 비롯해 많은 동문이 한인 사회 곳곳에서 활동하고 있다.

2003년에는 영산대학교와 통폐합된 성심외국어대학도 1993년부터 인도네시아어과 졸업생을 배출하며 현지 한인사회에 진입해 최재혁(92학번) 무궁화유통 식품본부장, 정성석(93학번) LG이노텍 부사장 등 여러 동문들이 한인사회의 허리를 구성하고 있다.

특별 부록 1.

원로들에게 듣는다

여섯 명의 원로에게 듣는 한인들의 삶과 조언
수십 년간 쌓아온 네트워크, 희망의 이정표가 되길

글 : 채인숙(인도네시아 한인 100년사 수석편집위원) 진행 : 정선(한인포스트 대표)

※원로(인도네시아 입국 연도/당시 근무지)

- 김영만(1971년 3월, 한국남방개발주식회사(KODECO)
- 배상경(1972년 인니동화) • 이승민(1971년 4월, 인니동화)
- 이진호(1972년 2월, 미원그룹) • 정무웅(1971년 3월, 삼환기업)
- 조용준(1973년, 대한석유공사)

1970년 전후, 산림개발 자원사업을 필두로 한국인의 인도네시아 진출이 시작되면서 한인사회가 본격적인 뿌리를 내리기 시작했다. 당시 한국에서는 해외로 나가는 일이 흔치 않던 시절이었다. 그런데도 원로들은 원목선을 타고 20

여 일의 긴 항해를 거쳐 인도네시아로 들어오거나, 홍콩과 싱가포르를 거쳐 끄마요란 공항에 첫발을 내디뎠다. 개척자의 정신으로 무장한 그들은 적도의 밀림 속을 누비며 오랑 꼬레아의 뿌리를 내렸다. 이처럼 인도네시아에 뿌리를 내린 원로들의 삶과 이야기는 '인도네시아 한인사 100년'을 맞는 이 시점에서 특별한 감회를 불러일으킨다.(모든 내용은 원로들의 개인적인 경험과 기억에 근거하므로 객관적 사실과는 다소 차이 날 수도 있으나, 가능한 한 생생한 이야기를 싣고자 노력했다)

※ 인도네시아에는 어떤 계기로 첫발을 내딛게 되었는지, 당시 인도네시아의 사업 환경은 어떠했나요.

김영만 : 1963년 코데코에 입사해 1971년 3월 인도네시아로 왔다. 그때는 공항이 마치 시골 역사 같았다. 투자법이 제대로 자리를 잡지 못한 초창기였는데, 코데코가 최초로 산림개발 허가를 따냈다. 석유사업도 시작하면서 미국에서 비행기를 들여오고 선박과 중장비 등에 엄청난 투자를 했다. 당시는 일본의 목재 수요가 높던 때라, 원목 생산 원가가 입방미터당 30달러였는데, 판매가는 60~70달러에 달하며 엄청난 이익이 남는 사업이었다. 현장에 기술자들을 파견하기 위해 한국외대 교수로부터 언어 교육과 소양 교육도 받았으며, 한 번에 30~40명의 기술자가 파견되었다.

이승민 : 동화기업이 동부 칼리만탄주 빠시르군에서 추진하는 원목사업을 위해 설립한 인니동화의 창업 멤버로 왔다. 1971년 4월 12일 저녁 9시에 캐세이퍼시픽항공사의 CX 711편으로 끄마요란 공항에 도착해 다음 날 총영사관(JL. Diponegoro 31)을 방문했다. 당시 인도네시아 전역에는 대사관을 비롯한 공관과 진출업체 직원을 다 합쳐 190명 정도의 한국인이 살았다. 발릭빠빤 현장으로 가는 7명의 외국인이 여행 증명서를 받는 데만 일주일이 소요되었다. 우리는 현지의 바닷가 갯벌에 만든 수상가옥을 임차해 사무실 겸 숙소로 썼는데, 사무

실 뒤에 스피드보트를 항상 대기시켜놓았고, 용변은 침대에서 내려와 마룻바닥을 열고 해결했다.

현지인들에게 "어디서 왔느냐?"는 질문을 많이 받았는데, '꼬레아'가 어디 있는 나라인지도 모르는 사람이 대부분이라 항상 중국과 일본 사이에 있는 나라라고 설명해주어야 했다.

당시에는 코데코가 파견 인원이 가장 많고 월급도 많이 주었다. 그리고 최계월 회장은 별명이 '미스터 백불'로 매사 배포가 큰 분으로 유명했다. 일을 잘 도와준 공무원들에게도 100달러의 팁을 주었는데, 당시 환율이 달러당 415원이었고 326루피아였다. 그뿐 아니라 당시 최계월 회장은 한국인들을 위해 대부(God Father) 역할을 했다.

정무웅 : 1970년대는 인도네시아가 외국자본투자촉진법을 제정하면서, 이를 계기로 한국에서 해외 진출을 적극적으로 권고하던 때였다. 나는 1971년 3월에 삼환기업이라는 건설회사에서 파견되어 시장조사를 겸하며 현지 투자 상황을 파악했다. 당시에는 인도네시아에 제대로 된 건설회사가 없던 때라 많은 공사를 따낼 수 있었다.

조용준 : 1973년, 대한석유공사(유공)의 해외 연수로 UI 어학 연수생으로 나왔다. 한국이 석유 파동을 겪으면서, 석유 자원 확보가 국가 안보와 직결된다고 생각하던 때였다. 당시에는 재인도네시아거류민회가 설립되었으나 실무자가 없던 상황이라 대사관의 요청으로 내가 총무간사를 맡기도 했다. 거류민회 업무뿐 아니라 한인들의 모든 행사와 한국에서 온 귀빈 영접 업무를 대사관 직원과 함께 했다. 나는 ROTC 장교 출신인 데다 중앙정보부 요원 2명과 함께 어학 연수를 받고 있어 중정 요원이라는 오해를 받기도 했다. 그때는 인도네시아에서 간첩 용의자들을 잡아 배에 태워 한국에 보내면 도착하자마자 체포하는 일이 종종 있었다.

배상경 : 인니동화에 취직한 나는 1972년 홍콩과 싱가포르를 거쳐 끄마요란 공항에 도착했다. 그때의 주 업무는 산림개발과 관련해 공무원들을 만나는 일이었다. 당시에는 인니동화와 코데코 그리고 미원이 인도네시아에 진출해 있었다. 당시 미원은 아지노모토(Ajinomoto), 사사(Sasa) 같은 일본, 대만 기업과 경쟁 구도를 이뤘다.

미원이 인도네시아 조미료 시장을 점거하기 시작하자 아지노모토가 미원에서 나온 화학 물질을 문제 삼았고, 이로 인해 회사가 위기를 맞을 뻔한 적이 있었다. 그때 코데코 최계월 회장이 베니 무르나디 장군을 만나 문제를 해결한 기억이 아직도 생생하다. 미원은 결국 30% 가까운 시장점유율을 기록하면서 아지노모토를 앞질렀다.

이진호 : 1972년 2월 미원그룹(현 주식회사 대상) 조미료 공장을 설립하기 위해 인도네시아에 시찰단으로 첫발을 내디뎠다. 우리는 인도네시아가 앞으로 시장성이 높다고 판단했기에 자카르타에 제1단계 MSG 조미료 공장을 설립했다.

그 후 6개월 만에 생산 판매를 시작하고 나서 수라바야에서 한국 최초로 플랜트 사업을 추진했다. 인도네시아 사람들이 순수하고 마음도 선해서 직원들과 원만하게 일할 수 있겠다는 확신이 들었고, 이는 미원그룹에서 투자를 확정한 주요인 중 하나였다.

한국에서 구매한 『인도네시아어 첫걸음』이라는 얇은 책으로 밤낮없이 인도네시아어를 공부했지만, 통역사도 없던 시절이라 일하는 데 어려움이 많았다. 그래도 영어와 인도네시아어를 섞어 소통하면서 한국을 전혀 모르는 정부 관계자들과 접촉했고, 한국투자 기업이 별로 없어서 투자 인허가를 받는 과정에서 직접 발로 뛰어 해결했다.

※ 이후 한국인의 인도네시아 진출은 매우 광범위해졌습니다. 인도네시아 진출이 활발해진 특별한 배경이 있었을까요.

정무웅 : 무엇보다 정부의 의지가 가장 컸다. 우리 정부가 해외 진출을 적극적으로 추진하면서 종합상사법을 만들고 해외건설협회도 만들었다. 그래서 내가 일했던 삼환기업이 수마트라 고속도로를, 현대건설이 자고라위 고속도로를 건설했다. 또 대림산업은 정유공장을 건설했다. 그 밖에도 현지에는 미개척 분야가 많았고, 종합상사들이 활약하면서 불이 붙었다.

이승민 : 1980년대 중반까지만 해도 인도네시아에 진출한 한국기업이 그리 많지 않았다. 한국의 민주화 과정에서 여건이 어려워진 기업들이 해외 진출을 시작했는데, 그때 인도네시아가 급부상했다. 인도네시아 정부는 그동안 선진국을 성장 롤모델로 삼다가 1987년부터 룩 이스트(Look East) 정책을 추진하면서 한국에 투자 유치단을 보내 세미나를 개최했다. 이를 통해 5년 동안 한국기업들이 대거 진출했으며, 진출 과정에서 많은 난제가 있었지만 슬기롭게 극복해 나갔다.

조용준 : 인도네시아에 한국인의 진출이 본격적으로 이뤄질 때 한국학교가 설립되어 자녀들에게 한국 교육을 할 수가 있게 되자 인도네시아에 진출하면서 망설이고 걱정하던 교육 문제가 사라지게 되었다. 최초로 서만수 목사가 뻐좀뽕안(JL, Pejompongan)에서 '토요한글학교'를 시작했고, 거류민회에서 한국학교를 세웠다. 한편 이재설 대사는 한인 2세들에게 한국 교육을 해야겠다는 생각을 품고 박정희 대통령에게 편지를 보내 5만 달러의 하사금을 받았다. 당시에는 인도네시아에 한국계 은행이 없어 외환은행 싱가포르 지사에 정기예금을 예치해두었고, 1976년에 학교를 세울 수 있었다. 여기에 최계월 한인회장이 거금을 쾌척했고, 10개 업체 기업인들의 기부금이 더해져 학교 건물을 신축하기 시작했다.

배상경 : 당시에 동포사회가 어려웠다. 첫 월급이 300달러였던 걸로 기억한다. 그래도 대통령이 5만 달러를 쾌척하자 기업인들이 잇따라 큰돈을 후원하면

서 한국학교가 설립되었다. 이를 계기로 한인사회도 더욱 성장하고 확장되었다. 자녀 교육 문제가 걸림돌이었는데, 인도네시아에 오지 못할 이유가 없어진 것이다.

김영만 : 초창기에는 사소한 부분까지 챙기면서 인도네시아 사람들의 마음을 얻으려고 노력했다. 한국에서 인삼을 '남산만큼' 가져와서 인도네시아 관공서에 선물했다. 그래서 여러 가지 문제들이 쉽게 해결된 경우가 많았다. 당시엔 인삼 한 통값이면 한 달 월급 수준이었다. 자개로 만든 공예품도 인도네시아 지인들이 좋아했다. "인삼을 주면 남편이 늦게 퇴근한다"라는 장관 부인의 불만을 들었다는 여담도 있다. 작은 일례지만, 안팎으로 많은 공을 들였다는 뜻이다.

이진호 : 1990년대 들어서면서 양국이 경제적으로 도약하는 시기였다. 천연자원과 노동력이 풍부하고 임금도 저렴한 인도네시아는 한국기업이 진출하기에 좋은 조건을 갖추고 있었다. 인도네시아에서 생산한 제품을 경쟁력 있는 가격에 수출하면서 안정적으로 뿌리내릴 수 있었다.

※ 하지만 최근 들어 거주 허가 한인이 2만여 명에 머무는 등, 탈인도네시아가 이루어지고 있습니다. 어떤 이유일까요.

이승민 : 인도네시아 대통령은 민족주의자, 실용주의자, 종교주의자로 나눌 수 있다. 유도요노 대통령의 경우 합리적인 실용주의자였고, 10년간의 임기 중 많은 규제를 완화하고 개방했다. 그래서 한인들의 기업 환경도 좋았다. 2014년 새로 임기를 시작한 조코 위도도 대통령은 민족주의자이자 원칙주의자로 많은 규제를 만들었고, 경영 환경이 힘들어진 것도 사실이다. 하지만 조코 위도도 2기 정부는 변화가 보인다. 지난해 재당선 후부터 규제 완화 정책을 견지하고 있으며, 앞으로 상황이 더 나아질 것이다.

조용준 : 한인사회가 축소되는 데는 주재국의 외국 노동자 정책이 주된 요인이다. 우리 진출업체 대다수가 노동집약적산업에 종사하는데, 현지 인건비가 오르다 보니 기업 인력 구성이 현지화되면서, 자연스럽게 한인들이 줄어드는 것도 이 때문이다. 앞으로도 필수 요원 외에는 현지인들을 고용하는 경우가 많아질 것으로 본다.

배상경 : 조코 위도도 대통령이 외국인직접투자(FDI) 유치에 전력을 다하고 있다. 그 선봉에 선 각료가 우홋 빤자이딴 해양투자조정 장관이다. 아이르랑가 하르따르또 경제조정 장관도 같은 노선을 추구한다. 이들은 노동 임금 부분이나 외국인에 대한 규제가 옛날에는 너무 쉬웠다는 생각에, 오히려 지금 규제를 제대로 세워가고 있다는 입장이다.

※ 인도네시아 생활 중 한국인으로서 가장 보람된다고 느낀 순간은 언제였습니까.

조용준 : 가장 보람 있는 일은 한국학교를 세운 것이다. 당시 한인회 총무를 맡으면서 현장에서 발로 뛰었고, 한국정부로부터 감사장을 받았다. 그뿐 아니라 대우, 삼성, 대한항공, 동서해운, 외환은행 등이 진출하는 데에도 직접 관여했다.

개인적인 영광이라면, 수실로 밤방 유도요노 대통령과 깊은 교분을 나눈 일이다. 나의 인도네시아 이름은 조코 유도요노인데, 2008년 《꼼빠스》 신문에 '대통령 궁의 일곱 유도요노'라는 제하의 기사에 내 이야기가 실렸다. 그 기사에서 나는 일곱 번째 유도요노 가족으로 소개되었고, 그 덕분에 현지 장관들과 돈독한 관계를 만들었다. 이선진 한국대사와 유도요노 대통령을 연결하거나 이명박 대통령 시절 러시아로 가기로 한 잠수함 3척을 수주하고, T-50 고등훈련기 16대를 수출하는 일을 성사시켰다. 지금 생각해도 이러한 일들은 내가 인도네시아에 살면서 가장 뿌듯한 일로 기억된다.

배상경 : 코린도와 코데코 등 인도네시아 양대 한인기업에서 CEO를 역임하면서, 해외에서 좀처럼 하기 어렵다는 파이낸싱을 성사시켰다. 이 같은 실적을 인정받아 서울대학교 총동창회에서 수여하는 가장 영예스러운 관악 대상을 받았다. 학교 다닐 때도 상을 받지 못했는데, 인도네시아 사는 촌놈이 상을 받자 동창들이 대단하다고 놀라워했다. 모두 이 나라에 살았기 때문에 가능한 일이었다. 어디서 일을 했던들 이런 멋진 상을 받았겠는가. 내 인생의 가장 큰 보람이고 자랑이다.

이승민 : 가장 보람 있었던 일을 꼽으라면, 1975년 4월에 중부 칼리만탄주 서부 빵깔란분 임지를 찾아낸 것이다. 회사의 지시로 북부 말루쿠 할마헤라 지역 등을 서베이했지만, 비경제림이라 실망이 크던 차였다. 그래서 인도네시아 전국의 산림개발 허가서가 난 지역을 지도로 샅샅이 훑고 출장을 나섰다. 한 달 동안 캠프에 돌아올 생각하지 말고 임지를 찾아내라는 지시를 받아 반자르마신에서 빨랑까라야까지 21시간 동안 좁고 긴 롱보트를 타고 들어갔던 기억이 아직도 생생하다. 그렇게 두 차례에 걸쳐 에어서베이(헬리콥터나 소형 비행기를 타고 다니면서 하는 조사)를 마치고 마침내 코린도의 첫 임지 15만5,000ha를 찾아낸 감격은 이루 말할 수 없다. 그때 도움을 준 빵깔란분 서베이어 시만준딱 씨에게 아직도 고마움이 남아 있다.

김영만 : 코데코가 단군 이래 처음으로 인도네시아에 태극기를 꽂고 사업을 시작하던 순간이 가장 큰 자부심으로 남아 있다. 1974년 다나카 일본 수상이 인도네시아를 국빈 방문했을 때, 대학생 폭력 시위가 일어난 적이 있었다. 대학생들이 일본 자동차를 불태우며 과격한 시위를 벌였을 때, 한인들은 자동차에 태극기를 꽂고 다니며 한국인임을 알렸고, 시위대에게 한국여권도 보여주며 위기를 모면했다. 한국에 코로나19가 급격하게 번지던 초창기에는 스마랑의 근로자들이 한국을 위해 코로나19 모금 운동을 벌인다는 소식을 듣고 고마우면서도 한국인이라는 것이 뿌듯하고 자랑스러웠다.

정무웅 : 인도네시아에서 가정을 이루고 반생을 보내며 무사히 정년을 마친 것만으로도 큰 보람이다. 정년을 마치고 10년 동안 코린도 장학재단 이사장으로 있었는데, 여기에서 인도네시아 대학생들에게 정기적으로 장학금을 지원하고 매년 한국으로 유학생을 보내는 현장에서 함께 했다. 2012년에는 그 일로 대교문화재단으로부터 해외 부문 교육공로상을 받아 영광스러운 순간이었다.

이진호 : 40여 년간 인도네시아에 살면서 큰 보람을 느낀 적은 두 번이다. 첫 번째는 1970년대 미원그룹이 조미료 공장을 설립하면서 당시 인도네시아 시장을 독식하고 있던 일본의 아지노모토와 대만의 사사를 제치고 50% 이상의 시장점유율을 기록했을 때다.

두 번째는 2002년 식품제조업체를 설립해 인도네시아에 전혀 없는 천연엑기스 조미료를 생산 · 판매하기 시작한 후 시장에 정착하기까지 수많은 난관에 봉착했지만 지금은 PT. 진영이 인도네시아에 있는 한국식품제조업체 최초로 700품목 이상의 할랄 제품을 생산하며 현지에서 높은 평가를 받고 있다는 것이다. 이렇게 인도네시아와 다국적 기업들에서 수백 가지 제품을 공급하는 한인기업으로 성장한 지금이 또한 가장 보람차다.

*** 한인사 100년을 맞이하며 지금의 한인사회와 인도네시아에 진출하는 젊은 한인들에게 당부하고 싶은 말이 있으시다면.**

배상경 : 한국의 젊은이들이 꼽은 최고의 직업은 공무원이라는 뉴스를 보았다. 그만큼 한국에서는 다양한 기회를 찾기 힘들다는 뜻이다. 인도네시아로 가면 기회가 있고 성공할 수 있다는 비전을 보여주어야 한다. 특히 이곳은 제4차 산업에 많은 비전이 있다. 굳이 인도네시아가 아니더라도 동남아시아 국가들에 나와 일을 한다면 훨씬 많은 기회를 얻을 수 있다는 것을 알았으면 좋겠다.

정무웅 : 우리가 먼저 베풀어야 한다. 인도네시아 국비 장학생을 대폭 늘려서

지한파(知韓派)를 양성하는 것이 중요하다. 이들이 성장해서 정치인이 되고 기업인이 되어 한국기업 활동에 도움이 될 것은 분명한 일이다. 중국은 그런 식으로 이미 7만 명의 인재를 길러냈다. 코린도그룹에서는 매년 연세대학교와 세종대학교에 우수한 학생들을 보낸다. 이제 30여 명에 달하지만, 초창기에 유학을 보낸 초급 장교가 벌써 대령이 되었다. 이처럼 장기적으로 인도네시아의 지한파 인재들을 키우고 데이터베이스를 구축해서 활용하는 데 민관이 협력해야 한다. 『인도네시아 한인 100년사』를 보고 청년들이 인도네시아로 가서 성공해야겠다는 포부를 가졌으면 하는 바람이다.

조용준 : 인도네시아 이민 사회는 미국이나 여타 나라와는 생활상이 매우 다르다. 미국은 1.5세대와 2세대 한인들이 정계까지 진출해서 한국과 한인사회의 위상을 높이고 있지만, 인도네시아는 아직 그런 예가 없다. 개인적으로는 한인 동포사회에서 정치인이 나올 수 있는 토양을 마련해야 한다고 생각한다. 몇몇 가능성 있는 실력자 후보들도 있다. 아무쪼록 『인도네시아 한인 100년사』가 미래의 한인들에게 희망과 전망의 이정표가 되는 책이 되길 바란다.

이승민 : 한국의 젊은이들이 인도네시아로 오면, 먼저 언어와 문화를 공부하는 일이 중요하다. 그리고 현지 문화를 이해하고 현지인들을 존중하고 배려하는 자세가 필요하다. 인도네시아는 앞으로 2024년 세계 4위 경제 대국이 되겠다는 플랜 아래 개방 정책을 쓸 것이다. 이는 2기 조코 위도도 정부가 젊은 각료들을 대거 등용한 것을 보아도 알 수 있다. 인도네시아에서 젊은 한인들의 미래는 밝다고 믿는다.

이진호 : 과거의 한인기업은 사양산업이라 불리던 봉제, 가발, 신발 등의 업종으로 인도네시아 사회에서 입지를 넓혀왔다. 지금도 수년간의 지속적인 인건비 상승과 많은 악조건 속에서도 발빠르게 대처하며 지속적으로 경쟁력을 갖추고 있다. 앞으로 인도네시아는 더 빠른 속도로 발전할 것이다. 우리도 현재

에 안주하지 않고 설비 자동화와 신제품 개발 등 다양한 사업 방안을 시도하면서 끊임없이 노력해야 한다. 그래서 앞으로 한인기업이 인도네시아에서 한인 사회를 떠받치는 큰 기둥 역할을 해나가야 한다고 생각한다.

김영만 : 더 많은 한인이 경쟁력을 갖춘 콘텐츠를 기획해야 한다. 인도네시아에서 사업 투자가 이루어져 일본 기업이나 화교들과도 당당히 경쟁해야 한다. 그러기 위해서는 두 나라 간 문화 차이를 극복하는 일이 우선되어야 하고, 언어를 공부하는 일이 중요하다. 그러다 보면 인도네시아에서 한인들의 위상도 높아질 것이다. 그런 점에서 우리 한인들이 살아온 100년의 역사를 책으로 엮는다는 것은 매우 의미 깊은 일이다. 이 책이 후대에 훌륭한 가이드라인이 될 것이라 기대한다.

특별 부록 2.
한국인이 기억해야 할 지한 인사

함께한 동행, 한국을 사랑한 사람들
힘들 때마다 손 내밀어준 우리의 진정한 친구

글 : 김문환

한국인들이 타국에서 일정 규모의 사업을 영위하다 보면 대정부 로비의 필요성을 절감하게 된다. 인도네시아에서 역사적인 인과관계로 이미 형성되어 있는 친미, 친일, 친중의 틈바구니에서 손잡아줄 지한 인사, 친한 인사를 찾기란 쉽지 않다. 현재 인도네시아에서 한국을 위해 협력할 수 있는 지한파 양성이 시급하다. 그나마 베니, 사르워, 소피안 같은 국가 지도자들과 오래전에 맺은 유대관계 덕분에 오일 가스전, 석탄 광업권, 환경문제 같은 어려운 문제에 대한 후원을 받은 점은 다행이었다. 이제 그들의 후광도 거의 퇴색되고 있는 현실을 아쉬워하며, 그들의 이름을 다시 새겨보고자 한다.

• 위기가 닥칠 때마다 한국을 도와준 '베니 무르다니(Benny Moerdani, 1932.10.2~2004.8.29)' 장군

베니 무르다니는 네덜란드계 혈통인 조모의 피를 이어받아 중부 자바 쩌뿌

베니 무르다니
통합군사령관

(Cepu)에서 13남매 중 여섯째로 태어났다. 이들 형제 중 산디, 하리, 율리아, 무조노 등이 1980년대에 산림개발업으로 진출한 한국기업과 인연을 맺었다.

1956년 6월, 육군 소위로 임관한 베니는 줄곧 특전사 장교로 성장하다가 1961년 미국 조지아주 포트 베닝을 시작으로 노스캐럴라이나주 포트 브랙 특수전 교육까지 이수해 명실공히 인도네시아 특수전의 대부가 되기 위한 이력을 쌓았다. 그는 1962년에 머라우께(Merauke) 정글에 낙하해 서부 파푸아 군사작전의 최선봉이 되었다.

그 후 베니 대령은 1971년 제2대 주한 총영사로 부임하면서 한국과 깊은 인연을 맺기 시작했다. 총영사에 부임하자마자 그가 가장 먼저 한 일은 한국어를 배우는 것이었고, 초청 행사에도 부지런히 참석했다. 1974년 1월에 본국으로 귀임한 이후 줄곧 인도네시아 권력 상층부에 포진하면서, 그간 한인사회가 성장하는 과정에 적대적 인수합병을 노리는 권력자들의 공세까지 막아주며 기업의 명운을 가르는 순간 손길을 내밀어주었다. 안타깝게도 인도네시아 현대사의 변곡점마다 등장해 해결사 역할을 하던 베니 장군은 지병을 이겨내지 못하고 72세의 나이로 영면했다. 전군은 일주일 동안 조기를 게양해 장군을 애도했으며, 역대 대통령을 포함한 고관대작 대부분이 빈소를 찾아 장군의 마지막 모습 앞에서 고개를 숙여 추모했다.

• 사르워 에디 위보워(Sarwo Edhi Wibowo, 1925.7.25.~1989.11.10)의 '2대를 잇는 한국 사랑'

1965년, '9 · 30사태' 당시 수하르토 정권 탄생의 일등 공신으로, 청백리상의 표본으로 국민의 지지를 받으며 '차기 대권후보'로 회자된 사르워 에디 위보워 장군. 그는 끝내 중앙무대에 진출하지 못한 채 국군사관학교장직에 만족해야 했다. 사르워 장군은 1973년 말, 수실로 밤방 유도요노 후보생을 수석 졸업생으로 배출하고 다음 보직을 기다리던 중, 마침 대사급 수교로 격상된 주한국대사 자리에 보임되기에 이른다.

그는 재임 중 '한강의 기적'을 일으킨 산업현장을 열심히 시찰했으며, 가족과 함께 남북 분단의 아픔이 배어 있는 판문점 등을 찾았다. 특히 매사에 적극적이고 총명하던 셋째 딸 크리스티아니(Kristiani, 나중에 유도요노 대통령의 부인이 된다)가 가장 활발하게 부친의 현장 학습에 동행했다.

사르워 대사를 자주 청와대로 불러 친분을 쌓은 박정희 대통령은 개발 초기 단계였던 여의도에 인도네시아 공관용 부지를 분양해주었다. 이를 계기로 대사관 신축공사가 마무리되면서 사르워 장군은 재임 중 이태원 '셋방살이'를 청산하고 '여의도 시대'를 열게 된다. 지금도 여의도에 있는 유일한 외국공관인 인도네시아 대사관 부지는 엄청난 자산가치를 보유하고 있다.

그의 막내딸 크리스티아니는 결혼 전 이태원 관저에서 1년 이상 체류했고, 사르워 대사는 4년간 서울에 거주했다. 이로부터 15년 후인 2004년 사르워 장군의 셋째 사위인 수실로 밤방 유도요노 예비역 육군 중장이 2004년에 처음 실시한 직선제에 의해 제6대 대통령으로 당선되었다. 이처럼 수실로 밤방 유도요노 대통령이 10년간 인도네시아공화국을 이끌면서 유난히 양국 간의 교류가 역동적이고 호혜적이었던 비밀스러운 해답이 여기에 있었다. 최고통치권자 대통령 부부가 누구보다도 한국문화와 한국사회를 잘 이해할 수 있었던 데에는 영부인이 1974년 부친을 따라 산업현장을 누비고 남산과 이태원에서 지내며 한국에 대해 잘 알고 이해하고 있었기 때문일 것이다.

사르워 에디 위보워 교장과 유도요노 생도(나중에 장인과 사위 관계가 된다)

• 소피안 와난디(Sofjan Wanandi, 1941.3.3.~)의 50년 우정

서부 수마트라주 사와룬또(Sawahlunto)에서 출생한 소피안은 그곳에서 중학교까지 마친 후 가톨릭계 카니시우스(Kanisius)고등학교를 졸업하고 인도네시아국립대학교 경제학부에 다니던 중 운동권에 연루되어 중퇴했다. 1965년 '9 · 30 사태' 당시 수하르토 정권 탄생의 엔진이 되어준 '66세대' 운동권 출신들은 신

최계월 회장 흉상 제막식에 참석한 소피안 와난디

군부의 배려 속에 속속 정계로 진출했다. 소피안도 불과 26세의 나이에 운동권 동료 10명과 함께 국회의원(DPR) 신분이 되었으나, 정변의 배후에 중국이 개입되었다는 사실이 재판 과정에서 속속 드러나며 반중 데모가 격해지자 화교계인 소피안의 입장이 난처해졌다. 그는 '림 비안 쿤(Liem Bian Khoen)'이라는 중국식 본명을 '소피안 와난디(Sofjan Wanandi)'로 개명해야 했다. 정치 초년생이던 소피안은 이 사건으로 화교 출신 정치인의 한계를 절감하고 정치에서 완전히 손을 뗀 뒤 사업에 전념한다. 그 결과 일본과의 합작사인 유아사 밧데리사를 주력으로 삼아 굴지의 기업군인 게말라그룹(Gemala Group)으로 성장시켰다. 2008년부터 5년 임기 동안 경영자총연합회(APINDO) 회장으로 지내며, 한인기업의 길잡이가 되어 지금도 협력과 도움을 아끼지 않는다.

소피안의 후원자인 알리 무르또보 장군과 수조노 후아르다니 장군이 먼저 서거하자 이 계보를 이어받은 베니 무르다니 장군의 협력자가 된 소피안은 한국기업이 당면한 문제를 해결하는 데 많은 도움을 주었다.

특히 그는 제2차 오일쇼크 직후인 1981년 11월 16일 추가 원유 도입을 위해 대통령 특사 자격으로 인도네시아를 방문한 박봉환 동자부장관과의 회담에서 원유 대신 액화천연가스(LNG)로 대체하도록 제안했다. 그리고 2년 후인 1983년 8월에 발족한 한국가스공사와 빠르타미나사 간에 연간 230만 톤의 액화천연가스 도입 계약을 체결하는 결실을 보았다. 이 계약은 1986년 10월부터 선적이 시작되어 20년간 유효한 장기 계약이었으며 이는 한국의 해외 LNG 도입의 효시가 되었고, 소피안 와난디는 이를 성사시키는 산파역을 맡았다.

2020년 1월 17일 자카르타한국국제학교에서 열린 '최계월 초대 회장 흉상 제막식과 장학금 전달식'에서 소피안은 연단에 올라 고인에 대한 회고담을 들려주었다. "나는 미스터(Mr.) 초이(Choi)를 1968년에 처음 만났습니다"로 시작하는 소피안의 회고담은 그의 국회의원 초년병 시절을 떠오르게 했다. 79세에 접어든 노구지만 연단에 선 그의 모습과 목소리에는 여전히 비범함이 배어 있었다. 1968년이면 최초로 한국기업이 출범한 해이며, 동시에 그가 운동권에서 벗어나 정치인으로 사회에 첫발을 내디딘 해였다.

특별 부록 3.

인도네시아 한인사회 연혁과 한인회 주요 활동

작성일 : 2020. 07.

● 1920 ~ 1969

1920	09	20	3 · 1운동 후 망명객 '장윤원' – 자카르타에 첫발을 내디딘 한인사회 원년
1942	09		태평양전쟁 포로감시원 · 군속 1,408명 – 딴중쁘리옥항 경유해 자와 지역 분산 배치
1944	12	27	이활(본명 이운종) 외 10명 – 중부 자와 수모워노(Sumowono) 교육대에서 '고려독립청년당' 결성
1945	01	04	손양섭, 민영학, 노병한 – 중부자와 '암바라와(Ambarawa) 항일거사'
1945	09	01	'재자와조선인민회' 결성(자카르타 꼬따 지역 본부)
1960	06	01	'장윤원'의 차남, 교육자 '장순일' – 자카르타 소재 '아뜨마자야대학교(Universitas Katolik Atma Jaya)' 공동 설립
1964	11	01	한국무역진흥공사(KOTRA) 자카르타 사무소 개설
1966	12	01	주인도네시아 대한민국총영사관 개설
1968	02	11	한국남방개발주식회사(KODECO) 해외 직접투자 제1호 기업 – 인도네시아 산림개발 해외투자에 관한 국무회의(경제각의) 의결
1968	10	02	한국외환은행 자카르타 사무소 개설
1967~ 1969			주재원 진출 – 오세윤(서울통상), 김필수(한국합판), 신교환(신흥양행), 이현상(PT. Bali Wig), 장달수(한일시멘트)
1969~ 1970			동화기업, 경남기업 산림개발업 진출

● 1970 ~ 1979

1970	06		삼환기업을 필두로 건설업체 진출 시작
1972	07	16	재인도네시아거류민회 결성 최계월 초대 거류민회 회장 취임(한인수 700여 명)
1973	04		미원 합작투자 허가 취득
1973	09	18	한-인도네시아 정식 국교 수립(김좌겸 초대대사)
1973	09	21	한-인도네시아 국교 수립 교민회 축하의 밤
1973	12		현대건설 자고라위 고속도로공사 수주(3,300만 불)
1974	03		이재설 신임 대사 부임
1974	07	30	재인도네시아한국부인회 창립 총회(초대 회장 : 김억 참사관 부인)
1975			『거류민 회보』 발간(연 4회)
1975	03	04	거류민회운영위원회 한인학교 설립추진 특별위원회 설립
1975	05	09	국민학교설립위원회 구성(위원장 승주호 교민회부회장) – 위원 : 양경선(대사관), 강대우(현대), 서만수(선교사)
1975	09	19	거류민회운영위원회와 대사관(이재설 대사) 공동 발의에 의한 '자카르타 한국학교' 설립 결의 – 준비위원 : 외환은행사무소 소장 염동희, 공보관 이찬용, 참사관 김영호에게 일임
1975	12		재일동포 고국 방문 돕기 영화의 밤 행사
1976	01	05	유치부, 초등학교과정 1 · 2 · 3학년 편성 및 개교(빠좀뽕안 소재 장혜선 씨 댁) – 1학년 9명, 2학년 7명, 3학년 4명, 유치부 6명 등 학생 총 26명, 교사 4명
1977	03	15	한국학교 교사 건설을 위한 운영재단이사회 구성
1977	04	25	대통령령 제8461호에 의거, 본국 정부 자카르타한국국제학교 초등 과정 승인
1977	07	25	엠바씨 스쿨 성격의 학교 건물 완공(1978.1.28. 신축 교사 이전)

● 1980 ~ 1989

1984	02	18	거류민회관 준공
1986	10	15	제2대 신교환 거류민회 회장 취임
1989	05	28	한국학교 육성 발전을 위한 재단이사회 발족(재단이사장 승은호) – 교사 신축을 위한 기금 모금 및 대지 구입 개시

● 1990 ~ 1999

1990	06	20	제3대 승은호 한인회장 취임
1990	11	24	인도네시아 교육문화부장관으로부터 자카르타한국국제학교(Jakarta International Korean School, JIKS) 인가
1991	12	05	사업 진행 6개 상임분과위원회 설치 – 교육 · 사회, 기획 · 행정, 문화 · 체육, 상공, 섭외 · 홍보, 재무 · 회계
1993	03	02	JIKS 제1교사(초등부) 준공 및 학교 이전
1994	01	17	대한민국 교육부장관 JIKS 중 · 고등학교 교육과정 인가
1994	09	15	한인회보 발간
1995	03	10	교민 애로지원센터 개소
1995			한인회 회원등록제도 시행(회비 : 개인 회원 $12/년, 가족 회원 $20/년)
1995	11	23	JIKS 제2교사(중 · 고등부) 준공
1996	03	30	재인도네시아한인상공회의소 개설(초대 소장 유병문 : 한인회 상공분과위원회 위원장)
1996	07	15	《한인뉴스》(월간) 창간(한인 수 약 1만7,000명)
1996	09	24	인도네시아 문화사회부장관 사단법인 한인회 인가
1996	12		한-재인도네시아 교류 사진전(12.27~31)
1997	04	04	수라바야 한국무역관 개설(관장 고석찬)
1997	07	21	《한인뉴스》 창간 1주년 기념행사(편집장 천성호)
1997	11	20	97 운영위원 총회 개최 : 현 회장단 및 임원 임기 2001년 12월까지 유임 결정
1998	05		인도네시아 5 · 14 폭동 사태 악화에 따른 비상대책 확대 회의(5.16~18) – 재인도네시아동포 비상출국 계획에 관한 회의
1998	07	01	인도네시아의 조속한 경제 회복 기원하며 자카르타 주지사에게 피해 복구 기금 전달
1998	08	25	5 · 14 폭동 피해 한인에게 위로금 전달
1999	02	17	JIKS 제3교사 및 강당 준공
1999	10	05	JIKS 복지관 개관을 위한 테이프 절단식 및 마스터키 전달식
1999	08	13	재인인도네시아한인회 산하 상공회의소 조직 개편 및 승은호 상공회의소 회장 취임

● 2000 ~ 2012

2000	06	01	2000 인도네시아 한인록 발간
2001	01	10	경제정책분과위원회 신설
2001	04	25	동포 신변 및 사업장 안전대책회의 – 긴급사태 시 대사관 & 한인회 공동 대처를 위한 동포비상대책위원회 구성 · 운영
2001	05	08	일본 역사 교과서 왜곡사건 항의문 재인도네시아 일본대사관에 전달 – 해외 한민족대표자협의회 결정사항
2002	04	02	한인회 홈페이지 개설
2002	10	08	제15호 태풍 루사 수재민을 위한 수재의연금 매일경제신문사에 전달
2003	08	01	동남아한상협의회 개관
2003	10		제14호 태풍 매미 수재민을 위한 수재의연금 전국재해구호협회에 전달
2003			이시하라 신타로 일본 도쿄 도지사의 한일합방에 관한 망언 항의문 전달 – 해외 한민족대표자협의회 결정사항
2004	06	04	북한 용천역 폭발 참사 재해의연금 대한적십자사에 전달
2005	02	12	아쩨 지진해일 구호 성금 메트로 TV 방송국에 전달
2005	12	01	『한인기업 디렉토리[1]』 발간
2006	05		족자–중부 자바주 강진 구호 성금 족자한인회에 전달
2006	07	07	《한인뉴스》 창간 10주년 기념행사
2006	08	15	60주년 8 · 15광복절 경축 행사 및 체육대회
2007	03	05	故 신교환 제2대 회장 출판 기념회(『젊은이여 세계로 웅비하라』) 후원
2007	03		동포기업, 가정, 현지 보육원 등에 수해의연금 및 물품 전달 (03.08, 03.27~28, 04.03)
2007	05	05	족자초등학교 재건축 준공식 – 2006.05. 강진으로 무너진 족자초등학교를 한인사회 성금으로 시공 건립
2007	07		AFC 아셈 컵 축구 대회(자카르타/팔렘방/쿠알라룸푸르, 07.10~29) – 동포 약 6,000명이 한자리에 모여 일치 단결된 마음을 확인한 행사
2008	04	25	지역한인회장단 친선 골프 모임(총 11개 한인회 중 9개 회장단 참여)
2008	08	10	『한인기업 디렉토리[2]』 발간

2008	10	17	한인문화회관 개관
2009	02		일제강점기 강제동원피해진상규명위원회 제1차 해외 추도 지역 실태 조사 – 기초 자료 조사 및 사업 추진 자문(02.18~26)
2009	10	28	서부 수마트라 강진 구호 성금 인도네시아 지역대표협의회(DPD) 의장에게 전달
2009	12	23	한사람 한나무 나무심기 운동(까라왕 조림 지역) – 제15차 유엔 기후변화총회와 인도네시아 식목 기간에 맞추어 한인사회 동참
2010	01	01	행사, 사회복지, 교민권익, 대외협력분과위 신설
2010	07	26	빠당(Padang) 강진 구호 성금 인도네시아 지역대표협의회(DPD) 의장에게 전달
2010	12	01	주인도네시아 한국교민 고충 민원 상담(국민권익위원회, 인도네시아 옴부즈만)
2011	07	13	2011 아시아 한인회총연합회총회 및 제6회 동남아한상대회 (자카르타, 07.13~16)
2012	10	04	JIKS 제4교사 준공 및 비전 선포식

- **2013 ~ 2015**

2013	01	01	제4대 신기엽 한인회장 취임
2013	02	18	자카르타 지역 대홍수 구호 성금 및 구호 물품 인도네시아적십자사 전달
2013	03	08	한-인도네시아 수교 40주년 기념식 개막
2013	03	09	뮤직뱅크 인 자카르타
2013	07	01	한인상공회의소 확대 발족 – 제3대 송창근 회장 취임
2013	11		『한인기업 디렉토리[3]』 발간
2014	04	25	수재 구호 물품 인도네시아적십자사 전달
2014	12	20	한-인도네시아 우정의 페스티벌
2015	06	17	2015 아시아 한인회총연합회총회 및 제10회 아시아한상대회 (말레이시아, 06.17~20)
2015	08	16	한-인도네시아 광복 70주년 기념 걷기 대회
2015	12	14	자카르타 찌끼니 한-인도네시아 우정의 벽화마을 조성

- 2016 ~ 2018

2016	01	01	제5대 양영연 한인회장 취임
2016	03	10	한인회총연합회 결성
2016	07	26	재외한인구조단과 업무 협약 체결
2016	08	15	한인회 임원 골프 대회, 《한인뉴스》 창간 20주년 기념행사
2016	09	27	빠라마아파트 화재 피해 입주자 지원 성금 전달
2016	12	07	2016 한인회 송년의 밤 제1회 자랑스러운 한인상 제정(루마인다 김영휘 원장)
2017	01	24	한인회 여성분과 루마인다 유치원 방문
2017	04	06	2017 안전 세미나 개최(인도네시아에서의 건강하고 안전한 삶)
2017	08	15	제1회 코라스 챔피언십 임원 골프 대회 및 간담회
2017	09	23	한-인도네시아 친선 한복 패션쇼(09.23~24)
2018	01	19	사랑의 전화 자원봉사
2018	02		인도네시아 다문화가정 '평창 동계 올림픽' 모국 방문(02.07~12)
2018	07	04	2018 아시안게임 지원 민관합동위원회 출범
2018	08	05	아시안게임 성공과 남북한 단일팀의 출전 축하 행진
2018	08		2018 자카르타-팔렘방 아시안게임 지원(08.18~09.02)
2018	09	24	2018 장애인 아시안게임 지원 민관협력위원회 출범
2018	10		2018 자카르타 장애인 아시안게임 지원(10.06~13)
2018	10	25	인도네시아 롬복 지진 피해 성금 전달
2018	12	11	2018 한인회 송년의 밤 제2회 자랑스러운 한인상(헤븐스)

- **2019 ~ 현재**

2019	01	11	인도네시아 빨루 재난 구호 성금 인도네시아적십자사 전달
2019	03	01	제6대 박재한 한인회장 취임
2019	03	03	3 · 1운동 100주년 기념 평화 걷기 대회
2019	07	03	한인회-서울아산병원 건강검진센터 간 업무협약 체결
2019	07	26	인도네시아 한인 100년사 편찬위원회 출범
2019	08	15	제2회 코라스 챔피언십 임원 골프 대회
2019	08	25	한-인도네시아 광복절기념 5km 마라톤-걷기 대회(Saranghae Merdeka 5K)
2019	08	31	한인회 여성분과 밥퍼해피 봉사
2019	10	11	한인회-경희의료원 간 업무협약 체결
2019	11	27	재외동포재단 '한우성' 이사장과 동포 간담회
2020	02	05	코로나19 동포 안전 간담회
2020	03	04	코로나19 대응 '성금 및 물품 지원 관련' 한인단체장 간담회
2020	03	05	한인회, JIKS에 코로나19 예방 방역 마스크(1만 장) 기증
2020	03		코로나19 한인동포 안전대책 마스크(4만 장) 무상 배부(03.23~24)
2020	03	24	코로나19 안전 간담회
2020	03		코로나19 감염 소외 지역, 빈민 · 취약계층 및 봉사 단체에 마스크(2만 장) 무상 배부(사랑의 전화, 루마인다 유치원, 밥퍼해피센터, 헤븐스, 소외 지역 동포 등)
2020	04	01	모국의 코로나19 피해 지원을 위한 한인사회 기부금 기탁(대한적십자사)
2020	04	08	한인회-메디스트라 병원 간 업무 협약, 한인전담 코로나19 진료 실시 (한인회 무상 제공의 한국산 신속 진단 키트로 검사 시행)
2020	05	05	코로나19 (자가)격리자에 대한 고려대학교 안산병원 협력 상담 실시
2020	06	25	인도네시아 빈민 · 취약계층의 코로나19 피해 지원 기부품 전달 (자카르타 주 정부 - 루마 자카트에 생필품 박스 250개 기증)
2020	07	20	인도네시아 한인 이주 100주년 축하 UCC 공모전 개최

<집필자 소개>

김문환(재인도네시아한인회 자문위원)
사공경(한인니문화연구원장)
신성철(뉴스미디어 《데일리인도네시아》 대표)
배동선(작가 · 번역가)
조연숙(뉴스미디어 《데일리인도네시아》 편집장)
이영미(동화 작가 · 《한인뉴스》 편집위원)

그 외
안선근(국립이슬람대학(UIN) 이슬람 사회문화학 박사)
채인숙(시인)
김순정(전문 출판인)

<집필 분야>

(안선근)
오프닝 : 인도네시아 들여다보기

(김문환)
Chapter 1 해방 전후의 한인사
Chapter 2 외교와 국가기관 진출사
Chapter 3 초창기 기업 진출 시대
특별 부록 2. 한국인이 기억해야 할 지한 인사

(사공경)
Chapter 4 • [한인기업 사례] 온라인 증권사 이트레이딩 김희년 대표
Chapter 4 • [자랑스러운 한인기업인] (주)용마일렉트로닉스 마용도 회장
Chapter 4 • [한인기업 사례] 레젤(Lejel) 홈쇼핑 유국종 대표
Chapter 4 • [한인기업 사례] 메르디스 인터내셔널 김경현 대표
Chapter 4 • [한인 여성 기업인의 활약] PT. ATI 배정옥 대표
Chapter 4 • [한인 여성 기업인의 활약] CEO SUITE 김은미 대표
Chapter 5 6. 아름다운 한인사회를 만든 재인도네시아한국부인회
Chapter 5 7. 한인의 자긍심, 자카르타한국국제학교

Chapter 6 • 신의 은총, 자카르타 성 요셉 성당, 천주교
Chapter 6 • 적도에 꽃피운 부처님의 가르침, 한인불교
Chapter 6 4. 적도에서 펼친 한인 유학생들의 꿈과 도전
Chapter 6 5. 인도네시아에서 뿌리내린 한국학
Chapter 6 7. 한인의 저작 활동과 한국도서의 번역 출판
Chapter 7 1. 한인사회의 소프트 파워, 문화예술 단체
Chapter 7 • 세계 산림협력의 모범, 한-인도네시아산림센터
Chapter 7 • 가나안 누산따라 신학교

(신성철)
Chapter 3 2. 도전과 개척정신으로 목재업계의 거인이 된 코린도그룹
Chapter 4 한인기업의 오늘 그리고 내일

(배동선)
Chapter 2 4. 주인도네시아 대한민국대사관
Chapter 4 • [자랑스러운 한인기업인] 무궁화유통 창업자 김우재, 박은주 회장 부부
Chapter 5 • 재인도네시아한인청년회 'KIYA'
Chapter 6 • 한인사회의 가장 큰 신앙 공동체, 개신교
Chapter 6 • 한국과 인도네시아의 '간극'을 메워주는 한인사회 이슬람교
Chapter 6 • 한국어교육과 한국문화 보급하는 '세종학당'
Chapter 6 6. 한국영화와 드라마, K-팝의 인도네시아 진출
Chapter 7 2. 정부기관, 지방자치단체, 공기업
Chapter 7 3. 본국 기반 세계조직 인도네시아 지회
Chapter 7 4. 교육기관과 한인 언론 매체
Chapter 7 5. 대한체육회와 종목별 협회
Chapter 7 6. 우정과 문화를 나누는 한인 참여 국제 단체
Chapter 7 7. 임의 단체와 봉사 단체 외

(이영미)
Chapter 5 1. 대한민국거류민회의 탄생
Chapter 5 2. 본격적인 한인사회의 형성 과정
Chapter 5 3. 한인의 목소리가 모이는 두물머리 '재인도네시아한인회'

Chapter 5 4. 역대 재인도네시아한인회 회장 인물사
Chapter 5 5. 한인을 하나로 모으는 지역 한인회
Chapter 5 7. 한인의 자긍심, 자카르타한국국제학교

(조연숙)
Chapter 5 • 조규철 전(前) 편집인의 《한인뉴스》 사랑
Chapter 5 • 초창기 JIKS 졸업생 이야기
Chapter 6 1. 한인에게 영향을 미친 인도네시아 주요 뉴스

(채인숙)
Chapter 4 • [자랑스러운 한인기업인] 로얄수마트라 이호덕 회장
특별 부록1. 원로들에게 듣는다

(김순정)
Chapter 6 7. 한인의 저작 활동과 한국도서의 번역 출판

<편집자 소개>
편집: 채인숙(시인)

<참고 문헌>

〈Chapter 1〉

강석재, 「수마트라의 남십자성」, 《藝鄕》(1995년 4월호).

강정숙, 「일본군 위안부의 지역적 분포와 그 특징」(1997).

국가보훈처 & 독립기념관, 『국외독립운동사적지 실태조사보고서 동남아지역 Ⅳ』.

김문환, 《한인뉴스》, 2006년 4월호~2007년 5월호 「한인사회의 뿌리를 찾아서」.

김의경 각색, 『叛徒와 英雄』, 연극대본 장진호 연출(1996).

김재범 연출, 「세 개의 이름을 가진 영화감독 허영」, 신동아 파나비전 제작(1996).

《동아일보, 「불로초 행상」(1931.1).

문창재, 『나는 전범이 아니다』, 일진사(2005).

백남철 역, 우츠미 아이코 원저, 『朝鮮人 叛亂』, 도서출판 국문(1981).

안용근, 『낙산유고』(2013).

우츠미 아이코(内海愛子), 『자바, 홀란드 소년억류소』(1997).

일제강점기 강제동원피해진상규명위원회, 『인도네시아 동원여성명부에 관한 진상조사』(2009).

《한국일보》, 「나는 한국인의 딸」(1971.9.16.).

한국정신대문제대책협의회, '일본군 위안부 문제의 진상 진상조사연구위원회'.

히나츠 에이타로, 「越境の 映畵監督」 日夏英太郎/日夏元子 Site.

《KBS TV》, 「시사기획 창」(2013.8.13).

A.H. Nasution, 『Sekitar Perang Kemerdekaan Indonesia/Perang Gerilya Semesta I』(1979).

Architectural Firm of Batavia.

Arsip Nasional Republik Indonesia, 『Di bawah Pendudukan Jepang』(1988).

Dewan Film Indonesia, 『Film Indonesia, Bagian I』(1900~1950).

Eka Hindra&Kimura Koichi, 『Momoye』(2007).

Komandan Daerah Militer Jawa Barat, 『Siliwangi dari Masa ke Masa』(1979).

《Metro TV》, 「Kick Andy Show」(2007년 4월).

Nugroho Notosusanto, 『Tentara PETA pada Jaman Pendudukan Jepang』(1979).

Penerbit Sinar Harapan, 『Usmar Ismail Mengupas Film/Asrul Sani』.

Sihombing, 『Pemuda Indonesia Menantang Fasisme Jepang』(1962).

Sinematik Indonesia, 『Teks Siaran NHK-Jepang Tentang Dr.Huyung』(1994).

〈Chapter 2〉

《경향신문》, 「무역협정 체결」(1962.10.06).
《동아일보》, 「아시안게임 초청장」(1962.3.3).
외무부, 「주 자카르타 총영사관 설치안」(1966.6.30).
주인도네시아 대한민국대사관, 『한국-인도네시아 외교 40년사』(2013.9.18).
'정상회의' 방문 당시의 국내 주요 일간지 기사.

〈Chapter 3〉

《경상일보》, 《데일리인도네시아》, 《매경이코노미》, 《연합뉴스》, 《월드코리안신문》, 《자카르타 경제신문》, 《재외동포신문》, 《한인회보》, 《한인뉴스》, 《한국일보》, 《한인포스트》, 《Biz조선》, 《Jakarta Post》, MBC(2009) 신교환 전 한인회 회장, 〈세계 속의 한국인〉 8부작, Suara Merdeka.
국가브랜드위원회(17koreabrand.pa.go.kr).
동부자바한인회(surabayakorean.com).
위키피디아(ko.wikipedia.org/wiki/최계월).
자카르타한국국제학교(jiks.com).
재인도네시아한인상공회의소(KOCHAM)(kocham.or.id).
주 인도네시아 대한민국대사관(overseas.mofa.go.kr).
코린도그룹(korindo.co.id).
한국민족문화대백과사전(encykorea.aks.ac.kr).
행정안전부 국가기록원(pa.go.kr).
『거류민회 회보』, 제21호(속간 2호, 1982).
김문환, 「암바라와(Ambarawa) 의거와 조선인 민회 결성」(2007).
김문환, 『인도네시아 한인 개척사-적도에 뿌리내린 한국인의 혼』(2013).
동남아시아연구, 『한인니 외교 관계』(2018).
삼성경제연구소, 『동남아를 둘러싼 중 · 일 경쟁과 시사점』(2002).
신교환, 『젊은이여, 세계로 웅비하라』(2007).
손인식, 『경영이 예술이다』(2019).
서울대학교 사회과학연구원 비교문화연구소 신흥지역연구사업단, 『인도네시아 중부자바 로컬정보』(2016).
외교통상부, 『한국외교 60년』(2009).
외교부, 『재외동포현황』(2019년).
『자카르타한국국제학교 30년사』.

재인도네시아한인회, 인도네시아 《한인록》(2000).
코린도그룹, 『코린도 50년사』(2020).
통계청, 「전 세계 한국 재외동포현황」(2017).
『땅그랑반뜬한인회 10년사』(2019).

〈Chapter 4〉

《한인뉴스》
고영경 · 박영렬, 『미래의 성장 시장 아세안』, 연세대 대학출판문화원(2019).
김대래, 『고도성장기 부산 합판산업의 성장과 쇠퇴』, 신라대학교 경제학과(2014).
국가정보원, 『인니 투자진출 길라잡이』(2006).
김문환, 『적도에 뿌리내린 한국인의 혼』, 자카르타 경제일보사(2013).
마르띠 나딸레가와 지음, 최기원 옮김, 『아세안은 중요한가』, 문학사상(2019).
박번순, 『아세안의 시간』, 지식의 날개(2019).
엄은희, 『신발산업 GPN의 변화와 한인기업공동체의 공간전략』, 한국지역지리학회(2018).
엄은희, 『팜오일의 정치생태학: 인니를 사례로』, 한국환경사회학회 학술대회 자료집(2016).
엄은희, 『한국기업의 인도네시아 진출의 역사와 현재』, 서울대아시아연구소(2013).
오명석, 『말레이 세계로 간 한국 기업들』, 서울대아시아연구소(2014).
오명석 · 유창조, 『인도네시아와 말레이시아의 소비문화』, 진인진(2017).
이경석, 『인니 금융산업 현황 및 한국 기업 진출 사례』, 코트라 자카르타무역관(2015).
전제성 · 유완또, 『인도네시아 속의 한국, 한국 속의 인도네시아』, 이매진(2013).
주인도네시아대한민국대사관, 『인도네시아 비즈니스 사례에 답이 있다』(2014).
주인도네시아대한민국대사관, 『한국–인도네시아 외교 40년사』(2013).
레젤 홈쇼핑 : 커머스투데이 2016년 인터뷰 참고.
《커머스투데이》, 2016년 인터뷰 기사.
용마전자: 2010.5.29. 《매일경제》 인터뷰.

〈Chapter 5〉

《한인뉴스》
경남대학교 극동문제연구소, 『인도네시아』(1983).
권태하, 『그들은 나를 칼리만탄의 왕이라고 부른다. 상 · 하권』(1994).
김상혁, 『한국 합판산업 야사』(2010).
백남철, 『조선인 반란』(1981).
신교환, 『젊은이여 세계로 웅비하라』(2007).

이호, 『결단의 순간』(1991).
이호, 『나는 아스팔트 깔린 길은 가지 않는다』(2000).
주인도네시아 대한민국대사관, 『한국-인도네시아 외교 40년사』(2013).
『자카르타한국국제학교 30년사』.
Alberthiene Endah, 『Putri Prajurit/Ani Yudhoyono』(2010).
APKINDO, 「APKINDO Directory」(1996).
Julius Pour, 『Benny Moerdani/Profil Prajurit Negarawan』(1993).
PT.Kideco Jaya Agung, 「파시르 유연탄광 현황」(2012).
「KODECO GROUP/Company Brochure」, 코데코그룹.
Usamah Hisyam 『SBY Sang Demokrat』(2004).

〈Chapter 6〉

《한인뉴스》, 《연합뉴스》, 《데일리인도네시아》, 《자카르타 경제신문》, 《한국일보》, 《한겨레 신문》, 《동아일보》, 《조선일보》 등 미디어의 해당시기 기사.
2019년, 외교부, 재외동포현황.
『세계한민족총서』(1996).
김문환, 『인도네시아 한인개척사. 적도에 뿌리 내린 한국인의 혼』, 자카르타 경제일보사 (2013).
박화진, 『자카르타파출소 박순경에서 대한민국 경찰청장까지』(2008).
신윤환, 『동남아문화 산책. 신윤환의 동남아 깊이 읽기』, 창비(2014).
김상술, 『아빠까바르 인도네시아』. 그린누리(2010).
전제성 · 유완또, 『인도네시아 속의 한국, 한국 속의 인도네시아』, 이매진(2013).
황대일, 『특파원의 눈에 비친 인도네시아 만년설』(2003).
주인도네시아대사관, 『한국-인도네시아 외교 40년사』(2013).
『자카르타한국국제학교 30년사』.
『자카르타성요셉한인성당 30년사』.
영화진흥위원회, 2016~2019년, 인도네시아 영화산업 결산.
영화진흥위원회, 국제공동제작 지원제도 및 사례(2018).
https://www.popbela.com/career/inspiration/dinalathifa/sejarah-drama-korea-di-indonesia/6.
https://id.m.wikipedia.org/wiki/Drama_Korea.
https://www.idntimes.com/hype/entertainment/nadia-umara-1/nostalgia-15-drama-korea-jadul-yang-pernah-ditayangkan-di-televisi/15.
http://id.korean-culture.org/ko/144/korea/46.

https://www.facebook.com/koreantotebag/posts/daftar-drama-korea-yang-pernah-tayang-di-indosiar-a-love-to-kill-all-about-eve-b/356227814481998/).
https://news.kotra.or.kr/user/globalBbs/kotranews/3/globalBbsDataView.do?setIdx=242&dataIdx=112835.
https://dafunda.com/tv/rekomendasi-drama-korea-terbaik/.
https://kumparan.com/review-drakor/drama-korea-yang-tayang-di-stasiun-tv-indonesia-tidak-sesuai-dengan-ekspektasi-1tRBZZlOhul/full
K-POP.
콘텐츠진흥원 제공 자료.
http://www.worldkorean.net/news/articleView.html?idxno=34941.
http://www.kocis.go.kr/kocc/view.do?seq=9118&langCode=lang001&menucode=menu0023&menuType=Kocis_Board_Ovr_Ctr&ctrcode=&searchType=menu0023&searchText=.
https://www.nocutnews.co.kr/news/5016732.
http://salamkorea.com/read/celebrity-news/kpop-news/2014/03/asal-mula-demam-k-pop-di-indonesia/.
김영수 논문 「신라 승려 혜초의 인도네시아 Sriwijaya 왕국 체재 가능성에 대한 小考」.

〈Chapter 7〉

《한인뉴스》
『아세안 대화관계 30년사』.
아세안대표부 홈페이지.
외교부 홈페이지.
우리 대사관 홈페이지.
주인도네시아 한국문화원 홈페이지.
한인니문화연구원 홈페이지.
『한국-인도네시아 외교 40년사』.
민주평통 홈페이지.
세계한민족여성네트워크(코윈) 홈페이지.
서만수 목사 자료.
http://www.kidok.com/news/articleView.html?idxno=32624.
https://m.blog.naver.com/PostView.nhn?blogId=kjyoun24&logNo=60040030500&proxyReferer=https:%2F%2Fwww.google.com%2F.
http://www.innekorean.or.id/hanin/bbs/board.php?bo_table=society&wr_id=827.

『자카르타동부교회 20년사』.
한숭인 목사 자료.
http://m.pckworld.com/article.php?aid=1212543155.
http://kcm.co.kr/mission/map/asia/Indonesia/pso/%ED%99%9C%EB%8F%99%EB%B6%84%EC%95%BC%20%EB%B3%B4%EA%B3%A0%EC%84%9C.HTML.
세종학당 홈페이지.
자카르타국제대학교 홈페이지.
뇨냐 꼬레아 다음 카페 홈페이지.
데일리인도네시아 홈페이지.
인도네시아어 교실 다음 카페.
인도네시아 사랑 다음 카페.
인도네시아 세상 다음 카페.
《자카르타 경제신문》 홈페이지.
《한인뉴스》 홈페이지.
《한인포스트》 홈페이지.
KTV 홈페이지.
인도네시아 프로 축구팀 한국 선수 자료.
http://www.indoweb.org/love/bbs/board.php?bo_table=arario&wr_id=360.
인도네시아 헤리티지 소사이어티 홈페이지.
엄은희 · 박준영, 「재외동포의 사회운동과 정치적 역동 : 416 자카르타 촛불행동의 활동을 중심으로」 기억과 전망 VOL.0 NO.41(2019):61–104 참고).
인우회 창립 10주년 기념집.

<도움을 주신 분들>

〈Chapter 1〉

강정숙, 권오신, 김도형, 김명진, 김억, 故 여한종, 이세일, 황선익, 꼬사시(Kosasih)의 3남 오옴(Oom) · 차녀 아이(Ai), 로스띠뉴(Rostineu), 수랏만(Suratman), 빵에란 빠빡의 4대손 우움(Uum), 빵에란 빠빡 부대 생존 대원 우땅(Utang) · 메멧(Memet) · 찐따르시(Tjintarsi), 사리(Sari) 스리 부인과 3남 우마르, 5남 수미하르또, 압둘 마난(Abdul Manan), 이만(Iman), 주아나의 장남. 깐다르(Kandar), 헨디 조(Hendy Jo), 히스토리카(Historika)

〈Chapter 2〉

김명진, 김억, 변희준, 故 여한종, 오세윤

〈Chapter 3〉

故 권태하, 김명진, 김억, 김영만, 김우재, 故 김재유, 故 김필수, 김한수, 故 무조노 무르다니, 박성천, 배상경, 변희준, 송재선, 수미하르또, 스리 부인, 승주호, 양청길, (故) 여한종, 오세윤, 이진호, 故 이춘옥, 이현상, 이호, 장건영, 조용준

〈Chapter 4〉

강재홍, 강형구, 강호성, 강희중, 김경현, 김광현, 김동석, 김동진, 김민규, 김석, 김소웅, 김영만, 김영삼, 김영율, 김영철, 김우재, 김육목, 김육찬, 김은미, 김종헌, 김혜아, 김희년, 마용도, 문효건, 박근오, 박길용, 박병엽, 박상갑, 박성빈, 박소진, 박철웅, 배정옥, 서정식, 서희찬, 손한평, 송병엽, 송창근, 안영호, 안창섭, 엄은희, 오혜경, 유국종, 윤범수, 이강현, 이경준, 이성길, 이순형, 이영주, 이완주, 이원제, 이재호, 이종윤, 이지완, 이진호, 이혁재, 이희경, 임철진, 전민식, 정봉협, 조규철, 조대호, 조성훈, 최경희, 최훈, 하연수, 허유진, 홍찬기, 황의상

〈Chapter 5〉

강재홍, 공자영, 故 권태하, 김명진, 김선영, 김신, 김억, 김우재, 김육찬, 김윤기, 김일순, 故 김재유, 김주명, 故 김필수, 김한수, 김흥기, 故 무조노 무르다니, 박미례, 박성천, 박소진, 박순화, 故 박은경, 박은주, 박재한, 박태순, 배상경, 배성운, 배형석, 변희준, 서정

식, 성인용, 손근환, 송재선, 수미하르또, 스리 부인, 승은호, 승주호, 신기엽, 신창근, 양영연, 양재삼, 양청길, 故 여한종, 오세윤, 이경원, 이경윤, 이명숙, 이명자, 이은진, 이익범, 이재호, 이정희, 이진호, 이찬욱, 이철훈, 故 이춘옥, 이현상, 이호, 임성필, 우병기, 유성천, 유은규, 유치호, 윤경희, 윤재웅, 장건영, 정무웅, 정사무엘, 정성화, 조규철, 조명숙, 조영성, 조용재, 조용준, 주정만, 채만용, 채영애, 최경희, 최병조, 최인실, 최종섭, 편대영, 한정곤, 한정자, 허미숙, 홍미숙, 홍상철, 홍석영

〈Chapter 6〉

강재춘, 강재홍, 강형구, 강호성, 강희중, 구정희, 권운석, 권혁수, 김광현, 김기연, 김동석, 김동진, 김문환, 김민수, 김세영, 김세재, 김소웅, 김신섭, 김영만, 김영삼, 김영자, 김영주, 김영철, 김용광, 김우재, 김유희, 김육목, 김은숙, 김종관, 김종헌, 김지영, 김찬, 김혜숙, 남순덕, 문효건, 박경혜, 박근오, 박길용, 박상갑, 박성빈, 박성천, 박영미, 박영수, 박윤길, 박준영, 박진려, 박철웅, 박호진, 방치영, 배도운, 배홍준, 사기숙, 서은혜, 서정식, 서희찬, 성찬 스님, 손한평, 송병엽, 송운재, 송일용, 송창근, 수라이, 신영덕, 신정일, 안선근, 안창섭, 양승윤, 엄은희, 왕충은, 우병기, 우정혁, 윤범수, 윤여란, 윤영준, 이강현, 이경원, 이경준, 이근영, 이명숙, 이미연, 이성길, 이성래, 이소왕, 이시은, 이영숙, 이영일, 이영주, 이완주, 이원제, 이익범, 이재호, 이종윤, 이지완, 이진호, 임영호, 장근원, 장원남, 장윤식, 장인근, 장혜숙, 전경애, 전영돈, 전향진, 전현직, 정무웅, 정선, 제대식, 조규철, 조대호, 조성훈, 조영미, 조인정, 차유자, 최병조, 최석일, 최우영, 최인실, 최종훈, 최훈, 하연수, 한경혜, 한상인, 혜언 스님, 홍석영, 홍윤경, 홍찬기, 전 동조와 한국세라믹 임직원과 가족, 코린도그룹과 코데코 전 · 현직 임직원과 가족

〈Chapter 7〉

강기석, 강희중, 구본식, 구자승, 권혁수, 김남걸, 김대일, 김명지, 김바울라, 김상태, 김영준, 김우익, 김원관, 김윤기, 김일순, 김재민, 김정윤, 김종훈, 김현아, 김혜정, 김훈, 당종례, 류완수, 박영수, 박영일, 박윤길, 박윤정, 박의태, 박초롱, 박호진, 박흥식, 배건열, 배연자, 사기숙, 석진용, 손인식, 송운재, 송재선, 신돈철, 신정일, 신하늘, 안선근, 양승윤, 어성호, 어윤선, 왕충은, 우용득, 유승희, 유은영, 윤영준, 이동수, 이명호, 이성길, 이성복, 이수진, 이영주, 이용규, 이용정, 이재정, 이정민, 이종순, 이종윤, 이주영, 이춘순, 이희경, 임재호, 장경호, 장기준, 장방식, 장영민, 장혜경, 전정옥, 정무웅, 정방울, 정사무엘, 정선, 조병휘, 조원동, 조은숙, 조은영, 조현영, 찰리고, 채영애, 최석일, 최순규, 최원금, 최인실, 최재혁, 따룹 장군, 한규성, 허민경, 홍미숙

〈특별 부록〉

김영만, 배상경, 이승민, 이진호, 정무웅, 정선, 조용준

인도네시아 한인 100년사
– 한인과 한인기업 성공 진출사

주관 : 재인도네시아한인회
후원 : 재외동포재단

초판 1쇄 발행 | 2020년 9월 20일

지은이 | 인도네시아 한인 100년사 편찬위원회
발행인 | 김순정

편집인 | 김순정
편집장 | 김민수
편집 | 서해주 · 이정현
교정교열 | 박혜경 · 유지숙
마케팅 디렉터 | 김영미

제작 · 진행 총괄 | 터치

디자인 | 디자인붐(정의도)
일러스트 | 김현경

펴낸곳 | 순정아이북스
이메일 | bestedu11@hanmail.net
홈페이지 | www.soonjung.net
전화 | (02) 597-8933
팩스 | (02) 597-8934

등록 | 2002년 10월 8일 제16-2823호

ISBN 978-89-92337-39-7 (03910)
값: 28,000원

순정아이북스는 세상을 바꾸는 출판사입니다. 한일월드컵 1주년 기념 서울랜드 〈네덜란드 기행〉 도서를 기획하였고, 아시아 다문화 가정의 이야기를 담은 KBS '러브 인 아시아' 〈가족애탄생〉과 대한적십자사와 공동으로 SR을 위한 나눔 기부도서 〈만 원의 희망밥상〉을 출간했습니다.